Bioética, Vulnerabilidade e Saúde

Christian de Paul de Barchifontaine
Elma Zoboli
(organizadores)

Bioética, Vulnerabilidade e Saúde

DIRETORES EDITORIAIS:
Carlos da Silva
Marcelo C. Araújo

EDITORES:
Avelino Grassi
Márcio F. dos Anjos
Roberto Girola

COORDENAÇÃO EDITORIAL:
Denílson Luís dos Santos Moreira

PROJETO GRÁFICO:
CriareDesenho

CAPA:
Alfredo Castillo

Coleção Bio & Ética – dirigida por Elma Zoboli, José Eduardo de Siqueira e Márcio Fabri dos Anjos.

Todos os direitos reservados à Editora Idéias & Letras e ao Centro Universitário São Camilo, 2007

IDÉIAS & LETRAS
Idéias e Letras
Rua Padre Claro Monteiro, 342,
12570-000 – Aparecida-SP
Fone (12) 3104-2000
vendas@ideiaseletras.com.br
www.ideiaseletras.com.br

CENTRO UNIVERSITÁRIO
SÃO CAMILO
Centro Universitário São Camilo
Av. Nazaré, 1501 — Ipiranga
04263-200 São Paulo, SP
Tel: 11- 61694045 / 0800-178585
Home page: www.scamilo.edu.br
e-mail: publica@scamilo.edu.br

Dados Internacionais de Catalogação na Publicação (CIP)
(Câmara Brasileira do Livro, SP, Brasil)

Bioética, vulnerabilidade e saúde / Christian de Paul de Barchifontaine, Elma Zoboli, (organizadores). – Aparecida, SP: Idéias & Letras; São Paulo : Centro Universitário São Camilo, 2007. (Bio & Ética)

Vários autores.
ISBN 978-85-98239-87-3

1. Bioética 2. Saúde pública 3. Vulnerabilidade humana I. Barchifontaine, Christian de Paul de. II. Zoboli, Elma. III. Série.

07-6975   CDD-362.0422

Índices para catálogo sistemático:
1. Bioética e vulnerabilidade humana: Saúde pública: Bem-estar social 362.0422

Apresentação

Este livro é fruto das apresentações, reflexões e debates do IV Encontro Luso-Brasileiro de Bioética, II Fórum Brasileiro de Bioética e II Encontro Luso-Brasileiro de Enfermagem, realizados entre 19 e 22 de setembro de 2006, em São Paulo, SP, Brasil.

Estes eventos tiveram como tema central *Bioética e Vulnerabilidade*, desdobrado em: concepções e fundamentos; pesquisa e assistência em saúde; políticas de saúde; princípios e realidades da humanização da atenção à saúde.

A profícua reunião de profissionais de diversas áreas do conhecimento, unidos pelo apaixonado interesse pela bioética, mostrou as diversas faces da temática: vulnerabilidade e cuidados; usuários de serviços de saúde e seus direitos; usuários e tecnologia; usuários e equipe de saúde; gênese e implicações da vulnerabilidade; vulnerabilidade na prática clínica; vulnerabilidade na saúde pública; vulnerabilidade dos sujeitos de pesquisa; tecnologias e estratégias para humanização da saúde.

Há de se ressaltar a importância desse tema sob a ótica de que todos os seres humanos são vulneráveis e precisam de proteção. Na verdade, as culturas e as estruturas sociais e políticas foram desenvolvidas justamente para combater a vulnerabilidade e a exploração. As diferenças entre tradições culturais ou sociais parecem refletir prioridades em termos de riscos percebidos e da proteção preferida contra a vulnerabilidade. Ciência e ética não precisam e não devem ser consideradas antagônicas, pelo contrário, necessitam-se e iluminam-se reciprocamente.

Torna-se cada vez mais necessário discutir os vários aspectos da pesquisa envolvendo seres humanos, não apenas reforçando sua importância, mas delimitando situações de risco, as várias faces da vulnerabilidade dos sujeitos partícipes, seus direitos, e as responsabilidades dos pesquisadores e quando se aplicar, dos patrocinadores. Sem dúvida, a preocupação de atuar na vulnerabilidade, diminuindo-a, estende-se a outras áreas da atenção à saúde, na assistência e políticas.

Entendendo que a bioética tem por missão a proteção das pessoas no resgate e promoção de sua dignidade é que propusemos esta coletânea de textos.

A primeira parte deste livro é dedicada à interface da bioética e vulnerabilidade, perpassando as origens e agravantes da vulnerabilidade das pessoas e suas implicações, em especial para a área da saúde, no âmbito mais macro das políticas públicas.

Na segunda parte, discutem-se formas de organização dos serviços de saúde para responder às vulnerabilidades de seus usuários, trabalhando no sentido de diminuí-las ou compensá-las, com vistas à emancipação das pessoas.

Manifestamos nesta oportunidade nossos sinceros agradecimentos aos colaboradores desta obra, que acreditam que impõe-se como tarefa o atribuir um novo sentido humano aos desafios que os novos tempos apresentam. Há muito que percorrer para a superação da condição da vulnerabilidade. Fica o convite que a bioética nos permite fazer, qual seja, o de alcançar a cidadania e saúde desejáveis por meio do debate plural, da tolerância e do respeito às diferenças, em busca da almejada dignidade humana.

Sumário

PARTE I — VULNERABILIDADE E BIOÉTICA

1. **Ensaio sobre Vulnerabilidade Humana** 13
   JOSÉ EDUARDO DE SIQUEIRA

2. **Sentidos da *Vulnerabilidade*: característica, condição e princípio** 29
   MARIA DO CÉU PATRÃO NEVES

3. **Bioética, Direitos Humanos e Vulnerabilidade** 46
   LOURENÇO ZANCANARO

4. **Vulnerabilidade e Decisão: tensão no pacto médico** 61
   NEWTON AQUILES VON ZUBEN

5. **Vulnerabilidade e Cuidados** 77
   CHRISTIAN DE PAUL DE BARCHIFONTAINE

6. **Humanização: aspectos conceituais e históricos da enfermagem brasileira** 93
   LUCIANE LUCIO PEREIRA, ADRIANA DE FARIA LIMA, DENISE AUGUSTO DA COSTA LORENCETTE, MONIKA WERNET, GRAZIA MARIA GUERRA

7. **Vulnerabilidade e Saúde: limites e potencialidades das políticas públicas** 110
   JOSÉ ROQUE JUNGES

PARTE II — VULNERABILIDADE E SAÚDE

8. **Vulnerabilidade, Bioética e Ação de Enfermagem em Saúde Coletiva** 139
   ELMA ZOBOLI, LISLAINE FRACOLLI

9. **A Mortalidade Infantil em Decorrência da Vulnerabilidade** 158
   MARIA LEONILDA DE SOUZA DUTRA, VERA LÚCIA BARROS

10. **A Biopolítica da População e a Experimentação com Seres Humanos: a propósito dos estudos de medicina tropical** 182
    SANDRA CAPONI

11. **A Promoção da Saúde e a Bioética da Proteção: os desafios à garantia do direito à saúde** 205
    MARTA INEZ MACHADO VERDI, CARINE MASCARENHAS V. FELIPA, RAFAELA AMADIGI, LUIZ GUSTAVO BERGAMO

12. **Análise Comparativa da Vulnerabilidade dos Usuários e dos Consumidores de Serviços Públicos e Privados de Assistência Médica** 213
    FERNANDA CRISTINA L. PLENTZ, LÍVIA H. PITHAN, LUCIANA GEMELLI EICK

13. **Análise dos Requisitos Jurídicos que Fundamentam a Posição do Brasil para *Quebra de Patentes* de Medicamentos para a AIDS** 230
    RANGEL OLIVEIRA TRINDADE, MÁRCIA SANTANA FERNANDES, JOSÉ ROBERTO GOLDIM

14. **A Humanização na Saúde: estratégia de marketing? A visão do bioeticista** 259
    CHRISTIAN DE PAUL DE BARCHIFONTAINE

15. A Humanização na Saúde: estratégia de marketing?
A visão do enfermeiro 269
LUCÍLIA NUNES

16. A Inserção da Equipe do PSF na Comunidade Atendida:
o paradigma da dádiva de Marcel Mauss como
referência de compreensão 286
JOSÉ ROQUE JUNGES, LUCILDA SELLI, ELOIR ANTONIO VIAL, MÁRCIA ELIANA TIRELLO, NATÁLIA DA ÁVILA SOARES, RAQUEL BRONDÍSIA PANIZZI FERNANDES

17. A Percepção do Usuário do Programa de Saúde da Família
sobre a Privacidade e a Confidencialidade das Informações
Reveladas ao Agente Comunitário de Saúde 295
ANTONIO SEAONE, PAULO ANTONIO DE CARVALHO FORTES

18. A Vulnerabilidade na Prática Clínica da Saúde da
Criança 327
FILIPE NUNO ALVES DOS SANTOS ALMEIDA

19. O Cuidado e a Ética na Relação com a Criança em
Instituições de Saúde 339
MARIA DE LA Ó RAMALLO VERÍSSIMO, CECÍLIA HELENA DE SIQUEIRA SIGAUD, MAGDA ANDRADE REZENDE, MONEDA OLIVEIRA RIBEIRO

20. Vulnerabilidade dos Profissionais de Saúde no
Processo de Doação de Órgãos para Transplantes 347
ADRIANA APARECIDA FARIA LIMA

21. Amparo Bioético da Vulnerabilidade do Doador 356
CÉLIO FERNANDES OLIVEIRA, TEREZA RODRIGUES VIEIRA

22. Bioética e Vulnerabilidade do Transplantado 370
CÉLIO FERNANDES OLIVEIRA, TEREZA RODRIGUES VIEIRA

Sobre os autores 383

PARTE 1

Vulnerabilidade e Bioética

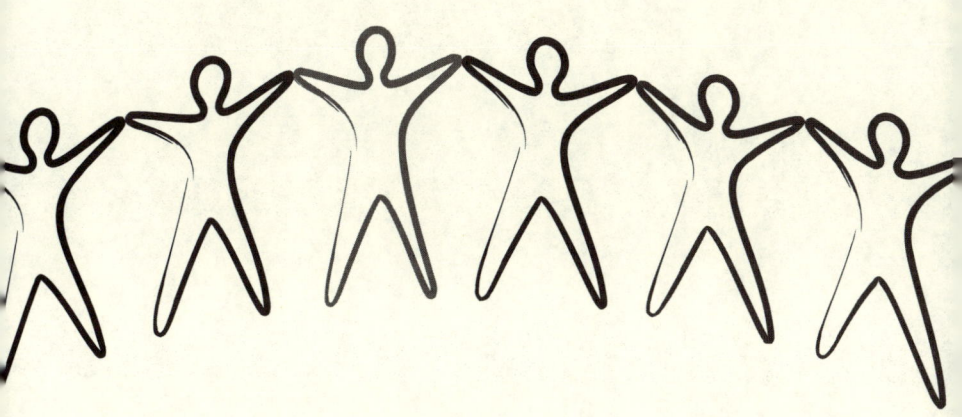

capítulo 1

Ensaio sobre Vulnerabilidade Humana

José Eduardo de Siqueira

O que faz do ser humano contemporâneo uma espécie dominada por crises existenciais que se superpõem e o tornam estranho em seu próprio ninho e ator rebelde cada vez mais complexo e agressivo? Para onde quer que dirijamos nosso olhar, encontraremos pessoas insatisfeitas e apreensivas com o cotidiano de suas vidas. Paradoxalmente, o século dos extraordinários avanços tecnológicos e da mais pronunciada expressão das liberdades individuais, convivem com candente manifestação de vulnerabilidade humana. A promessa de que a abundância material, a liberdade individual sem limites gestadas no século XX nos levariam à felicidade plena parece sepultada. O sonho redundou em pesadelo ao nos tornarmos peças ínfimas e descartáveis de um voraz mercado manipulado por grandes conglomerados financeiros que promovem contínuas desregulamentações das estruturas e organizações sociais. Acabamos por erigir uma sociedade de pessoas infelizes, ansiosas e depressivas que buscam no incontido consumo amenizar suas angústias e inseguranças.

A palavra *crise* provém do grego *krisis* e significa examinar e tomar decisões diante de um dilema moral. Curiosamente, adotamos na modernidade outro significado para o termo, qual seja, o de estar sem saída frente a uma decisão difícil.

Há, entretanto, aqueles que preferem realizar outra leitura dessa realidade e entendem que a palavra *crise* contém como significado oculto o desafio do *crie*.

Nessa perspectiva, encontram-se autores de diferentes calibres intelectuais que oferecem sugestões para a questão. Pensadores como o polêmico sociólogo italiano Domenico De Masi Mais, que imagina o futuro pertencendo àqueles que souberem libertar-se da idéia tradicional de trabalho como obrigação e forem capazes de conceber a vida onde o tempo dedicado ao labor profissional será minimizado e dará lugar ao lazer empregando-se o tempo livre para exercitar o *ócio criativo* (De Masi, 2000).

Há, também, autores que promovem o comércio da felicidade por meio da bem-sucedida literatura de auto-ajuda. Rowland, por exemplo, promete em seus livros a fácil conquista da felicidade absoluta, o caminho para a vida de completa realização pessoal. Na introdução de uma de suas obras, pontifica: "O que você está por ler neste livro o surpreenderá e o libertará de tal modo que possivelmente você nunca sonhou ser possível [...] Vou mostrar a você como se pode ter a maior felicidade e alegria em êxtase e plena existência, bem como deter posses materiais, relações interpessoais e as oportunidades que quiser." (Rowland, 1995).

Tanto o sofisticado De Masi quanto o superficial Rowland orientam-se pela invulnerabilidade do poder absoluto da mente humana para alcançar quaisquer objetivos que se queira na vida. É óbvio que como a aposta no universo do poder mental torna possível divagar à vontade, os autores viajam por territórios fascinantes, não sem antes advertir que a *fácil* tarefa do encontro do tesouro da plena felicidade é de total responsabilidade do leitor, que ao não encontrá-la assume a condição de incompetente.

O fato de algumas técnicas bizarras serem empregadas por crescente número de pessoas humildes e de boa-fé, mostra apenas o grau de vulnerabilidade a que estes pobres atores estão expostos. Exemplo risível desta situação é o exercício de auto-ajuda, conhecido como

22 x 11, que consiste em escrever 22 vezes por 11 dias consecutivos a frase: "Dinheiro agora em abundância". Depois de cada frase, o praticante deve registrar em diário especial e de maneira rápida e sem qualquer censura todas as palavras, sentimentos e emoções que aflorarem em sua mente naquele momento. Cumprido o prazo de 11 dias, o praticante é orientado a aguardar os benefícios financeiros que virão!

Frases como "é sua própria mente que permitirá ditar seu destino [...] você se tornará verdadeiramente o criador de sua própria vida" ou obviedades como "você não pode mudar aquilo que você não pode mudar" que embora discordantes entre si, soam como mantras a passíveis leitores que devoram este tipo de produção literária.

Esta abordagem pontual sobre o tema da literatura de auto-ajuda visa apenas a introduzir a questão da vulnerabilidade humana. Para se ter noção da amplitude desse perigoso modismo basta percorrer os corredores de grandes livrarias de qualquer cidade para se perceber o trágico alcance social deste fenômeno.

Outro território que mostra de maneira igualmente eloqüente a vulnerabilidade humana encontramos no expressivo crescimento do número de fiéis de novas denominações religiosas, algumas identificadas com curiosos nomes, como *Bola de Neve Church*.

Estudo apresentado à Assembléia Geral dos Bispos do Brasil (CNBB), reunida em 2006, em Indaiatuba, revelou que parcela expressiva dos 15 milhões de fiéis que deixou a Igreja Católica Romana para aderir a diferentes denominações evangélicas, o fez por não ter encontrado no sacerdote de sua paróquia orientação satisfatória para conduzi-lo frente a seus problemas existenciais cotidianos. Folhetins com títulos de impacto, como *Jamais Desista* ou *Vencendo Obstáculos e Conquistando Vitórias*, distribuídos nos bancos destes templos, constituem as bíblias modernas que orientam os devotos de nossos dias na busca da felicidade plena aqui e agora. Em grandes palanques, hábeis oradores pregam aos gritos as mesmas falácias dos autores da literatura de auto-ajuda (Revista Veja, 2006).

Poder, dignidade e cidadania

O advento da psicanálise no início do século XX, introduzindo a tese da origem psíquica de sintomas somáticos, representou verdadeira revolução no pensamento médico contemporâneo.

A psicanálise freudiana nos apresenta a psique humana programada como um modelo bioenergético, no qual os processos comportamentais existem como entidades universais e invariáveis.

Freud não diferencia na natureza dos processos subjetivos flexibilidade e independência, percebendo, apenas, uma suposta natureza psíquica universal e imutável. Considera, assim, a sexualidade como expressão primacial a dirigir toda dinâmica do comportamento humano. Subestimando a importância do social como constituinte da psique humana, Freud generaliza as representações sobre o caráter sexual das neuroses e a definição da moral ditada por imperativos do super-ego. Em toda sua obra, o social se manifesta apenas como expressão de tendências pulsionais da criança com relação à mãe, ou seja, somente adquire importância a partir de um processo básico de expressão puramente libidinosa (Rey, 2004).

Somente com autores como Jung, Horney e Fromm que as construções psicanalíticas abrem-se para o social. Fromm enfatiza que é o caráter decisório de cada ser humano, inserido e influenciado pelas circunstâncias ambientais e culturais, que opta por decisões que melhor lhe convenham e que, embora estando sujeito a forças inconscientes, é o único ser capaz de reconhecer as forças que o movem, e justamente por identificá-las e compreendê-las, pode tomar decisões ativas em seu próprio destino. Sua consciência é a voz que o convoca a voltar-se para si mesmo, permitindo-lhe saber o que é necessário fazer para se tornar protagonista de sua vida e tomar decisões compatíveis com suas metas existenciais. "Conseqüentemente, não somos vítimas indefesas das circunstâncias (da vida), mas somos capazes de modificar e influenciar as forças dentro de nós e de controlar, em certa medida, as condições que atuam sobre nossa existência. Podemos fomentar e reforçar as condições que desenvolvem nossos anseios em busca do bem e que propiciam sua concretização." (Fromm, 1986).

Qual a importância de resgate de teses como as defendidas por Fromm?

Em primeiro lugar, por termos perdido o sentido de autonomia do indivíduo e nos tornarmos instrumentos dóceis a serem manipulados por interesses alheios a nossa vontade. Assumimos a categoria de seres robotizados passivos e impotentes, obedientes membros de um rebanho que caminha por trilhas que imaginamos deverá nos conduzir a algum lugar especial, pois os demais membros de nossa comunidade de amigos morais assim o fazem.

Por outro lado, a separação entre o social e a dinâmica da psique individual do modelo freudiano dificulta a compreensão do impacto da condição histórico-cultural em nossas vidas. A percepção do social como objetivo externo e indiferente ao comportamento individual começa a ser questionada na década de 1960 por reflexões de diferentes autores que efetuaram profunda análise de situações sociais complexas e as respectivas respostas individuais e/ou grupais de indignação e revolta que influenciaram a realização de mudanças na conduta de poderes institucionais, tidos, até então, como hegemônicos. Quem não se recorda dos movimentos contrários à guerra do Vietnã, dentro e fora das fronteiras norte-americanas? Entre nós, como não lembrar do movimento de jovens estudantes *cara-pintadas*, que representou papel decisivo no desenrolar do processo de impedimento político do ex-presidente Collor.

Se o indivíduo e o átomo representaram os ícones do século XX, o atual deverá ser marcado pelo social e o arquétipo da rede. O átomo que gira em torno de seu próprio eixo é a maior expressão da individualidade. O símbolo para o novo milênio será a rede que é desprovida de centro, órbita ou certeza. A rede é o modelo ideal para representar todos os circuitos, toda manifestação de inteligência e sentimentos humanos, todas as interdependências de variáveis sociais, econômicas e ambientais todas as vias de comunicações, desde o microcosmo familiar até o macrocosmo planetário, das pequenas decisões tribais aos imperativos de democracia participativa disponíveis para todos os cidadãos da Terra.

Enquanto o átomo representa uma unidade isolada e solitária, a rede é composta por canais que se intercomunicam por uma realidade complexa de múltiplos atores sociais que interagem entre si permanentemente. As ONGs constituem exemplos vivos de organizações que trabalham no modelo de redes que operam transformações sociais em total independência dos poderes institucionais formalmente constituídos (Kelly, 1998).

É óbvio que a noção de rede não é incompatível e nem pretende anular a importância da subjetividade humana, como fez a escola psicológica da ex-União Soviética, que elevou o social à categoria de essencial e insubstituível, propondo vínculos entre o behavorismo e a reflexologia pavloviana. Essa relação inadequada de dependência acaba por colocar o social como causa determinante e a sujetividade humana como mero efeito.

No universo soviético, foi Vygotsky quem recuperou a visão sistêmica e complexa da psique individual no universo do social. Defendeu com sólida argumentação científica a tese que o social não é algo externo em relação ao indivíduo, mas sim representa outro momento de produção de sentidos associado às condições objetivas que transcendem os espaços e tempos do individual, ou seja, é essencial na determinação de parâmetros para compreensão do apelo do ambiental que serão incorporados naturalmente na subjetividade individual.

Com ele, o campo da subjetividade atomizada dá lugar a uma lógica não unicamente voltada para a dinâmica intra-subjetiva, mas também reconhece como própria o espaço e as ações sociais (Vygostsky, 1993).

O pensamento de Vygotsky desvela a dinâmica dialética que aproxima indivíduo e meio, já descrita por Ortega y Gasset ao responder a célebre questão de que não se pode representar qualquer pessoa, senão pela realidade inseparável entre indivíduo e suas circunstâncias ambientais. Tese esta, resgatada por Edgar Morin em sua teoria do pensamento complexo (Morin, 2005).

Fica-se com a esperança que poderemos assistir no século XXI o fim da folia histórica do hedonismo pessoal, substituindo a patética figura do *eu isolado* pela do *eu integrado*, situação que muitos autores preferem denominar pessoas dotadas do espírito de *autonomia solidária*. Trocar a realidade do indivíduo que celebra-se a si mesmo pela do agente socialmente responsável.

Este paradigmático salto qualitativo do individual para o coletivo, entretanto, não será realizado isento de rupturas, pois toda nossa formação cultural aponta para a busca individualizada de soluções, quaisquer que sejam os problemas que se nos apresentam, alimentados que somos cotidianamente pelo poder da sociedade de competição.

Outrossim, como equivocadamente escolhemos as regras de mercado para representar a superioridade do todo sobre as partes, nos desobrigamos de toda responsabilidade para atendermos quaisquer problemas comunitários, o que Amartya Sen identifica como o mais enganoso mote da reflexão pós-moderna, qual seja, que as pretensas virtudes dos mecanismos reguladores de mercado se mostram tão óbvias e obrigatórias que dispensam quaisquer argumentos para justificá-las.

A sociedade fez-se cativa da ditadura do mercado. O autor argumenta que o capitalismo, ao tentar mostrar com incomparável riqueza de detalhes que a economia com base científica deve flutuar ao sabor do mercado liberal, não tem como objetivo defender a democracia social, mas sim a liberdade de ações dos grandes capitais internacionais que a história recente comprovou apenas determinaram enorme crescimento das desigualdades sociais com a mais perversa exclusão da cidadania na história da humanidade (Sen, 1999).

Por outro lado, ao se observar os índices crescentes de suicídio em sociedades ricas, fica-se com a impressão que a felicidade pessoal parece distante da segurança representada pela prosperidade econômica dos países centrais.

As estruturas de poder repressivas são características marcantes da ordem mundial prevalente na sociedade egressa do século XX. A subestimação do valor da dignidade humana, associada a problemas crônicos, como fome, miséria, insalubridade e desemprego, tem permitido o desenvolvimento da violência em todos os níveis da sociedade, desde o doméstico até o global, onde potências hegemônicas agridem países pobres com enorme e sofisticado arsenal de guerra e, paradoxalmente, o fazem para defender ideais pretensamente democráticos.

Este mal-estar tem despertado grande produção acadêmica em busca de construção de sociedade que retome os ideais de solidariedade e paz. Autores como Adela Cortina recuperam o modelo universalista kantiano e a ética discursiva de Habermas e propõe a definição de mínimos de justiça para a sociedade global. Enfatiza que tais mínimos não surgirão da tradição política liberal, mas, do diálogo includente a ser estabelecido entre diferentes protagonistas da cultura humana. Alerta que um mundo injusto, não-solidário e sem liberdades não reúne as condições mínimas para convivência harmônica. A solidariedade, como valor moral, não é, portanto, grupal, mas universal. Contrapõe-se ao individualismo fechado, aos nepotismos e aos comunitarismos excludentes, sendo que esta solidariedade universal ultrapassa as fronteiras de grupos e países, se estende a todos os seres humanos e nutre-se da paz, acolhimento a habitantes de regiões subdesenvolvidas e mantém respeito ao meio ambiente, o que torna evidente a insustentabilidade da teoria do individualismo possessivo, marca da economia de mercado (Cortina, 2005).

Obviamente, nesta perspectiva, não há lugar para validar moralmente quaisquer ações de países centrais sobre nações pobres que busquem fazer prevalecer a força em detrimento da razão. O modelo habermasiano da ética dialógica não oferece guarida a discursos dogmáticos ou estratégias que privilegiem ações unilaterais e assimétricas.

A importância em considerar como inaceitável qualquer prática discursiva hegemônica é a base de sustentação para erigir sociedade inspirada na comunidade ideal de comunicação.

Alguns autores latino-americanos, entretanto, sugerem ações institucionais mais contundentes ao apontarem para novo modelo de ação política com a finalidade de alcançar efetiva inclusão social. Garrafa propõe a *bioética de intervenção* como estratégia mais adequada para atingir os objetivos da verdadeira justiça social (Garrafa, 2005).

O que parece indiscutível, entretanto, é que à bioética, como ética aplicada, não se reduz a atitudes puramente reflexivas sobre os problemas morais experimentados pela sociedade, mas busca ativamente propostas concretas de mudanças.

Leopoldo e Silva bem sintetiza esta postura ao afirmar: "a tentativa de simplesmente explicar e compreender as desigualdades [...] é profundamente antiética [...] É preciso conhecer a realidade e as situações sobre as quais se vai exercer o juízo ético, mas fazer com que este juízo traduza uma mera justificação do que existe é propriamente renunciar à ética." (Leopoldo e Silva, 1998).

Vulnerabilidade e Dignidade Humana

Não há como separar da subjetividade o componente individual e o social, em outros termos, não se concebe qualquer processo social complexo sem a integração desses dois níveis de organização da personalidade humana.

Dentro desta perspectiva de análise dos problemas humanos, como pertencentes a um sistema de rede, o conceito de subjetividade social apreende o comportamento de um indivíduo ou grupamento social como parte inseparável de um amplo tecido de subjetivação em diferentes níveis e momentos da organização social.

Embora a bioética considere com muito apreço a construção social pelo método dialógico habermasiano, não deixa de reconhecer os alertas de Michel Foucault sobre práticas discursivas enganosas e assimétricas que estão presentes nas comunidades reais de comunicação. Na percepção foucaultiana, não há diálogo libertador, já que o mesmo sempre é conduzido com o objetivo de impor discricionariamente o poder. Parece indiscutível que viver em comunidade real é experimentar, cotidianamente, ações impositivas de umas pessoas sobre outras e, segundo o filósofo francês, imaginar sociedade humana sem relações assimétricas de poder é perigosa e inconseqüente abstração (Foucault, 1984).

Para melhor compreender o alerta de Foucault, basta deter-se na constatação da violência gerada por diferentes regimes totalitários como o fascismo e o comunismo nas versões hitleristas e stalinistas, que foram marcadas pelo imperativo da negação do outro enquanto adepto de posições ideológicas diversas. Os mencionados regimes políticos perpetraram os mais cruéis e extensos genocídios que a história recente da humanidade registrou.

Outrossim, a moderna economia de mercado praticada no mundo globalizado reservou para os países periféricos uma nova forma de violência explicitada nas condições miseráveis de vida, representada pela pobreza extrema, insalubridade, insegurança, falta de acesso mínimo à escolaridade e à saúde, o que caracteriza situação de total exclusão dos mais elementares direitos sociais. Esse enorme contingente de marginalizados sequer está contemplado com a primeira geração de direitos de cidadania.

A falta de referenciais, a crise de legitimidade do Estado, o crescimento de vazios institucionais ocupados pelo crime organizado, somente fazem crescer o desequilíbrio existencial de pessoas que, tomadas pelo medo, perdem o sentido de identidade pessoal por faltar-lhes adequado suporte social.

A humanidade vive, no início desse milênio, um momento de perplexidade semelhante ao experimentado por ocasião do término da

Primeira Grande Guerra, assim descrita por Ralph Linton: "Este livro foi escrito numa época de confusão e de incertezas. Ainda é cedo para dizer se o mundo ocidental se restabelecerá das feridas que a si mesmo infligiu na Guerra Mundial ou (será o) início de uma segunda e presumivelmente mais eficiente tentativa de suicídio. Já houve uma Idade de Trevas e não há razão para que ela na se repita." (Linton, 1970).

É óbvio que o cenário da guerra hodierna difere muito dos conflitos armados do passado, entretanto, guardadas as proporções, entramos no século XXI com o atentado de 11 de Setembro de 2001, que pode prenunciar uma nova idade de trevas.

O mundo que anunciava-se globalizado, surpreende-se com a novidade do terrorismo e do crime organizado e passa a buscar compreender os novos limites para reconhecimento da cidadania. Vemos inseridos em uma sociedade cada vez mais complexa-nos, com expressivos avanços tecnológicos e pequena parcela de pessoas detentoras de grande riqueza material convivendo com enormes contingentes de miseráveis, o que vem sendo identificado por alguns economistas como *enriquecimento empobrecedor*.

Sofisticados esquemas de segurança disponíveis em condomínios fechados são burlados por grupos de criminosos armados que recebem ordens para suas ações emitidas por condenados, privados da liberdade, cumprindo penas em *prisões de segurança máxima*.

Nunca se contou com tantos recursos materiais sob o domínio de tão poucos e tantos excluídos dos mais elementares direitos humanos como o observado na atualidade. Concretizamos o pesadelo imaginado por Josué de Castro que, ao escrever *Geografia da Fome*, em 1946, obra traduzida para 22 idiomas, previu as grandes cidades habitadas por enorme contingente de pessoas insones, as que não adormeceriam por estarem com fome e as demais que não o fariam por estarem com medo da legião dos famintos.

É possível identificar pessoas que vivem isoladas, fechadas em si mesmas, praticando um individualismo exacerbado, e que, dominadas pelo medo, encontram-se afastadas de quaisquer práticas comunitárias, descrentes de utopias e do poder de intervenção do Estado. Inviabilizada a vida em comunidade, buscam refúgio na fantasia do individualismo intimista. A identidade que deveria ser harmonicamente construída na riqueza da diversidade cultural é substituída pela lógica irracional do *eu isolado*, assim descrito por Allan Bloom: "O futuro indeterminado e a falta de um passado vinculante significam que a alma dos jovens se encontra em um estado semelhante ao dos primeiros homens:espiritualmente desnudos, desconectados, separados, sem relações herdadas ou incondicionais com nada ou alguém. Podem ser o que quiserem, mas não têm nenhuma razão particular para ser nada em especial." (Bloom, 1989).

Em conseqüência dessa verdadeira tirania do *eu*, o *outro* passa a ser visto como elemento estranho a ser manipulado, violentado e excluído da comunidade dos iguais. Torna-se cada vez mais corriqueiro em grandes centros urbanos a destruição física do outro.

A heterodestruição foi motivo de reflexão de Freud no que ele descreveu como pulsão de destruição ou de morte. Quando indagado por Einstein, ao final da década de 1930, sobre *o porquê da guerra*, que havia dizimado comunidades inteiras na Europa, o pai da psicanálise retoma a tese de que a destruição e a guerra constituíam uma forma de exteriorização do impulso para a morte do outro como substituição do desejo de autoaniquilação e pelo prazer de dispor do poder de impor sofrimento a outrem (Freud, 1981).

Caso emblemático dessa insana crueldade foi registrado no assassinato do líder indígena pataxó Galdino dos Santos. Convocado para representar sua comunidade em reunião da Funai, Galdino, sem local para pernoitar, adormeceu num banco de parada de ônibus em Brasília. Enquanto dormia, cinco jovens de classe média embeberam seu corpo com álcool e atearam-lhe fogo. Internado com queimaduras de terceiro grau generalizadas pelo corpo, o líder indígena veio a falecer no dia seguinte.

Um dos jovens homicidas, em depoimento publicado na edição de 21 de Abril de 1997 do Correio Brasiliense, assim justificou a agressão: "[...] *foi apenas uma brincadeira! Não sabíamos que era um índio, pensávamos que fosse um mendigo qualquer.*"

A propósito desse crime, Endo retoma um estudo realizado pela UNESCO em Brasília ouvindo jovens de classe média e constatou que, na percepção deles, humilhar travestis, prostitutas e homossexuais seria comportamento menos grave que pichar prédios públicos, destruir orelhões ou placas de sinalização de trânsito. Mais de 20% dos entrevistados considerou injustificável qualquer punição imposta em decorrência da atitude de destratar aquelas pessoas que assumiam publicamente condutas não convencionais (Endo, 2005).

O caso Galdino permite-nos entender a discriminação e a recusa ao convívio com o outro, vulnerabilizado por condições de miserabilidade social. Mais ainda, nos obriga a refletir sobre a falácia do exercício da cidadania em uma comunidade que é conivente com a prática da exclusão social. No depoimento dos jovens homicidas fica caracterizado que não teriam cometido o assassinato caso soubessem tratar-se de líder indígena, mas tudo estaria justificado se a vítima fosse *um mendigo qualquer*.

A mendicância torna-se insuportável para os padrões de uma sociedade desenvolvida como a *braziliense*, por tratar-se de escória, lixo que deve ser removido do convívio social. Compreende-se, portanto, que ao mendigo não é dado o direito de ser diferente entre iguais, mas, identificado com os animais de rua, passa a ser considerado, nesta nova condição, como igual entre iguais. Mais trágico ainda é saber que sua sobrevivência dependerá de ações de pessoas, que, não o reconhecendo como dotado de algum valor moral, podem eliminá-lo fisicamente a qualquer momento por decisão arbitrária e perversa de jovens que, após o ato criminoso, certamente encontrarão abrigo na sociedade que os concebeu, já que, afinal, a vida passa a ser bem reservada somente aos incluídos. Para completar o cenário dessa peça de horror, basta apenas registrar a passividade de toda sociedade ante a representação da banalização do mal.

A bioética pede que deixemos o conforto de nossas macias poltronas e assumamos a direção do teatro da vida para encenar novo enredo que reconheça plena cidadania a todos os seres humanos, sobretudo aos mais vulneráveis.

À Guisa de breve Conclusão

A questão essencial que o estudo do ser humano histórico traz diz respeito à complexidade de sua vida e destino, individual ou social. Ao longo de vinte séculos, a humanidade parece não ter se dado conta do valor intrínseco do homem.

Quando, em 1783, Kant manifesta sua crença na racionalidade humana como "saída do homem de sua menoridade (que seria) a incapacidade de fazer uso de seu (próprio) entendimento sem a direção de outro indivíduo", inaugura uma nova proposta de humanidade (Kant, 1985).

Passados dois séculos, assistimos ao ideal kantiano da plena autonomia do homem ser reduzido ao que se convencionou chamar de *ética da realização*. Este modelo considera o indivíduo como única unidade de medida e a prioridade passa a ser apenas a realização pessoal desobrigada de qualquer compromisso social.

Pensadores contemporâneos propõem a substituição da cultura do *eu isolado* pela do *eu integrado*, pessoa esta orientada por consciência reflexiva e crítica que busca o reconhecimento do outro pela prática do *pluralismo implicado* (Castiñeira, 1995).

Lèvinas aponta para o transcender-se para o outro, numa relação imperiosa que denomina *alteridade* e o faz não privilegiando o universo utópico kantiano, mas o aqui e agora da vida comunitária, unindo transcendência com cotidianidade, razão e prática.

A relação com o outro seria efetivada no *face-a-face* e o sentimento de alteridade não mais gerado pela forma ou natureza dos seres, mas revelado pela epifania do rosto do outro.

A missão de cada ser humano não seria simplesmente *ser*, mas *ser para*. O modelo *um-para-outro* quebra a hegemonia do ser egóico e propõe a construção de uma sociedade humanizada pela fraternidade (Lèvinas, 1993).

A questão que permanece viva atravessando séculos de história da humanidade, entretanto, é se este homem ideal concebido por Lèvinas que existe para o outro poderá subsistir numa sociedade crescentemente cognitivista, materialista, competitiva e individualista.

Por outro lado, pela primeira vez na história, o século XXI coloca cada ser humano, nação e cultura diante da necessidade de elaborar soluções razoáveis e prudentes diante de problemas morais. Decisões estas que somente serão alcançadas pela deliberação realizada por pessoas de diferentes moralidades. Surge, portanto, a urgência de erigir novos marcos para uma ética de responsabilidade solidária e torna-se óbvio que os modelos éticos fundados no sujeito isolado mostram-se incapazes.

Impõe-se, assim, a tarefa prioritária de dar um sentido humano ao desenvolvimento global e isto ocorre precisamente no momento em que a idolatria do mercado gerou um vazio ético e acelerou o fim das utopias socialistas. Nunca foi tão urgente atender ao desafio de recriar uma ética universal de solidariedade. No momento mesmo em que a globalização econômica derruba todas as fronteiras nacionais, a humanidade convive com insuportáveis índices de desemprego, fome, miserabilidade e a mais intensa e contínua violação dos princípios de dignidade humana (Herrero, 2001).

Há, portanto, longo caminho a ser percorrido e muitas vozes precisarão ser ouvidas, mas certamente a bioética, como instrumento de ética aplicada, tem muito a contribuir. Concebida que foi com a marca indelével do pluralismo moral, convida à participação ativa e responsável todas as correntes de pensamento na busca de soluções pós-convencionais para os graves problemas que se apresentam para a humanidade.

REFERÊNCIAS BIBLIOGRÁFICAS

BLOOM, A. *O Declínio da Cultura Ocidental*. São Paulo: Best Seller, 1989.
CASTIÑEIRA, A. Hábitos del Corazón, Comunidad Civil y Pluralismo Implicado. *Rev Sal Terrae*, v. 83, n. 1, p. 3-18, 1995.
CORTINA, A. *Ciudadanos del Mundo*. Madrid: Alianza Editorial, 2001.
DE MASI, D. *O Ócio Criativo*. Rio de Janeiro: Sextante, 2000.
ENDO, P. Sobre a Violência: Freud, Hannah Arendt e o caso do índio Galdino. In: ZUGUEIB NETO, J. (org.). *Identidade e Crises Sociais na Contemporaneidade*. Curitiba: Editora UFPR, 2005.
FOUCAULT, M. *Microfísica do poder*. Rio de Janeiro: Graal, 1984.
FREUD, S. *Mas allá del Princípio del Placer*. Madrid: Biblioteca Nueva, 1981.
FROMM, E. *Análise do Homem*. Rio de Janeiro: Guanabara, 1986.
GARRAFA, V. Inclusão Social no Contexto Político da Bioética. *Revista Brasileira de Bioética*, n. 1, p. 2, 2005.
HERRERO, F. J. Ética do Discurso. In: OLIVEIRA, Manfredo A. (org.). *Correntes Fundamentais da Ética Contemporânea*. Petrópolis: Vozes, 2001.
KANT, I. *Textos Seletos*. Petrópolis: Vozes, 1985.
KELLY, K. *New Rules for the New Economy:* radical Strategies for a Connected World. London: Penguin Books, 1998.
LEOPOLDO e SILVA, F. Da Ética Filosófica à Ética em Saúde. In: *Introdução à Bioética*. Brasília: Conselho Federal de Medicina, 1998.
LÈVINAS, E. *Humanismo do outro homem*. Petrópolis: Vozes, 1993.
LINTON, R. *O homem:* uma introdução à Antropologia. São Paulo: Martins Fontes, 1970.
MORIN, E. *O Método 6:* Ética. Porto Alegre: Sulina, 2005.
REY, F. G. *O social na Psicologia e a Psicologia no social*. Petrópolis: Vozes, 2004.
ROWLAND, M. D. *Absolute Happiness:* the way to a life of complete fulfillment. Carlsbad, C A: Hay House, Inc., 1995.
SEN, A. *A Development as Freedom*. New York: Alfred Knopf, 1999.
PEREIRA, C., LINHARES, J. Os novos pastores. *Revista Veja*, 12 jul. 2006, p. 76-85. [especial]
VYGOTSKY, L. S. *The Collected Works of L. S. Vygotsky*. New York: Plenum Press, 1993.

capítulo 2

Sentidos da *Vulnerabilidade*: característica, condição, princípio

Maria do Céu Patrão Neves

Vulnerabilidade é um termo comum na linguagem corrente, que, principalmente na última década, se tem vindo a tornar cada vez mais freqüente no discurso bioético. Este processo culminou com a enunciação do *respeito pela vulnerabilidade humana* como princípio ético na *Declaração Universal de Bioética e Direitos do Homem*, da UNESCO, aprovada em Outubro de 2005. Neste contexto, tem aumentado o empenho em definir rigorosamente a significação que a noção de *vulnerabilidade* pode e deve assumir no domínio específico da bioética — objectivo para o qual queremos contribuir com esta nossa reflexão. Para tal, recuaremos à noção etimológica do termo como fundamento objectivo da sua significação conceptual, retomaremos os grandes textos da reflexão ética contemporânea em que a *vulnerabilidade* é referida com um sentido técnico preciso e exploraremos as diferentes modalidades da sua evocação no âmbito da bioética, especificando igualmente a sua capacidade operativa.

A *vulnerabilidade* como característica particular (de pessoas e grupos)

Vulnerabilidade é uma palavra de origem latina, derivando de *vulnus* (*eris*), que significa *ferida*. Assim sendo, ela é irredutivelmente definida como susceptibilidade de se ser ferido. Esta significação etimológico-conceptual, originária e radical, mantém-se necessariamente em todas as evocações do termo, na linguagem corrente como em domínios especializados, não obstante o mesmo poder assumir diferentes especificações de acordo com os contextos em que é enunciado e com a própria evolução da reflexão e da prática bioéticas.

O primeiro texto, no âmbito da bioética, em que a noção de *vulnerabilidade* surgiu com uma significação ética específica foi o *Belmont Report: ethical principles and guidelines for the protection of human subjects of research*[1]. Este documento, finalizado em 1978, corresponde ao trabalho desenvolvido durante quatro anos pela *National Commission for the Protection of Human Subjects of Biomedical and Behavioral Research*, estabelecida pelo Congresso Norte-Americano para formular os princípios éticos básicos a respeitar em toda a investigação envolvendo seres humanos. A noção de *vulnerabilidade* é introduzida no *Relatório Belmont* para classificar, de forma particular (apenas alguns são ditos *vulneráveis*) e em termos relativos (comparativamente aos ditos *não vulneráveis*), tanto pessoas singulares, na secção acerca da *voluntariedade*, como populações, na secção dedicada à *avaliação sistemática de riscos e benefícios*, que se encontrem numa situação de exposição agravada a serem *feridas*, isto é, a serem prejudicadas nos seus interesses pelos interesses de outrem no âmbito da investigação biomédica e, mais especificamente, no da experimentação humana.

O surgimento da *vulnerabilidade* no contexto da experimentação humana e como classificação a atribuir a alguns é determinado por factores históricos: o recurso a sujeitos de experimentação no desenvolvimento da investigação biomédica foi crescendo ao longo da primeira metade do séc. XX, recorrendo a grupos de pessoas desprotegidas e/ou institucionalizadas, como órfãos, prisioneiros, idosos e, mais tarde, judeus e outros grupos étnicos, considerados inferiores e

---

1. Publicado em 1979 e disponível em: http://ohsr.od.nih.gov/guidelines/belmont.html

mesmo subhumanos pelos nazis, ou povos, como os chineses, que os japoneses também exploraram em prol da prossecução dos seus objectivos científicos e militares. São sobretudo estes grupos que vêm a ser classificados como vulneráveis, aos quais se juntaram, também, posteriormente, e em contextos mais alargados, outras etnias minoritárias, grupos socialmente desfavorecidos e as mulheres.

A *vulnerabilidade*, na função adjectivante com que é utilizada, apresenta-se primeiramente como um facto, num plano descritivo. Todavia, não pode ser considerada como axiologicamente neutra, mas antes denota já igualmente a expressão de valores, na abertura a um plano prescritivo. Com efeito, a qualificação de pessoas e populações como vulneráveis impõe a obrigatoriedade ética da sua defesa e protecção, para que não sejam *feridas*, maltratadas, abusadas, imperativo este que, aliás, o *Relatório Belmont* também enuncia na secção sobre a *Selecção de Sujeitos*[2]. Este documento, porém, vai ainda mais longe na afirmação de que a protecção dos vulneráveis deverá ser assegurada pelo cumprimento dos três *princípios éticos básicos*: o *respeito pelas pessoas* (na exigência de reconhecimento da autonomia da generalidade dos indivíduos e de protecção daqueles que possuem uma autonomia diminuída), deste decorrendo a necessidade do *consentimento informado* (o qual inclui a obrigatoriedade de informação, compreensão e voluntariedade), a *beneficência* (na exigência de não fazer o mal, maximizar os possíveis benefícios e minimizar possíveis prejuízos) e a *justiça* (na exigência de *eqüidade na distribuição*).

---

2. "One special instance of injustice results from the involvement of vulnerable subjects. Certain groups, such as racial minorities, the economically disadvantaged, the very sick, and the institutionalized may continually be sought as research subjects, owing to their ready availability in settings where research is conducted. Given their dependent status and their frequently compromised capacity for free consent, they should be protected against the danger of being involved in research solely for administrative convenience, or because they are easy to manipulate as a result of their illness or socioeconomic condition." The National Commission for the Protection of Human Subjects of Biomedical and Behavioral Research. *Belmont Report*: ethical principles and guidelines for the protection of human subjects of research, 1979.

O *Relatório Belmont* desenha, assim, em traços largos, o contexto em que a *vulnerabilidade* virá a ser predominantemente tematizada pela bioética — experimentação humana — e o sentido que mais freqüentemente assumirá — como característica —, preconizando também as principais modalidades de acção tendentes à sua superação ou mesmo eliminação.

A reflexão bioética subsequente, que se desenvolve, então, no contexto geo-cultural anglo-americano, especialmente a partir da sua estruturação teórica iniciada por Tom Beauchamp e James Childress em *Principles of Biomedical Ethics*, de 1979, virá reforçar a ideia de que a *vulnerabilidade*, que caracteriza particular e relativamente pessoas e/ou grupos populacionais, deve ser combatida e estas devem ser protegidas, o que apenas será possível pela exigência cada vez mais ampla e rigorosa do consentimento informado (agora enunciado como regra de acção implicada no cumprimento do desde então designado *princípio da autonomia*) e mediante o reforço da sua respectiva autonomia (como capacidade que assiste à pessoa de se auto-determinar, na rejeição de qualquer proteccionismo paternalista). O princípio ético da autonomia é, então, definido num sentido bastante amplo como reconhecimento do direito comum a toda a pessoa "para manter as suas perspectivas, fazer as suas escolhas e decidir agir baseada nos seus valores e crenças pessoais", mas também como promoção efectiva de condições, "capacitando a pessoa para agir autonomamente" (Beauchamp, Childress, 2002, p. 63)[3]. Ou seja, a autonomia não é apenas entendida numa acepção negativa, como direito a respeitar, mas também positiva enquanto exige do outro o estabelecimento de condições para o seu exercício. O carácter contingente e provisório da *vulnerabilida*-

---

3. Tom Beauchamp e James Childress. *Principles of Biomedical Ethics*. 5th edition Oxford: Oxford University Press, 2002. p. 63. Do *Belmont Report* (1978) para *Principles of Biomedical Ethics* (1979), esbate-se um paternalismo remanescente que reforço o sentido da autonomia: o proteccionismo paternalista presente no princípio do "respeito pelas pessoas", do *Relatório Belmont*, cede lugar a um amplo conceito de autonomia, na obra de Beauchamp e Childress, que exige, também, a promoção de condições para que a pessoa aja autonomamente.

de, desde sempre inerente à sua acepção como característica, é agora reforçado de modo paralelo e proporcional ao reforço da autonomia das pessoas e grupos vulneráveis, ou, como se dirá hoje também, pelo seu *empowerment*.

É no contexto descrito e no sentido definido que a *vulnerabilidade* tem feito história na bioética desde a sua introdução neste domínio, no fim da década de 70, até ao presente. Entretanto, desde a década de 90, assistimos a uma crescente valorização temática da *vulnerabilidade*, o que se evidencia em vários documentos fundamentais de índole ético-jurídica e de alcance internacional.

Destacamos primeiramente as *International Ethical Guidelines for Biomedical Research Involving Human Subjects*, do *Council for International Organizations of Medical Sciences* em colaboração com a *World Health Organization (CIOMS/WHO)*[4], considerando-as nas suas sucessivas formulações de 1982, 1993 e 2002. Este texto, restringindo-se sempre necessariamente ao domínio da experimentação humana, refere-se, já na sua versão de 1993, extensamente à *vulnerabilidade*, quase sempre na função adjectivante da noção, aplicada a *classes de indivíduos* (sujeitos, pessoas, grupos, populações ou comunidades). A revisão de 2002 mantém o sentido anteriormente atribuído à *vulnerabilidade* e reforça a sua importância ao introduzir uma directiva, a 13, dedicada especificamente à *investigação envolvendo pessoas vulneráveis*[5].

---

4. Disponível em: http://www.cioms.ch/frame_guidelines_nov_2002.html

5. A revisão de 1993 apresenta apenas 15 directivas, enquanto a de 2002 apresenta 21, entre as quais se destaca a 13, sobre a "investigação envolvendo pessoas vulneráveis": "Special justification is required for inviting vulnerable individuals to serve as research subjects and, if they are selected, the means of protecting their rights and welfare must be strictly applied.", Guideline 13, "Research involving vulnerable persons", CIOMS/WHO. *International Ethical Guidelines for Biomedical Research Involving Human Subjects, 2002*. As duas últimas revisões incluem, também, uma mesma definição geral de *vulnerabilidade*: "'Vulnerability' refers to a substantial incapacity to protect one's own interests owing to such impediments as lack of capability to give informed consent, lack of alternative means of obtaining medical care or other expensive necessities, or being a junior or subordinate member of a hierarchical group. Accordingly, special provision must be made for the protection of the rights and welfare of vulnerable persons.", "General Ethical Principles: Justice", *Ibid*.

Corroborando os aspectos relativos à *vulnerabilidade* que vimos sublinhando — a expressão da *vulnerabilidade* como adjectivo a aplicar no âmbito da experimentação humana e tornando-se cada vez mais frequente —, destacamos seguidamente a *Declaration of Helsinki: ethical principles for medical research involving human subjects*, da *World Medical Association (WMA)*[6]. Verificamos, então, que o termo *vulnerabilidade* está ausente no documento original de 1964, bem como nas suas revisões de 1975, 1983 e de 1989. Ele surge pela primeira vez na década de 90, mais precisamente na revisão de 1996 (Somerset West / Republic of South Africa) da *Declaração de Helsínquia*, no seu artigo 8, para, como habitualmente, classificar sujeitos de investigação em termos particulares e relativos, e enunciando a necessidade da sua adequada protecção[7]. Este artigo será revisto na sua expressão escrita em 2000 (Edinburg / Scotland), mantendo, todavia, o seu conteúdo e já não sofrendo quaisquer alterações nos textos de 2002 (Washington / USA) e de 2004 (Tokyo / Japan)[8].

Também a *Universal Declaration on the Human Genome and Human Rights*, de 1997, a primeira declaração universal no âmbito da biomedicina elaborada pela UNESCO[9], corrobora os aspectos

---

6. Disponível em: http://www.wma.net/e/policy/b3.htm
7. "Some categories of subjects are more vulnerable than others and call for adapted protection", art. 8, WMA. *Declaration of Helsinki: ethical principles for medical research involving human subjects*, 1996.
8. "Medical research is subject to ethical standards that promote respect for all human beings and protect their health and rights. Some research populations are vulnerable and need special protection. The particular needs of the economically and medically disadvantaged must be recognized. Special attention is also required for those who cannot give or refuse consent for themselves, for those who may be subject to giving consent under duress, for those who will not benefit personally from the research and for those for whom the research is combined with care.", art. 8, WMA. *Declaration of Helsinki: ethical principles for medical research involving human subjects*, 2004. É relevante sublinhar que a referência da Declaração à *vulnerabilidade* extravaza uma dimensão biológica e considera factores económicos como determinantes de vulnerabilidade.
9. Disponível em: http://portal.unesco.org/en/ev.phpURL_ID=13177&URL_DO=DO_TOPIC&URL_SECTION=201.html

anteriormente apontados ao referir-se, nos seus artigos 17 e 24, aos *grupos vulneráveis*, indivíduos e famílias, como merecendo especial atenção[10].

Em síntese, a noção de *vulnerabilidade* é introduzida e persiste no vocabulário bioético numa função adjectivante, como uma característica, particular e relativa, contingente e provisória, de utilização restrita ao plano da experimentação humana, tornando-se cada vez mais frequente na constatação de uma realidade que se pretende ultrapassar ou mesmo suprimir por meio da atribuição de um poder crescente aos vulneráveis.

A *vulnerabilidade* como condição (humana) universal

O desenvolvimento da bioética na Europa continental, que se inicia assumidamente na década de 80, determinou uma alteração substancial no entendimento da noção de *vulnerabilidade*. Neste novo contexto geo-cultural, a *vulnerabilidade*, corroborando ainda e sempre a sua significação etimológica, ganha um novo sentido, mais amplo, decorrente da reflexão que filósofos europeus, como Emmanuel Lévinas e Hans Jonas, lhe vinham dedicando já desde o início da década de 70 e que virá a ser assimilada pelo discurso bioético na década de 90.

É Lévinas quem primeiro tematiza filosoficamente a *vulnerabilidade*, na sua obra *L'humanisme de l'autre homme*, de 1972[11], na qual

---

10. "[...] States should respect and promote the practice of solidarity towards individuals, families and population groups who are particularly vulnerable to or affected by disease or disability of a genetic character. [...]", art. 17, "Solidarity and international co-operation", UNESCO. *Universal Declaration on the Human Genome and Human Rights*, 1997, art. 17. Importa sublinhar que, nesta Declaração, a *vulnerabilidade* é dita dever suscitar a "solidariedade", sem que se faça referência à "autonomia". O facto justifica-se por a *vulnerabilidade*, classificando indivíduos afectados por doença genética, não poder ser perspectivada como "provisória" e a eliminar, suscitando, por isso, um diferente sentido da acção: a "solidariedade".
11. Lévinas, Emmanuel. *L'humanisme de l'autre homme*. Paris: Fata Morgana, 1972.

a define como *subjectividade*: sendo a subjectividade levinassiana, sendo o eu, sempre posterior à alteridade, ao outro que existe necessariamente antes do eu e que chama o eu à existência, então toda a subjectividade é em relação, em relação com outro, na dependência ao outro que o faz ser. A subjectividade é, pois, originária e irredutivelmente dependência, exposição ao outro e, por isso, vulnerabilidade (Lèvinas, 1972, p. 104)[12]. A *vulnerabilidade*, todavia, não define a subjectividade num plano ontológico, como sua identidade substancial ou natureza do ser humano, mas no plano ético, como apelo a uma relação não violenta entre o eu e o outro: no face-a-face, situação originária da subjectividade, o eu, na sua *vulnerabilidade*, apresenta-se como resposta não violenta à eleição do outro que o faz ser. Isto é, a subjectividade, ao surgir em resposta ao chamamento do outro, apresenta-se como *vulnerabilidade*, podendo ser ferida pelo outro, e como responsabilidade, respondendo positivamente ao outro, e sempre como apelo a uma relação não violenta. É esta a condição humana. A *vulnerabilidade* entra, assim, no vocabulário filosófico como realidade constitutiva do homem, como condição universal da humanidade e como indissoluvelmente ligada à responsabilidade, no seu sentido etimológico de *resposta*.

H. Jonas, em *Das Prinzip Verantwortung*, de 1979[13], chama também a atenção para a relevância da significação filosófica da *vulnerabilidade*, que entende como carácter perecível de todo o existente: sendo o existente, sendo todo o ser vivo perecível, isto é, finito, mortal, apresenta-se também como originária e irredutivelmente, vulnerável. Neste sentido, a *vulnerabilidade* não é específica ao homem, mas antes comum a todo o existente, exprimindo a natureza mesma do vivente (Jonas, 1992, p. 24-25)[14]. O homem, tal como os demais

---

12. "Le Moi, de pied en cap, jusqu'à la moelle des os, est vulnerabilité." *Ibid.*, p. 104.
13. Jonas, H. *Das Prinzip Verantwortung*, Frankfurt: Isnel V, p. 1979.
14. "Qu'on considère par exemple, [...] la *vulnerabilité* critique de la nature par l'intervention technique de l'homme — une vulnerabilité qui n'avait jamais été pressentie [...] non seulement la nature de l'agir humain s'est modifiée *de facto* et qu'un objet

viventes, é pois natural e ontologicamente vulnerável. Jonas, porém, situa a sua reflexão no plano ético, em que a *vulnerabilidade* apela ao dever, isto é, em que apela a uma resposta ética, à responsabilidade do outro perante a ameaça de perecimento do existente. Deste modo, sendo a *vulnerabilidade* a condição universal do existente, a acção ética não incide apenas sobre o homem, não se restringe às relações interpessoais, mas estende-se a todos os viventes e seus habitates, num irrecusável alargamento da reflexão ética ao plano animal, vegetal e ambiental. Não obstante, a dimensão ética permanece específica do homem: para Jonas, os que mais podem são os que mais devem, pelo que, apesar de toda a natureza ser vulnerável, é apenas ao homem, que tem o poder para destruir todo o existente, que compete a responsabilidade de zelar pela *vulnerabilidade*, de responder de modo proporcional ao seu poder, de cumprir o seu dever de solicitude face à ameaça de deterioração e morte, que compete cuidar pela *vulnerabilidade*. A *vulnerabilidade*, entendida agora como condição universal do vivente, consolida-se no vocabulário da filosofia europeia continental como domínio inalienável do agir do homem, impondo a responsabilidade como norma da acção moral.

A *vulnerabilidade* é, pois, agora, reconhecida como constitutiva do humano (Jonas, 2000, p. 115-122)[15] (e até mesmo do existente). Deste modo, a noção de *vulnerabilidade* surge sempre como substantivo e nunca como adjectivo. Por isso, não pode ser compreendida ou utilizada como um factor de diferenciação entre pessoas e populações, tal como se verificava na sua acepção como característica. As-

---

d'un type entièrement nouveau, rien de moins que la biosphère entière de la planète, s'est ajouté à ce pour quoi nous devons être responsables parce que nous avons pouvoir sur lui." Jonas, H. *Le principe responsabilité* (trad. francesa de Jean Greish). Paris: Cerf, 1992, p. 24-25.

15. É já também neste sentido que o prestigiado bioeticista norte-americano emprega a noção de *vulnerabilidade* em "The Vulnerability of the Human Condition", *in*: Rendtorff, Jacob e Kemp, Peter (Ed.s), *Basic Ethical Principles in Bioethics and Biolaw: Autonomy, Dignity, Integrity and Vulnerability*, Copenhagen / Barcelona, Centre for Ethics and Law / Institut Borja de Bioètica, 2000, p. 115-122. v. 1.

sumida tacitamente como expressão de uma discriminação positiva, aquando da sua introdução no discurso bioético, a classificação de *vulnerável* veio a ser denunciada, mais recentemente e, sobretudo, em virtude do crescimento do movimento de inclusão no âmbito dos ensaios clínicos, como uma forma de discriminação negativa[16]. Constitutiva do humano, a *vulnerabilidade* é irredutível e inalienável. Por isso, não pode ser ultrapassada ou eliminada e o reforço da autonomia a par da crescente exigência de consentimento são, não obstante, inexoravelmente insuficientes para neutralizar os prejuízos a que cada *vulnerabilidade* se encontra exposta, uma *vulnerabilidade* que é manifestada, afinal, em todas as dimensões de expressão do humano e não restrita ao plano da experimentação humana.

Lévinas e Jonas convergem na afirmação da *vulnerabilidade* como condição universal do homem a que só a responsabilidade — como resposta não violenta ao outro, como resposta proporcionada à ameaça pendente sobre o perecível, respectivamente — responde efectiva e cabalmente, uma responsabilidade comummente entendida como resposta do eu, de cada um, à presença do outro, na sua radical *vulnerabilidade*[17]. A *vulnerabilidade* exprime, pois, o modo de ser do homem, a sua humanidade, e exige um modo específico de agir na resposta não violenta de cada um ao outro, uma acção responsável e

---

16. O movimento de inclusão defende, de acordo com a sua designação, a inclusão ou livre acesso dos grupos tradicionalmente considerados *vulneráveis* nos ensaios clínicos. A sua invariável rejeição priva-os dos potenciais benefícios que os ensaios clínicos oferecem, quer em termos individuais, na assistência clínica excelente e gratuita, quer em termos sociais, na obtenção de dados científicos rigorosos acerca daquele segmento da população. A rejeição das pessoas e populações consideradas vulneráveis dos ensaios clínicos deixa, pois, de ser interpretada como uma medida de protecção, passando a ser denunciada como um factor de exclusão e de discriminação. Cf. Backlar, Patricia. "Human Subjects Research, Ethics, Research on Vulnerable Populations". In: Murray, Thomas e Mchlman, Maxwell (Eds), *Encyclopedia of Ethical, Legal, and Policy Issues in Biotechnology*. New York: John Wiley & Sons, 2000, p. 641-651. v. 2.
17. As diferenças entre a reflexão de Lévinas e de Jonas sobre a *responsabilidade* são muitas e profundas, não obstante os pontos de convergência destacados. Cf. Neves, M. Patrão. "Na senda da responsabilidade moral". In: *Poiética do Mundo*. Lisboa: Edições Colibri, 2001. p. 851-870.

solidária, assim instaurando, também, uma ética de fundamentação antropológica: o modo como devemos agir decorre do modo como somos e como queremos ser, sendo a nossa comum *vulnerabilidade* que instaura um sentido universal do dever na acção humana. É, também, nesta sua ampla acepção que a *vulnerabilidade* extravaza os estreitos limites de toda e qualquer classificação a aplicar para se tornar efectivamente num tema bioético a problematizar.

Em síntese, e tomando em consideração a reflexão desenvolvida até ao presente, diríamos que das referências circunstanciais da bioética de expressão anglo-americana à *vulnerabilidade* para a sua frequente tematização na bioética de expressão européia, as diferenças são significativas, se bem que complementarmente articuláveis: de função adjectivante, qualificadora de alguns grupos e pessoas, a *vulnerabilidade* passa a ser assumida como substantivo, descrevendo a realidade comum do homem; de característica contingente e provisória passa a condição universal e indelével; de factor de diferenciação entre populações e indivíduos, passa a factor de igualdade entre todos; da consideração privilegiada do âmbito da experimentação humana passa-se para uma atenção constante também no plano da assistência clínica e das políticas de saúde; de uma exigência de autonomia e da prática do consentimento informado passa-se à solicitação da responsabilidade e da solidariedade.

A *vulnerabilidade* como princípio (ético) internacional

Actualmente, e tomando em consideração a bioética na projecção mundial que logrou alcançar, podemos dizer que a noção de *vulnerabilidade* protagoniza os dois sentidos anteriormente indicados: o primeiro, como característica, numa função adjectiva, é o mais restrito, comum e imediatamente apreensível; o segundo, como condição, numa função nominal, é o mais amplo e remete para uma concepção antropológica como fundamento da ética.

A confluência destes dois sentidos na sua possível articulação é excelentemente testemunhada pelo artigo 8 da recente *Universal Decla-*

ration on Bioethics and Human Rights[18], da UNESCO, que enuncia a obrigatoriedade de *respeito pela vulnerabilidade humana e pela integridade pessoal*. Este artigo afirma que a "vulnerabilidade humana deve ser tomada em consideração", o que corresponde ao seu reconhecimento como traço indelével da condição humana, perspectivada na sua irredutível finitude e fragilidade como exposição permanente a ser *ferida*, não podendo como tal jamais ser suprimida; e acrescenta que "indivíduos e grupos especialmente vulneráveis devem ser protegidos" sempre que a inerente vulnerabilidade humana se encontra agravada *por* circunstâncias várias, devendo aqueles ser adequadamente protegidos[19].

Com efeito, é na articulação desta sua dupla acepção que a *vulnerabilidade* veio a ser mais recentemente apresentada como *princípio*, o que, como já antes indicámos, se verifica com um alcance ímpar na citada *Declaração Universal de Bioética e dos Direitos Humanos*, de 2005. Na verdade, o *respeito pela vulnerabilidade humana e pela integridade pessoal* constitui um dos 15 princípios éticos formulados pela Declaração para toda a decisão e prática bioéticas e o seu posicionamento relativo aos outros princípios confirma a justeza da interpretação apresentada. O princípio do respeito pela *vulnerabilidade* é introduzido posteriormente ao princípio do *Consentimento* (artigo 6) e imediatamente a seguir ao das *Pessoas sem capacidade para consentirem* (artigo 7), visando, assim, a responder a todas as situações que podem ferir a integridade do homem, que podem ofender a dignidade da pessoa e que não são prevenidas por estes dois artigos que antecedem o da *vulnerabilidade*. Isto é, o princípio da *vulnerabilidade* visa a garantir o respeito pela dignidade humana nas situações em relação às quais os princípios da autonomia e do

---

18. Disponível em: http://unesdoc.unesco.org/images/0014/001461/146180E.pdf
19. "In applying and advancing scientific knowledge, medical practice and associated technologies, human vulnerability should be taken into account. Individuals and groups of special vulnerability should be protected and the personal integrity of such individuals respected.", art. 8, "Respect for Human Vulnerability and Personal Integrity", UNESCO. *Universal Declaration on Bioethics and Human Rights*, 2005.

consentimento se manifestam insuficientes. De facto, o princípio do "respeito pela vulnerabilidade humana e pela integridade pessoal" articula-se preferencialmente com o da *dignidade humana* (artigo 3), cujo enunciado do valor incondicionado do homem é reforçado com a exigência da sua inviolabilidade.

É, no entanto, em 1998, na *Barcelona Declaration*[20], que a formulação da *vulnerabilidade* como princípio surge pela primeira vez, a par da *autonomia*, da *dignidade* e da *integridade*, consideradas conjuntamente como os *princípios éticos básicos* na bioética e biodireito europeus[21]. A *vulnerabilidade* é, então, apresentada como exprimindo simultaneamente duas ideias que, a partir da nossa reflexão anterior, designamos como sendo a da condição humana na sua universalidade e a da caracterização particular de algumas pessoas. Com efeito, a primeira ideia — segundo aquele documento — enuncia *a finitude e a fragilidade da vida* num sentido que já apresentámos e que se explicita também como real *naqueles capazes de autonomia, fundando [assim] a possibilidade e a necessidade de toda a moralidade*. Para além de se corroborar a já afirmada impossibilidade da autonomia suprimir a *vulnerabilidade* afirma-se, também, que é esta dimensão do humano, que é a susceptibilidade de se ser *ferido*, que instaura o dever de não *ferir*[22], que funda a ética como relação não violenta — numa reflexão assumidamente herdeira do pensamento filosófico europeu continental. A segunda ideia sublinha a necessidade de *cuidado para os vulneráveis* num inequívoco destaque dos

---

20. A Declaração de Barcelona corresponde à concretização de um projecto da União Europeia de apresentação dos princípios fundamentais da bioética e do biodireito, enraizados na cultura europeia, tendo em vista da formulação de uma política europeia conjunta no domínio da biomedicina.
Disponível em: http://www.ethiclaw.dk/publication/THE%20BARCELONA%20Dec%20Enelsk.pdf#search=%22Barcelona%20Declaration%20bioethics%22
21. Cf. Rendtorff, Jacob e Kemp, Peter (Eds). *Basic Ethical Principles in Bioethics and Biolaw: Autonomy, Dignity, Integrity and Vulnerability*.Copenhagen / Barcelona: Centre for Ethics and Law / Institut Borja de Bioètica, 2000, 428 p. v. 1.
22. Robert Goodin havia já apresentado esta ideia em 1985, na sua obra *Protecting the Vulnerable:* a reanalysis of our social responsabilities. Chicago: University of Chicago.

particularmente vulneráveis[23]. A assunção da *vulnerabilidade* como princípio reúne, pois, de forma harmoniosa, os dois sentidos anteriormente identificados na noção de *vulnerabilidade*.

A enunciação da *vulnerabilidade* como princípio não concretiza, porém, apenas a possibilidade de conjugação dos seus dois diferentes sentidos, sublinhados por dois diferentes contextos geo-culturais, e o enriquecimento conceptual do termo daí decorrente. O estatuto de *princípio* atribuído à *vulnerabilidade* traz-lhe algo de novo. Um princípio obriga. Todo princípio exprime uma obrigação, que, como tal, se impõe à consciência moral sob a expressão de um dever, de um dever a ser cumprido. Assim sendo, o aspecto fundamental da afirmação da *vulnerabilidade* como princípio ético é o de formular uma obrigação da acção moral.

Alguns bioeticistas interrogam-se sobre a possibilidade da *vulnerabilidade* poder ser afirmada e reconhecida como *princípio*. Uns afirmam que o conceito é demasiado ambíguo ao serem confrontados com a possibilidade de duas acepções e, sobretudo, com a compreensão da *vulnerabilidade* como *condição humana* que consideram demasiado ampla; outros, centrando-se precisamente na acepção mais alargada, afirmam que esta não possui qualquer dimensão normativa pelo que não é passível de se tornar um princípio. De facto, a *vulnerabilidade* como princípio obriga, na sua acepção mais comum de característica particular, a protecção adequada dessa fragilidade acrescida, numa acção positiva que varia de acordo com as necessidades específicas em presença; na sua acepção mais ampla de condição universal, obriga ao reconhecimento de que todas as pessoas são, de algum modo, vulneráveis, todas podendo ser *feridas* por outrem, pelo que todas exigindo respeito no seu modo de ser,

---

23. "Vulnerability expresses two basic ideas. (a) It expresses the finitude and fragility of life which, in those capable of autonomy, grounds the possibility and necessity for all morality. (b) Vulnerability is the object of a moral principle requiring care for the vulnerable. The vulnerable are those whose autonomy or dignity or integrity is capable of being threatened.". *The Barcelona Declaration*, 1998.

numa acção negativa, no distanciamento ou abstenção de qualquer prejuízo, mas também positiva, na exigência do zelo, do cuidado, da solicitude para com a *vulnerabilidade*.

A formulação da *vulnerabilidade* como princípio tem implicações importantes não apenas num plano teórico, reflexivo, mas também no plano prático, da acção efectiva. Com efeito, podemos apontar, muito brevemente e a título ilustrativo, como este princípio intervém, de forma pertinente e indispensável para a salvaguarda da dignidade humana em situações de fragilidade acrescida, nos três níveis em que a bioética se desenvolve: o da experimentação humana, o da prática clínica e o das políticas de saúde e de investigação biomédica.

O princípio da *vulnerabilidade* obriga ao reconhecimento de que o exercício da autonomia e o prestar consentimento não eliminam a *vulnerabilidade* que, subtil e disfarçadamente, continua a poder ser explorada por meio, por exemplo, no plano da experimentação humana, da apresentação optimista de ensaios clínicos para os quais se procura voluntários, ou das contrapartidas oferecidas a esses voluntários, como sejam exames médicos e assistência clínica gratuita, ou, ainda, da hiperbolização dos sucessos biomédicos pela comunicação social. Nesta última situação, criam-se expectativas irrealistas nos doentes e na sociedade em geral, na qual se vai agravando o processo de medicalização da sociedade. Este coloca na biomedicina a esperança de resolução de todos os problemas humanos, numa pressão insustentável para a biomedicina e desmotivadora da procura de vias alternativas de resolução: o casal infértil, por exemplo, pode recorrer a tecnologias reprodutivas, mas também pode recusar submeter-se aos tratamentos de infertilidade e assumi-la como condição da sua vida, o que tende a ser uma hipótese cada vez mais remota. Assim, já no plano da assistência clínica, podemos acrescentar que, em termos gerais, o princípio da *vulnerabilidade* interpela directamente o profissional de saúde na sua responsabilidade de estabelecer relações simétricas com a pessoa doente e obriga as instituições a protegerem, a zelarem por todos os cidadãos igualmente, mesmo quando estes não têm poder reivindicativo. No domínio específico da prestação de cuidados de saúde diríamos que a existência de associações de doentes, algumas bastante poderosas e que actuam como verdadeiros lobies de interesses, não pode contribuir para que se negligencie ou subestime doentes ou grupos de doentes com menor capacidade organizativa.

No âmbito das políticas de saúde e de investigação, o princípio da *vulnerabilidade* exige, tanto no plano social interno como no internacional, que o benefício de alguns não seja alcançado pela exploração da fraqueza de outros, bem como a compreensão de que a melhoria do bem-estar de apenas alguns torna, afinal, os restantes marginalizados, ainda mais vulneráveis. Exige-se, então, que as políticas nacionais, internacionais e de poderes económicos multinacionais como, por exemplo, o das bioindústrias, não agravem a *vulnerabilidade* humana, mas antes a procurem eliminar na medida do possível e respeitar no que escapa ao seu alcance.

Em síntese, consideramos que os três sentidos que a *vulnerabilidade* tem protagonizado no discurso bioético, e que destacámos no título deste nosso trabalho, são articuláveis entre si e se apresentam hoje como constituintes indispensáveis da sua plena compreensão. Simultaneamente, consideramos que o mais recente estatuto da *vulnerabilidade* como princípio instaura uma nova lógica na racionalidade ética, testemunhada nos diferentes grandes domínios em que a reflexão e a acção éticas aplicadas à vida se desenrola. O princípio da *vulnerabilidade* excede a lógica preponderante da reivindicação dos direitos que assistem às pessoas e anuncia a da solicitude dos deveres que a todas competem, visando à complementaridade entre uma consolidada ética dos direitos, assente na liberdade do indivíduo e desenvolvida pelo reforço da autonomia, e uma urgente ética dos deveres, assente na responsabilidade do outro e desenvolvida pelo reforço da solidariedade.

REFERÊNCIAS BIBLIOGRÁFICAS

BELMONT REPORT. *Belmont Report*: ethical principles and guidelines for the protection of human subjects of research, 1979. Disponível em: http://ohsr.od.nih.gov/guidelines/belmont.html

BEACHAMP, T., CHILDRESS, J. *Principles of Biomedical Ethics.* 5th edition. Oxford: Oxford University Press, 2002.

CIOMS/WHO. *International Ethical Guidelines for Biomedical Research Involving Human Subjects,* 2002. Disponível em: http://www.cioms.ch/frame_guidelines_nov_2002.html

WMA. World Medical Association. Disponível em: http://www.wma.net/e/policy/b3.htm

WMA. World Medical Association. *Declaration of Helsinki*: ethical principles for medical research involving human subjects, 1996.

UNESCO. *Universal Declaration on the Human Genome and Human Rights,* 1997. Disponível em: http://portal.unesco.org/en/ev.phpURL_ID=13177&URL_DO=DO_TOPIC&URL_SECTION=201.html.

LÉVINAS, E. *L'humanisme de l'autre homme.* Paris: Fata Morgana, 1972.

JONAS, H. *Das Prinzip Verantwortung.* Frankfurt: Isnel, 1979.

JONAS, H. *Le principe responsabilité.* Tradução francesa de Jean Greish. Paris: Cerf, 1992. p. 24-25.

JONAS, H. The Vulnerability of the Human Condition. In: RENDTORFF, J. e KEMP, P. (Eds.). *Basic Ethical Principles in Bioethics and Biolaw.* Autonomy, Dignity, Integrity and Vulnerability. Copenhagen / Barcelona: Centre for Ethics and Law/ Institut Borja de Bioètica, 2000, p. 115-122. v. 1.

BACKLAR, P. Human Subjects Research, Ethics, Research on Vulnerable Populations. In: MURRAY, T., MCHLMAN, M. (eds.). *Encyclopedia of Ethical, Legal, and Policy Issues in Biotechnology.* New York: John Wiley Sons, 2000. p. 641-651. v. 2.

NEVES, M. P. Na senda da responsabilidade moral. In: *Poiética do Mundo.* Lisboa: Edições Colibri, 2001. p. 851-870.

DECLARAÇÃO DE BARCELONA. Disponível em: http://www.ethiclaw.dk/publication/THE%20BARCELONA%20Dec%20Enelsk.pdf#search=%22Barcelona%20Declaration%20bioethics%22

RENDTORFF, J., KEMP, P. (eds.). *Basic Ethical Principles in Bioethics and Biolaw.* Autonomy, Dignity, Integrity and Vulnerability. Copenhagen / Barcelona: Centre for Ethics and Law / Institut Borja de Bioètica, 2000. p. 428. v. 1.

GOODIN, R. *Protecting the Vulnerable:* a reanalysis of our social responsabilities. Chicago: University of Chicago, 1985.

capítulo 3

Bioética, Direitos Humanos e Vulnerabilidade

Lourenço Zancanaro

Escolhemos o tema *Bioética, direitos humanos e vulnerabilidade* por entendermos que a ética é condição necessária para que direitos humanos e cidadania possam acontecer na esfera privada e pública. Ao longo da história, a preocupação com situações concretas como: a justiça, a dignidade, a benevolência, a felicidade, a autonomia, tanto na esfera individual como pública sempre estiveram em pauta. São desejos recônditos de viver bem. Estas manifestações estão no Livro dos Mortos, nos Mandamentos da Babilônia, no Decálogo, na Ética aristotélica e no Sermão da Montanha. O ápice desta experiência foi alcançado pelos filósofos clássicos, cujo projeto ético apontava para a organização da polis, tendo como fundamento o bom, do justo e o verdadeiro. Tratava-se de um viver bem na polis. Este modo de agir Aristóteles entende como ética prática. Concretamente ele acontece quando se pratica a justiça, se busca o entendimento racional da vida, porque este não é possível sem a compreensão moral. Viver racionalmente significa buscar o melhor para a vida que se concretiza no bem comum. A Moral Social, sistematizada a partir do século XVIII por Mandeville, Anthony Cooper, David Hume e pelos contratualistas, preocupou-se em estabelecer um *mínimo moral*, em que direitos e deveres seriam a garantia da cidadania. A bioética está incumbida de pensar um *mínimo moral* retomando a discussão dos direitos individuais e sociais na ordem democrática.

Introdução

A bioética não é uma nova ética, nem uma nova ciência, mas uma disciplina com responsabilidade de deliberar em torno de problemas emergentes ligados aos avanços científicos e tecnológicos e seus impactos sobre o agir. Até que ponto os avanços científicos representam também um avanço no que diz respeito à dignidade da pessoa ou aos direitos humanos? Até onde a bioética deve se preocupar somente com o uso humanizado das tecnologias de ponta? A bioética, também, deve deliberar e preocupar-se com problemas persistentes, como os direitos humanos, a vulnerabilidade relacionada aos problemas sociais, a justiça social, a eqüidade e o direito à cidadania? A eqüidade representa um dos princípios mais relevantes, pois não se trata de encontrar somente o justo meio, mas de proteger o indivíduo vulnerável de acordo com suas necessidades.

Sabemos que ela volta seu olhar em três direções: aos problemas do início da vida, do viver e do final da vida. De que formas abordar os direitos humanos às questões relacionadas ao início da vida, ao viver e ao final da vida?

Dentre os problemas do início da vida, apontamos a reprodução assistida, a clonagem, o aborto, a terapia gênica e pesquisas com células-tronco embrionárias. Em relação ao viver, dizemos que a pessoa possui autonomia, responsabilidade em relação às ações, às escolhas, às suas conseqüências no que se refere à utilização das tecnologias, sobretudo nas pesquisas com seres humanos, na aplicação justa dos recursos especialmente para a educação e saúde.

No final da vida, nos defrontamos com situações relacionadas à morte: eutanásia, distanásia, mistanásia e ortotanásia. Assim como no início, no final da vida não podemos falar em liberdade, mas somente em cuidado.

O leque de discussões é imenso. Certamente levaríamos tempo para refletirmos sobre cada faceta que a bioética pode se ocupar. Nesse sentido necessitamos fazer escolhas imediatas. A mais sensata é abordarmos somente um dos aspectos apontados. Escolhemos, dessa formas o tema *Bioética, direitos humanos e vulnerabilidade*, para mostrar que é uma disciplina preocupada com a humanização. Esta é condição necessária para que os direitos humanos e a cidadania possam efetivamente acontecer na esfera privada e pública.

Ética e Direitos Humanos: como certos fatos aconteceram ao longo da história

Ao longo da história da humanidade, a preocupação com situações concretas, como justiça, dignidade humana, benevolência, felicidade, autonomia, tanto no aspecto individual quanto coletivo sempre estiveram presentes. Esses momentos podem ser identificados como desejos recônditos, necessidades imperiosas de viver bem, de buscar a qualidade de vida. Isto nada mais é que a manifestação do desejo da felicidade. Embora a felicidade seja difícil de ser apreendida, por mostrar-se volátil, ela só é possível pelo entendimento moral. O ato de amor só é possível pelo entendimento moral. Desta forma a injustiça é a expressão mais clara da falta de entendimento moral entre as pessoas.

Tais desejos e preocupações com o viver são encontrados no *Livro dos Mortos*, nos *Mandamentos da Babilônia*, no *Decálogo*, na *Ética aristotélica* e no *Sermão da Montanha*. São exemplos que ilustram a presença de imagens arquetípicas, ou seja, da forma como se manifestaram ao longo do tempo, em forma de ações próximas de vizinhos e de amigos.

Lembramos inicialmente a tradição egípcia presente no *Livro dos Mortos*, século XVII a.C. O conteúdo dessa experiência, se analisada sob o prisma filosófico, antropológico ou sociológico, expressa imagens arquetípicas, presentes tanto nos povos quanto nos indivíduos. Manifesta-se como filosofia prática em busca da realização do desejo de viver bem. Resgatar esta experiência histórica permite buscar inspiração para demonstrar que a preocupação com os direitos humanos não pode ser vista como uma construção exclusivamente moderna. Esses fundamentos estão presentes na antiguidade clássica, da mesma forma que hoje se encontram presentes na bioética, com o mesmo objetivo: humanizar as relações humanas. Em síntese, o exame de consciência relatado no *Livro dos Mortos* diz: "não denegri diante dos meus superiores a quem quer que seja; não deixei ninguém com fome; não fiz ninguém chorar; não matei ninguém, nem ordenei que os matasse, nem lhe causei mal algum; não tirei o leite da boca das crianças. Não saqueei, nem enganei; nem roubei, não fiz litígios; nem menti; não insultei; nem abusei da palavra; não ultrajei o rei; nem levantei demais a voz; não diminuí a medida do trigo; nem falseei a medida agrária; nem a balança; não fui rude à voz da justiça" (Exame de consciência do *Livro dos Mortos*: séc. XVI a.C.).

Igualmente encontramos nos *Mandamentos da Babilônia* (século XIV a.C. e numa análise comparativa com o *Decálogo* entre o séc. VIII e o séc. XII a.C.) as grandes preocupações de uma ética antropocêntrica. Suas ações estão voltadas ao agir próximo, e as relações buscam fundamentalmente a harmonia entre os amigos e os vizinhos. Esse é o retrato das mesmas angústias que afligem o homem do século XXI, como a violência, a injustiça. Tais elementos estão presentes nos mandamentos: "não desprezes teu pai e tua mãe; não entres na casa do teu próximo; não te avizinhes da mulher do teu próximo; não roubes a veste do teu próximo; não transgridas a Justiça; observa as tuas promessas" (Mandamentos da Babilônia, séc. XIV a.C.).

O ápice desta experiência foi alcançado pelos clássicos gregos, Sócrates, Platão e Aristóteles. Estes formularam um autêntico projeto ético cuja dimensão antropocêntrica objetivava a organização da polis tendo em vista a busca do bom, do justo, que deveria beneficiar toda a comunidade. Adela Cortina (2005, p. 53) afirma que "Sócrates representa na história da filosofia a tentativa de estabelecer critérios racionais para distinguir a verdadeira virtude da mera aparência de virtude". Tal argumentação está fundada no modo como deveríamos conduzir nossas vidas. Está fundada na determinação de quais relações sociais seriam capazes de responder à pergunta: como devemos viver?

"A excelência humana se revela antes de tudo na atitude de busca do verdadeiro bem, pois só quem chega a conhecer esse bem pode colocá-lo em prática. Em conseqüência, o primeiro passo para alcançar a perfeição moral é o abandono de atitudes dogmáticas e céticas — que são produto da preguiça — e a conseqüente adoção de uma atitude crítica que só se deixa convencer pelo melhor argumento" (Cortina, p. 54). Ressaltamos que o que buscamos não é o conhecimento pelo conhecimento, "mas a assimilação dos conhecimentos necessários para agir bem" (Idem). A excelência da vida humana é a mesma coisa que sabedoria, felicidade e vida boa. Isto só é possível à medida que nos entendermos moralmente. Cortina (2005) enfatiza "a importância da educação dos cidadãos como tarefa ética primordial, uma vez que só se contarmos com cidadãos verdadeiramente sábios poderemos esperar que eles sejam bons cidadãos".

Se a resposta à pergunta — como devemos viver? — é objetiva: devemos viver bem — quer dizer que a felicidade só pode acontecer no seio de uma comunidade bem organizada. Platão entende que "o bom e o justo para o indivíduo não podem ser algo distinto do que se considere bom e justo para o bem comum, para alcançar ou manter uma cidade feliz" (idem, p. 55). O bem é uma realidade em si mesma, algo distinto e separado das coisas boas. Portanto é necessária uma compreensão racional, do justo, do bom, superando, assim, a mera opinião particularmente retratada no *Mito da Caverna*.

Qual é a finalidade da vida? Viver bem, responde Aristóteles. Entretanto para se viver bem é necessário levar em conta alguns procedimentos práticos na esfera pública, pois se trata de um viver bem na polis. A este modo de agir, Aristóteles entende como ética prática. Concretamente isto acontece quando se pratica a justiça, se busca o entendimento racional da vida. O racional significa o melhor para a vida em comum e este consiste o bem comum. Aristóteles marca a teorização de uma vida política incrementada de racionalidade em que vão imperar a justiça como justo meio e especialmente o princípio da eqüidade, fundamental para felicidade. Portanto, se o *telos* é a felicidade, os demais funcionam como meios para alcançá-la, isto é, as riquezas e as honras não podem ser a verdadeira felicidade, pois sempre são desejados como meios e não constituem a própria felicidade. Neste caso, a sabedoria prática, a prudência, necessita passar necessariamente pelo crivo da razão. A deliberação é fruto da liberdade e nisto consiste a sabedoria prática. Desta forma, os gregos, pela reflexão racional, alcançaram o entendimento de uma vida em sociedade no plano ideal. Por que ainda não alcançamos esse ideal?

Embora existam embates entre bioeticistas, sobretudo entre os que repudiam a intromissão religiosa na bioética por considerá-la uma construção laica, não há como negar que o tema da justiça permeia toda a discussão bíblica. O Sermão da Montanha (Mt. 5 e 6) mostra nitidamente o apelo à compaixão, à justiça, à benevolência, à misericórdia. "Justiça para aqueles que são inúteis ou incômodos para uma estrutura de sociedade baseada na riqueza que explora e no poder que oprime". Em suma, a humanização, por meio da prática da justiça, está presente em essência, especialmente em Mt. 5,17ss. "Cumprir a lei fielmente não significa subdividi-la em observâncias minuciosas, criando uma burocracia escravizante; significa, isto sim, buscar nela inspiração para a justiça e a misericórdia, a fim de que o homem tenha vida e relações fraternas". De qualquer forma, o modelo de humanidade objetiva buscar a qualidade de vida fundado numa atitude prática privilegiando as relações do agir próximo.

A Moral Social

O modelo de Moral Social, desenvolvido a partir do século XVIII por Mandeville, Anthony Cooper, David Hume e pelos contratualistas Locke e Hobbes, tem como marca buscar uma independência em relação à religião. Não é necessário ser religioso para ser um sujeito moral. Os anseios da felicidade, de viver bem, que hoje denominamos de qualidade de vida, são inerentes à experiência humana. Kant (1986, p. 15) afirmava que o *egoísmo e a insociável sociabilidade* são inerentes à natureza humana. Por mais que tentemos galgar a perfeição social, sempre esbarramos na necessidade de uma *constituição civil perfeitamente justa*, fruto de uma construção racional ideal. Todavia, o que é importante assinalar neste momento histórico é a preocupação em estabelecer para a sociedade um mínimo moral, em que direitos e deveres sejam garantia da cidadania e por conclusão o respeito à dignidade da pessoa. Se a Europa fez essa reflexão no século XVIII, o que dizer do Brasil? Ousamos dizer que hoje a bioética mais do que nunca está incumbida dessa tarefa de pensar o mínimo moral para a sociedade.

Dessa forma, a bioética não poderá dedicar-se somente aos problemas emergentes, mas também aos persistentes. Tal argumento está sustentado no fato de que se vivemos numa sociedade de vulneráveis, é porque não há compreensão moral. Desta forma, é obrigação da bioética pensar a si mesma não somente como "ponte para o futuro, mas uma bioética global" (Potter, 1998, p. 337). Se ela é a *ciência da sobrevivência humana* como afirmava V. R. Potter, então falar sobre ela é uma questão de sobrevivência. Ela nos recomenda exatamente o cuidado que na expressão heideggeriana significa: "quem mais cuida do presente mais estará cuidando do futuro". Desta forma, *direitos humanos* significa humanizar as ações voltadas à biotécnica e nas que envolvem justiça social.

Ela deveria contextualmente desenvolver o que é compatível e não compatível com a dignidade do homem, quais (sic) os requisitos de uma vida boa em comunidade e o que impõe *amor à distância* para as gerações futuras. Tugendhat (1997, p. 298) afirma com clareza: "A moral é um instrumento para a compensação de nossas limitadas simpatias". Tem o sentido de que o círculo das pessoas com as quais simpatizamos é limitado. "Se só podemos estar bem numa relação equilibrada de amor e se esta não é possível sem a atitude moral, então temos boas razões para nos entendermos moralmente" (Tu gendhat, 1997, p. 301). As razões estão no fato de nos compreendermos como membros de uma comunidade moral em geral. Se não fosse assim veríamos nossos semelhantes somente como objetos e não como sujeitos. Sendo assim, nossas relações seriam simplesmente instrumentais. A moral sempre entendeu que a relação deve ser comunicativa.

Ao relatarmos os anseios que estiveram em jogo na antiguidade, não vemos muita diferença em relação ao que a bioética reclama atualmente como seus fundamentos. A racionalidade dos clássicos, sua sensibilidade para com as questões do viver apontaram a justiça como o centro. Sem ela nada parece possível para a bioética, nem mesmo pensar uma sociedade melhor tanto no seu aspecto individual como coletivo. Então os direitos humanos necessitam levar em conta os princípios que seguem.

a) **Dignidade humana** — O princípio da dignidade da vida aponta imediatamente para um argumento kantiano. Sem ela nosso entendimento seria demasiado abstrato e seríamos incapazes de vislumbrar procedimentos práticos. O resumo do princípio categórico kantiano diz: "O homem é um fim em si e nunca pode ser considerado como um simples meio". Tal assertiva nos leva imediatamente às nossas relações interpessoais. Observamos que muitas vezes são instrumentais, objetualistas, individualistas, egoístas, anti-sociais e não têm a preocupação com o bem comum. Tais procedimentos não permitem ver o outro como algo distinto de mim em seu ser, sua individualidade, mas como alguém que posso usá-lo ou tirar algum proveito pessoal. No entendimento de Kant, essas ações não permitem ver o outro como *um fim em si mesmo*, ou seja, como algo distinto de mim e merecedor de respeito simplesmente porque carrega em si a dignidade.

b) **Qualidade de vida** — O que sustenta a qualidade de vida é a justiça porque pressupõe uma vida digna. A bioética é um grito pela dignidade humana, por isso torna-se um tema ecumênico. Não é meu nem seu, é de todos. O bom, o justo e o verdadeiro no seu sentido pleno, portanto ético, remete ao coletivo. Nenhum homem é uma ilha a tal ponto de não depender do outro, não só no sentido antropocêntrico, mas também antropocósmico. O grande problema é que nossos discursos na maior parte das vezes não passam de puras abstrações. Isto quer dizer que a ética, a cidadania e os direitos humanos só se tornam reais quando se tornam *políticas públicas* (Jonas, 1984). Da mesma maneira que a vulnerabilidade é superada através de políticas públicas. Minha ação enquanto cidadão, na mínima coisa que fizer necessita ser uma política pública.

c) **Felicidade** — A felicidade está além da realização enquanto posse de objetos culturais. Vai além da realização subjetiva momentânea cuja experiência com certeza todos já vivenciamos. Ela é política, social, cultural, profissional, em nível de esperança e fé. A bioética, nesse sentido, é um grito de esperança que surge lá do fundo do poço: é um grito por dignidade, e a saúde autêntica é a infra-estrutura da felicidade.

d) **Justiça** — Esta se constitui o fundamento de o agir ético. Ela não acontece somente no plano individual, do bom, do justo, da felicidade, mas também no plano global. Neste caso o principialismo colabora para entendermos os principais argumentos e discussões entre Bioética e Direitos Humanos: a) Princípio da beneficência; b) Princípio da não-maleficência; c) Princípio da autonomia; d) Princípio da justiça. São fundamentais por sustentarem a bioética nos alicerces do respeito à pessoa ou ao princípio da *reverência à vida* (Dall'Agnol, 2004, p. 157ss). Sempre buscar o bem, nunca fazer o mal, respeitar a autonomia da pessoa, buscar o bem e o justo tanto individual como coletivo não se esgota no seu aspecto formal. A grande questão está que isto se realize também no seu aspecto material (Dall'Agnol, 2004, p. 49). Tanto a justiça formal como a justiça material permitem vislumbrar uma compreensão do que chamamos de eqüidade. O desafio da política pública é tornar possível essa realidade formal e material. É aqui que os direitos humanos se inserem como política pública.

Direitos Humanos para a Bioética?

A condição necessária para que a cidadania se torne política pública está na ética como uma racionalidade internalizada ou como comportamento adquirido e conquistado. Tais valores são adquiridos ou rejeitados pelo processo de humanização possível pela cultura. Kant afirma que este processo é infinito. Se para ele o progresso da história é infinito, significa também dizer que a razão progride infinitamente e cada geração é responsável por esse processo. Desta forma, a educação precisa realizar em cada geração esse processo de progresso racional. Se não fizermos isso para as gerações presentes as conseqüências futuras serão desastrosas. Por isso que a educação no seu sentido lato, tanto pode humanizar como desumanizar.

Cabe novamente a pergunta: o que devemos entender por ética? Sem dúvida ela está ligada aos conceitos de felicidade, de dignidade humana, de uma essência substancial, de prudência, de cuidado, de respeito, de polidez, de limite de responsabilidade, de precaução.

A pessoa humana, democracia e direitos fundamentais

Todo regime político pressupõe uma concepção determinada de homem e de Estado, uma visão particular da sociedade humana e dos fins a ela inerentes, em função dos quais se estabelecem as regras da convivência social.

Um dos aspectos nucleares da cosmovisão característica das várias civilizações do Ocidente reside na afirmação do valor sagrado do homem, entendido como pessoa. Nesta perspectiva chamaremos de democráticos os sistemas políticos comprometidos com o respeito à dignidade do homem, ou seja, postos a serviço dos valores e direitos da pessoa. Definimos, então, democracia como "o regime que promove, no maior grau possível, os direitos fundamentais da pessoa humana (Souza Jr, p. 15).

a) Respeito aos direitos: as liberdades públicas

Os direitos fundamentais que, nos termos da definição, têm de ser respeitados pelo Estado são hoje conhecidos como liberdades públicas. Também chamados de direitos de agir, as liberdades públicas não implicam a intervenção do Estado para a sua realização. Antes, pressupõem o reconhecimento da autonomia do indivíduo em face do Estado, entendido o homem como ser capaz de autodeterminar-se segundo os critérios de sua consciência moral. Ora, sendo esta esfera de autonomia oponível ao Estado, podemos concluir que as liberdades públicas não poderão ser plenamente efetivadas se não houver limitações à ação do Estado em favor do indivíduo.

Entre as liberdades públicas, incluem-se os direitos individuais clássicos, como o direito à vida e à integridade física e moral, o direito de livre expressão de pensamento, direito à informação, o direito à intimidade e à inviolabilidade de domicílio, o direito à propriedade, o direito de ir e vir, direito à livre organização e reunião, o direito de escolher uma profissão e um modo de vida, o direito de acesso às obras culturais e artísticas, o direito de presunção à inocência etc.

Também podemos incluir no âmbito das liberdades públicas os direitos de participação política (direitos políticos), fundamentais como os anteriores porque são decorrentes da própria natureza humana na medida em que se reconhece o homem-pessoa como ser naturalmente social.

Uma vez que o Estado não participa de forma direta da realização desses direitos, mas apenas mediante a regulamentação das condições de seu exercício, constitui seu dever assegurá-los juridicamente. Instrumentos jurídicos, como o *hábeas corpus* e o mandado de segurança, por exemplo, constituem procedimentos típicos de defesa das liberdades públicas. A qualquer cidadão — partindo-se do pressuposto de que todos são iguais perante a lei — deve ser garantido o direito de solicitar a manifestação da Justiça quando entender que tenham sido lesadas suas liberdades básicas.

b) Promoção dos direitos: os direitos econômico-sociais

Tão fundamental quanto a garantia das liberdades públicas é a realização do bem-estar social. Por força de inúmeros movimentos de cunho social-reformista eclodidos já na segunda metade do século XIX, generalizou-se na consciência dos povos o entendimento de que o Estado não deve ser visualizado apenas segundo a perspectiva estática de guardião das liberdades, mas ao contrário, como uma entidade dinâmica permanentemente empenhada na universalização do bem-estar social. Por isso mesmo, os direitos econômico-sociais implicam prestações positivas do Estado à coletividade.

Sem deixar de levar em conta as diferenças individuais de capacidade e iniciativas, compete ao Estado assegurar a todos os cidadãos, indistintamente:

1) iguais oportunidades de ascensão social e econômica, pela democratização dos serviços educacionais.

2) Satisfação das necessidades humanas básicas: alimentação, habitação, vestuário, saúde, previdência, salário justo e lazer.

É, pois, da competência do poder público assegurar a satisfação de um patamar mínimo de necessidades vitais de ordem material, elevando-o à medida de seu desenvolvimento econômico. O nivelamento se faz, assim, de baixo para cima, pela ampliação progressiva dos serviços sociais prestados ou estimulados pelo Estado. Garantidas as condições materiais necessárias a uma vida humana digna; democratização das oportunidades de ascensão social à medida que as diferenças entre os diversos estratos sociais não serão determinadas por privilégios de classe.

A missão do Estado não se esgota no oferecimento de instrumentos legais que resguardem a liberdade dos indivíduos e lhes permitam a defesa dos próprios interesses. Cabe-lhe, ainda, pela utilização de instrumentos econômico-sociais, promover a participação de todas as camadas sociais nos benefícios do progresso e da civilização. O Estado democrático deve estar inteiramente voltado para a realização da pessoa, princípio e fim da organização política. Então são democráticos os Estados que cultivam o respeito à dimensão individual da pessoa e os que reconhecem a sua dimensão social.

Conclusão

Existem dois momentos da vida humana que a vulnerabilidade se torna patente: no início e no final. Nestes momentos não podemos falar nem em autonomia, nem em liberdade, mas em cuidado. No início da vida, o cuidado é incondicional, portanto a responsabilidade é total: cuidamos ou a vida do recém-nascido se torna inviável. Jonas se refere a esse momento como sendo de uma responsabilidade incondicional. A única saída é o cuidado pleno do recém-nascido. No final da vida, o cuidado está relacionado à proteção dos direitos humanos e da dignidade dos doentes incuráveis e terminais. O "prolongamento da vida não deve ser o objetivo único da prática médica, que deve igualmente ter em vista o alívio dos sofrimentos" (Pessini, p. 515).

A obrigação de respeitar e de proteger a dignidade de doente incurável ou terminal é conseqüência natural da dignidade inviolável inerente ao ser humano em todas as fases da vida. Esse respeito e essa proteção se traduzem na criação de um ambiente adequado que permita ao ser humano morrer dignamente (Pessini, p. 515).

Convém, particularmente, tomar cuidado no caso dos membros vulneráveis da sociedade, como demonstraram inumeráveis experiências de sofrimento passadas e presentes. O ser que se encontre em estado de fraqueza e dependência, necessita ser protegido, sobretudo nos últimos momentos da vida. Isso faz parte de todo o processo de conquistas históricas que pretenderam implantar a cultura do *mí-*

nimo moral em que os cuidados paliativos façam parte dos direitos individuais e que o sistema assegure um acesso eqüitativo a todo o sistema da saúde. Tais procedimentos não podem atentar contra a dignidade do ser humano.

Da mesma forma, a declaração universal do genoma humano e dos direitos humanos, da UNESCO, de 21 de novembro de 1997, afirma: "O Genoma Humano subjaz à unidade fundamental de todos os membros da família humana e também ao reconhecimento de sua dignidade e sua diversidade inerente. Num sentido simbólico é a herança da humanidade" (Pessini, p. 521). É a idéia de que o genoma é patrimônio da humanidade. "De que todos têm o direito ao respeito por sua dignidade e seus direitos humanos, independentemente de suas características genéticas. De que a pessoa não pode ser reduzida às suas característica genéticas e finalmente, uma pesquisa só pode ser realizada com consentimento e se os benefícios forem iguais ou superiores aos já conhecidos. Enfim, em pesquisas com o genoma humano, devem prevalecer sobre o respeito aos direitos humanos, às liberdades fundamentais e à dignidade humana dos indivíduos ou quando for o caso, de grupos de pessoas.

O apelo à responsabilidade é fundamental. Servimo-nos dos imperativos de Hans Jonas por entendermos que expressam a essência do agir presente e futuro da humanidade salvaguardando, assim, os direitos fundamentais. "Age de tal maneira que os efeitos de tua ação não conduzam à possibilidade de destruição da existência futura. Age de tal modo que os efeitos de tua ação não sejam destruidores da possibilidade futura dessa vida. Não comprometas as condições de continuidade indefinida da humanidade sobre a terra. Inclui em tua escolha presente como objeto do teu querer a integridade futura do homem" (Jonas, 1984, p. 11). Portanto é uma responsabilidade em relação ao frágil. O outro é o frágil, portanto o concreto, com possibilidade da morte essencial. É a responsabilidade pelo concreto, pela existência da vida. Existir é ser. Hoje mais do que nunca é necessário garantir essa possibilidade.

REFERÊNCIAS BIBLIOGRÁFICAS

BARCHIFONTAINE, C. P., PESSINI L. (orgs.). *Bioética*: alguns desafios. São Paulo: Loyola/Centro Universitário São Camilo, 2001.

BARCHIFONTAINE, C. P., PESSINI L. (orgs.). *Problemas atuais de bioética*. São Paulo: Loyola/Centro Universitário São Camilo, 2000.

SOUZA JR, C. S. *A crise da democracia no Brasil*. Rio de Janeiro, Forense, 1978.

CORTINA, A. *Cidadãos do mundo* — para uma teoria da cidadania. São Paulo: Loyola, 2005.

CORTINA, A., MARTÍNEZ, E. *Ética*. São Paulo: Loyola, 2005.

DALL'AGNOL, D. *Bioética*. Rio de Janeiro: DP&A Editora, 2004.

HOTTOIS, G. *Le signe et la technique*. Paris: Aubier Montaigne, 1984.

KANT, I. *Idéia de uma história universal de um ponto de vista cosmopolita*. São Paulo: Brasiliense, 1986.

JONAS, H. *The imperative of responsability* — in search of an ethics for the technological age. Chicago: University of Chicago, 1984.

PAIM, A. *Fundamentos da moral moderna*. Curitiba: Champagnat, 1994.

SPAEMANN, R. *Felicidade e benevolência* — Ensaio sobre ética. São Paulo: Loyola, 1996.

TUGENDHAT, E. *Lições sobre ética*. Petrópolis: Vozes, 1997.

capítulo 4

Vulnerabilidade e Decisão: tensão no pacto médico

Newton Aquiles von Zuben

O princípio de vulnerabilidade evoca duas categorias essenciais da condição humana: finitude e transcendência. Em estreita correlação com os princípios de autonomia, de dignidade e de integridade é o esteio conceitual para a reflexão sobre dilemas éticos suscitados pela tensão nas relações médico-paciente. É na articulação desses princípios que se sustenta o processo de deliberação e decisão relativas à prática terapêutica com o apelo aos cuidados pelo paciente e os procedimentos de tratamento por parte do médico. Estabelece-se, assim, um pacto de confiança e uma aliança de dois parceiros morais: paciente e médico. O princípio de vulnerabilidade erige como o atributo maior o respeito ao ser humano concretizado nessa situação com a manifestação de sua autonomia por meio do consentimento livre dado pelo paciente após todos os esclarecimentos fornecidos pelo médico. A articulação desses princípios citados tem constituído, mesmo entre *estrangeiros morais* numa *cultura politeísta* e secular (Engelhardt, 1998), o quadro de referência comum, a *intenção ética* e o contexto normativo para as decisões na prática da Bioética, mantendo-se a convicção de que nenhuma razão universal pode resolver os dilemas. O objetivo dessa comunicação é analisar o poder heurístico do princípio de vulnerabilidade como conceito fundamental da existência humana, pois não só reitera a relevância do respeito à pessoa humana, mas condiciona a abertura ao outro (responsabilidade e transcendência) na intenção ética da solicitude e do cuidado humano como *telos* principal da prática médica.

Introdução

A relevância do princípio de vulnerabilidade no âmbito do questionamento bioético se alicerça na sua densidade heurística e se impõe pelas seguintes razões: 1) evoca duas categorias essenciais da condição humana: finitude e transcendência; 2) relaciona dialeticamente, como eixo articulador, os princípios da Bioética de autonomia, de dignidade e de integridade; 3) provoca a reflexão sobre dilemas éticos suscitados pela tensão constante, no âmago do *pacto médico*, entre procedimentos terapêuticos de exponencial complexidade (dever médico — obstinação terapêutica) e recusa de tratamento (diversas facetas da autonomia — vulnerabilidade — consentimento); e 4) relança a exigência da avaliação tecnológica (*technological assessment*) de inovações tecnocientíficas ambivalentes, da eficácia das investigações científicas no campo das biociências e do aprimoramento do processo de deliberação e decisão como prática discursiva democrática na Bioética.

Pela vulnerabilidade pode-se entender, a montante, na origem da Bioética, as reações diante de denúncias de abusos contra a dignidade da pessoa humana em pesquisas no campo biomédico. A jusante pode-se observar que o princípio de vulnerabilidade agrega, pela sua concretude existencial, os principais conceitos heurísticos definidos em textos internacionais que orientam o processo de decisão, de deliberação e de ordenamento das questões dilemáticas no campo das ciências biomédicas.

Face às inovações antagonizam-se, de um lado, a tecnofobia metafísica própria de uma filosofia nostálgica herdeira de uma tradição onto-teológica que privilegia a condição humana de simbolização; de outro lado, a tecnofilia evolucionista (T. Engelhardt), que postula a variação da condição humana na escala cósmica, privilegia a dimensão operativa, rejeitando qualquer tipo de fixidez da natureza humana embasando a pertinência e eticidade das investigações tecnocientíficas. A abordagem principialista de questões éticas foi instituída pelo *Relatório Belmont* (1978) com os princípios reguladores da ação: a autonomia, beneficência e justiça.

Na *Declaração de Barcelona* (1998), sem que fosse recusada a idéia de princípios normativos e axiomáticos, a orientação se volta a balizas antropológicas com a introdução de outros princípios (mantido o de autonomia): dignidade, integridade e vulnerabilidade. Tais princípios serão consagrados na *Declaração Universal sobre Bioética e os Direitos do Homem*, da UNESCO, de outubro de 2005.

A articulação desses princípios tem constituído, mesmo entre *estrangeiros morais* numa *cultura politeísta* e secular (Engelhardt, 1998), o quadro de referência comum, a *intenção ética* e o contexto normativo para as decisões na prática da Bioética, mantendo-se a convicção de que nenhuma razão universal pode resolver os dilemas.

O objetivo dessa comunicação é, no horizonte temático dos documentos citados, analisar, de modo sucinto e esquemático: (1) as razões acima citadas da relevância do princípio de vulnerabilidade e sua articulação com o de autonomia e dignidade e integridade, de modo análogo pelo qual, na estrutura existenciária do ser humano, se articulam as categorias de finitude e a transcendência; (2) mostrar o significado desse princípio que, na sua intencionalidade, coloca em ação a autonomia da pessoa, evoca a abertura ao outro (transcendência), dispõe a ética da responsabilidade pelo outro e a ética da solicitude, do cuidado humano como *telos* principal da prática médica.

A vulnerabilidade na *condição humana* e a Bioética

A vulnerabilidade pode ser entendida como uma categoria existenciária essencial para a compreensão do ser humano na medida em que exprime a própria finitude da condição humana como mortal. A vulnerabilidade e os outros princípios a ela relacionados, a saber, autonomia, dignidade e integridade, são princípios eminentemente de caráter antropológico. A ênfase a eles atribuída na *Declaração de Barcelona*, de 1998, e o lugar que ocupam na *Declaração Universal sobre Bioética e os direitos do Homem*, de 2005, indicam a relevância da contribuição no âmbito da reflexão bioética da antropologia filosófica como abordagem crítica e compreensiva do campo semântico e categorial que compõe a estrutura fundamental do ser humano.

Reconhecer no humano a vulnerabilidade é o mesmo que dizer que ele é passível de *pathos*, sensível a uma ação qualquer provinda de outro ser ou do mundo ambiente. Significa afirmar que o homem é um ser situado em um mundo interagindo significativamente com outros e com o meio ambiente. Reconhecer o homem como ser finito significa afirmar que sua corporeidade não é única e simplesmente identificável a uma coisa mundana, objetivável e manipulável. Pela corporeidade, o homem é um ser encarnado capaz de afetividade, de ação, de desejo, de tomar consciência de si, um ser mortal. Inerente à sua corporeidade se reconhece a capacidade de transcender o estatuto de objeto, de coisa manipulável. Corporeidade e transcendência sustentam-no como consciente de si, capaz de se reconhecer como finito e vulnerável e como agente moral. No seu sentido concreto, o vulnerável é aquele que pode ser atingido por algo no plano físico, psíquico, social ou moral. Pode ser afetado de modo negativo, um mal que lhe causa danos físicos, psíquicos ou morais. Isso remete à idéia de risco eminente que pode provocar sofrimento. Vulnerabilidade pode ser relacionada à idéia de sofrimento.

Esse reconhecimento é entendido como o traço peculiar do homem como ser de razão. A transcendência lhe permite declarar-se autônomo. O *pathos* próprio do homem faz dele um ser ao mesmo tempo de múltiplas potencialidades e de fragilidade, em outros termos, ser corpóreo, ser de intenção que se projeta para fora de si e se relaciona ao outro. O humano, por articular em si indissoluvelmente duas dimensões, finitude e transcendência, será capaz de perceber-se finito, e ao mesmo tempo capaz de reconhecer o outro [dar sentido à alteridade] enquanto outro e isso define sua transcendência. Essas duas dimensões formam uma estrutura dinâmica. As relações entre essas dimensões não se concebem à maneira de uma combinação, de uma adição, mistura ou justaposição. É uma relação dialética. Em outros termos, as dimensões — corporeidade e consciência, ou finitude e transcendência — não são responsáveis isoladamente por fenômenos humanos, do modo como a teoria das localizações cerebrais estipulava um mapa dos lugares corticais onde se situariam as *partes* responsáveis pelos comportamentos humanos.

Em torno do horizonte semântico da vulnerabilidade, gravita um conjunto de outras categorias que tem sentido na sua respectiva interdependência. Tal concepção não é simples retórica, pois sua relevância é reconhecida na *Declaração*, acima citada no artigo 26 — *Interdependência e complementaridade dos princípios*.

A vulnerabilidade como noção existenciária está próxima de princípios éticos tradicionais, assim como, a autonomia, como auto-determinação, integridade como coerência de vida e o de dignidade como valor intrínseco da pessoa humana. A dignidade foi invocada desde a *Declaração de Nuremberg*, considerada pela bioética o primeiro texto clássico a orientar as pesquisas com seres humanos. Para Peter Kemp apud Hottois e Missa (2001, p. 869), esses princípios clássicos da ética, sua força e limites, só podem ser compreendidos no âmbito semântico da idéia de vulnerabilidade. E mais, a vulnerabilidade, ao expressar a finitude humana, funda a necessidade e a possibilidade de todo discurso moral e de toda ética da solicitude, do cuidado e da responsabilidade.

A intenção ética da bioética se orienta para questões relacionadas às pesquisas tecnocientíficas, sobretudo nas ciências biomédicas. Entende-se, assim, com os resultados espetaculares nesse campo de investigação tecnocientífica, a fenda que se estabelece com o quadro conceitual clássico da ética, incapaz muitas vezes de *dar razão* disso tudo. Reconhece-se a dificuldade em definir os termos que darão condições para a análise, discussão e eventual solução de questões éticas apresentadas. Apelou-se para conceitos *gerais* denominados princípios. Esses princípios não são propriamente normas morais ou regras morais de boa conduta. Não são meramente conceitos abstratos, mas orientações éticas práticas, vale dizer, "reguladores de nossa compreensão da ação boa e da verdadeira vida expressando aspectos da ação que devem ser respeitadas se desejamos manter e desenvolver a ação e vida boa" (Kemp, 2004, p. 101).

É de se notar no movimento da bioética a crescente proliferação quase desmesurada de *princípios*. Podem-se enumerar, nos mais diversos textos internacionais, Declarações e Pareceres dos Comitês nacionais e internacionais, quase três dezenas de *princípios*. Como afirma Hottois: "A superabundância de princípios é sintoma da crise de balizas normativas estáveis e comuns; é encorajada pela diversidade de tradições morais e pela evolução rápida das ciências e das técnicas" (Hottois, 2005, p. 93). Inaugurou-se, conseqüentemente, na bioética, uma ética que desde o *Relatório Belmont* (1978) e, depois, com a obra de Beauchamp e Childress, *Princípios de Ética Biomédica* (1979), recebeu a denominação de Principialismo. O cenário representado pela sociedade americana nos anos 70 e 80 do século passado, marcadamente caracterizado pelo multiculturalismo e pelo individualismo para a qual a prática média era crescentemente tecnologizada e contratualista, foi propício para o surgimento dessa corrente no campo da ética.

É pertinente observar, a respeito o papel dos grandes princípios em moral, que se incorre em reducionismo se se defender de modo ingênuo a tese segundo a qual o raciocínio moral deva proceder dedutivamente, vale dizer, a partir dos grandes princípios deveriam deduzir-se soluções para situações particulares concretas.

Formulados de maneira bem geral, os princípios, quando confrontados a situações concretas (na prática clínica, por exemplo), revelam ambigüidades que provocam incertezas e eventuais *aporias decisionais* ou a situação de um beco sem saída no processo de tomada de decisão. Para se evitar essa cilada, é razoável que se proceda a acertos e revisões no entendimento de tais princípios quando de seu confronto com as situações particulares. E mais, a *Declaração Universal sobre Bioética e os Direitos do Homem* pode permitir uma compreensão de que se trata de *princípios* como normas universais no campo da bioética. A filosofia como uma prática crítica tem procedido a uma desconstrução de sua tradição metafísica naquilo que poderia conter de pretensões desmesuradas de cunho hegemônico, como o dogmatismo, o fundamentalismo, o universalismo. Como afirma Hottois: "é na filosofia contemporânea que a crise de balizas, de valores e de normas universais se exprime com maior radicalidade" (Hottois, 2005, p. 91). É no mínimo muito delicado, conclui Hottois, na perspectiva da filosofia, tratar-se de *princípios normativos universais*. Engelhardt (1998), em sua obra *Fundamentos da Bioética*, fala de *catástrofe fundamental* causada pelo duplo fracasso, da fé e da razão, grandes relatos animados pela pretensão de universalidade, capazes de legitimar uma moral e uma ética.

A vulnerabilidade revela no mundo humano a experiência existencial do sofrimento, motivação fundamental da esperança de *ser-cuidado* e talvez de ser curado (Ricoeur, 2004, p. 37). Assim, ela é atribuída, antes de tudo, mas sem exclusividade, ao sujeito humano como pessoa. A vulnerabilidade não é para o ser humano um estado, mas a condição mesma de sua humanidade, finita, mortal. Ela encarna a ameaça letal, pois faz com que o homem esteja num estado de abandono, de angústia, tendo perdido as amarras e balizas, subjugado pelas deficiências do viver. Como já foi dito, a condição existencial da vulnerabilidade leva à transcendência do estado de fragilidade, permitindo ao ser humano ainda bradar por ajuda por cuidado e cura. A doença a que está sujeito todo ser humano é a expressão mesma da vulnerabilidade fundamental. Nas palavras de e Peter Kemp, "a pessoa vulnerável é um ser humano cuja autonomia, dignidade e integridade exigem proteção e solicitude em razão de sua fragilidade" (Kemp apud Hottois e Missa, 2003, p. 876).

Em suma, a vulnerabilidade assim concebida no cenário do existir humano tem permitido a expressão de uma ética da solicitude, do cuidado ao outro. Isso leva ao entendimento da razão pela qual as ciências biomédicas, a prática médica e as políticas de saúde devem ser consideradas como instituições relevantes na humanidade. Fica, assim, configurada a relação entre o *pathos* da vulnerabilidade na situação do sofrimento na doença e o apelo aos atos de *cuidado* e esperança de cura na fundação do ato médico.

Na situação do cuidado e da prática médica, a vulnerabilidade indica o anseio de ser auxiliado, de receber cuidado e no sofrimento da doença, ser tratado e possivelmente curado. A primeira intenção ética é o voltar-se ao outro para aliviar-lhe o sofrimento. Sela-se, assim, um tipo "[...] de relação social que faz da medicina uma prática de um gênero particular cuja instituição se perde na noite dos tempos" (Ricoeur apud Kemp, 2004).

Trata-se de uma relação concreta entre duas pessoas. Daí a complexidade que a envolve dada a sua ambigüidade e os dilemas de diversas naturezas que a envolvem. A relação entre o médico e o paciente, malgrado a assimetria aí existente quanto aos conhecimentos específicos e a experiência clínica, é fundada na igualdade de dois sujeitos morais. O médico é, de certo modo, o depositário da saúde do paciente. Ele poderá atender ao apelo e propiciar cuidados que poderão levar à cura. Entende-se a saúde, última fronteira antes da morte, como um estado de bem-estar existencial no horizonte maior da *vida boa* de que falava Aristóteles.

No primeiro momento, a relação ainda assimétrica está sob o signo da confiança. "É um pacto de cuidado fundado na confiança" (Ricoeur, 2004). Nessa relação, os destinos se cruzam; o paciente nas mãos do médico, este nas mãos do paciente que o escolheu. Relação de força mais ou menos declarada, ora inclinando de um lado, ora de outro. Relação sutil e complexa: no plano físico relação perpendicular: o paciente deitado e frágil, face ao médico, em pé, saudável, investido de poder, detendo o saber e o saber-fazer. De um lado, o apelo de cuidado e cura, de outro, os atos terapêuticos no diagnóstico e prescrição. Nesse plano concreto não há mais luta contra a doença conhecida e genérica; o alvo e, agora mais dramaticamente o homem doente, concreto, face-a-face, o corpo que sofre e a mente debilitada. A atenção ao outro e a abertura de ambos os lados permitem ao paciente sentir-se igualmente agente de seu tratamento. O pacto encerra uma aliança. "O pacto de cuidado se torna uma espécie de aliança selada entre duas pessoas contra o inimigo comum, a doença" (Ricoeur apud Kemp, 2004, p. 38).

O pacto de cuidado instaura pela sua concretude e particularidade, no plano ético, a exigência do juízo prudencial que presidirá as deliberações e decisões relativas a essa situação. A *phronesis* (Aristóteles), a virtude de prudência, aplica-se quando as decisões a serem tomadas se referem a situações singulares.

"Enquanto a ciência, segundo Aristóteles, refere-se ao geral, a techné refere-se ao particular. Isso é, em especial, verdadeiro na situação na qual a competência médica intervém, a saber, o sofrimento humano. O sofrimento é, como o prazer, o último refúgio da singularidade" (Ricoeur apud Kem, 2004, p. 36).

Na relação médico-paciente, quando aplicados unicamente os princípios clássicos da bioética, a saber, benevolência, justiça e autonomia *Relatório Belmont*, os dilemas tendem a ser agudos. Embora pertinentes, dado o grau de generalidade que os caracterizavam, e mais, na ausência de um critério claro e consensualmente acordado de uma hierarquia entre eles, e quando na eventualidade de não poderem ser atendidos simultaneamente de modo adequado, se impunha um delicado juízo prudencial para acertar qual deles deveria ter a preferência.

Nas relações interpessoais de cuidado, estabelecida a aliança entre os parceiros, cria-se um acordo mútuo cujo caráter moral se funda na "promessa tácita compartilhada pelos dois protagonistas de cumprir fielmente seus respectivos engajamentos. Esta promessa tácita é constitutiva do estatuto prudencial do juízo moral implicado no ato de linguagem da promessa" (Ricoeur apud Kemp, 2004, p. 38).

A ambigüidade dessa relação e o cenário mais amplo no qual se insere deixam margem ao surgimento de tensões árduas provocadas pelos dilemas que aí ocorrem. O mesmo ocorre nas situações de investigação envolvendo seres humanos. A situação do médico é delicada e nem sempre confortável. Envolto, de um lado, por exigências universais — a medicina como arte, como ciência que visa ao cuidar o curar, aliviar o sofrimento, lutar contra a morte visando à vida: e, de outro lado, inúmeras exigências particulares muitas vezes divergentes: prioridades diferentes, as suas e as da instituição onde trabalha, as suas e as do paciente e família, convicções religiosas antagônicas a determinaram atitudes e procedimentos. Muitas vezes médicos e pacientes são *estranhos morais* (Engelhardt, 1998). E mais, a comunidade moral a qual pertence o médico exerce, de fato, influências sobre suas representações sobre o papel da medicina, sobre suas interpretações a respeito dos princípios norteadores da prática médica, distanciamento entre a dimensão deontológica das regras e normas interpretadas dogmaticamente sem atenção à situação existencial, e a intenção ética sensível a toda a existencialidade da condição humana do paciente. Exemplo: os dilemas e confrontos entre os princípios de beneficência e autonomia o mais das vezes no desconhecimento do valor intrínseco dos princípios da vulnerabilidade e da dignidade pessoal do paciente.

É notável que desde o *Código de Nuremberg* se tenha apelado para o princípio de dignidade do homem, que desde então tem inspirado os textos de bioética que se baseiam na *Declaração Universal dos Direitos do Homem*, para orientar as ações, procedimentos e decisões no campo da clínica e da investigação médica. "A dignidade segundo os direitos do homem se apresenta ao mesmo tempo como uma aspiração, um ato de fé e objeto de reconhecimento que procedem tanto de longa história do pensamento quanto de uma intuição comumente compartilhada" (Langlois apud Hottois e Missa, 2001).

A noção de dignidade humana tem sido objeto de profundas divergências. Na realidade, trata-se de um conceito ambíguo que pode ser invocado para sustentar posições éticas muitas vezes diametralmente opostas. É invocado, por exemplo, pelos que defendem a eutanásia e por aqueles que a condenam. Nos argumentos de ambas as partes está presente o apelo à dignidade humana. Há bioeticistas que chegam a sustentar a inutilidade desse conceito, pois já estaria inerente ao princípio de respeito para com as pessoas humanas (Macklin, 2003). No *Relatório Belmont,* pode-se ler: "O respeito das pessoas compreende dois princípios fundamentais de ética: primeiramente, os indivíduos devem ser tratados como agentes autônomos e, em segundo lugar, as pessoas cuja autonomia é diminuída têm o direito de ser protegidas. O princípio do respeito das pessoas se divide, portanto, em duas exigências morais distintas: reconhecer a autonomia e proteger aqueles cuja autonomia é diminuída".

De qualquer modo, é razoável o entendimento segundo o qual a dignidade é uma implicação lógica do dever de respeito. Esse princípio é o pivô da teoria moral de Kant. As pessoas são fins em si mesmas. Como ser de razão, cada pessoa está na origem de sua ação e, por isso, merece respeito. Assim, o respeito é devido à pessoa como agente moral. O ser humano se opõe às coisas pelo fato de possuir dignidade. Como sabemos, Kant distingue, na sua *Fundamentação da metafísica dos costumes,* a noção de preço e a de dignidade. Assim afirma: "No reino dos fins tudo tem um preço e uma dignidade. Quando uma coisa tem um preço, pode-se dizer, Põe me vez dela" qualquer outra como equivalente; mas quando uma coisa está acima de todo preço, e, portanto não admite equivalente, então ela tem dignidade". (Kant 1985; Kant, 1974, tradução brasileira). Para Kant, a dignidade pertence à autonomia. A autonomia significa não somente a independência de qualquer poder arbitrário heterônomo, mas a capacidade de cada pessoa humana de estabelecer a lei moral em relação a si mesma. Esse princípio exige, então, "[...] que todo ato que implique conseqüências para o outro esteja subordinado ao consentimento da pessoa envolvida, Sem esse acordo, a ação não é legítima, e o uso de força para interpor resistência é moralmente defensável" (Hanson apud Hottois e Missa, 2001). A autonomia é uma idéia reguladora, uma idéia na medida da finitude humana em todas as suas dimensões e está em articulação com outros princípios. No entanto, qualquer proposta de estabelecer uma hierarquia unívoca que venha a privilegiar um dos princípios, por exemplo o de autonomia, deve ser contestada. A carência de hierarquia não denota inconsistência lógica ou axiológica. Ao contrário, é indicação clara na aceitação da *condição humana* na complexidade de suas dimensões. Na *Declaração Universal sobre Bioética e os Direitos do Homem* proclama-se bem claramente o caráter relacional que sela a interdependência e complementaridade dos princípios.

Há grande acordo em se considerar o ato do consentimento como manifestação expressiva da autonomia da pessoa humana. Desde o *Código de Nuremberg* fica estabelecido o princípio do consentimento livre e informado. Entende-se, assim, que a idéia subjacente a essa disposição do *Código* é que a autonomia é o principal atributo do respeito devido à pessoa humana. A exigência do consentimento, em outros termos, foi o meio encontrado para se resguardar o respeito à pessoa humana. O reconhecimento da autonomia do paciente como agente moral, livre e consciente permitiu a ele tomar parte ativa em situações cruciais de seu existir. Isso significa um golpe fatal ao paternalismo que persistia nas relações de cuidado entre médico e paciente. Em contrapartida, no aspecto positivo, isso permitia a preservação ao lado do respeito à autonomia do paciente da valorização da solidariedade para com aquele que busca, no sofrimento, ajuda e cuidado. Estaria, assim, restaurada no seu sentido etimológico forte de *sym-pathein* (simpatia) ou da *compaixão*, pela qual o médico se coloca igualmente no lugar do paciente para com ele realizar o pacto terapêutico.

O consentimento é entendido, no âmbito da medicina, como um ato autônomo, vale dizer, livre e consciente, pelo qual o paciente autoriza o médico a iniciar os procedimentos necessários para o tratamento após ter entendido todas as informações fornecidas pelo médico.

Como um dos momentos cruciais da relação médico-paciente e em face das eventuais situações árduas que a envolvem, esse ato de consentimento tem gerado tensões entre os parceiros da *aliança*. As tensões ocorrem quando o entendimento, pelo médico, a respeito do *bem* para o paciente não se identifica com aquilo que o paciente entende como *seu* bem. "Todo mundo tem o direito fundamental de ser deixado em paz. Este direito encontra-se no próprio centro da moralidade secular porque é evidente e fonte de autoridade moral, quando estranhos morais se encontram" (Engelhardt, 1998, p. 345). De início, como dois estranhos, paciente e médico se chegarem à mesma visão de bem, se tornam dois indivíduos que compartilham o mesmo fim. Daí a aliança de que fala Ricoeur (2004). A natureza de tais relações é variável dependendo dos indivíduos envolvidos.

Engelhardt (1998) entende o consentimento como um processo de negociação entre os envolvidos nessa relação médico-paciente. Há expectativas, confiança, confidência, permissões, tendo em vista os fins compreendidos em comum. "Os pacientes e médicos formam uma rede de compromissos, assim como de limites e fronteiras. A formação do relacionamento entre médico e paciente compreende a aceitação de compromissos e o estabelecimento de limites" (Engelhardt 1998).

A finalidade do consentimento esclarecido e livre não é a imposição de seu direito de ser autônomo, mas sim oferecer ao paciente a ocasião de exercer sua autonomia em respeito à sua dignidade e liberdade fundamentais.

As tensões se traduzem em dilemas. Não dilemas de ordem especulativa, abstrata ou conceitual. Estando em jogo o bem-estar, a saúde e mesmo até a vida de pacientes vulneráveis, as decisões são urgentes e criadas sob o signo da racionalidade, do diálogo, da cumplicidade proveniente do pacto médico-paciente. A decisão é alimentada e alicerçada por deliberações de diversas naturezas relacionadas às respectivas intencionalidades, todas sob o signo da intenção ética. As deliberações e decisões pertencem ao domínio do contingente (ou do conjunto de eventos que podem ocorrer ou não) e do particular. Por essa razão, estão regidos pelo que Ricoeur denominou juízo prudencial. A deliberação presente no *pacto médico* na situação de relação médico-paciente, que culmina em um juízo prudencial e manifesta uma escolha, ganha consistência ética quando se alimenta do conjunto dos princípios norteadores propostos pela Bioética sem prevalência hegemônica de nenhum deles. Revela posição sábia e prudente entender que todos esses princípios invocados e proclamados na *Declaração* sejam compreendidos como balizas ou hastes indicadoras e que tais princípios devam colocar-se nem acima nem na base ou fundamento da Bioética, mas ao seu derredor. É exatamente isso que significa *baliza* orientadora (Hottois, 2005).

Conclusão

A Bioética atinge um grau significativo de consolidação com a recente *Declaração Universal sobre a Bioética e os Direitos do Homem*. É particularmente significativa a inter-relação estabelecida, no último artigo da *Declaração* entre direitos do homem, as liberdades fundamentais e a dignidade humana. Isso reveste de importância o princípio de vulnerabilidade como referencial antropológico na compreensão das relações médico-paciente. Como sustenta Peter Kemp, os princípios de vulnerabilidade, autonomia, integridade e dignidade formam na sua complementaridade e interdependência a unidade de uma racionalidade prática capaz de auxiliar na prática de avaliações e juízos na bioética e em biodireito (Kemp, 2004).

A ênfase sobre a interdependência e complementaridade entre os princípios, de modo particular, o de vulnerabilidade, de autonomia, de integridade e de dignidade, reflete a necessidade de se encaminhar o questionamento bioético levando-se em conta o seu caráter pluralista quando trata de problemas éticos colocados pela medicina, pelas ciências da vida e as tecnologias que lhe são associadas aplicadas aos seres humanos (Declaração Universal sobre a Bioética e os Direitos Humanos, art. 1º).

Esses princípios não encerram necessariamente um caráter normativo universal. São entendidos, de preferência, como balizas norteadoras, sinais indicativos que auxiliam na condução de juízos prudenciais e deliberações que visam a decisões cruciais no campo da vida humana.

Finalmente, o entendimento da força heurística da vulnerabilidade, associada em interdependência aos outros princípios mencionados da *Declaração*, permite, nas relações terapêuticas médico-paciente nas quais é respeitada a pessoa do paciente (sua autonomia), a prevalência da idéia de solidariedade responsável sobre o paternalismo que a compreensão muitas vezes equivocada do princípio de beneficência propiciava.

REFERÊNCIAS BIBLIOGRÁFICOS

BEAUCHAMP, T., CHILDRESS, J. *Princípios de ética biomédica.* São Paulo: Loyola, 2002.

ENGELHARDT, H. T. *Fundamentos de bioética.* São Paulo: Loyola, 1998.

HOTTOIS, G. *La science entre valeurs modernes et postmodernes.* Paris: Vrin, 2005.

HOTTOIS, G., MISSA, J. *Nouvelle encyclopédie de bioéthique.* Bruxelles: De Boeck-Université, 2001.

KANT, E. *Fondements de la métaphysique des mours.* Oeuvres philosophiques. Paris: Gallimard; 1985.T

KANT, E. *Fondements de la métaphysique des mours.* Oeuvres philosophiques. São Paulo: Abril, 1974. [coleção "Os pensadores"]

KEMP, P. (org.). *Le discours bioétique.* Paris: Cerf, 2004.

MACKLIN, R. Dignity is a useless concept. *Br med* J. n. 327, p. 1419, 2003.

RICOEUR, P. Les trois niveaux du jugement médical: jugement prudentiel, jugement déontologique et jugement refléxif dans l'éthique médicale. In: Kemp, P. (org.). *Le discours bioéthique.* Paris: Cerf, 2004.

PARIZEAU, M. Le concept éthique de consentement à l'expérimentation humaine: entre l'utilitarisme et la morale kantienne. In: Parizeau, M. (org.). *Les Fondements de la Bioéthque.* Bruxelles: De Boeck-Université, 1992.

UNESCO. *Declaração Universal de bioética e direitos humanos.* Trad. de Mauro M. do Prado e Ana Tapajós. Cátedra Unesco de Bioética da UNB, 2006.

capítulo 5

Vulnerabilidade e Cuidados

Christian de Paul de Barchifontaine

"De todas as ciências que o homem pode e deve saber, a principal é a ciência de viver fazendo o mínimo de mal e o máximo possível de bem". LEON TOLSTOI

Introdução

O conceito de *vulnerabilidade* foi incorporado aos debates bioéticos nos últimos anos, mais especificamente na década de 1990. O susto provocado pelo amplo crescimento da epidemia causada pelo HIV/AIDS entre populações social e economicamente menos favorecidas parece ter sido um fato fundamental para a consolidação do conceito na bioética. Historicamente, subentendeu-se que os vulneráveis seriam os deficientes mentais, físicos, as crianças, os senis e os institucionalizados de qualquer ordem, mas foram deixados de fora todas as pessoas que se encontram em situações de vulnerabilidade, como ocorre, por exemplo, com as populações subdesenvolvidas, vulnerabilidade social, fruto de contextos de opressão e pobreza.

O termo *Dignidade Humana* é o reconhecimento de um valor. É um princípio moral baseado na finalidade do ser humano e não na sua utilização como um meio. Isso quer dizer que a Dignidade Humana estaria baseada na própria natureza da espécie humana a qual inclui, normalmente, manifestações de racionalidade, de liberdade e de finalidade em si, que fazem do ser humano um ente em permanente desenvolvimento na procura da realização de si próprio. Esse projeto de auto-realização exige, da parte de outros, reconhecimento, respeito, liberdade de ação e não instrumentalização da pessoa. Essa auto-realização pessoal, que seria o objeto e a razão da dignidade, só é possível por meio da solidariedade ontológica com todos os membros da nossa espécie. Tudo o que somos é devido a outros que se debruçaram sobre nós e nos transmitiram uma língua, uma cultura, uma série de tradições e princípios. Uma vez que fomos constituídos por esta solidariedade ontológica da raça humana e estamos inevitavelmente mergulhados nela, realizamo-nos a nós próprios por meio da relação e ajuda ao outro. Não respeitaríamos a dignidade dos outros se não a respeitássemos no outro.

Deste modo, a sociabilidade do ser humano funda-o em dignidade. A pessoa humano advém da comunidade humana. O isolamento torna-a igual aos animais. O processo de individualização, garantia da dignidade humana, tem etapas de socialização até atingir a maturidade. É a comunidade humana que confere a cada ser a capacidade de linguagem, de dar um nome a cada coisa e de estruturar, assim, a sua agilidade e amplitude de representação simbólica.

Que valor atribuímos à vida? De que modo podemos proteger e tornar melhor esse bem? Como melhorar a nossa convivência humana? Se bioética significa fundamentalmente amor à vida, com certeza nossas vozes podem convergir para estimulantes respostas para melhorar a vida do nosso povo, bem como o nosso convívio passando pelo respeito da dignidade da vida das pessoas e, principalmente, das pessoas vulneráveis.

O que entender por vulnerabilidade?

Etimologicamente, a palavra vulnerabilidade vem do latim *vulnerare = ferir, vulnerabilis = que causa lesão*. Assim, vulnerável = que pode ser fisicamente ferido; sujeito a ser atacado, derrotado, prejudicado ou ofendido. Falaremos de populações vulneráveis e de pesquisas em seres humanos vulneráveis.

Nós seres humanos somos vulneráveis precisamos de proteção; eis uma compreensão comum a todas as culturas. Na verdade, as culturas e as estruturas sociais e políticas foram desenvolvidas justamente para combater a vulnerabilidade e a exploração. As diferenças entre tradições culturais ou sociais parecem refletir prioridades em termos de riscos percebidos e da proteção preferida contra a vulnerabilidade. Mas sejam qual forem essas diferenças, parece haver uma noção a priori e aceita de que as ameaças mais essenciais à condição humana, como a fome, a doença, a dor, a exploração, o assassinato e a tortura, são universais, estabelecendo uma base para os direitos humanos e civis que independe de prioridades sociais e culturais específicas em culturas específicas. Quanto mais as sociedades e culturas foram tendo sucesso em libertar as pessoas da vulnerabilidade das forças naturais cruéis, tanto mais aquelas se tornaram vulneráveis a forças estabelecidas por seres humanos. A corrupção, os cartéis oligárquicos de poder e o analfabetismo parecem ser os mais amplamente usados instrumentos de exploração.

O conceito de vulnerabilidade foi incorporado aos debates bioéticos nos últimos anos, mais especificamente na década de 1990. O susto provocado pelo amplo crescimento da epidemia causada pelo HIV/AIDS entre populações social e economicamente menos favorecidas parece ter sido um fato fundamental para a consolidação do conceito na bioética.

Historicamente, subentendeu-se que os vulneráveis seriam os deficientes mentais, físicos, as crianças, os senis e os institucionalizados de qualquer ordem, mas foram deixados de fora todas as pessoas que se encontram em situações de vulnerabilidade, como ocorre, por exemplo, com as populações subdesenvolvidas, vulnerabilidade social, fruto de contextos de opressão e pobreza.

A qualidade de vida, a condição de saúde e a expectativa de vida, mesmo em países ricos, não dependeram nem dependem primordialmente do número de médicos ou de hospitais per capita. Pelo contrário, a condição de saúde, a qualidade de vida e a expectativa de vida precisam ser protegidas de maneira prioritária e dependem essencialmente de abrigo, de água potável, de nutrição, de vacinação, de estilo de vida e de educação adequados.

A fragilidade não necessita ser biológica nem tampouco o constrangimento necessita ser legalizado para que as pessoas encontrem-se em situações de vulnerabilidade, como acontece nos países subdesenvolvidos.

I. Resolução CNS/MS 196/96 sobre pesquisa envolvendo seres humanos

Esta Resolução incorpora, sob a ótica do indivíduo e das coletividades, os quatro referenciais básicos da bioética: autonomia, não maleficência, beneficência e justiça, entre outros, e visa a assegurar os direitos e deveres que dizem respeito à comunidade científica, aos sujeitos da pesquisa e ao Estado.

II — Termos e definições

II.2 — Pesquisa envolvendo seres humanos — pesquisa que, individual ou coletivamente, envolva o ser humano, de forma direta ou indireta, em sua totalidade ou partes dele, incluindo o manejo de informações ou materiais.

II.15 — Vulnerabilidade — refere-se a estado de pessoas ou grupos que, por quaisquer razões ou motivos, tenham a sua capacidade de autodeterminação reduzida, sobretudo no que se refere ao consentimento livre e esclarecido.

III — Aspectos éticos da pesquisa envolvendo seres humanos

As pesquisas envolvendo seres humanos devem atender às exigências éticas e científicas fundamentais.

III.1 — A observação dos princípios éticos na pesquisa implica:

a) ponderação entre riscos e benefícios, tanto atuais como potenciais, individuais ou coletivos (**beneficência**), comprometendo-se com o máximo de benefícios e o mínimo de danos e riscos;

b) garantia de que danos previsíveis serão evitados (**não maleficência**); e

c) relevância social da pesquisa com vantagens significativas para os sujeitos da pesquisa e minimização do ônus para os sujeitos vulneráveis, o que garante a igual consideração dos interesses envolvidos, não perdendo o sentido de sua destinação sócio-humanitária (**justiça e eqüidade**).

II. Resolução CNS/MS 304, de 9 de agosto de 2000

Com normas complementares para pesquisas com povos indígenas.

I. Aspectos éticos da pesquisa envolvendo povos indígenas

As pesquisas envolvendo povos indígenas devem obedecer também aos referenciais da Bioética, considerando-se as peculiaridades de cada povo e/ou comunidade.

1. Os benefícios e vantagens resultantes do desenvolvimento da pesquisa devem atender às necessidades de indivíduos ou grupos-alvo do estudo, ou das sociedades afins e/ou da sociedade nacional, levando-se em consideração a promoção e manutenção do bem-estar, a conservação e proteção da diversidade biológica, cultural, a saúde individual e coletiva e a contribuição ao desenvolvimento do conhecimento e tecnologias próprias.

2. Qualquer pesquisa envolvendo a pessoa do índio ou a sua comunidade deve:

2.1. — respeitar a visão de mundo, os costumes, atitudes estéticas, crenças religiosas, organização social, filosofias peculiares, diferenças lingüísticas e estrutura política;

2.2. — não admitir exploração física, mental, psicológica ou intelectual e social dos indígenas;

2.3. — não admitir situações que coloquem em risco a integridade e o bem-estar físico, mental e social;

2.4. — ter a concordância da comunidade-alvo da pesquisa, que pode ser obtida por intermédio das respectivas organizações indígenas ou conselhos locais, sem prejuízo do consentimento individual, que em comum acordo as referidas comunidades designarão o intermediário para o contato entre pesquisador e comunidade. Em pesquisas na área de saúde deverá ser comunicado o Conselho Distrital;

2.5. — garantir igualdade de consideração dos interesses envolvidos, levando em conta a vulnerabilidade do grupo em questão.

III. Diretrizes éticas internacionais para a pesquisa biomédica em seres humanos

Conselho de Organizações Internacionais de Ciências Médicas (CIOMS)

Diretriz 9: Limitações especiais do risco quando a pesquisa envolve indivíduos incapazes de dar consentimento informado

Se existe uma justificativa ética e científica para realizar uma pesquisa com indivíduos incapazes de dar consentimento informado, o risco de intervenções próprias da pesquisa que não proporcionem a possibilidade de benefícios diretos para o sujeito individual não deve ser maior que o risco associado a um exame médico ou psicológico de rotina dessas pessoas. Pode-se permitir incrementos leves ou menores desse risco quando existir uma fundamentação científica ou médica superior para esses incrementos e quando um comitê de avaliação ética os tiver aprovado.

Comentário sobre a Diretriz 9

O padrão de baixo risco.

Certos indivíduos ou grupos podem ter limitada sua capacidade de dar consentimento informado por sua autonomia estar limitada, como no caso dos prisioneiros, ou por terem uma capacidade cognitiva diminuída. Para pesquisas em pessoas incapazes de consentir, ou cuja capacidade de tomar uma decisão informada pode não alcançar plenamente o padrão do consentimento informado, os comitês de avaliação ética devem distinguir os riscos que não excedem os de um exame médico ou psicológico de rotina dos que os excedem. Quando os riscos dessas intervenções não excedem os associados a um exame médico ou psicológico de rotina nessas pessoas, não se requer medidas especiais de proteção, medidas substantivas ou de procedimento, distintas daquelas geralmente requeridas para toda pesquisa em membros de um tipo particular de pessoas. Quando os riscos excedem aqueles, os comitês de avaliação ética devem verificar: 1) que a pesquisa esteja estruturada para dar resposta à enfermidade que afeta os potenciais sujeitos ou as condições a que eles são particularmente suscetíveis; 2) que os riscos das intervenções sejam só ligeiramente maiores que os associados aos exames médicos e psicológicos de rotina dessas pessoas na condição ou nas circunstâncias clínicas que se pesquisa; 3) que o objetivo da pesquisa seja suficientemente importante para justificar que os sujeitos se exponham a um risco maior; e 4) que as intervenções sejam razoavelmente proporcionais às intervenções clínicas a que os sujeitos foram submetidos, ou a que se espera que venham a ser submetidos com relação à condição que se pesquisa.

Diretrizes 13, 14 e 15
Pesquisas de que participam pessoas vulneráveis

É necessária uma justificativa especial para convidar indivíduos vulneráveis a participar como sujeitos de pesquisa. No caso de ser selecionados, os meios para proteger seus direitos e seu bem-estar devem ser aplicados de maneira estrita.

Comentários

São pessoas vulneráveis absoluta ou relativamente incapazes de proteger seus próprios interesses. Especificamente, podem ter insuficientes poder, inteligência, educação, recursos, força ou outros atributos necessários para proteger seus interesses.

Considerações gerais.
O problema central que a participação de pessoas vulneráveis como sujeitos de pesquisa apresenta consiste em poder implicar uma distribuição desigual de ônus e benefícios. São indivíduos convencionalmente considerados vulneráveis aqueles com capacidade ou liberdade diminuída para consentir ou abster-se de consentir. São objeto de diretrizes específicas neste documento (Diretrizes 14, 15) e incluem crianças e pessoas que, por causa de transtornos mentais ou de comportamento, são incapazes de dar consentimento informado. A justificativa ética de sua inclusão geralmente requer que os pesquisadores garantam aos comitês de avaliação ética que:
— a pesquisa não poderia ser igualmente bem realizada com sujeitos menos vulneráveis;
— a pesquisa procura obter conhecimento que leve a um melhor diagnóstico, prevenção ou tratamento de enfermidades ou outros problemas de saúde característicos ou únicos do grupo vulnerável, quer se trate dos próprios sujeitos ou de outros membros do grupo vulnerável em situação semelhante;
— como regra geral, será garantido aos sujeitos de pesquisa e a outros membros do grupo vulnerável acesso razoável a produtos diagnósticos, preventivos ou terapêuticos que venham a estar disponíveis como resultado da pesquisa;
— os riscos associados a intervenções ou procedimentos que não tenham possibilidade de benefício direto para a saúde não vão exceder os associados com exames médicos ou psicológicos de rotina dessas pessoas, a menos que um comitê de avaliação ética autorize um ligeiro aumento desse nível de risco (Diretriz 9); e
— quando os sujeitos potenciais são incapazes ou têm limitada sua capacidade de dar consentimento informado, sua aceitação será complementada pela autorização de responsáveis legais ou outros representantes apropriados.

Outros grupos vulneráveis.
A qualidade do consentimento de potenciais sujeitos jovens ou membros subordinados de um grupo hierárquico deve ser cuidado-

samente considerada, já que sua aceitação, seja ou não justificada, pode ser indevidamente influenciada pela possibilidade de tratamento preferencial ou por medo de desaprovação ou represália em caso de negativa. Entre estes grupos estão estudantes de medicina e enfermagem, pessoal subordinado de hospitais e laboratórios, empregados de companhias farmacêuticas e membros das forças armadas ou da polícia. Devido ao fato de que essas pessoas exercem atividades profissionais em ambientes próximos aos dos pesquisadores, tende-se a aumentar as solicitações para que participem como sujeitos de pesquisa, o que pode provocar uma distribuição desigual dos ônus e benefícios da pesquisa. Os idosos são comumente considerados vulneráveis. À medida que a idade avança, as pessoas têm maior probabilidade de adquirir características que as definem como vulneráveis. Podem, por exemplo, estar internadas ou desenvolver vários graus de demência. É, no entanto, apropriado considerá-las vulneráveis e tratá-las como tais, somente se tiverem adquirido esses atributos.

Outros grupos ou tipos de pessoas também podem ser considerados vulneráveis. Entre eles se incluem residentes de casas de repouso, pessoas que recebem pensões ou assistência social e outras pessoas pobres e desempregadas, pacientes de emergência, alguns grupos étnicos e raciais minoritários, pessoas desamparadas, nômades, refugiados ou expatriados, prisioneiros, pacientes com enfermidades incuráveis, indivíduos sem poder político e membros de comunidades não familiarizadas com conceitos médicos modernos. Na medida em que estes e outros tipos de pessoas tenham características semelhantes às dos grupos identificados como vulneráveis, a necessidade de proteção especial de seus direitos e de seu bem-estar deve ser revisada e aplicada, quando for relevante.

As pessoas que têm enfermidades graves potencialmente invalidantes ou mortais são altamente vulneráveis. Os médicos, algumas vezes, tratam esses pacientes com fármacos ou outras terapias sem autorização legal para seu uso geral, porque os estudos estruturados para estabelecer a segurança e a eficácia desses fármacos não se completaram. Trata-se de procedimento compatível com a Declaração de Helsinque, que estabelece no Parágrafo 32: "Quando na atenção a um doente os métodos preventivos, diagnósticos ou terapêuticos testados se mostrarem ineficazes ou inexistentes, o médico, com o consentimento informado do paciente, pode permitir-se usar procedimentos preventivos, diagnósticos e terapêuticos novos ou não comprovados, se, em seu julgamento, isso traz alguma esperança de salvar a vida, restituir a saúde ou aliviar o sofrimento". Este tratamento, comumente chamado *uso compassivo*, não é considerado propriamente pesquisa, mas pode contribuir para o desenvolvimento da pesquisa sobre a segurança e a eficácia da intervenção usada.

IV. Declaração de Helsinque — Outubro/2000
Princípios Éticos para Pesquisa Clínica Envolvendo Seres Humanos

15. Para sujeitos de pesquisa que forem legalmente incompetentes, incapazes física ou mentalmente de dar o consentimento ou menores legalmente incompetentes, o investigador deverá obter o consentimento informado do representante legalmente autorizado, de acordo com a legislação apropriada. Estes grupos não devem ser incluídos em pesquisas a menos que esta seja necessária para promover a saúde da população representada e esta pesquisa não pode, em seu lugar, ser realizada em indivíduos legalmente competentes.

16. Quando um sujeito considerado legalmente incompetente, como uma criança menor, é capaz de aprovar decisões sobre a participação no estudo, o investigador deve obter esta aprovação, além do consentimento do representante legalmente autorizado.

17. Pesquisas com indivíduos dos quais não é possível obter consentimento, incluindo consentimento por procuração ou superior, deverão ser realizadas apenas se a condição física/mental que impede a obtenção do consentimento informado, seja uma característica necessária para a população da pesquisa. As razões específicas para envolver sujeitos de pesquisa com uma condição que os torna incapazes de fornecer o consentimento informado, devem estar declaradas no protocolo experimental, para consideração e aprovação pelo Comitê de Ética. O protocolo deve declarar que o consentimento para permanecer na pesquisa deve ser obtido o mais rápido possível, do indivíduo ou representante legalmente autorizado.

V. Declaração Universal sobre Bioética e Direitos Humanos — Outubro/2005

Artigo 3 — Dignidade Humana e Direitos Humanos

a) A dignidade humana, os direitos humanos e as liberdades fundamentais devem ser respeitados em sua totalidade.

b) Os interesses e o bem-estar do indivíduo devem ter prioridade sobre o interesse exclusivo da ciência ou da sociedade.

Artigo 5 — Autonomia e Responsabilidade Individual

Deve ser respeitada a autonomia dos indivíduos para tomar decisões, quando possam ser responsáveis por essas decisões e respeitem a autonomia dos demais. Devem ser tomadas medidas especiais para proteger direitos e interesses dos indivíduos não capazes de exercer autonomia.

Artigo 7 — Indivíduos sem a Capacidade para Consentir

Em conformidade com a legislação, proteção especial deve ser dada a indivíduos sem a capacidade para fornecer consentimento:

a) a autorização para pesquisa e prática médica deve ser obtida no melhor interesse do indivíduo envolvido e de acordo com a legislação nacional. Não obstante, o indivíduo afetado deve ser envolvido, na medida do possível, tanto no processo de decisão sobre consentimento assim como em sua retirada;

b) a pesquisa só deve ser realizada para o benefício direto à saúde do indivíduo envolvido, estando sujeita à autorização e às condições de proteção prescritas pela legislação e caso não haja nenhuma alternativa de pesquisa de eficácia comparável que possa incluir sujeitos de pesquisa com capacidade para fornecer consentimento. Pesquisas sem potencial benefício direto à saúde só devem ser realizadas excepcionalmente, com a maior restrição, expondo o indivíduo apenas a risco e desconforto mínimos e quando se espera que a pesquisa contribua com o benefício à saúde de outros indivíduos na mesma categoria, sendo sujeitas às condições prescritas por lei e compatíveis com a proteção dos direitos humanos do indivíduo. A recusa de tais indivíduos em participar de pesquisas deve ser respeitada.

Artigo 8 — Respeito pela Vulnerabilidade Humana e pela Integridade Individual

A vulnerabilidade humana deve ser levada em consideração na aplicação e no avanço do conhecimento científico, das práticas médicas e de tecnologias associadas. Indivíduos e grupos de vulnerabilidade específica devem ser protegidos e a integridade individual de cada um deve ser respeitada.

Artigo 10 — Igualdade, Justiça e Eqüidade

A igualdade fundamental entre todos os seres humanos em termos de dignidade e de direitos deve ser respeitada de modo que todos sejam tratados de forma justa e eqüitativa.

Artigo 12 — Respeito pela Diversidade Cultural e pelo Pluralismo

A importância da diversidade cultural e do pluralismo deve receber a devida consideração. Todavia, tais considerações não devem ser invocadas para violar a dignidade humana, os direitos humanos e as liberdades fundamentais nem os princípios dispostos nesta Declaração, ou para limitar seu escopo.

Artigo 17 — Proteção do Meio Ambiente, da Biosfera e da Biodiversidade

Devida atenção deve ser dada à inter-relação de seres humanos com outras formas de vida, à importância do acesso e utilização adequada de recursos biológicos e genéticos, ao respeito pelo conhecimento tradicional e ao papel dos seres humanos na proteção do meio ambiente, da biosfera e da biodiversidade.

Concluindo

A noção de dignidade humana, que varia consoante as épocas e os locais, é uma idéia força que atualmente possuímos e admitimos na civilização ocidental, que é a base dos textos fundamentais sobre os Direitos Humanos. Diz-se nomeadamente no preâmbulo da Declaração Universal dos Direitos Humanos de 1948:

"Os direitos humanos são a expressão direta da dignidade da pessoa humana, a obrigação dos Estados de assegurarem o respeito que decorre do próprio reconhecimento dessa dignidade". Esta definição tem suas implicações nos direitos econômicos, sociais, culturais, indispensáveis à concretização dessa dignidade.

Esta noção de dignidade como característica comum a todos os seres humanos é relativamente recente, sendo por isso difícil fundamentá-la senão como reconhecimento coletivo de uma herança histórica de civilização, colocando-se a questão de saber se a dignidade humana não será o modo ético como o ser humano se vê a si próprio. O conceito de dignidade humana introduz um elemento de ordem e de harmonização no conflito das relações das comunidades humanas.

A dignidade humana é um conceito evolutivo, dinâmico, abrangente, a tomada de consciência da pertença de todos ao gênero humano confrontado na comunidade de destino, que se foi alargando a grupos diferenciados, dando-lhes um outro estatuto, cabendo aqui referir a Conferência de Direitos Humanos de Viena (1993), em que foi afirmado que os direitos das mulheres são direitos humanos. O que se liga com o cerne da definição de responsabilidade de Hans Jonas, a idéia de cuidado, que reforça os campos éticos de atenção ao singular, abre a partilha e a solidariedade, afeta o modo, o olhar com que os outros são vistos.

Neste alargamento do próprio conceito de dignidade humana, como nó fulcral da definição dos Direitos Humanos e da sua salvaguarda, há uma ética social que, no âmbito da bioética, se atualiza no acesso eqüitativo aos cuidados de saúde de qualidade apropriada para todos, respeitando a sua dignidade. O conceito de dignidade humana é importante para salvaguardar o valor maior que é a pessoa. Deste modo, os comportamentos que mais indignificam a própria pessoa são os que indignificam os outros, sobretudo os mais débeis, vulneráveis e os sujeitos de pesquisa.

Ciência e ética não precisam e não devem ser consideradas como antagônicas, pelo contrário, necessitam-se e iluminam-se reciprocamente. É esta a perspectiva que garante o respeito pela dignidade humana e por mais qualidade de vida. Precisamos zelar por vigilância ética no âmbito técnico-científico, que é uma instância de discernimento relacionada com o bom ou mau uso que se fizer dos novos conhecimentos científicos. Necessitamos, além do conhecimento científico, sabedoria ética, a fim de proteger o ser humano, este universo singular que traz em seus genes a história da humanidade.

"A ética do laboratório terá de ser decidida em conjunto com a ética da sociedade", diz o geneticista Carlos Alberto do Vale, da Universidade de São Paulo. "Desconfio das proibições categóricas assim como desconfio das permissões categóricas".

A sociedade é que deve pregar o regulamento na porta do laboratório, sugere o biólogo americano Steve Grebe. Parodiando o político francês Georges Clemenceau (1841-1929), Grebe adverte: "Assim como se diz que a guerra é assunto grave demais para ser decidido pelos generais, a ciência é perigosa demais para ser decidida apenas pelos cientistas".

Não seria simplesmente tragicômico a humanidade ter o domínio do mais íntimo da matéria (átomo), do universo (cosmos) e de si própria (gene) e se perder num projeto de morte, sem se entender e organizar num projeto global de mais qualidade de vida e felicidade, utilizando-se dos conhecimentos e instrumentos da tecnociência a sua disposição?

Lembremo-nos de que a ciência deve servir às pessoas e as pessoas não devem ser postas a serviço da ciência. Assim, a globalização da solidariedade deve ser o horizonte que nos ajude a construir uma sociedade justa e fraterna, com saúde para todas as pessoas e isso deve ser a finalidade do nosso exercício profissional.

A revolução francesa deixou para o mundo três palavras célebres: liberdade, igualdade e fraternidade. O século XIX exaltou a liberdade; o século XX, a igualdade. Será que o século XXI priorizará a fraternidade, a solidariedade?

REFERÊNCIAS BIBLIOGRÁFICAS

BRASIL. Ministério da Saúde. Conselho Nacional da Saúde. Comissão Nacional de Ética em Pesquisa. *Resolução CNS 196/96 e outras*. Normas para pesquisa envolvendo seres humanos. Brasília: Ministério da Saúde. Conselho Nacional da Saúde. Comissão Nacional de Ética em Pesquisa, 2003.

CONSELHO Organizações Internacionais de Ciências Médicas-CIOMS, Organização Mundial de Saúde-OMS. *Diretrizes éticas internacionais para a pesquisa biomédica em seres humanos*. São Paulo: Loyola / Centro Universitário São Camilo, 2004.

DECLARAÇÃO de Helsinque, out 2000.

DINIZ, D., Corrêa, M. Declaração de Helsinque: relativismo e vulnerabilidade. *Cadernos Saúde Pública*, Rio de Janeiro, v. 17, n. 3, p. 679-688, 2001.

PESSINI, L., BARCHIFONTAINE, C. P. *Problemas atuais de bioética*. 7ª ed. São Paulo: Loyola e Centro Universitário São Camilo, 2005.

SASS, H. M. Promover a educação em saúde para enfrentar a doença e vulnerabilidade. In: GARRAFA, V., PESSINI, L. (orgs.). *Poder e justiça*. São Paulo: SBB / Centro Universitário São Camilo / Loyola, 2003.

UNESCO. *Declaração Universal sobre bioética e direitos humanos*. Unesco, 2005.

capítulo 6

Humanização: aspectos conceituais e históricos da enfermagem brasileira

Luciane Lúcio Pereira; Adriana Aparecida de Faria Lima
Denise Augusto da Costa Lorencette; Monika Wernet
Grazia Maria Guerra

Este trabalho versa sobre a temática da humanização na área da Enfermagem Brasileira, a qual nas últimas décadas vem se preocupando em produzir conhecimento específico para alavancar a qualidade da assistência. Tem por objetivo caracterizar a produção científica dos periódicos relacionada ao tema enfermagem e humanização nas produções brasileiras. Trata-se de uma revisão sistematizada, na qual se realizou um levantamento bibliográfico nas bases de dados Literatura Latino-Americana do Caribe em Ciências da Saúde (LILACS), Banco de Dados em Enfermagem (BDENF) e Periódico de Enfermagem (PERIENF) nos últimos 33 anos. Foram selecionados como descritores elegíveis para este trabalho: enfermagem e humanização. Ficou evidenciado que a temática é muito discutida nas áreas de saúde da mulher, terapia intensiva e nos modelos assistenciais e gerenciais. Destacou-se que a maioria dos autores dos artigos está vinculada ao ensino, e os artigos em sua maioria foram constituídos por revisões e atualizações sobre humanização. A análise dos resultados apresentados nos artigos componentes deste estudo permitiu apontar quatro grandes temáticas: o cuidado; a comunicação e o relacionamento interpessoal; o desenvolvimento profissional; e os desafios para humanização. Concluiu-se que a humanização trata-se de um tema complexo, subjetivo e que corre o risco de ser banalizado. Para apropriar-se deste processo, são necessárias transformações profundas no *ser* profissional e nas práticas institucionais que efetivamente resgatem o respeito, a dignidade e a cidadania das pessoas.

Introdução

A contemporaneidade tem sido marcada por grandes transformações, pela globalização excludente, valores descartáveis, um nível de violência sem precedentes, o endeusamento da tecnociência, coisificação da pessoa, inversão de valores e busca do lucro sem escrúpulos.

Pessini e Bertachini (2004) reforçam esta idéia, descrevendo um tempo presente em que o avanço tecnológico está dissociado das percepções afetivas, da valorização da cultura consumista e rapidamente descartável, da insatisfação com a simplicidade da vida, nos levando a uma *profunda crise de humanismo*.

Certamente esta situação retrata a perda do equilíbrio do homem com a natureza, do homem com o ambiente e do homem com o próprio homem, como fruto de uma sociedade em que prevalece o individualismo e o pensamento em curto prazo.

A dimensão ética da nossa existência chama a uma reflexão na perspectiva de quanto e a quantos à tecnologia tem levado efetivamente a melhoria da qualidade de vida, num repensar da relação sujeito-sujeito e do existir num cotidiano de dificuldades.

Boff (1999) ressalta que "[...] graças aos avanços tecnológicos, nas últimas décadas verificou-se um crescimento fantástico na produção de serviços e bens materiais, entretanto, desumanamente distribuídos".

Na dimensão da área da saúde, Pessini e Bertachini (2004) destacam que a humanização destas instituições está vinculada à humanização da sociedade como um todo. Afirmam que "[...] não podemos esquecer que uma sociedade violenta, iníqua e excludente interfere no contexto das instituições de saúde. [...] Estas são um espelho fiel e cruel do que de mais nobre, lindo, heróico e fantástico a sociedade produz, bem como do que nela existe de mais degradante e aviltante em relação ao ser humano [...]"

Martin (2004), também, aponta a influência da questão sócio-econômica na área da saúde, destacando que "esta seleção de pacientes com base em critérios econômicos, características do paradigma comercial-empresarial do hospital, pode representar um alto grau de humanização hospitalar para os que conseguem acesso à instituição, com sua hotelaria de cinco estrelas e sua medicina científica e tecnológica sofisticada, mas para os que são barrados na porta representa uma exclusão desumanizante e questionadora do ponto de vista ético".

Este autor aponta os Direitos Estruturantes do processo de Humanização: direito a assistência médica, direito a cuidados de enfermagem personalizados, respeitosos e carinhosos; direito a terapias adequadas; direito a saber sobre a realidade da sua situação; direito a decidir sobre a sua vida e seu tratamento; direito a um ambiente humano propício a viver e a morrer com dignidade.

A humanização na área da saúde não é uma preocupação recente, muito embora as políticas públicas relacionadas datem dos últimos 10 anos, pois, para a enfermagem, devido ao seu caráter humanístico que tem como foco central o cuidar, esta sempre foi uma questão essencial.

Apesar dos avanços científicos e tecnológicos, para a enfermagem as questões da humanização continuam sendo o ideal da profissão (Feldmann et al, 1973). Humanizar a prática de saúde requer repensar o cotidiano, adequar às condições físicas, operacionais e principalmente preparar a equipe multidisciplinar. Pessini et al (2003) referem que humanizar o cuidado é dar qualidade à relação do profissional de saúde ao paciente.

A palavra *cuidado* significa cura, do latim — *coera*, atitude de cuidado, de desvelo, de preocupação e de inquietação pela pessoa amada ou por um objeto de estimação; também deriva de *cogitare-cogitatus*, cogitar, pensar, colocar atenção, mostrar interesse, revelar uma atitude de desvelo e de preocupação. Dessa maneira, a enfermagem que tem no eixo de sua ação *o cuidar* e esse traz no seu próprio conceito a perspectiva de humanização, para ter a sua ação chamada de cuidado deve estar plena de humanização.

Boff (1999) reforça esta idéia nos apresentando as patologias do cuidado, como: abnegação do cuidado, quando se entrega à lógica do *modo de ser trabalho depredador*; a obsessão, que é o cuidado em seu excesso, imobilizado pelo perfeccionismo; e o descuido, que é o cuidado em sua carência, quando não se coloca todo o empenho naquilo que se faz ou se assume coisas demais.

Neste sentido, falar em humanização do cuidar quase que se reveste de redundância, entretanto, nos chama à reflexão a respeito da ação profissional com base em seu significado, competência e compromisso.

Com base na importância desta temática, buscamos conhecer a produção científica relacionada ao tema, por entendermos ser esta uma tradução da ação e do processo reflexivo daqueles envolvidos com a problemática.

Desta forma, este trabalho teve por objetivo caracterizar a produção científica em periódicos relacionados ao tema enfermagem e humanização na literatura brasileira.

Este estudo resulta de uma revisão sistematizada na qual se realizou um levantamento da produção científica brasileira nos últimos 33 anos. Foram consultadas as seguintes Bases de dados: Literatura Latino-Americana do Caribe em Ciências da Saúde (LILACS), Banco de Dados em Enfermagem (BDENF) e Periódicos de Enfermagem (PERIENF), com os descritores humanização e enfermagem.

Todos os estudos identificados nas três bases de dados foram selecionados, sendo excluídos apenas os artigos repetidos. Assim, a amostra total foi composta por 112 artigos.

Os dados foram tabulados a partir das seguintes características: número de autores, o Estado de origem do autor, o ano da publicação, tipo de artigo, vinculação da publicação, área temática do artigo, nome do periódico, titulação e área de atuação dos autores. Estes dados sofreram análise estatística simples e os resultados foram apresentados em tabelas.

Resultado e Discussão

A apresentação da caracterização dos artigos foi dividida em duas etapas: primeiramente, apresentamos os aspectos relacionados ao título dos periódicos, ano de publicação, área da enfermagem, modalidade dos artigos e produção — Etapa I; e, posteriormente, os focos temáticos — Etapa II.

Etapa I

Tabela 1 — Distribuição dos artigos publicados segundo periódicos. São Paulo, 2006.

Periódico	N	%
Revista Brasileira de Enfermagem	20	17,8
Texto & Contexto Enfermagem	11	9,8
Revista Latino-Americana de Enfermagem	7	6,2
Acta Paulista de Enfermagem	6	5,3
Nursing	6	5,3
Revista de EEUSP	5	4,5
Revista Paulista de Enfermagem	5	4,5
Revista Gaúcha de Enfermagem	5	4,5
Revista SOBECC	5	4,5
Revista de Enfermagem UERJ	5	4,5
Cogitare Enfermagem	3	2,7
Escola Anna Nery Revista de Enfermagem	3	2,7
O Mundo da Saúde	3	2,7
Revista Enfermagem Novas Dimensões	2	1,8
Outros	26	23,2
Total	112	100

Observa-se que os maiores percentuais recaíram para a Revista Brasileira de Enfermagem, com 17,8%, o que se justifica por ser o periódico de enfermagem mais antigo em âmbito nacional. Os maiores percentuais indicam, ainda, as revistas Texto e Contexto em Enfermagem, com 9,8%, e Latino-Americana de Enfermagem, 6,2%, todas com bom índice de impacto de publicação.

Tabela 2 — Distribuição dos artigos segundo ano de publicação nos periódicos. São Paulo, 2006.

Período	N	%
1970 — 1979	08	7,14
1980 — 1989	06	5,36
1990 — 1999	24	21,43
2000 — 2006	72	64,29
Não consta	02	1,78
Total	112	100

Pode-se observar que a maior concentração do número de publicações com os descritores enfermagem e humanização ocorreram expressivamente no período de 2000 a 2006, constituindo 64,29% do total de publicação. Esses resultados demonstram que as questões da humanização se tornaram uma premência neste período, talvez em decorrência da implantação de políticas públicas nacionais relacionadas a esta temática.

Cabe destacar que, a partir do início da década de 90, discute-se no cenário mundial direitos humanos, surgindo leis, como o Estatuto da Criança e do Adolescente, Direitos do Consumidor e reflexões relacionadas à convivência humana. Assim, os resultados encontrados estão em consonância com as preocupações em voga.

Frente aos artigos analisados, verificou-se que o estudo da humanização no Brasil pela enfermagem é antigo, data da década de 70, sendo o seu primeiro artigo indexado identificado em 1973.

Tabela 3 — Distribuição dos artigos de acordo com a modalidade de estudo. São Paulo, 2006.

Modalidade do Artigo	N	(%)
Reflexão/Atualização	56	50,1
Artigo Original	45	40,1
Relato de Experiência	11	9,8
TOTAL	112	100

Em relação à modalidade de produção dos artigos nesta área do conhecimento, verificou-se que a maior parte tratava-se de artigos de reflexão e atualização, 50,1%, seguida de artigos originais de 40,1%. Estas continuam sendo as modalidades principais de produção dos enfermeiros, refletindo a busca pela compreensão dos fenômenos do cuidar.

Tabela 4 — Distribuição dos artigos de acordo com as modalidades de produção. São Paulo, 2006.

Modalidade de produção	N	(%)
Não mencionado	70	62,5
Outros (apresentação em congresso, conferência, resenha).	15	13,3
Dissertação	12	10,8
Tese	6	5,4
Monografia	5	4,5
Trabalho de Conclusão de Curso	4	3,5
TOTAL	112	100

Observou-se nesta tabela que a maioria dos artigos não mencionou a vinculação da publicação a uma determinada modalidade de produção. Pode-se verificar que 13,3% dos artigos foram frutos de trabalhos referentes à comunicação oral em congressos científicos, evidenciando que esta temática tem sido foco de eventos científicos e 10,8% dos artigos publicados foram resultantes de dissertações.

Ressalta-se que por meio das monografias e de trabalhos de conclusão de curso há a existência da preocupação com a temática por alunos de graduação e especialização *lato sensu*.

Tabela 5 — Distribuição dos artigos de acordo com as áreas de atuação. São Paulo, 2006.

Área de atuação	N	%
Saúde da Mulher	22	19,7
Terapia Intensiva	16	14,3
Modelo assistencial/ gestão	15	13,5
Centro Cirúrgico	11	9,8
Saúde da Criança	9	8
Na enfermagem	9	8
Saúde do adulto	8	7,1
Formação profissional	7	6,2
Saúde Coletiva	6	5,3
Saúde mental	3	2,7
Saúde do Idoso	2	1,8
Outros	4	3,6
Total	112	100

Identificou-se que o tema humanização foi mais discutido na área temática da saúde da mulher (19,7%), seguida pela terapia intensiva (14,3%) e pelos modelos assistências e de gestão (13,5%). As duas áreas de atuação assistem pessoas em vulnerabilidade instigando a busca de reflexão e ações na prática. Nota-se que a terceira área mais menciona está relacionada à busca de soluções no ambiente e organização do trabalho.

Na UTI, observa-se que o apelo tecnológico leva à impessoalidade do cuidar. Talvez o resgate do elemento humano, por meio da produção científica, seja uma estratégia de chamar a atenção dos profissionais que atuam nessas áreas assistenciais.

Os resultados nos chamam a atenção para que a menor produção identificada frente ao universo analisado estava relacionada à área da saúde do idoso, com 1,8%, mostrando a necessidade de atenção para esta área.

Tabela 6 — Distribuição dos Estados aos quais os autores estão vinculados. São Paulo, 2006.

Estados	N	Ocorrências (%)
São Paulo	89	36,7
Rio Grande do Sul	32	13,2
Rio de Janeiro	24	9,9
Santa Catarina	24	9,9
Ceará	17	7
Minas Gerais	17	7
Paraná	13	5,3
Goiás	8	3,3
Paraíba	7	2,9
Não identificado	4	1,6
Mato Grosso	2	0,8
Rio Grande do Norte	2	0,8
Bahia	2	0,8
Alagoas	1	0,4
Distrito Federal	1	0,4
TOTAL	243	100

Observou-se que a maioria dos autores é oriunda do Estado de São Paulo (36,7%), seguido do Rio Grande do Sul (13,2%), Rio de Janeiro (9,9%) e Santa Catarina (9,9%), fato explicado por serem essas as localidades que concentram o maior número de instituições formadoras, de pesquisa e assistenciais na área da saúde.

Tabela 7 — Distribuição dos autores por titulação. São Paulo, 2006.

Titulação dos Autores	N	(%)
Não mencionado	68	28
Doutor	63	25,9
Mestre	45	18,6
Especialista	18	7,4
Graduado	15	6,2
Acadêmico	12	4,9
Titular	11	4,5
Livre Docente	9	3,7

Pós-Doutorado	2	0,8
Total	243	100

Identificou-se que em 28% dos artigos não foi mencionada a titulação dos autores. Observa-se que 25,9% dos artigos publicados tiveram como autores doutores e 18,6% foram compostos por mestres. Verifica-se, ainda, um expressivo contingente de acadêmicos e graduados.

Isto demonstra que a formação do enfermeiro trabalha os aspectos da humanização dentro da competência expressiva do profissional, sensibilizando os alunos de graduação e pós-graduação para a importância do assunto. Este dado mostra, ainda, que os enfermeiros trazem no bojo de suas formações este valor como um princípio, remetendo ao fato de que o cuidar não está desatrelado ao aspecto humano, ou seja, um implica o outro, não podendo haver cuidado sem humanização.

Tabela 8 — Distribuição dos autores de acordo com as áreas de atuação profissional. São Paulo, 2006.

Área de atuação profissional	N	(%)
Ensino	136	56
Assistência	66	27,2
Não mencionado	29	11,9
Acadêmico	12	4,9
Total	243	100

Os resultados evidenciam que 56% dos autores mantinham vínculo profissional na área de ensino e 27,2% na área assistencial.

Esta informação revela que a academia ainda é a maior detentora da produção científica no cenário brasileiro da Enfermagem. É inegável que os profissionais que militam no ensino mostram-se mais preocupados em produzir, talvez em decorrência das exigências do ambiente acadêmico. Já para os profissionais que atuam na área assistencial, em que normalmente esta exigência não é presente, a produção ainda é tímida, fator que vem sendo estimulado nos últimos anos como compromisso do profissional em alavancar e fomentar o conhecimento científico da profissão para uma prática científica e humanizada.

Etapa II

A análise dos resultados apresentados pelos artigos componentes deste estudo permitiu-nos apontar quatro grandes temáticas: *o cuidado; comunicação e relacionamento interpessoal; desenvolvimento profissional, e desafios para humanização.*

O Cuidado

A definição das políticas de saúde pública garantem a sustentação do processo de humanização ao apontar a saúde como direito da pessoa. Frente a este aspecto, considera-se uma premissa básica ter concepção dos metaparadigmas da enfermagem (homem, saúde, enfermagem e meio ambiente), como referenciais para a implantação e desenvolvimento do processo de humanização.

O cuidado deve ser pensado e planejado a partir da identificação e consideração das necessidades específicas do cliente e família, fruto de sua história de vida e crenças construídas no contexto psico-social. Estes são determinantes de seu comportamento manifesto na promoção e manutenção da saúde, bem como na vivência da doença e hospitalização. São as competências expressivas do profissional que permitem compartilhar a situação de cuidado e elencar as prioridades de atenção.

Toda pessoa precisa ser ajudada e instrumentalizada para o enfrentamento de situações difíceis. A equipe, família e amigos podem ser solidários facilitando o processo. O cuidado exige competências relacionais a fim de garantir um vínculo efetivo entre os envolvidos, em que a confiança é elemento primordial.

Assim, adotar estratégias de humanização, como brinquedo terapêutico, parto lateralizado, visita perioperatória e modelos assistenciais, dentre outros, devem fazer-se presentes no cenário da assistência, mas o maior promotor é o próprio profissional.

Comunicação e Relacionamento Interpessoal

Os aspectos expressivos sobrepõem-se aos aspectos técnicos. Avalorização das relações estabelecidas no cuidado deve destacar o elemento humano, expressando empatia e solidariedade, as quais promovem a vinculação entre as pessoas.

O autoconhecimento, tanto por parte do enfermeiro como dos demais envolvidos, é fundamental para a identificação de dificuldades, medos e facilidades no enfrentamento das situações, permitindo a formação de vínculos e a organização do acolhimento.

São elementos essenciais das relações interpessoais o estabelecimento de confiança e de compaixão, bem como a existência de competência e consciência para obter a clareza de que o foco do cuidado são as pessoas.

Os estudos apontaram a comunicação não-verbal como principal marcadora dos sentimentos presentes no cuidado, o que salienta sua importância para a humanização.

Desenvolvimento Profissional

Desenvolver a equipe de saúde nas competências relacionais, na busca e adoção das estratégias de humanização é o grande desafio apontado nos estudos. Almeja-se uma postura humanística, reconhecendo-a como elemento que sustenta a humanização.

Os profissionais precisam investir na identificação com marcos conceituais, uma vez serem estes os norteadores das ações. É o conceito de homem, cuidado, saúde, enfermagem detido que influencia as ações manifestas no cuidar.

Simultaneamente deve-se atentar que as situações de cuidado vividas impactam o profissional, o que exige que ele também seja cuidado para conseguir cuidar.

Desafios para a Humanização

A integração das tecnologias com os aspectos humanísticos pode garantir a verdadeira essência do cuidado e promover a qualidade da assistência. Na busca de vencer este desafio, mudanças nas atitudes dos profissionais, com destaque para o resgate da sensibilidade humana, da ética e da integração da dimensão espiritual no cuidar, fazem-se necessários, sem menosprezar os conhecimentos técnico-científicos.

Além disto, promover ambiência, tanto ao profissional como ao cliente, são urgentes; entendendo-se ambiência como integrar os aspectos físicos (música ambiente, figuras na parede, cores de paredes, entre outros) aos aspectos relacionais (investimento nos vínculos, na proximidade das relações, na privacidade, entre outros).

Ensino e pesquisa foram apontados como necessários para ampliar os conhecimentos já disponíveis, bem como a adoção dos mesmos, fomentando o pleno exercício da humanização.

Conforme os resultados apresentados na etapa II deste estudo, podemos considerar que nos serviços de saúde o usuário e os profissionais vivenciam situações desumanizantes, justificando, desta forma, o interesse e a discussão sobre a humanização.

Na pesquisa desenvolvida por Casate e Corrêa (2005), por meio de um estudo bibliográfico, após analisar em 42 artigos que abordavam a humanização do atendimento em saúde e enfermagem, observou-se que a humanização estava relacionada a um modo de perceber o paciente no contexto dos serviços de saúde, ora visto como ser frágil e vulnerável, ora como sujeito de direito.

Concordamos com Pessini et al (2003) quando afirmar que a humanização se dá quando há *qualidade* na relação entre profissional e paciente. E, para isso, a comunicação verbal e não-verbal é o principal instrumento para concretizar e efetivar boas relações humanas.

A comunicação verbal é estabelecida por intermédio de palavras expressas ou escritas e a não-verbal, por meio de gestos, expressões faciais, tom de voz, silêncio, postura corporal, expressão de emoções, entre outros (Silva, 1996).

Para que haja uma comunicação efetiva, a comunicação verbal deve estar coerente com a não-verbal, que tem por finalidade complementar, contradizer, substituir a comunicação verbal, ou, ainda, demonstrar sentimentos (Silva, 1996; Silva, 2002).

Para Silva (2002), a "comunicação adequada pressupõe a informação e o domínio sobre o que queremos comunicar, a nossa intenção, emoção e o que se pretende quando se aproxima do cliente ou paciente". Concorda-se com Martin (2003), que considera que a pessoa humana deve ser considerada em primeiro lugar. Na relação entre paciente e profissional da saúde, as conquistas científicas e econômicas devem estar subordinadas aos interesses da pessoa. Fatores importantes, como a dignidade da pessoa, sua liberdade e seu bem-estar, devem ser ponderados na relação. "O científico e o econômico devem estar a serviço do ser humano e não o ser humano a serviço da ciência e da economia" (Martin, 2003).

Estudos evidenciaram que a humanização se dá na valorização de ambientes acolhedores e bonitos, mas se esses mesmos lugares não forem constituídos por pessoas que se comunicam de forma atenciosa e respeitosa a humanização não se efetivará.

Segundo Martin (2003), ao afirmar que entender saúde como bem-estar físico, mental, social e espiritual é o primeiro passo para a humanização, o profissional da saúde tem muito por investir no bem-estar físico (debelando a dor, garantindo conforto, asseio pessoal), bem-estar mental (escutando seus anseios, partilhando seus medos, angústias e alegrias, alimentando esperanças sem gerar expectativas irrealistas), bem-estar social (cuidando de preocupações financeiras, na busca do auto-sustento ou de sua família) e bem-estar espiritual (trazendo paz de consciência e fortalecimento de fé).

Conclusão

Com relação à caracterização dos artigos referentes ao título dos periódicos, período de publicação, temática, modalidade dos artigos e produção, referente ao levantamento bibliográfico, verificou-se que 17,8% dos artigos foram publicados na *Revista Brasileira de Enfermagem*, seguido de 9,8% na revista *Texto e Contexto em Enfermagem*; quanto ao período de maior número de publicações referente ao assunto, identificou-se que 64,2% ocorreu de 2000 a 2006. Quanto à modalidade, identificou-se que 50,1% tratava-se de reflexão/atualização seguido de 40,1% de artigos originais.

Quanto à natureza dos artigos, 12,8% eram artigos provenientes de resultados de dissertações de mestrado e 13% caracterizou-se como apresentação em congressos, conferências e resenhas.

De acordo com área temática, observou-se que 19,7% eram relacionados à área da Saúde da Mulher, seguido de 14,3%, relacionados à área de Terapia Intensiva. Quanto à localização dos artigos, a maior parte, 35,9%, era proveniente de São Paulo, seguido de 13,2% do Rio Grande do Sul.

Em relação à caracterização dos autores referentes a instituições vinculadas, titulação e área de atuação profissional, verificou-se que 25,9% tratava-se de doutores, 18,6% eram mestres e 7,4%, especialistas. Quanto à área de atuação, dos autores 56% eram vinculados à área de ensino, enquanto 27,2% pertenciam à área assistencial.

Os resultados apresentados na segunda etapa do estudo evidenciaram quatro grandes temáticas: o cuidado; comunicação e relacionamento interpessoal; desenvolvimento profissional; e desafios para humanização.

O cuidado só ocorre na interação entre as pessoas em que elas precisam ser reconhecidas e valorizadas. Assim, os aspectos relacionais e a atitude humanística são elementos primordiais para a efetivação da humanização, devendo ser explorados no cotidiano profissional, no ensino e na pesquisa.

A comunicação não-verbal expressa de forma mais fidedigna os sentimento diante das situações. A comunicação adequada irá efetivar o relacionamento interpessoal, o qual sustenta uma assistência humanizada.

O perfil atitudinal e técnico do profissional devem integrar as necessidades tecnológicas com as necessidades emocionais da experiência dos envolvidos no cuidado.

As políticas públicas de humanização são importantes, porém, por si só, não transformarão a realidade, necessitando de investimento nas condições físicas, desenvolvimento e capacitação profissional.

Por fim, conclui-se que os enfermeiros são pioneiros na produção científica sobre o tema *humanização na enfermagem* e devem, cada vez mais, atrelar os seus estudos à prática do ensino e da assistência.

Falar em humanização do cuidar quase que se reveste de redundância, entretanto, nos chama à reflexão a respeito da ação profissional com base em seu significado, competência e compromisso. Significado na medida em que questiona a escolha pessoal, a escolha profissional, a atuação em favor da transformação da sociedade, o sentido da vida do que se espera e do que se quer. Competência do ponto de vista da verdade, do conhecimento do *bem fazer* e da atitude do querer do valor que se atribui ao *bem fazer*, a intencionalidade da ação. E o compromisso, em decorrência dos demais está direcionado à vida, à sociedade, à profissão e a si mesmo.

REFERÊNCIAS BIBLIOGRÁFICAS

BOFF, L. *Saber cuidar*: ética do humano. Petrópolis, RJ: Vozes, 1999.

CASATE, J. C., CORRÊA, A. K. Humanização do atendimento em saúde: conhecimento veiculado na literatura brasileira de enfermagem. *Rev latino am enfermagem*, v. 13, n. 1, p. 105-111, jan/fev 2005.

FELDMANN et al. Aspectos de humanização do serviço de enfermagem no hospital do Servidor Público Estadual de São Paulo. *Revista Brasileira de Enfermagem*, 1973. p. 515-26.

MARTIN, L. A ética e a humanização hospitalar. In: PESSINI, L., BERTACHINI, L. *Humanização e cuidados paliativos*. São Paulo: Loyola, 2004. p. 31-50.

MARTIN, L. M. A ética e a humanização hospitalar. *O Mundo da Saúde*, v. 27, n. 2, p. 206-217, 2003.

PESSINI, L., BERTACHINI, L. *Humanização e cuidados paliativos*. São Paulo: Loyola, 2004.

PESSINI, L., PEREIRA, L. L., ZAHER, V. L., SILVA, M. J. P. Humanização em saúde: o resgate do ser com competência científica. *O Mundo da Saúde*, v. 27, n. 2, p. 203-205, 2003.

SILVA, M. J. P. *Comunicação tem remédio*: a comunicação nas relações interpessoais em saúde. São Paulo: Gente, 1996.

SILVA, M. J. P. O papel da comunicação na humanização da atenção à saúde. *Bioética*, v. 10, n. 2, p. 73-88, 2002.

capítulo 7

Vulnerabilidade e Saúde: limites e potencialidades das políticas públicas

José Roque Junges

Os processos culturais da modernidade significaram um enfraquecimento dos laços comunitários e um esvaziamento da proteção que os indivíduos recebiam do seu grupo social de pertença, expondo-os a crescentes riscos sociais e tornando-os mais vulneráveis, porque independentes e entregues a si mesmos em sua autonomia. As estruturas do Estado moderno foram gradativamente substituindo as instâncias da comunidade como base das relações sociais e incorporando muitas tarefas de proteção, transformadas em políticas públicas, que antes eram de responsabilidade do grupo social de pertença. Uma das tarefas assumidas pelo Estado foi a saúde das populações, originando o que se passou a chamar de saúde pública. Dessa forma, o Estado providente passa a desempenhar um biopoder, preocupando-se com a vida das pessoas e desenvolvendo ações sanitárias em favor da saúde dos seus integrantes. As intervenções pretendiam proteger os indivíduos e as populações de situações de risco e vulnerabilidade na saúde. Portanto o foco das políticas públicas são sempre grupos vulneráveis, vítimas de situações de risco social, transformados em clientes e conseqüentemente dependentes das ações do Estado.

A questão central é: se políticas públicas, que têm como ponto de partida a situação de vítima e de dependência das pessoas atendidas, podem ser uma resposta para a vulnerabilidade?

Vulnerabilidade e políticas públicas de saúde

A vulnerabilidade no ser humano assume diferentes formas e dimensões. Existe uma *vulnerabilidade radical* pelo fato de o ser humano definir-se como potencialidade radical e estar num contínuo processo de subjetivação pelo qual tenta integrar as diferentes dimensões de sua realidade pessoal e social numa unidade existencial. Essa unidade subjetiva é sempre frágil. Por outro lado existe uma *vulnerabilidade biológica* que o ser humano comparte com os animais pelo fato de ser corporal. Enquanto ser vivo, ele é continuamente desequilibrado por elementos biologicamente desestruturantes, necessitando de autopoiese e auto-organização. Essa necessária reorganização incide e é influenciada pela *vulnerabilidade psicológica*, que depende de como a psique da pessoa foi sendo constituída por suas experiências afetivas e imaginativas. Intimamente relacionada com a psicológica está a *vulnerabilidade espiritual,* pelo fato de a cultura de hoje fornecer escassos recursos simbólicos de sentido que ajudem a enfrentar os desafios e a transcender os limites postos pela realidade atual. Esse aspecto aponta para uma vulnerabilidade produzida pelo entorno sociocultural. Assim, pode-se falar de uma *vulnerabilidade cultural, social e ambiental* quando o meio torna-se um fator de insegurança devido à violência cotidiana, à injustiça estrutural e ao ambiente insalubre (Torralba I Roselló, 1998).

A noção de vulnerabilidade mantém uma íntima relação e serve de fundamento aos conceitos éticos de integridade (coerência de vida), de dignidade (valor intrínseco) e de autonomia (autodeterminação). Trata-se de aspectos vulneráveis do ser humano, mas a idéia de vulnerabilidade ultrapassa as idéias de integridade, dignidade e autonomia. Ter consideração por quem é vulnerável significa assegurar a proteção da vida que vai além da proteção da integridade moral, da dignidade humana e da autonomia. Por isso o princípio da vulnerabilidade aponta para os limites do respeito e da consideração pela vida, prescritos por outros princípios éticos. Nesse contexto, o conceito de integridade adquire um sentido mais profundo, pois se trata da integridade da pessoa ou simplesmente da vida. Assim, o respeito pela integridade inclui e exige a consideração ética pela vulnerabilidade. Desse modo, o princípio ético da vulnerabilidade tem a primazia sobre outros princípios éticos, pois ele exprime as condições necessárias para que os seres humanos possam desfrutar de uma vida boa, íntegra e digna. O esquecimento e a negação da vulnerabilidade é uma das causas da atual crise ética (Kemp, Rendtorff, 2003a).

A modernidade pretendeu tirar o ser humano da menoridade, dando-lhe autonomia e recursos para dominar os determinismos, superando limites e fatores responsáveis pela sua fragilidade e dependência da natureza. Criou-se uma ideologia do progresso ilimitado, do domínio da forças da natureza e da liberdade entendida como independência e um sentimento de domínio, força e invulnerabilidade. Mas o resultado foi o inverso, porque as pessoas se sentem sempre mais entregues a si mesmas, inseguras e mais vulneráveis do que nunca pela sensação de desamparo social e cultural. Vive-se uma paisagem de incertezas e de riscos não quantificáveis por serem fabricados pelo clima de insegurança. É o que Ulrich Beck (1998) chama de sociedade do risco. Quais são as implicações desta situação de vulnerabilidade e risco sobre a saúde? Pode-se tomar como exemplo o caso da epidemia da Aids.

A necessidade de novas respostas para a rápida difusão da Aids obrigou as instituições sanitárias a repensar as práticas de prevenção e promoção da saúde, contribuindo para uma compreensão mais aprofundada sobre riscos e agravos à saúde (Ayres et alii 2003). Num primeiro momento, os fatores de risco e a conseqüente prevenção da Aids estavam associados ao conceito operativo de grupos de risco. Este deslocamento de fatores para grupos de risco foi inaudito, determinando estratégias toscas e discriminatórias de prevenção que se mostraram inadequadas e ineficazes.

O caráter pandêmico da Aids, que não respeita limites da geografia, condição social, sexo e orientação sexual, levaram a uma crítica e abandono do conceito de grupo de risco. Foi introduzido em seu lugar o conceito de comportamento de risco. A vantagem desse conceito é que não estigmatiza grupos e torna a prevenção uma preocupação de todos. É o momento da disseminação da informação sobre formas de prevenção para conscientizar os indivíduos a assumirem comportamentos seguros. O problema dessa estratégia é a culpabilização individual, pois deixar-se contaminar torna-se uma displicência e falta de responsabilidade. O movimento das mulheres, com a introdução da noção de *empoderamento*, significou uma crítica positiva à prevenção baseada nos comportamentos de risco.

A crescente pauperização da Aids pela sua difusão nos países pobres e nas periferias e bairros pobres das grandes cidades levou a uma atenção mais vigorosa aos fatores estruturais e sociais que tornam as pessoas vulneráveis diante do vírus do HIV. A conferência Internacional de Aids de Vancouver no Canadá em 1996 trouxe o conceito de vulnerabilidade para o debate. Na discussão foi importante a contribuição de Man e Tarantola (1996) para repensar as estratégias de prevenção. O conceito de vulnerabilidade pode ser entendido "como o movimento de considerar a chance de exposição das pessoas ao adoecimento como resultante de um conjunto de aspectos não apenas individuais, mas também coletivos, contextuais, que acarretam maior suscetibilidade à infecção e ao adoecimento e, de modo inseparável, maior ou menor disponibilidade de recursos de todas as ordens para se proteger de ambos" (Ayres et al, 2003, p. 123). Portanto, o uso do conceito de vulnerabilidade para fundamentar estratégias de prevenção engloba não só a componente individual, mas também a componente social e a componente programática.

O foco na vulnerabilidade não significa prescindir das análises de risco, mas obriga a diferenciar a especificidade de ambos quanto ao tipo conhecimento que geram e quanto ao tipo de práticas preventivas que implementam. Risco é um conhecimento analítico e probabilístico, enquanto que a vulnerabilidade aponta para um conhecimento sintético de plausibilidade. As práticas preventivas baseadas na vulnerabilidade focam as pessoas não tanto em suas individualidades, mas como sujeitos sociais, apontando para intervenções estruturais, para o ativismo político, para a organização comunitária e para a construção da cidadania. Por isso, o conceito de *empoderamento* está intimamente associado ao conceito de vulnerabilidade (Ayres et al, 2003).

Conscientes da fragilidade humana, as sociedades tentaram criar estruturas sociais de proteção dos seres humanos. No Estado moderno, o poder político foi assumindo a tarefa de gerir a vida como controle da fragilidade do corpo individual e do conjunto da população. Partindo do princípio de que só existe um Estado forte através de um povo forte, o Estado passou a exercer um biopoder sobre o povo pela biopolítica da gestão da vida e da saúde com vistas a superação da vulnerabilidade de suas populações. Essa biopolítica significou um disciplinamento do corpo e uma regulação da população. Essa é a origem da saúde pública (Foucault, 1979; Foucault, 2001).

O atual Estado-Providência é um refinamento do biopoder do Estado moderno para proteger os indivíduos, mas que, por outro lado, reforça a vulnerabilidade, porque a modernidade substitui as relações de confiança próprias do sistema da dádiva baseadas na comunidade por relações formais fundadas no sistema jurídico do Estado. Desse modo, cada indivíduo está entregue a si mesmo em sua autonomia, libertado dos laços comunitários onde antes encontrava proteção (Godbout, 1999; Caillé, 2002; Mauss, 2003).

Essa situação desencadeia a ideologia da sobrevivência dos mais fortes e o narcisismo, tornando determinadas pessoas extremamente vulneráveis. O Estado, ao querer socorrer esses cidadãos vulneráveis, pode estar reduzindo-os ao estado de vítimas, ou pode estar desenvolvendo a tendência de vitimizá-los. Os grupos vulneráveis, como desempregados, migrantes, tóxico-dependentes, participantes da bolsa família, do programa fome zero, programas de saúde como o coquetel para os portadores de HIV e outros, podem estar sendo encarados como vítimas do sistema e privados de liberdade e responsabilidade. A sua vitimização é tão forte que eles identificam-se com o papel de vítimas. Esse papel é uma estratégia de sobrevivência e o fundamento da sua própria identidade pessoal. Interiorizam o papel de vítimas para justificar suas ações. Esse processo de vitimização acostumou os indivíduos dependerem do Estado, dificultando-lhes o abandono do papel de vítimas vulneráveis. As políticas de proteção da vulnerabilidade não devem reduzir os indivíduos ao estado de vítima (Kemp, Rendtorff, 2003).

Por isso, é importante introduzir o conceito de *empoderamento* para pensar as políticas de proteção de pessoas vulneráveis para não cair nem no disciplinamento nem na vitimização. É necessário, logo, afirmar que não se *empoderam* indivíduos isolados, mas em relação, pois a vulnerabilidade das pessoas está justamente na fragilidade da sua rede intersubjetiva. Trata-se de proteger indivíduos vulneráveis, *empoderando-os* nas suas redes sociais e relações comunitárias. Aqui se pode introduzir o conceito de capital social (Bourdieu, 1986; Patussi et al, 2006) como base para compreender as incidências das redes de apoio social sobre a saúde, a qualidade de vida e o índice de desenvolvimento social e cultural de um grupo humano.

Para Bourdieu (1986, p. 248-249), "[...] capital social é o agregado de recursos potenciais ou atuais, relacionados com a possessão de uma rede duradoura de relações mais ou menos institucionalizadas de aquisição e reconhecimento mútuos, ou em outras palavras, de participação num grupo que oferece, a cada um dos seus membros, o reconhecimento do capital possuído pela coletividade, dando-lhes um credencial que os capacita socialmente nos diversos sentidos da palavra". O capital social compreende dois aspectos: o dinamismo social das redes de apoio de uma comunidade e o credenciamento que a comunidade oferece aos seus membros para a participação social. Sem redes sociais consistentes e dinâmicas não existe capital social e, muito menos, credenciamento e capacitação dos membros para relações sociais participativas. Os dois sentidos de capital social estão intimamente relacionados: como dinamismo das redes de apoio social (processo) e como credenciamento para a participação social (produto). Quanto maior for o índice de capital social de uma comunidade tanto mais estarão protegidos os seus membros de situações de vulnerabilidade. Portanto as políticas públicas do Estado para proteger cidadãos vulneráveis devem passar pelo fortalecimento das redes sociais em que esses cidadãos estiverem inseridos. Assim, haverá igualmente um controle social do próprio cidadão na gestão dessa mesma política pública, incentivando a participação e a responsabilização e impedindo que aconteça o disciplinamento e a vitimização dos indivíduos vulneráveis.

Portanto, pode-se falar de três formas de políticas públicas: aquelas baseadas no disciplinamento e na vitimização das pessoas atendidas ou aquela fundada no empoderamento do cidadão fragilizado. Essas três formas estão presentes nas três políticas de prevenção da Aids. Aquela apoiada nos grupos de risco pretendia discipliná-los; a outra baseada nos comportamentos de risco transformou os portadores em vítimas. As ações preventivas que partem da vulnerabilidade, ocasionada pela realidade social, pretendem proteger, *empoderando* as pessoas no contexto de suas redes de relações.

Resiliência comunitária e saúde

A íntima relação entre vulnerabilidade e empoderamento permite introduzir um conceito novo — resiliência — que está fazendo a sua entrada no campo da saúde como contraponto. A palavra resiliência é tomada da física dos materiais. Significa a capacidade plástica de um material para recobrar a forma original depois de ter sido submetido a uma pressão deformadora. O conceito, conservando esse mesmo sentido de plasticidade, entrou para a área das ciências humanas, especialmente da psicologia, como crítica à compreensão de que uma criança que tivesse sofrido traumas em sua infância estaria condenada em seu desenvolvimento psicológico ou contrapõe-se, também, à idéia de que existem sujeitos invulneráveis. O conceito psicológico de resiliência quis contrapor-se tanto à idéia da fragilidade absoluta quanto à de invulnerabilidade.

Ter resiliência significa recuperar-se e ir para frente depois de uma doença, um trauma ou estresse; superar as crises e as provas da vida, tentando viver da melhor forma possível. Resiliência é a capacidade para desenvolver-se bem, para continuar projetando-se no futuro apesar dos acontecimentos desestabilizadores, de condições de vida difíceis e de traumas às vezes graves. É a capacidade humana universal de lidar, de superar, de aprender ou mesmo de ser transformado com a adversidade inevitável da vida. Implica tentar transformar intempéries, momentos traumáticos e situações difíceis e inevitáveis em novas perspectivas. Portanto não se trata de invulnerabilidade, mas de desenvolver fatores de proteção ou de resiliência contra situações tendentes à vulnerabilidade (Rutter, 1993; Yunes, Szymanski, 2001; Manciaux, 2003).

As pesquisas sobre resiliência estão praticamente restritas à área de psicologia (Dell"Aglio, Koller, Yunes, 2006) e referem-se essencialmente a estudos ligados a crianças e adolescentes (Grunspun, 2002; Grunspun, 2005; Walsh, 2005; Assis, Pesce, Avanci, 2006). Os Professores Melillo y Suárez Ojeda, do Centro Internacional de Estudos da Resiliência (CIER, ligado ao Programa de Pós-graduação em Saúde Pública da Universidade Nacional de Lanús da Argentina, defendem a ampliação e o uso desse conceito como pertinente e enriquecedor para a área de saúde (Melillo, Suarez Ojeda, 2003; Melillo, Suarez Ojeda, 2004). Com esse objetivo em mente, Suárez Ojeda tenta fazer uma interpretação latino-americana do conceito, insistindo numa compreensão comunitária da resiliência como base para sua aplicação na saúde (Suarez Ojeda, 2003).

A maioria dos estudos sobre a resiliência compreende os fatores de proteção contra a vulnerabilidade como capacidade adquirida pelo sujeito individual. A contribuição latino-americana acentua o enfoque coletivo ou comunitário da resiliência, fruto da maior insistência na epidemiologia social para compreender os agravos à saúde da população. A epidemiologia social analisa o campo da saúde e o processo de saúde-doença como situações coletivas e busca a sua causalidade nas características da estrutura da sociedade e nos atributos do processo social. Os fatores de proteção contra a vulnerabilidade não estão nas características individuais, mas nas condições sociais, nas relações comunitárias e nos aspectos culturais e simbólicos da sociedade. Os fatores de proteção expressam-se como atributos de um sujeito, mas eles são construídos numa rede social e adquiridos coletivamente. O sujeito é resiliente porque é membro e participa de uma comunidade resiliente. A partir desse enfoque, a resiliência comunitária desloca a base epistemológica inicial do conceito, modificando não só o seu objeto, mas a própria postura para observar e validar o fenômeno (Suarez Ojeda, 2003).

Assim como existe um modelo para a resiliência individual, Suarez Ojeda (2003) constrói um paradigma para a resiliência coletiva e comunitária. A experiência mostrou que os desastres ou os reveses de uma comunidade podem desenvolver capacidades solidárias na população e iniciar um processo de renovação e transformação da estrutura física e o tecido social dessa comunidade. Partindo dessa constatação, o autor consegue identificar os pilares da resiliência comunitária. Trata-se de ver quais são as fortalezas de uma comunidade que se tornam fatores de proteção no momento da desgraça. A auto-estima coletiva, a identidade cultural, o humor social e a honestidade estatal são os pilares da resiliência comunitária.

Auto-estima coletiva significa a satisfação de pertença a um determinado lugar onde a pessoa se sente *em casa* e a um determinado grupo social detentor de determinados valores que se comunga. A *identidade cultural* significa a persistência do ser social em sua unidade e continuidade. Ela desenvolve-se pela valorização dos próprios valores culturais. Essa valorização e esse sentido de permanência cultural permitem ao grupo afrontar influências culturais invasoras e superar momentos de stress social. O *humor social* é a capacidade de alguns grupos ou coletividades de transformar a própria tragédia em comédia. Significa saber rir-se das situações difíceis. A capacidade de expressar os elementos hilariantes de uma determinada situação, em gestos e em palavras cômicas, tem um efeito tranqüilizador. O humor é uma estratégia que ajuda a aceitação da desgraça e facilita a distância do problema, facilitando a tomada de decisão. Ele rompe o encapsulamento narcísico, recurso psicológico para fugir e não enfrentar situações difíceis. *Honestidade coletiva e estatal* significa a confiança nas instituições públicas e comunitárias e a consciência grupal que condena funcionários corruptos e valoriza o exercício honesto da função pública.

Esses pilares da resiliência da comunitária permitem pensar em seus contrários correspondentes que fragilizam as pessoas e as comunidades, impossibilitando a reação às adversidades. O primeiro é o *malinchismo*, palavra mexicana que alude à atitude de sempre valorizar mais o que é de fora e estrangeiro e desprezar o que é local e nacional. Outro fator é o *fatalismo* como atitude passiva, muitas vezes motivada por razões religiosas, que paralisa diante da situação de desgraça. O *autoritarismo*, como forma de governo, desestimula e impede a participação social, criando dependência e suscitando medo. Por fim a *corrupção* é o principal fator inibidor da resiliência comunitária, porque esvazia o clima de confiança social e abre o caminho para a violência como única via de solução das necessidades e dos problemas (Suarez Ojeda, 2003).

A saúde das pessoas depende, em grande parte, dos fatores protetores da resiliência comunitária, porque saúde se identifica fundamentalmente com a capacidade de reação e a resiliência comunitária justamente capacita os sujeitos a reagirem diante das situações de adversidade. Por isso, políticas públicas de saúde que não fortalecem as redes sociais de apoio da comunidade onde estão inseridas as pessoas que se quer socorrer com essa política, não atingem o seu objetivo, porque não empoderam os sujeitos em sua rede social ao não desenvolverem fatores de resiliência. Ao contrário, serão políticas que tendem a disciplinar ou a vitimizar, porque não desenvolvem a capacidade de reação e de iniciativa dos sujeitos e das comunidades, criando dependência e clientelismo.

Justiça e eqüidade nas políticas públicas em saúde

Existem dois tipos de iniqüidades sociais que vulnerabilizam a saúde das pessoas em nossa situação. Uma é a falta de condições básicas para viver com dignidade: falta de alimentação e moradia adequadas, falta de um ambiente natural e social saudável, ou, em outras palavras, um salário digno para poder alimentar e dar qualidade de vida ao trabalhador e à sua família, possibilitar o acesso à moradia digna e ao saneamento básico, não sofrer as ameaças da insegurança e da violência sociais.

A outra é a falta de acesso aos serviços de saúde com qualidade no momento da doença: não enfrentar mais de meia hora de fila para ser atendido com respeito e solicitude, encontrando uma resposta para seus sofrimentos físicos e psíquicos e acedendo aos meios tecnológicos básicos necessários para obviar a ameaça ao bem-estar.

A primeira diz respeito às condições sociais necessárias para poder gozar de uma vida saudável, isto é, que a saúde não seja continuamente ameaçada por condicionamentos ambientais e sociais evitáveis. Trata-se de uma questão de justiça. A segunda significa aceder aos meios terapêuticos necessários para encontrar uma solução para a ameaça da doença. Trata-se de uma questão de eqüidade.

Alguém poderia dizer que as iniqüidades sociais da falta de uma alimentação adequada, de uma moradia digna, de um saneamento básico e de um ambiente saudável não poderia ser objeto de preocupação das equipes de saúde pública, porque dependem de decisões estruturais de competência política. Contudo, partindo de uma visão integral de saúde e tendo presente que a situação social condiciona fundamentalmente o perfil sanitário de uma comunidade, é importante que a equipe de saúde básica local tenha em conta as condições sociais e incentive iniciativas que façam frente aos agravos da saúde que acometem a população sob sua responsabilidade.

Não se trata, evidentemente, de que a equipe local resolva o problema, mas conscientize a comunidade para o problema e para a organização da luta e da busca por soluções. Por exemplo, se existe o problema localizado de saneamento básico que produz agravos à saúde infantil, ou se percebe que o desemprego juvenil no bairro é indutor do consumo e da venda de droga, a equipe de saúde pública não pode ficar indiferente diante da situação constatada. Entretanto, a responsabilidade última é do poder público, que precisa ser acionado para que responda ao problema. Trata-se de exigências de justiça social. Ora, isso só acontecerá se a comunidade se constituir como sujeito coletivo organizado que pressiona e exige uma solução.

Outra questão é o acesso ao atendimento necessário quando o agravo se instala e a doença aparece. Na situação de vulnerabilidade e de sofrimento e dor, provocados pela enfermidade, a pessoa tem direito de encontrar alívio para as ameaças ao seu bem-estar. Isso está expresso no princípio constitucional brasileiro: *A saúde é um direito de todos e um dever do Estado*. Alguns questionam essa formulação por que não se tem direito à saúde, no sentido de não ficar doente. Por isso, o conteúdo do direito não é em si a saúde, mas o acesso aos meios terapêuticos necessários para enfrentar a vulnerabilidade e recuperar a saúde possível naquela situação clínica. Esse direito expressa o princípio da eqüidade.

Pode-se falar de dois tipos de eqüidade: a horizontal e a vertical (OPS, 1999; Málaga, 2005). A primeira pauta-se pela universalidade no acesso, significando assinalar recursos iguais e equivalentes para igual necessidade. Compreende a decisão sobre a destinação dos recursos financeiros, técnicos e humanos, isto é, quais necessidades estão neles incluídas e, uma vez que estas estão definidas, todos têm acesso igual e equivalente aos recursos. Por exemplo, se o sistema público de saúde cobre o transplante de órgãos, todos têm igualitariamente direito a esse recurso. A segunda forma de eqüidade é focalizada, porque se refere aos recursos diferenciados para níveis diferentes de necessidade. Atende a necessidades de grupos específicos escolhidos devido à fragilidade da sua situação e à urgência de sua necessidade. Desse modo, é eticamente legítimo e até um imperativo privilegiar determinados ciclos da vida e certos grupos pelo alcance dessas ações de saúde. Focalizar recursos específicos para a saúde da criança e da mulher ou, por exemplo, para ações preventivas para portadores do HIV e da diabete é uma exigência da igualdade qualificada pela diferença ou da universalidade equilibrada pela diversidade. Assim, a eqüidade vertical focaliza, acrescentando a perspectiva da diferença e da diversidade ao enfoque da igualdade e da universalidade que caracteriza a eqüidade horizontal.

Contexto histórico das políticas públicas em saúde

A Conferência Internacional sobre Cuidados Primários de Saúde, reunida em Alma-Ata (Casaquistão), em setembro de 1978, definiu a saúde como o estado de completo bem-estar físico, mental e social, e não simplesmente como a ausência de doença ou enfermidade, como sendo um direito humano fundamental e que a consecução do mais alto nível possível de saúde é a mais importante meta social mundial.

O documento final da conferência defende que a focalização nos cuidados primários de saúde constitui a chave para atingir essa meta. Cuidados primários são os cuidados essenciais de saúde baseados em métodos e tecnologias práticas, cientificamente bem fundamentadas e socialmente aceitáveis, colocadas ao alcance universal de indivíduos e famílias, da comunidade, mediante a sua plena participação.

Para a conferência, eles representam o primeiro contato dos indivíduos, da família e da comunidade com o Sistema Nacional de

Saúde, levando os cuidados sanitários o mais proximamente possível aos lugares onde as pessoas vivem e trabalham; têm em vista os principais problemas de saúde da comunidade, proporcionando serviços de promoção, prevenção, cura e reabilitação conforme as necessidades; envolvem, além do setor da saúde, todos os setores e aspectos correlatos do desenvolvimento social e comunitário; requerem a máxima autoconfiança individual e comunitária no planejamento, organização, operação e controle dos cuidados primários de saúde; baseiam-se ao nível local e de encaminhamento por meio de sistemas de referência integrados, funcionais e mutuamente amparados.

O documento termina incentivando os governos a formular políticas e estratégias e planos nacionais de ação, para lançar e sustentar os cuidados primários de saúde em coordenação com outros setores. O governo brasileiro chegou a essa meta dez anos depois, com a criação do Sistema Único de Saúde (SUS), na constituinte de 1988.

Quando a maioria dos países do Primeiro Mundo iniciava um processo de desmonte do Estado de bem-estar social, seguindo a cartilha neoliberal, o Brasil apostou num sistema público de saúde fundado na universalidade e na eqüidade do acesso aos recursos necessários a uma saúde integral. Essa opção nacional foi fruto de uma pactuação construída, durante anos, com muita eficiência política e social pelo movimento sanitarista brasileiro. O movimento era formado por professores e pesquisadores da área de saúde nas universidades e por profissionais da saúde educados na perspectiva da medicina social, todos organizados na Associação Brasileira de Saúde Coletiva (ABRASCO), que exerceu um papel fundamental nessa articulação.

A 8ª Conferência Nacional de Saúde pode ser considerada como o evento mais significativo no processo de construção da plataforma e das estratégias do movimento pela democratização da saúde no Brasil. Essa movimentação social e articulação política desembocaram na Constituição de 1988, definindo a saúde como um direito de todos e um dever do Estado. O texto constitucional brasileiro é o mais completo e explícito, comparando-o com o de outros países capitalistas, pois ele caracteriza muito bem o Sistema Único de Saúde, a responsabilidade do Estado e as relações com o setor privado. Trata-se de um caso único de êxito político, não existindo algo similar em outras lutas sociais travadas na época da constituinte, por exemplo, em favor da democratização da educação e da terra nem temos algo paralelo em outros países da América Latina (Escorel, 1999; Rodriguez, 2003).

Examinando o texto constitucional, a questão do direito universal à saúde, assim como o acesso igualitário às ações de saúde, estão assegurados tanto nas disposições gerais do capítulo sobre a seguridade social no artigo 194, quanto na seção específica da saúde no artigo 196 (Brasil, 2004).

Os princípios que sustentam o Sistema Único de Saúde são: a universalidade do acesso, a integralidade das ações, a descentralização dos serviços, a relevância pública das ações e dos serviços e a participação da comunidade. Esses princípios decorrem do princípio básico de que a saúde é um direito de todos e um dever do Estado.

O Sistema Único de Saúde surge no espírito da Conferência de Alma-Ata, que enfatizou a prioridade dos cuidados primários como um direito de todos, possibilitando o acesso universal às ações básicas necessárias para um cuidado integral da saúde; a proximidade, a participação e a relevância pública dos serviços responsáveis por essas ações.

A década de 90 foi marcada pelo avanço do processo de descentralização do setor saúde no Brasil. Esse processo foi o eixo de reorganização da atenção básica. Isso significou o predomínio das ações preventivas e de promoção da saúde em detrimento das ações curativas de média e alta complexidade e hospitalares. Desse modo, a esfera municipal, em particular, ainda que de modo lento, gradual e negociado, torna-se a principal responsável pela gestão da rede de serviços de saúde no país e, portanto, pela prestação direta da maioria das ações e programas de saúde. Um dos instrumentos fundamentais do processo de reforma da saúde foi a regulamentação criada em

1991: a lei 8080 e a lei 8142 que tratam das normas gerais de funcionamento do SUS, principalmente o repasse de recursos financeiros. A partir de 1996, foram previstas duas modalidades de gestão local do SUS: plena de atenção básica e plena do sistema de saúde. Na primeira, o poder público municipal tem a governabilidade apenas da rede de atendimento básico. Na segunda, o município gerencia todo o atendimento à saúde no seu território, incluindo a rede hospitalar pública, privada e conveniada, tendo para isso o repasse direto de recursos do Fundo Municipal de Saúde (Bodstein, 2002).

A descentralização dos serviços objetiva a concretização dos princípios do SUS: universalidade do acesso, a eqüidade no atendimento e a integralidade da atenção. A avaliação do alcance desses objetivos da descentralização/municipalização geralmente aponta como uma das variáveis-chave a capacidade técnica-administrativa e o desempenho dos gestores locais, municipais e estaduais, mas é necessário acrescentar a importância da participação e do controle da sociedade civil por meio dos conselhos municipais de saúde e, principalmente, da mudança nos microprocessos de trabalho e nos afazeres cotidianos de cada profissional no sentido de focar as práticas nos usuários e não tanto nos procedimentos. O modo de atender as pessoas está mais ligado a uma determinada concepção de trabalho, à construção de uma nova subjetividade em cada profissional e usuário. Ele vincula-se a uma relação nova entre sujeitos, quando tanto o profissional quanto o usuário podem ser produtores de saúde (Franco, Merhy, 2003).

A descentralização significou avanços na consecução dos princípios do SUS, mas eles convivem tanto com a fragmentação e a verticalização dos processos de trabalho que esgarçam as relações entre os diferentes profissionais, quanto com o despreparo das equipes para lidar com as dimensões subjetivas e sociais das práticas de atenção. Constata-se um baixo investimento na qualificação dos trabalhadores e pouco fomento à co-gestão e à valorização e inclusão dos trabalhadores e usuários no processo e produção da saúde.

O programa de saúde da família como política pública em saúde

O Programa de Saúde da Família (PSF) apresenta-se como um novo paradigma de produção de saúde que consiga concretizar os princípios do SUS. O seu objetivo, segundo o Ministério da Saúde (Brasil,1998), é "a reorganização da prática assistencial em novas bases e critérios, em substituição ao modelo tradicional de assistência, orientado para a cura das doenças e no hospital. A atenção está centrada na família, entendida e percebida a partir do seu ambiente físico e social, o que vem possibilitando às equipes da Família uma compreensão ampliada do processo saúde/doença e da necessidade de intervenções que vão além de práticas curativas".

A política pública do PSF pretende levar a sério e responder melhor tanto a dimensão social quanto aquela subjetiva da vulnerabilidade em saúde, indo além das puras práticas curativas e visando à promoção da saúde. O programa, como política pública, apresenta grande potencialidade para enfrentar as vulnerabilidades em saúde, mas apresenta limites que dificultam a pretendida mudança na assistência à saúde. Os dois pilares do programa são: o engajamento da comunidade atendida por meio dos agentes comunitários de saúde e o atendimento de um indivíduo em relação por meio da focalização na saúde da família. Essa busca de uma mudança no paradigma da atenção à saúde depende de duas condições indispensáveis: 1) relação e articulação com as redes de apoio social da comunidade na programação das ações em saúde; 2) processos de trabalho em equipe e de co-gestão participativa que valorizem a subjetividade do trabalhador e estejam centrados no usuário.

1) O PSF é um exemplo de resposta à crise da saúde pública num mundo globalizado. Essa aposta depende do engajamento e da responsabilização da própria comunidade nas ações sanitárias, superando uma visão, puramente reivindicatória e descompromissada, do direito à saúde. Essa base comunitária do PSF pode ser compreendida melhor tendo como referencial teórico de compreensão o

sistema da dádiva desenvolvido por Marcel Mauss e seus seguidores (Godbout, 1999; Caillé, 2002; Mauss, 2003).

A modernidade significou a desconstrução do paradigma da dádiva que pautava, até então, as relações sociais, introduzindo as relações formais do Mercado e do Estado como referenciais para a sociabilidade. Nas sociedades pré-modernas, as relações de confiança e de compromisso do sistema da dádiva, baseadas no princípio do dar, receber e retribuir, estavam na base do viver em sociedade. Os bens produzidos não eram mercadorias para vender, mas dons para a troca simbólica a serem dados como uma forma de fortalecer as relações. Assim, a sociabilidade estava fundada na interdependência, porque quem recebia ficava com o dever moral de retribuir com outro dom. Não se pode reduzir esse fato ao puro escambo de mercadorias, porque o valor simbólico é muito mais importante que o bem material que se troca. Nem se pode dizer que é caridade, porque o bem doado se caracteriza como um dom *agonístico*, isto é, a doação tem o sentido de provocar o outro a que retribua. Portanto, tem o sentido de criar dependência mútua como uma forma de criar laços sociais. Assim, a sociabilidade funda-se na dívida mútua da troca simbólica de bens, fundada na confiança.

A modernidade veio para libertar o cidadão de qualquer dependência, tornando-o autônomo e independente. Por isso, o homem moderno tem horror à dívida, querendo logo desfazer-se dela, porque cria dependência. Não havendo mais laços de dependência mútua como base da sociabilidade, as relações sociais tornaram-se formais baseadas nas leis do Mercado ou nas estruturas jurídicas do Estado. Hoje as relações sociais não estão mais fundadas na confiança, ficando esta restrita ao âmbito privado. Elas sempre são mediadas pelo dinheiro ou por contratos com base jurídica. A base da confiança é dada pelo Mercado ou pelo Estado.

A modernidade reduziu as trocas na sociedade a uma pura troca material de bens, esvaziando-a dos valores simbólicos, porque elas são mediadas pela moeda ou por documentos assinados. Por isso, as relações sociais são relações puramente formais. Essa é a base do êxito da democracia moderna, mas é também a sua fragilidade e a causa do seu esvaziamento e descrédito nos dias atuais. O exercício formal da democracia através das eleições e da representatividade está baseado na fragilidade dos laços de sociabilidade da sociedade moderna. A democracia real só é possível onde existe uma sociabilidade robusta fundada na interdependência social.

Embora a modernidade tenha significado uma gradativa desconstrução do sistema da dádiva, os seres humanos não conseguem viver em sociedade sem algum grau de trocas simbólicas. Por isso, continuam a existir, mesmo na sociedade capitalista, momentos intercalados de dádiva, quando se vive o espírito da gratuidade e se dão presentes, mas essa troca é uma exceção, sem significado simbólico para a dinâmica social. Por outro lado, o paradigma social da dádiva volta a estar presente em várias iniciativas que tentam ser uma alternativa ao sistema econômico vigente e responder à atual crise social, como, por exemplo, a experiência de economia solidária e o próprio Programa de Saúde da Família.

O SUS, e mais especificamente o PSF, significaram a passagem da exclusiva organização pública estatal da saúde (tipo INAMPS) para um sistema público comunitário baseado no financiamento estatal, mas com uma forte responsabilização local por meio dos Conselhos Municipais de Saúde. Esse controle social impede a tendência à burocratização e ao espírito corporativo do sistema público estatal. Mas essa responsabilização comunitária não irá funcionar sem a presença de uma boa dose de capital social e sem o fortalecimento de relações sociais dinamizadas por trocas simbólicas e inspiradas no dar, receber e retribuir do sistema da dádiva.

A ameaça à concepção subjacente ao PSF vem da entrada de dinâmicas e práticas baseadas em visões mercantilistas ou estatizantes da saúde que vulnerabilizam o sistema. Alguns exemplos são: o fato dos convênios particulares aproveitarem-se das estruturas do PSF na subvenção de exames em que não existe referência e contra-referência; a gradativa proliferação de cooperativas de profissionais da saúde usadas pelas prefeituras para a contratação de trabalhadores para o PSF sem concurso e sem estabilidade, dificultando o vínculo; a visão da comunidade atendida que concebe o sistema público de saúde na perspectiva estatal reivindicatória apenas como doador de bens e serviços sem engajamento e participação comunitária.

2) Para Franco e Merhy (2003), a mudança do modelo de atenção requer a construção de uma nova consciência sanitária e a adesão dos profissionais ao novo projeto. É preciso estabelecer consensualmente formas de trabalhar que estejam em sintonia com a nova proposta. Os trabalhadores da saúde, incluindo o médico, podem ser potentes dispositivos de mudanças nos serviços assistenciais. Para que isso ocorra, será necessário constituir uma nova ética entre os próprios profissionais, baseada no reconhecimento que os serviços de saúde são, pela sua natureza, um espaço público, e que o trabalho deve ser presidido por valores humanitários de solidariedade e reconhecimento de direitos de cidadania em torno da assistência à saúde. Esses valores deverão guiar a formação de um novo paradigma para a organização de serviços. O novo modelo assistencial pressupõe a formação de uma nova subjetividade entre os trabalhadores que leve a uma produção coletiva da saúde.

Processos de trabalho caracterizados pelo verticalismo e a fragmentação vulnerabilizam os próprios trabalhadores, porque eles encontram-se entre as exigências do gestor e as reclamações dos usuários sem capacidade e responsabilidade para solucionar os problemas, suscitando neles *stress* e desmotivação para o atendimento. Nestes casos, a vulnerabilidade sanitária do usuário é proporcional à fragilidade profissional do próprio trabalhador, que tem justamente a tarefa de enfrentar situações de vulnerabilidade. Por isso, é necessário possibilitar o enfrentamento da vulnerabilidade e a construção da subjetividade do próprio profissional nos processos de trabalho em saúde.

Nesse sentido, é preciso superar a segmentação dos serviços no atendimento. Isso depende de um aprendizado do trabalho em equipe multiprofissional para uma produção coletiva da saúde e uma mudança na gestão para tornar o trabalhador em saúde sujeito dos processos e dos serviços dispensados pela sua unidade. Portanto, trata-se de uma valorização da subjetividade do trabalhador, mas uma subjetividade construída em rede. Para isso, são necessários novos processos coletivos de subjetivação no interior das equipes de saúde. Essa valorização coletiva da subjetividade exige formação permanente no próprio processo de trabalho, redirecionamento e co-gestão profissional e incentivo salarial.

A partir dessa valorização da subjetividade do trabalhador, pode-se atingir o objetivo de uma clínica ampliada (Campos, 2005) não centrada nos procedimentos, mas na subjetividade do usuário. Esse atendimento focaliza um sujeito existencial e socialmente situado e a partir dessa situação procura construir com ele uma terapia clínica. Esse é o sentido de o PSF trabalhar a saúde da família, porque parte de um indivíduo em relação. Só trabalhando com um sujeito no seu contexto é possível a promoção da saúde.

O PSF aposta numa mudança estrutural dos serviços, mas ela não acontecerá sem operar de modo mais amplo sobre os micro-processos do trabalho em saúde, sobre os afazeres cotidianos de cada profissional. Esses fatos suscitam o debate sobre os modelos de gestão e de atenção, aliado aos da formação dos profissionais. Como reação a esse debate, o Ministério da Saúde lançou em 2004 a estratégia Humaniza-SUS, no sentido de criar uma Política Nacional de Humanização (Brasil, 2004b).

Política Nacional de Humanização

O documento do Ministério da Saúde reconhece que os avanços na implantação do SUS convivem com a fragmentação e a verticalização dos processos de trabalho, dificultando o trabalho em equipe e o preparo para lidar com as dimensões sociais e subjetivas das práticas de saúde. A baixa qualificação dos trabalhadores para a gestão participativa automatiza a relação com os usuários em procedimentos, fortalecendo o olhar sobre a doença e não estabelecendo vínculo. A Política Nacional de Humanização quer abrir o debate e pactuar novos modelos de gestão e atenção, aliados ao de formação dos profissionais de saúde e aos modos como o controle social é exercido.

A humanização não pode ser confundida com pequenos retoques *cosméticos* nos serviços nem com filantropia e muito menos com gestão de qualidade dos produtos. Ela tematiza questões fundamentais. Humanizar é "ofertar atendimento de qualidade articulando os avanços tecnológicos com acolhimento, com melhoria dos ambientes de cuidado e das condições de trabalho dos profissionais" (Brasil, 2004b, p. 6).

Como política, a humanização deve traduzir princípios e modos de operar que se manifestam nas relações entre profissionais e usuários, entre os diferentes profissionais, entre as diversas unidades e serviços de saúde e entre as diversas instâncias do SUS. Isso significa, segundo o documento, o planejamento, decisão e estratégias de implementação e de avaliação de processos que confluam para a construção de trocas solidárias e comprometidas com a produção de saúde. Esses processos coletivos compreendem duas tarefas que se exigem mutuamente: a produção de saúde e a produção de sujeitos. Nesse sentido, a humanização significa aumentar o grau de co-responsabilidade dos diferentes atores da rede SUS (gestores, trabalhadores e usuários) na produção de saúde (Brasil, 2004b).

A humanização supõe a troca de saberes, incluindo os dos usuários e de sua rede social, diálogo entre os profissionais e modos de trabalhar em equipe. Portanto trata-se da produção de uma grupalidade que sustente produções coletivas de saúde. Isso significa investir na produção de um novo tipo de interação entre os diferentes sujeitos implicados nos processos de saúde-doença. Essa transformação das interações significa a construção/ativação de atitudes ético-estético-políticas em sintonia com um projeto de co-responsabilidade e qualificação dos vínculos profissionais e entre estes e os usuários nas práticas da saúde. Tal estratégia só é possível quando assumida na perspectiva de rede caracterizada pela conectividade entre as diferentes dimensões e instâncias da produção de saúde. Conectado em rede implica processos de troca, de interação, de interferência entre sujeitos. Essa rede significa laços de cidadania, pois se trata de olhar cada sujeito em sua especificidade e em sua historia, mas também olhá-lo como sujeito coletivo, porque sujeito da história de muitas vidas entrelaçadas. Por isso, a dimensão subjetiva da produção de saúde nunca pode esquecer a dimensão social e coletiva dessa produção de sujeitos na saúde (Brasil, 2004b).

A Política Nacional de Humanização tem como objetivo suprir as falhas do SUS em responder às vulnerabilidades em saúde. Por isso insiste na atenção às dimensões subjetivas e sociais da produção de saúde, pois nelas radicam as raízes da vulnerabilidade. Contudo é importante ter presente de que a atenção a essas dimensões só acontece quando elas são pensadas a partir de processos de interação caracterizados pela conectividade e pela participação dos diferentes sujeitos implicados nos processos de produção de saúde. Aqui aparece um segundo elemento importante, assumido pela estratégia HumanizaSUS, para entender a vulnerabilidade. O indivíduo vulnerável só enfrenta a sua vulnerabilidade quando a sua subjetividade é empoderada coletivamente na sua rede social, ou, em outras palavras, quando o empoderamento acontece por meio das suas interações sociais. Neste sentido, o empoderamento do sujeito vulnerável depende em grande parte de fatores ambientais, pois o que vulnerabiliza são justamente as condições do seu entorno coletivo. Isso vale tanto do usuário quanto do profissional. Por isso, a política pública de humanização insiste tanto na mudança da gestão dos processos de trabalho.

Conclusão

As políticas públicas em saúde no Brasil têm como ponto de partida os determinantes sociais do processo saúde / doença como fatores que vulnerabilizam as pessoas e um indivíduo entendido como um sujeito em relação como resposta de empoderamento a essa situação de vulnerabilidade. Essas políticas apostam como metodologia na descentralização e gestão local dos serviços de saúde e no controle e participação social dos afetados por esses serviços. Nestes aspectos estão as grandes potencialidades das políticas públicas em responder aos agravos que vulnerabilizam a saúde no Brasil.

Mas, ao mesmo tempo, existem limites que impedem a mudança do paradigma de atenção básica à saúde e o alcance dos resultados que se esperam atingir com essas políticas. Esses limites estão essencialmente no âmbito da metodologia: processos de trabalho verticalizados que impedem a co-gestão, a responsabilização e a necessária consideração pela subjetividade dos trabalhadores, dificultando a prática da integralidade e do acolhimento; a falta de articulação da equipe de saúde com as redes de apoio social da comunidade atendida e de participação dos usuários do serviço na programação das ações de saúde para que aconteça o controle e a responsabilização da comunidade.

Esses limites, no nível da metodologia, estão ligados à falta de atenção à formação e educação permanente dos trabalhadores e agentes de saúde para lidarem com a dimensão subjetiva e social do processo saúde / doença. Essa é, no fundo, a intenção da Política Nacional de humanização. Ela significa tratar o usuário a partir de sua situação existencial e social e como um sujeito constituído por uma rede social. Só assim se alcança o objetivo de que a produção de saúde seja produção de sujeito, mas o desenrolar desse processo de produção acontece sempre num contexto de inter-relações sociais. Por isso, a importância da articulação com as redes de apoio social da comunidade.

REFERÊNCIAS BIBLIOGRÁFICAS

ASSIS, S. G., PESCE, R. P., AVANCI, J. Q. *Resiliência:* enfatizando a proteção dos adolescentes. Porto Alegre: Artmed, 2006.

AYRES, J. R. C. M., FRANÇA JR., I, CALAZANS, G. J., SALETTI FILHO, H. C., O conceito de vulnerabilidade e as práticas de saúde: novas perspectivas e desafios. In: CZERESNIA, D., FREITAS, C. M. *Promoção da saúde:* conceitos, reflexões e tendências. Rio de Janeiro: Fiocruz, 2003, p. 117-139.

BECK, U. *La sociedad del riesgo.* Hacia una nueva modernidad. Buenos Aires / Barcelona: Paidós, 1998.

BODSTEIN, R. Atenção básica na agenda da saúde. *Ciência e Saúde Coletiva,* v. 7, n. 3, p. 401-412, 2002.

BOURDIEU, P. The Forms of Capital. In: RICHARDSON, J. G. *Handbook of Theory for the Sociology of Education.* Wesport (Co): Greenwood Press, 1986, p. 241-258.

BRASIL. *Programa de Saúde da Família.* Brasília: Ministério da Saúde, 1998.

BRASIL. *Constituição da República Federativa do Brasil* (Atualizada até a emenda constitucional n. 44 de 30/06/2004). São Paulo: Saraiva, 2004a.

BRASIL. *Humaniza SUS.* Política Nacional de humanização. Brasília: Ministério da Saúde, 2004b.

CAILLÉ, A. *Antropologia do dom.* O terceiro paradigma. Petrópolis: Vozes, 2002.

CAMPOS, G. W. S. *Um método para análise e co-gestão de coletivos.* 2ª ed. São Paulo: Hucitec, 2005.

DELL'AGLIO, D. D., KOLLER, S. H., YUNES, M. A. M. (Orgs.). *Resiliência e Psicologia positiva.* Interfaces do risco à proteção. São Paulo: Casa do Psicólogo, 2006.

FRANCO, T. B., MERHY, E. E. Programa de Saúde da Família (PSF): contradições de um programa destinado à mudança do modelo tecnoassistencial. In: MERHY, E. E. et al. *O trabalho em saúde:* olhando e experienciando o SUS no cotidiano. São Paulo: Hucitec, 2003, p. 55-124.

GODBOUT, J. T. *O espírito da dádiva.* Rio de Janeiro: Editora Fundação Getúlio Vargas, 1999.

GRUNSPUN, H. Violência e resiliência; a criança resiliente na adversidade. *Bioética,* v. 10, n. 1, p. 163-171, 2002.

GRUNSPUN, H. *Criando filhos vitoriosos.* Quando e como promover a resiliência. São Paulo: Atheneu, 2005.

KEMP, P., RENDTORFF, J. D. Vulnerabilidade (Princípio de). In: HOTTOIS, G., MISSA, J. N. *Nova Enciclopédia da Bioética.* Lisboa: Instituto Piaget, 2003a, p. 687-692.

KEMP, P., RENDTORFF, J. D. Vulnerável (Pessoa). In: HOTTOIS, G., MISSA, J. N. *Nova Enciclopédia da Bioética.* Lisboa: Instituto Piaget, 2003b, p. 693-694.

KOTTOW, M. Bioética de proteção: considerações sobre o contexto latino-americano. In: SCHRAMM, F. R., REGO, S., BRAZ, M., PALÁCIOS, M. (Orgs.). *Bioética, riscos e proteção.* Rio de Janeiro: Ed. UFRJ / Ed. Fiocruz, 2005, p. 29-44.

MÁLAGA, H. Es ético focalizar y/o priorizar en salud pública? In: MÁLAGA, H. (Editor). *Salud pública.* Enfoque bioético. Caracas: Disinlimed, 2005, p. 69-80.

MANCIAUX, M. (Comp.) *La resiliencia*: resistir y rehacerse. Barcelona: Gedisa Editorial, 2003.

MANN, J., TARANTOLA, D. J. M. (Eds.) *Aids in the World II*. New York: Oxford University Press, 1996.

MAUSS, M. Ensaio sobre a dádiva. Forma e razão da troca simbólica nas sociedades arcaicas. In: MAUSS, M. *Sociologia e antropologia*. São Paulo: Cosac Naify, 2003, p. 185-314.

MELILLO, A., SUÁREZ OJEDA, E. N. (Comps.) *Resiliencia*: descubriendo las propias fortalezas. Buenos Aires: Paidós, 2003.

MELILLO, A., SUÁREZ OJEDA, E. N., RODRIGUEZ. (Comps.). *Resiliencia y subjetividad*. Los ciclos de la vida. Buenos Aires: Paidós, 2004.

ORGANIZACIÓN PANAMERICANA DE SALUD — OPS. *Principios y conceptos básicos de Equidad y Salud*. Salud y Desarrollo humano. Washington (DC): OPS, 1999.

PATTUSSI, M. P., JUNGES, J. R. et al. Capital social e agenda de pesquisa em epidemiologia. *Cadernos de Saúde Pública*, v. 22, n. 8, p. 1525-1546.

RUTTER, M. Resilience: some conceptual considerations. *Journal of Adolescent Health*, n. 14, p. 626-631, 1993.

SUÁREZ OJED, E. N. Una concepción latinoamericana: la resiliencia comunitaria. In: MELILLO, A., SUÁREZ OJED, E. N. (Comps.). *Resiliencia*: descubriendo las propias fortalezas. Buenos Aires: Paidós, 2003, p. 67-82.

TORRALBA I ROSELLÓ, F. *Antropologia del cuidar*. Barcelona: Instituto Borja de Bioética e Fundación MAPFRE Medicina, 1998.

WALSH, F. *Fortalecendo a resiliência familiar*. São Paulo: Roca, 2005.

YUNES, M. A. M., SZYMANSKI, H. Resiliência: noção, conceitos afins e considerações críticas. In: TAVARES, J. (Org.) *Resiliência e Educação*. São Paulo: Cortez, 2001, p. 13-42.

PARTE 2

Vulnerabilidade e Saúde

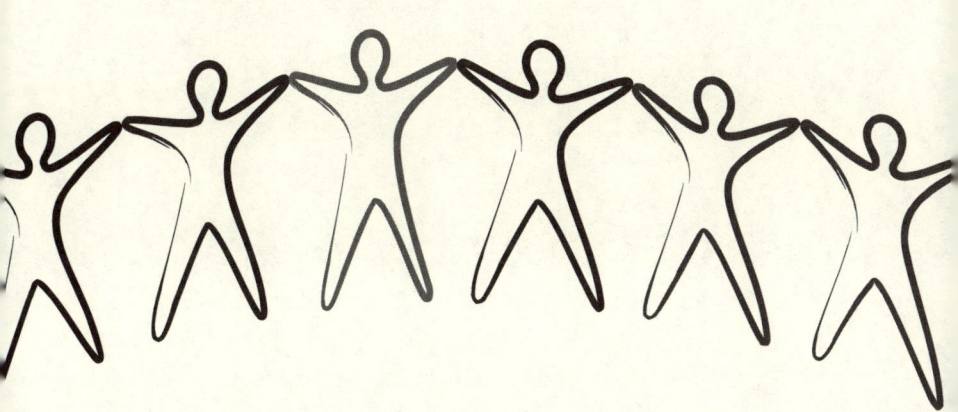

capítulo 8

Vulnerabilidade, Bioética e a Ação em Enfermagem em Saúde Coletiva

Elma Zoboli
Lislaine Aparecida Fracolli

A enfermagem é marcada pelo cuidado, a ponto de se identificar com este. Assim, a vulnerabilidade e a proteção das pessoas têm sido preocupações de sua prática profissional, seja na assistência ou na pesquisa. Neste texto, resgatamos o sentido atribuído a este termo nas pesquisas, a partir de uma revisão de literatura e discutimos as implicações da vulnerabilidade e da bioética e seus enfoques para enfermagem em saúde coletiva.

A vulnerabilidade nas pesquisas em enfermagem

A palavra *vulnerabilidade* deriva do latim *vulnerare* e quer dizer *provocar um dano, uma injúria*. O conceito de vulnerabilidade é, freqüentemente, utilizado na literatura no sentido de desastre e perigo (Delor e Hubert, 2000). Nos estudos em saúde, os termos *vulnerabilidade* e *vulnerável* têm sido empregados para designar suscetibilidade das pessoas a problemas e danos de saúde e habitualmente são empregados de maneira indistinta na maioria dos estudos em enfermagem.

O Centro Colaborador da OPAS para atualização da terminologia relacionada com as ciências da saúde Bireme nos descritores utilizados nas bases de dados define vulnerabilidade (*vulnerability*) como:

a) grau de susceptibilidade ou de risco ao qual uma população está exposta a sofrer danos em desastres naturais;

b) grau de perda (de 0 a 100%) resultante de um fenômeno potencialmente prejudicial (Material II — IDNDR, 1992);

c) estudo e investigação de todos os riscos e perigos susceptíveis de causar um desastre (Gunn,1990) [material V].

E vulnerável é definido na mesma fonte como:

a) uma parte da população, especialmente crianças, gestantes e nutrizes, idosos e sem casa, que são particularmente expostos à doença e carências nutricionais. Eles são mais susceptíveis a um sofrimento maior em um desastre;

b) grupos de pessoas cujo leque de opções é severamente limitado e são freqüentemente sujeitas a coerção na tomada de decisão ou que podem ter sua habilidade para dar o consentimento informado comprometida.

Observa-se que estes descritores apresentam definições bastante abrangentes e tratam de grupos de pessoas que apresentam alguma dificuldade biológica, referida ao seu ciclo de vida ou a sua condição social, fazendo com que estes grupos sejam entendidos como deficitários ou que de alguma forma foram prejudicados na sua *forma de andar a vida*. Os descritores também apontam para uma dimensão ética no sentido de proteção e defesa destes grupos. Por outro lado, podem se prestar a classificar a sociedade nos grupos dos *vulneráveis* e *não vulneráveis*, escamoteando uma outra dimensão da ética: a vulnerabilidade comum a todos os seres humanos e a vulneração que, injustamente, faz alguns grupos vulneráveis a ponto de exploração e exclusão.

Estes descritores têm sido utilizados na área da saúde e, segundo Delor e Hubert (2000), também cada vez mais trabalhos de pesquisa da área de ciências sociais os têm usado. Isto evidencia a interlocução da saúde com outras áreas do conhecimento, ampliando o olhar sobre o conceito de vulnerabilidade.

Embora o conceito de vulnerabilidade seja bastante utilizado nas pesquisas de enfermagem, não conta uma definição consensuada e clara, sendo, muitas vezes, confundido com o conceito de risco Rogers (1997). Mesmo na definição dos descritores trazida anteriormente não se distingue vulnerabilidade de risco. Vulnerabilidade tem se mostrado um conceito importante para a pesquisa em enfermagem porque está ligado intrinsecamente à saúde e a problemas de saúde. Implícito no conceito de vulnerabilidade está a noção de perigo ou ameaça, ou seja, há uma idéia de que vulnerável é uma pessoa que necessita de proteção e ajuda (Rogers, 1997).

Em revisão bibliográfica realizada nas bases de dados Medline e Cinahil, utilizando-se como palavras-chaves *vulnerability, vulnerable* e *nursing*, para o período entre 1996 e 2006, foram encontradas na MEDLINE cerca de 350 publicações e na Cinahil 204. A maioria dos trabalhos são relatos de investigação e poucos trazem discussões sobre vulnerabilidade na perspectiva teórica da produção do conhecimento sobre o conceito (Glass, 2004; Mirrow, 2003; Sellman, 2005).

Alguns trabalhos tratam da vulnerabilidade de grupos tidos como desprotegidos, considerando vulneráveis as mulheres, os adolescentes, as pessoas com deficiências e os grupos vivendo em extrema exclusão social (Bricher, 2000; Jack et al, 2005, Jonsdottir et al, 2004). Alguns trabalhos tratam de vulnerabilidade como situações de violência vividas por enfermeiras (Wilkinson, Hutington, 2004) ou por pacientes e populações (Kramer, 2002; Catlette, 2005). Esta revisão aponta que uma linha de pesquisa na enfermagem tem sido a discussão da vulnerabilidade na perspectiva de *advocacy* (Baldwin, 2003; O'Connor, Kelly, 2005; Ulrich, Grady, 2002). Há, ainda, trabalhos que discutem a vulnerabilidade na perspectiva da ética (Nortvedt, 2003; Watt e Watson, 2002; Ohlen, 2004) e do risco ocupacional (Giddings, 2005).

Rogers (1997) considera em seu trabalho que alguns segmentos da sociedade são mais vulneráveis ao adoecimento e à morte do que outros, por exemplo, os jovens, os idosos, as mulheres, as minorias raciais, as pessoas com pouco suporte social, pouca educação, baixa renda e os desempregados. Assim, para a autora, a vulnerabilidade tem duas dimensões: uma individual e outra situacional. A dimensão individual é afetada grandemente pela percepção de cada pessoa de sua situação de vulnerabilidade e na dimensão situacional, o grau de vulnerabilidade se altera a depender da modificação da condição ou ambiente social.

Considerando isto, propõe algumas categorias para a análise da vulnerabilidade, como idade, gênero, raça, etnia, rede social de apoio, educação, renda, estilo de vida e fatores de risco modificáveis e não modificáveis. Propõe a utilização de um modelo analítico de vulnerabilidade que se baseia na identificação dos componentes individual e ambiental-social da vulnerabilidade e que se presta à identificação dos efeitos fisiológicos e psicológicos da vulnerabilidade dos indivíduos e grupos.

O modelo analítico-conceitual proposto por Rogers (1997) amplia o sentido de vulnerabilidade para além da dimensão individual, contudo, trata da dimensão social de forma pouco crítica, analisando fenômenos sociais, como a violência, o papel social da mulher e a influência da mídia na cultura por meio de explicações superficiais e limitadas a uma análise sobre sua aparência, sem discussões apropriadas sobre a essência da produção destes fenômenos. Esta superficialidade pode *naturalizar* os problemas sociais, como expresso na preocupação de Gastaldo et al (2002).

As pesquisas na enfermagem que tendem a utilizar métodos como a fenomenologia e o interacionismo simbólico, acabam por privilegiar o enfoque no individuo e são mais comuns na América do Norte. A influência da base teórica marxiana que tende a focar as questões sociais de forma critica, tem marcado as pesquisas em enfermagem na América Latina (Gastaldo et al, 2002).

A utilização do conceito de vulnerabilidade pela enfermagem brasileira

Algumas pesquisas na enfermagem no Brasil (Munoz, 2003; David, 2002; Borba, 2005) têm utilizado o conceito de vulnerabilidade desenvolvido por Mann e Tarantola (1996). Este conceito é originário da área dos Direitos Humanos e vem sendo incorporado ao campo da saúde a partir dos trabalhos realizados principalmente na análise da epidemia de aids.

O termo vulnerabilidade, nessa perspectiva, designa "grupos ou indivíduos fragilizados, jurídica ou politicamente, na promoção, proteção ou garantia de seus direitos de cidadania" (Mann, Tarantola, 1996). Diferencia vulnerabilidade de risco, da seguinte maneira, enquanto o risco indica probabilidades, a vulnerabilidade é um indicador da iniquidade e da desigualdade social. Segundo os autores, a vulnerabilidade antecede ao risco e determina os diferentes riscos de se infectar, adoecer e morrer.

O surgimento da epidemia de aids foi um fenômeno determinante para que pesquisadores e profissionais de saúde pudessem repensar o conceito de risco e avançar nas discussões sobre vulnerabilidade.

O conceito de vulnerabilidade ao HIV/aids vem sendo desenvolvido desde o final da década de 1980 e "expressa o esforço para produção e divulgação de conhecimento, debate e ação sobre os diferentes graus e naturezas da suscetibilidade de indivíduos e coletividades à infecção, adoecimento e morte pelo HIV, segundo a particularidade de sua situação quanto ao conjunto integrado dos aspectos sociais, programáticos e individuais que os põem em relação com o problema e com os recursos para o seu enfrentamento" (Ayres, 1999).

A vulnerabilidade, segundo essa perspectiva, pode ser analisada segundo três dimensões interdependentes: individual, programática e social.

    a) Vulnerabilidade individual: diz respeito à ação individual de prevenção frente a uma situação de risco. Envolve aspectos relacionados a características pessoais (idade, sexo, raça etc), ao desenvolvimento emocional, percepção do risco e atitudes voltadas à adoção de medidas de auto-proteção; bem como a atitudes pessoais frente a sexualidade, conhecimentos adquiridos sobre doenças transmissíveis e aids; vivência da sexualidade e habilidades de negociar práticas sexuais seguras, crenças religiosas etc.

b) Vulnerabilidade programática: refere-se às políticas públicas de enfrentamento do HIV/aids, metas e ações propostas nos programas de DST/aids e à organização e distribuição dos recursos para prevenção e controle.

c) Vulnerabilidade social: diz respeito a estrutura econômica, às políticas públicas, em especial de educação e saúde, à cultura, à ideologia e às relações de gênero que definem a vulnerabilidade individual e programática.

A enfermagem brasileira tem utilizado este conceito de vulnerabilidade não apenas na aids, mas para discutir o processo de adoecer e morrer em relação a outros fenômenos e, ainda, na ética em pesquisa. Neste modelo tridimensional, ponderam-se igualmente as três dimensões componentes da vulnerabilidade, considerando-as relacionadas entre si e demandando intervenções especificas dos profissionais de saúde.

Para Gastaldo (2005)[1], a vulnerabilidade constitui um marco conceitual que busca identificar *a priori* a posição social de indivíduos ou grupos por meio da busca ativa de elementos pessoal, social e/ou institucional que acabam por caracterizá-los como especialmente vulneráveis. A autora critica a ênfase na debilidade em detrimento da resistência e capacidade criadora dos indivíduos para a superação, o que pode contribuir para aprofundar a marginalização ou estigmatização dos chamados *vulneráveis*.

---

1. Palestra apresentada no Seminário Nacional sobre Saúde e Violência na perspectiva da Vulnerabilidade. Porto-Alegre, 16 a 18 de novembro de 2005.

A utilização pelos pesquisadores na área de enfermagem do conceito de vulnerabilidade tem o propósito de melhor responder à finalidade do trabalho em enfermagem. O sentido dado à vulnerabilidade como encontrado na literatura internacional da área, mostra que a enfermagem entende vulnerabilidade como uma concepção que engloba a identificação de indivíduos e grupos vulneráveis, mas não discute os determinantes sociais de sua produção. Nota-se a classificação da sociedade nos grupos *vulnerável* e *não vulnerável*, provavelmente devido à maioria dos trabalhos serem relatos de investigação, com poucos trazendo discussões sobre vulnerabilidade na perspectiva teórica da produção do conhecimento e a incorporação de referenciais filosóficos ou antropológicos que propõem a vulnerabilidade como característica ontológica. Contudo, é importante que a enfermagem reconheça a necessidade de buscar modelos teóricos em outras áreas do conhecimento para construir e amplificar sua forma de abordar e intervir sobre a vulnerabilidade.

A estruturação do campo conceitual da bioética

Nos últimos 40 anos, tem se instaurado, na saúde, uma nova abordagem ética, de cunhos horizontais, seculares, prospectivos, plurais e globais. É a bioética, que se apresenta como uma oxigenação da ética na saúde, abrindo-a, primeiro, aos novos dilemas trazidos pela tecnologia de ponta e, agora mais recentemente, para novos enfoques a velhos problemas que persistem na área, desde tempos remotos.

Este neologismo, bioética, que, literalmente, poderia ser definido como ética da vida, foi proposto por Potter, em 1971, em seu livro *Bioethics: bridge to the future*. Oncologista, que era, vinha preocupado com o futuro da humanidade e com a sobrevivência desta frente aos avanços da tecnociência. Em 1970, propõe a junção das ciências biológicas e das humanidades em um único campo do conhecimento, a fim de, ao aproximá-las, fazer com que a ética se voltasse para os fatos novos que estavam ocorrendo e que a biologia passasse a considerar algo além das bancadas e seus experimentos. Isto porque, nos EUA de então, a ética na saúde, especialmente a ética médica, era trabalhada, usualmente por teólogos e filósofos que a discutiam de maneira bastante distante da realidade vivida pelos profissionais e estudantes em sua prática diária. Por outro lado, os pesquisadores não questionavam a dimensão ética da tecno-ciência que estavam desenvolvendo, mas a sociedade, queria saber se tudo que era possível cientificamente estaria justificado e/ou permitido (Zoboli, 2006).

A idéia proposta por Potter é rapidamente apropriada por diversos pesquisadores e eticistas da sociedade estadunidense e André Hellengers funda o *The Joseph and Rose Kennedy Institute for the Study of Human Reproduction and Bioethics* (Instituto Kennedy de Bioética), que é apontado pela literatura da área como um dos mais expressivos difusores da bioética nos meio acadêmico e civil. Sendo um Instituto com recursos financeiros e atuando na tecnologia de ponta na área de medicina fetal e reprodução humana, centrou seus debates, reflexões e estudos no que, atualmente, é conhecido como a bioética das situações-limite, como reprodução assistida, redução embrionária, clonagem e outros. Isto fez que durante muito tempo se acreditasse que a bioética seria algo ligado às biotecnologias de ponta, tanto na vertente de seu desenvolvimento como de aplicação na atenção à saúde .

Assim, a bioética se desenvolveu muito mais voltada para os cenários dos serviços de saúde no nível terciário da atenção e longe das questões relacionadas à saúde das populações, coletividades e grupos ou outros cenários onde acontecem encontros de saúde. Com isto não só corria o risco de afastar-se dos problemas mais comuns a maioria das pessoas, especialmente nos países de maioria pobre, como, por certo, se distanciou da idéia proposta por Potter, como ele mesmo alerta em publicações posteriores, de sua autoria. Em um dos artigos em que faz este resgate de suas idéias originais, escrito com seu auxiliar Peter Whitehouse em 1998, alerta para este distanciamento e que propôs os adjetivos global e profunda à bioética para conduzi-la no retorno a seu rumo inicial ou, ao menos, deixar registrado o que pensava quando propôs o novo termo. Lamentava vê-la sendo tratada de maneira reduzida, como uma questão de direitos, já que enfatizava muito mais as responsabilidades pessoais do que os direitos individuais. Defendia o amor pela vida, que chamava de *biofilia*, e almejava com a bioética que a humanidade alcançasse uma sabedoria, entendida enquanto o conhecimento de como usar o conhecimento (Potter e Whitehouse, 1998).

Nos fins do século XX e primeiros tempos de 2000, imprime-se a bioética um forte sabor social e uma preocupação em resgatar o sentido amplo em que tinha sido concebida por Potter (Zoboli, 2006).

Assim, Pessini e Barchifontaine (2005) afirmam que a bioética tem de combinar conhecimento e reflexão, humildade e responsabilidade, competência interdisciplinar e intercultural, com vistas a potencializar a humanidade. Talvez, então, pudéssemos entender a bioética como uma nova maneira de enfocar a ética nas ciências da vida e da saúde que combina estudo e reflexão e traça uma ponte entre as ciências biológicas e humanas por meio de diálogo inclusivo, plural e responsável na busca da sabedoria, entendida enquanto o conhecimento de como usar o conhecimento para o bem social e a promoção da dignidade humana e da boa qualidade de vida para todos (Zoboli, 2006).

Mas se é reflexão, a bioética parece incluir uma face sistematizada que entende a bioética como o "estudo sistemático das dimensões morais, incluindo a visão, decisão, conduta e normas das ciências da vida e da saúde utilizando uma variedade de metodologias éticas num contexto interdisciplinar" (Reich, 1995).

E é esta conceituação que nos leva a perceber que há uma multiplicidade de enfoques possíveis para se trabalhar a reflexão moral em bioética. Dentre os diversos enfoques citados por Pessini e Barchifontaine (2005) vamos tomar, neste texto, três deles que parecem ser os que mais podem contribuir para traçar interface da bioética e da intervenção de enfermagem em saúde coletiva: o principialismo, as virtudes e o cuidado.

Enfocando a bioética com diferentes lentes

O *principialismo* é o mais difundido dos enfoques da bioética, chegando a ser confundido com esta. Foi proposto por Tom Beauchamp e James Childress, em 1978, em seu livro *Principles of biomedical ethics*. O enfoque principialista propõe um sistema de análise ética baseado em quatro princípios: respeito pela autonomia, não maleficência, beneficência e justiça.

Com base em Beauchamp e Childress (2001), podemos delimitar o entendimento que os propositores têm para estes princípios. Entendem a autonomia com base nas teorias filosóficas de Kant e Mill e, na prática da saúde, a tomaram como a capacidade das pessoas decidirem, de tomarem decisões sobre sua própria vida e saúde. Por respeito pela autonomia, então, compreendem que profissionais de saúde, em relação à pessoa de quem cuidam, têm de dizer a verdade, respeitar sua privacidade, proteger a informação confidencial e fomentar o consentimento livre e esclarecido, ajudando-a em sua tomada de decisão. Este respeito não significa uma atitude passiva, de não interferência, mas sim positiva, transitiva, pró-ativa no sentido de promover a autonomia das pessoas para a tomada de decisão, evitando influências indevidas que possam levar a constrangimentos ou coações e propiciando a informação devida para os esclarecimentos necessários à decisão que vai ser tomada pela pessoa. Desta forma, parece haver um dever do profissional em prover as condições para que a tomada de decisão seja feita de maneira substancialmente autônoma.

Em um *continnum* Beauchamp e Childress (2001) incluem os princípios da não maleficência e beneficência, pois reconhecem que, na prática, é muito difícil fazer a distinção de ambos. Entretanto, a fazem na propositura do sistema, com a intenção de alertar que para cumprir os deveres relativos ao princípio da não maleficência, na maioria das vezes, basta que os profissionais de saúde se abstenham de algumas ações potencialmente maléficas, prejudiciais ou danosas às pessoas de quem cuidam. Porém, para dar conta dos deveres advindos do princípio da beneficência são requeridos atos transitivos, ações intencionais que busquem e almejem beneficiar as pessoas, ou seja, não é suficiente se abster, é preciso agir. A não maleficência, de maneira geral, pode ser entendida como não causar mal ou dano. Deste princípio decorrem as obrigações de não matar; não causar dor ou sofrimento; não incapacitar; não ofender; não privar os outros dos bens da vida.

A beneficência é considerada Beauchamp e Childress (2001) como fazer ou promover o bem, decorrendo os deveres de prevenir o mal ou dano; eliminar o mal ou dano; proteger e defender os direitos dos outros; ajudar as pessoas com incapacidades; prevenir danos que possam ocorrer aos outros; mitigar condições que podem causar danos aos outros; resgatar pessoas em perigo; fazer o balanço dos benefícios, custos e danos com vistas a alcançar o maior benefício líquido e prover o proporcional retorno tanto à sociedade, quanto às pessoas individualmente, num reconhecimento dos méritos destas e da dívida social que temos, por exemplo, pelos pacientes e sujeitos de pesquisa que, ao longo da história da humanidade, têm se prestado ao ensino e aos estudos em hospitais universitários.

A justiça é tomada, na teoria de Beauchamp e Childress (2001), em sua vertente distributiva. Isto é, com a distribuição dos bens e recursos, de maneiras justas, eqüitativas, apropriadas e determinadas por normas justificadas. Com base nas teorias de eqüidade de Jonh Rawls, defendem a distribuição dos benefícios necessários para cada um amenizar ou corrigir os efeitos deletérios da loteria biológica ou social. Mas a complementam, com posições utilitaristas, advogando que, na área da saúde, a justiça distributiva seja efetivada a partir de um acesso igual a um mínimo decente, com a vistas a se alcançar o maior bem para o maior numero de pessoas.

Estes quatro princípios: respeito pela autonomia, não maleficência, beneficência e justiça, conformam um sistema *prima facie*, ou seja, uma obrigação decorrente de um dos princípios é mandatória até o momento que surja uma outra mais obrigatória e que suplante a anterior. Isto indica a necessidade de se ponderar e especificar os princípios na realidade de cada caso, pois para Beauchamp e Childress (2001) não há entre eles uma hierarquia *a priori* a ser observada no caso de conflitos de deveres.

O principialismo se mostra atrativo na saúde pela simplicidade de sua linguagem. Entretanto, suas limitações, especialmente nas situações de conflito e a abertura característica da bioética para considerar a pluralidade moral da sociedade e dos grupos atuais, têm feito este enfoque dialogar com outros.

Um deles é o *enfoque do cuidado*, cuja proposição mais difundida na literatura da bioética é um referencial de cunho psicológico defendido por Carol Gilligan. Em sua obra *In a different voice*, a autora relata, com base em achados de seus estudos empíricos sobre desenvolvimento moral, que a abordagem abstrata, baseada na separação humana, nos direitos individuais e que reforça, quase que com exclusividade, o papel da razão no equacionamento ético e que até então vinha sendo aceita como o modelo para análises de maturidade de desenvolvimento moral não é a única compreensão existente e possível para pautar a moralidade dos atos e relacionamentos. Em seus estudos Gilligan (1998) identificou uma abordagem contextual que considera a conexão humana, os relacionamentos comunitários e concede espaço, significativo, para as emoções na deliberação ética. A esta abordagem a autora chamou *ética do cuidado*, definindo como seus elementos chave: o reconhecimento da importância do vínculo; o não rompimento das relações de vínculo; a busca da felicidade de todos; a preocupação de não magoar ninguém e a busca da solução não violenta dos conflitos por meio da comunicação.

Parece-nos que esta abordagem pode dialogar com o principialismo, na medida em que considera as relações humanas nos quais os atos, cerne da análise principialista, acontecem. O enfoque do cuidado pode delimitar a teia relacional que deve estar presente na ponderação e especificação dos princípios, especialmente nas deliberações frente a conflitos de obrigações.

O *enfoque das virtudes* será discutido segundo as proposições de Alasdair MacIntyre. Para MacIntyre (1984), virtude é uma qualidade humana adquirida, cuja possessão e exercício tendem a capacitarnos para realizar os bens que são internos às práticas e cuja falta impede-nos de realizar tais bens. Para entender esta compreensão de virtude, faz necessário definirmos a visão do autor para prática e bens internos.

Por prática, MacIntyre (1984) entende qualquer forma coerente e complexa de atividade humana, cooperativa, socialmente estabelecida, cujos bens internos, inerentes são concretizados no transcurso da tentativa de se realizar os padrões de excelência apropriados e parcialmente definidos para estas atividades, resultando na expansão sistemática dos poderes humanos para operar a excelência e da ampliação das concepções humanas acerca dos fins e bens envolvidos.

Toda prática tem bens internos e externos. Os primeiros são os que podem ser conseguidos por meio de outras práticas, por exemplo, se tomarmos esta compreensão para a prática de enfermagem, o salário que o enfermeiro recebe a cada mês seria o bem externo desta prática. Os bens internos são os que só podem ser conseguidos pelo próprio exercício da prática em questão, fora dela sua consecução é impossível. Eles já se realizam na medida em que a prática é executada e são capazes de descrever o prazer advindo de seu alcance somente os que participam da prática. Eles não se esgotam como os bens externos, que se uns têm mais, obrigatoriamente outros terão menos, ao contrário, quanto mais se conquistar os bens internos de uma prática todos os partícipes e a própria prática ganham (MacIntyre, 1984).

O bem interno na prática da enfermagem poderia ser tomado como a indescritível satisfação que sentimos ao cuidar, ver os resultados de nosso cuidado e *aquele não sei o quê* que nos mantém na enfermagem apesar de tudo que vemos e sentimos de dificuldade, pois sabemos que este bem que buscamos, almejamos e desejamos somente nela será possível conseguirmos. Então, prática não é só um conjunto de habilidades técnicas requeridas para o exercício, vai além disto. E parece que assim podemos nos encaminhar para uma interface com as práticas de enfermagem.

A enfermagem como prática social e as possibilidades de atuar com base na vulnerabilidade e na bioética

Entender a enfermagem enquanto prática é tomá-la como uma das tantas práticas sociais que são constituintes da sociedade e com as quais ela se relaciona em seus diferentes momentos de produção e reprodução. Significa ir além de suas dimensões técnico-operativas que derivam da aplicação direta do saber tecnocientifico e vê-la inserida o bojo da responsabilidade social compartilhada por todas as práticas que são determinadas e determinam a sociedade. Quer dizer ver a enfermagem como um trabalho, inserido no seio do trabalho em saúde e no processo de produção dos serviços de saúde. Assim, sua finalidade guarda correlação com a finalidade social do trabalho e dos serviços de saúde, enquanto instituições sociais. Nesta concepção, a prática da enfermagem tem um objeto e lida com meios e instrumentos para transformar, de maneira intencional e planejada, este objeto (Chiesa, Bertolozzi e Fonseca, 2000).

Parece-nos que o que se toma como visão balizadora da prática da enfermagem é que definirá o objeto e a finalidade do trabalho e principalmente seus instrumentos. Então, precisamos situar a prática de enfermagem no âmbito da saúde coletiva. A saúde coletiva, campo de conhecimento e âmbito de práticas, entende a saúde e a doença em um processo histórico e socialmente determinado. Para a saúde coletiva o contexto social não é um fator na ou para a saúde, mas é o que determina e condiciona a saúde e a doença dos grupos e classes sociais. Não é um fator, não é algo agregado, externo, é constitutivo. O processo saúde doença adquire conotação histórico-social e as pessoas e os grupos passam a ser vistas em sua complexidade e integralidade (Chiesa, Bertolozzi e Fonseca, 2000). Assim, com a visão multidimensional da saúde coletiva o objeto da prática da enfermagem passa a ser corpos sociais e a promoção da saúde e emancipação dos sujeitos, sua finalidade (Chiesa, Bertolozzi e Fonseca, 2000). A intervenção de enfermagem em saúde coletiva, segundo Egry (1996), é a interferência consciente (sistematizada, planejada, dinâmica) no processo saúde-doença de uma dada coletividade, consideradas as distinções de classe social e/ou coletividades, objetivando a transformação do perfil saúde-doença. Atuará não só nos resultados, mas nos determinantes e condicionantes da saúde da doença. Como definem Chiesa, Bertolozzi e Fonseca (2000) é conjunto de práticas e habilidades para o monitoramento e enfrentamento dos problemas de saúde da população ancorados em determinados pressupostos que embasam um dado modelo de sistematização.

A utilização da bioética e da vulnerabilidade na intervenção de enfermagem em saúde coletiva poderá nos levar a respeitar e dialogar com a pluralidade que hoje conforma o coletivo e a considerar as diferenças para que estas não sejam motivos e justificativas para as desigualdades. O caminho norteador a ser seguido pela enfermeira que atua com base na saúde coletiva deve ser a disponibilização da informação e os esclarecimentos dos sujeitos/grupos sociais, ponto importante da emancipação, com base no respeito ativo. Sabemos que nossos processos de comunicação na intervenção de enfermagem em saúde coletiva deverão ocorrer de forma a propiciar informação em quantidade e qualidade suficientes para a compreensão dos sujeitos, considerando suas peculiaridades de cultura, educação, idade e outras.

O objeto da saúde coletiva (corpos sociais com sua complexidade, desigualdades) e a finalidade de promover a saúde e emancipar os sujeitos, em nosso entender, podem nortear a direcionalidade para se dotar de conteúdo os princípios da bioética e da vulnerabilidade. Destaca-se que considerando o uso do termo vulnerabilidade na literatura de enfermagem, tomá-lo neste texto enquanto principio, como proposto por Neves (2006), parece abarcar a faceta operacional e de proteção que vem sendo usado e lança o desafio de incluir a vulnerabilidade como característica humana.

Um dos sentidos do termo vulnerabilidade é o descritivo, do fato, da característica, de qualificador das pessoas e grupos como vulneráveis. O outro é o de condição humana, universal, irredutível e inalienável. É claro que há grupos especialmente vulneráveis, diríamos vulnerados, pois tem sua inerente vulnerabilidade humana agravada por condições sociais. A vulnerabilidade como princípio abarca estes dois sentidos, acrescentando uma obrigação que se impõe à consciência moral enquanto um dever a ser cumprido. Na sua acepção mais comum obriga à proteção dessa fragilidade acrescida, numa ação positiva segundo as necessidades específicas. Na sua acepção mais ampla, de condição universal, obriga ao reconhecimento de que todas as pessoas são vulneráveis, todas podem ser feridas e requerem respeito. Tal respeito, numa ação negativa inclui abstenção de qualquer prejuízo e numa ação positiva, a exigência de zelo, cuidado e solicitude para com a vulnerabilidade. A formulação da vulnerabilidade como principio tem implicações tanto no plano teórico, reflexivo como na prática, da ação efetiva. Este princípio intervém, de forma pertinente e indispensável, para a salvaguarda da dignidade humana em situações de fragilidade acrescida (Neves, 2006).

Uma prática de enfermagem com base nos princípios da bioética e da vulnerabilidade e enriquecida com os enfoques do cuidado e das virtudes poderá privilegiar a identificação da vulnerabilidade dos indivíduos e grupos, em seu sentido mais amplo e polissêmico, para a partir daí desenvolver e, constantemente, aprimorar relações de cuidado baseadas no vínculo, na solicitude e na emancipação dos sujeitos e grupos, por meio do reconhecimento e desenvolvimento das habilidades requeridas para conseguir essa emancipação.

Outra contribuição primordial da enfermagem tomar a vulnerabilidade como um princípio de sua prática será o de reconhecer os profissionais, como humanos que são, enquanto vulneráveis. Somente quem se reconhece vulnerável é capaz de cuidar. O ser humano não só é vulnerável, mas também pode fazer-se consciente desta vulnerabilidade e, refletindo sobre ela, torná-la princípio de autocompreensão. Quem não se reconhece e se aceita vulnerável e interdependente não desenvolve atitudes de cuidado. Quem se proclama forte e independente a ponto de dispensar cuidado, não pode cuidar, porque sua ajuda será uma declaração de potência que inferiorizará quem for ajudado (Junges, 2006). Daí a urgência de superar compreensões de vulnerabilidade que se resumem a rotular e separar grupos de *vulneráveis* e *não vulneráveis*.

O reconhecimento da própria vulnerabilidade é ponto de partida para uma construção maior ao possibilitar o encontro com o outro e caminhar juntos para a superação das fragilidades próprias e dos outros (Anjos, 2006). Este parece caminho de mutua emancipação para a cidadania.

Consideramos, finalmente, que a enfermagem em saúde coletiva tem de reconhecer que seu objeto — corpos sociais — é, ao mesmo tempo, vulnerável e vulnerado. Tem de ter presente que a finalidade de seu trabalho — emancipação das pessoas e grupos — requer o reconhecimento de que os profissionais são co-partícipes da vulnerabilidade comum a todos humanos e a alguns grupos. Assim, seremos enfermeiros capazes de cuidar, não por dever ou protocolo, mas por atitude, caráter, modo de ser. E passaremos da intervenção, para a ação em saúde coletiva.

REFERÊNCIAS BIBLIOGRÁFICAS

ANJOS, M. F. A vulnerabilidade como parceira da autonomia. *Revista Brasileira de Bioética*, v. 2, n. 2, p. 173-186, 2006.

AYRES, J. R. C. M. et al. Vulnerabilidade e prevenção em tempos de Aids. In: BARBOSA, R. M, PARKER, R. (org.). *Sexualidade pelo avesso*: direitos, identidades e poder. Rio de Janeiro: IMS/UERJ, 1999.

BALDWIN, M. A. Patient advocacy: a concept analysis. *Nurs Stand*, v. 17, n. 21, p. 33-39, 2003.

BEAUCHAMP, T. L., Childress, J. F. *Principles of biomedical ethics*. 5th. New York: Oxford University Press, 2001.

BORBA, K. P. *Aspectos da vulnerabilidade para HIV/aids em mulheres profissionais do sexo infectadas-Guarapuava-PR*. Dissertação (mestrado), 2005. Ribeirão Preto: Escola de Enfermagem de Ribeirão Preto, Universidade de São Paulo, 2005.

BRIICHER, G. Children in the hospital: issues of power and vulnerability. *Pediatr Nurs*, v. 26, n. 3, p. 277-82, 2000.

CATLETTE, M. A descriptive study of the perceptions of workplace violence and safety strategies of nursing working in level I trauma centers. *J Emerg Nurs*, v. 31, n. 6, p. 519-25, 2005.

CHIESA, A. M., Bertolozzi, M. R., Fonseca, R. M. G. S. A enfermagem no cenário atual: ainda há possibilidade de opção para responder às demandas da coletividade? *O Mundo da Saúde*, v. 24, p. 67-71, 2000.

DAVID, R. *A vulnerabilidade ao adoecimento e morte por Aids em usuários de um serviço ambulatorial especializado em DST/AIDS do município de São Paulo*. Dissertação (mestrado), 2002. São Paulo. Escola de Enfermagem, Universidade de São Paulo, 2002.

DELOR, F., HUBERT, M. Revisiting the concept of vulnerability. *Social Science and Medicine*, v. 50, p. 1557-70, 2000.

EGRY, E. Y. *Saúde Coletiva*: construindo um novo método em enfermagem. São Paulo: Ícone; 1996.

GASTALDO, D., MARTINEZ, F. J. M., GUTIERREZ, M. R. et al. Qualitative Health Research in Ibero-America: the current stat of the science. *Journal Transcultural Nursing*, v. 13, n. 2, p. 90-108, 2002.

GIDDINGS, L. S. A theoretical model of social consciousness. *ANS*, v. 28, n. 3, p. 224-39, 2005.

GILLIGAN, C. *In a different voice*: psychological theory and women's development. 31 reimpr. Cambridge (Mass): Havard University Press, 1998.

GLASS, N., DAVIS, K. Reconceptualizing vulnerability: deconstruction and reconstruction as a postmodern feminist analytical research method. *ANS*, v. 27, n. 2, p. 82-92, 2004.

GUNN, S. W. A. Multilingual Dictionary of Disaster Medicine and International Relief, 1990.

JACK, S. M., Di CENSO, A., LOHFELD, L. A theory of maternal engagement with public health nursing and family visitors. *J Adv Nurs*, v. 49, n. 2, p. 182-90, 2005.

JONSDPTTIR, H. et al. Multicomponent individualized smoking cessation intervention for patients with lung disease. *J Adv Nurs*, v. 48, n. 6, p. 594-604, 2004.

JUNGES, J. R. *Bioética*: hermenêutica e casuística. São Paulo: Loyola, 2006.

KRAMER, A. Domestic violence: how to ask and how to listen. *Nurs Clin North Am*, v. 3, n. 1, p. 189-210, 2002.

MANN, J., TARANTOLA, D. From epidemiology, to vulnerability, to human rights. In: MANN, J., TARANTOLA, D. (eds.). *AIDS in the World II*. New York, NY: Oxford University Press Inc, 1996. p. 427–476.

MacINTYRE, A. *After virtue*. 2nd. Notre Dame: University of Notre Dame Press, 1984.

MIROW, R. The power of vulnerability. *Learn Disabil Pract*, v. 6, n. 10, p. 36-9, 2003.

MUÑOZ, S. A. I. *Vulnerabilidade à tuberculose em alunos moradores do conjunto Residencial de São Paulo (CRUSP)*. Dissertação (mestrado). São Paulo: Escola de Enfermagem, Universidade de São Paulo, 2005.

NEVES, M. C. P. Sentidos de vulnerabilidade: característica, condição, princÍpio. *Revista Brasileira de Bioética*, v. 2, n. 2, p. 157-72, 2006.

NORTVEDT, P. Subjectivity and vulnerability: reflections on the foundation of ethical sensibility. *Nursing philosophy*, v. 4, n. 3, p. 222-30, 2003.

O'CONNOR, T., KELLY, B. Bridging the gap: a study of general nurse's perceptions of patient advocacy in Ireland. *Nurs Ethics*, v. 12, n. 5, p. 453-67, 2005.

OHLEN, J. Violation of dignity in care-related situations. *Res Theory Nurs Pract*, v. 18, n. 4, p. 371-85, 2004.

PESSINI, L., BARCHIFONTAINE, C. P. *Problemas atuais de bioética*. 7ª ed. São Paulo: Loyola, 2005.

POTTER, V. R., WHITEHOUSE, P. J. Deep and global bioethics for a livable third millennium. *The Scientist*, v. 12, n. 1, p. 9, 1998.
URL: http://www.the-scientist.com/yr1998/jan/opin_980105.html

SELLMAN, D. Towards an understanding of nursing as a response to human vulnerability. *Nurs Philos*, v. 6, n. 1, p. 210, 2005.

ROGERS, A. C. Vulnerability, health and health care (1997). *Journal Advanced Nursing*, n. 26, p. 65-72.

ULRICH, C. M., WALLEN, G. R., GRADY, C. Research vulnerability and patient advocacy: balance-seeking perspectives for the clinical nurse scientist? [editorial] *Nursing Research*, v. 51, n. 2, p. 71, 2002.

WATT, P. E., WATSON, J. Unrelieved pain: an ethical and epistemological analysis of distrust in patients. *Can J Nurs Res*, v. 34, n. 2, p. 65-80, 2002.

WILKINSON, J., HUTINGTON, A. The personal safety of district nurses: a critical analysis. *Nurs Prax Nz*, v. 2, n. 3, p. 31-44, 2004.

ZOBOLI, E. L. C. P. Bioética, gênese, conceituação e enfoques. In: OGUISSO, T. e ZOBOLI, E. L. C. P. (Orgs.). *Ética e bioética*: desafios para a enfermagem e a saúde. São Paulo: Manole, 2006.

capítulo 9

A Mortalidade Infantil em Decorrência da Vulnerabilidade

Maria Leonilda de Souza Dutra
Vera Lúcia de Barros

O objetivo desse trabalho é relatar e refletir a questão da mortalidade infantil ocorrida entre crianças da etnia Guarani-Kaiowa, na reserva indígena de Dourados, no estado de Mato Grosso do Sul, durante o ano 2005, em decorrência da vulnerabilidade. A metodologia utilizada é a pesquisa documental, fundamentada nos principais jornais de imprensa escrita do país e acervo do Instituto Socioambiental (ISA). Os dados são analisados através de aspectos sócio/econômico e cultural, perfil epidemiológico e condições de assistência à saúde. Dados da Fundação Nacional de Saúde (FUNASA) apontam que nas aldeias do estado, 27% das crianças indígenas, de até cinco anos de idade, apresentam condições nutricionais insatisfatórias, sendo que 12% estão desnutridas e 15% em risco nutricional, entre os Guarani-Kaiowa a taxa de desnutrição chega a 37%; contribuindo para o aumento da taxa de mortalidade infantil indígena, que em 2004 chegou a 60 por mil nascidos vivos, quase o triplo do índice verificado entre a população brasileira (5,7%), como conseqüência da ingestão insuficiente de alimentos, acesso restrito a terra, falta de abastecimento de água, saneamento básico, moradia inadequada, carência na prevenção e assistência à saúde. Consideramos que para a redução da mortalidade infantil indígena é necessário que a saúde seja promovida em todos os aspectos, planejada, executada e avaliada de forma global, surgindo assim a necessidade dos órgãos públicos atuarem em conjunto (interligados) para a tomada de decisões e resoluções que não sejam meramente medidas emergenciais, e sim ações concretas e contínuas que favoreçam a manutenção da vida.

Introdução

Diante das desigualdades político-sócio-econômicas existentes, cada vez mais aumentam as discussões e estudos acerca das condições de vulnerabilidade a que estão predispostas pessoas da sociedade. A vulnerabilidade tornou-se tema multidisciplinar, diversos profissionais e pesquisadores cada vez mais buscam um entendimento sobre o assunto afim de melhor entendê-la e reduzir os danos por ela causados.

Para Stälsett (2003), por vulnerabilidade se entende uma debilidade, uma fragilidade, significa a capacidade de ser ferido. Por outro lado, a vulnerabilidade tem o direito à proteção e necessidade de segurança no sentido amplo. O autor fala ainda que a vulnerabilidade é compartilhada, no entanto é assimétrica, ou seja, ela afeta a todos só que de maneiras e proporções diferentes.

Kottow (2003), afirma que existem duas formas de vulnerabilidade, a primária, tida como a vulnerabilidade básica intrínseca à existência humana, em que todos estamos expostos, e a vulnerabilidade secundária, ou seja circunstancial, estado em que alguns indivíduos, sociedade ou países estão predispostos a sofrer mais danos. Segundo ele, alguns indivíduos são afetados por circunstâncias desfavoráveis nas quais a pobreza, a falta de educação, as dificuldades geográficas, as doenças crônicas e endêmicas ou outros infortúnios os tornam ainda mais vulneráveis.

Na saúde, o termo vulnerabilidade se refere ao conhecimento dos diversos graus e tipos de suscetibilidade dos indivíduos e populações a agravos ou riscos de saúde. Esta suscetibilidade é identificada a partir da análise das dimensões individuais, sociais e institucionais relacionadas ao problema que afeta os indivíduos ou grupos.

O conceito de vulnerabilidade não busca apenas distinguir (calcular e comparar) a probabilidade (chance) de um indivíduo qualquer se expor a um problema de saúde, mas busca fornecer elementos para avaliar, objetivamente, as diferentes chances, que cada indivíduo ou grupo populacional particular tem de ser afetado pelo problema, considerando o conjunto das características individuais e sociais de seu cotidiano, julgadas relevantes para a maior exposição ou menor chance de proteção diante do problema (Ayres, 1999).

Procurando identificar a vulnerabilidade das pessoas e grupos, fortalecemos nossa percepção dos determinantes sociais do processo saúde e doença, que nos permite denunciar, cotidianamente a falta de sucesso das políticas de promoção e prevenção da saúde. São as pessoas e grupos mais vulneráveis, os mais pobres, as mulheres, os negros, os indígenas, os jovens e os marginalizados, que são atingidos, cada vez mais, pelas epidemias e agravos à saúde, provocando mortes prematuras e seqüelas incapacitantes. Estes são os setores da sociedade que sofrem com a desigualdade e exclusão social.

Diversos povos vivem em situações de risco, que ameaçam a sua existência, por exemplo, a população indígena no Brasil. Quando os europeus acharam ou *descobriram* as novas terras de América, já encontraram habitantes, que o surpreenderam não pela sua existência, pois já sabiam que encontrariam gente, e sim por sua conduta. Seguramente, esperavam encontrar homens e mulheres selvagens, violentos e desumanos. Pero Vaz de Caminha em seus escritos, sempre enaltecia a humanidade dos habitantes, sua beleza, saúde e mansidão, em sua carta ao el-rei D. Manuel que na quarta-feira, dia 23 de abril de 1500, deu-se o primeiro encontro dos portugueses com os habitantes do Brasil, na região que veio a ser chamada de Porto Seguro (Souza Filho, 2005):

E o capitão mandou no batel em terra, Nicolau Coelho, para ver aquele rio. E tanto que ele começou para lá d'ir, acudiram pela praia homens, quando dous, quando três, de maneira que quando o batel chegou à boca do rio, eram ali 18 ou 20 homens pardos, todos nus, sem nenhuma cousa que lhes cobrisse suas vergonhas. Traziam arcos nas mãos e suas setas. Vinham todos rijos para o batel e Nicolau Coelho fez sinal que pusessem os arcos; e eles os puseram (Caminha, 1500 apud Souza Filho, 2005, p. 27-28).

A mansidão, qualidade atribuída aos donos desta terra (os indígenas), foi elemento crucial para que se iniciasse uma relação de exploração. Os europeus (portugueses e espanhóis) chegaram na América como se estivessem praticando a expansão de suas fronteiras agrícolas. Foram extraindo as riquezas, devastando o solo e levando para seus países o pau-brasil, o ouro, o cobre e também alimentos.

Embora não se saiba exatamente quantas sociedades indígenas existiam no Brasil à época da chegada dos europeus, há estimativas sobre o número de habitantes nativos naquele tempo, que variam de 1 a 10 milhões de indivíduos e cerca de 1.300 línguas diferentes eram faladas. As populações locais que comiam milho, mandioca, carnes de animais nativos, aves ou peixes, aos poucos tiveram sua alimentação alterada, com a introdução de novas comidas como: cabras, carneiros, queijos e novas plantas, cana-de-açúcar, café, beterraba, entre outros. Essa transformação na base alimentar inviabilizou ou desnaturou os costumes, e conseqüentemente alterou também os povos. Pelo contato direto ou indireto com os europeus lhes foram transmitidas várias epidemias como gripe, sarampo, coqueluche, varíola e tuberculose, causando a morte de milhares de indígenas (FUNAI, 2006).

O *achamento* do Brasil foi o marco histórico de um processo de massificação e extermínio, tendo como conseqüência genocídio, espoliação e expropriação de seus habitantes, terras e cultura. Segundo o Conselho Indigenista Missionário (CIMI, 2004) nos últimos 500 anos foram extintos mais de 1470 povos indígenas.

Em meados dos anos 70, acreditava-se no desaparecimento dos povos indígenas no Brasil, como algo inevitável, porém, nos anos 80, verificou-se uma tendência de reversão da curva demográfica e, desde então, a população indígena no país tem crescido. Segundo o Censo Demográfico do Instituto Brasileiro de Geografia e Estatística (IBGE, 2000), vivem no Brasil cerca de 220 povos indígenas, falantes de aproximadamente 170 línguas e 734 mil pessoas auto-identificadas como indígenas; ou seja, os remanescentes de hoje constituem uma fração do que já foi uma sociodiversidade indígena bastante expressiva.

O objetivo desse trabalho é relatar e refletir a questão da mortalidade infantil ocorrida entre crianças da etnia Guarani-Kaiowa, na reserva indígena de Dourados, no estado de Mato Grosso do Sul (MS), durante o ano 2005, apontando fatores predisponentes vivenciados pela comunidade que influenciam de forma direta ou indiretamente no processo saúde-doença, vida e até morte dessas crianças em decorrência da vulnerabilidade.

Vários fatores estão relacionados com a causa da mortalidade infantil indígena, como falta de abastecimento de água, saneamento básico, moradia inadequada, carência na prevenção e assistência á saúde e principalmente ingestão insuficiente de alimentos influenciam de forma expressiva na qualidade de vida dessa população, atingindo principalmente as que são mais vulneráveis (as crianças) ao surgimento de doenças e com maior probabilidade de evoluir a óbito.

Um pouco da história dos índios Guarani-Kaiowa

Os Guarani-Kaiowa também denominados de Paĩ-Tavyterã, que significa "habitante do povo [aldeia] da verdadeira terra futura (távy-yvy-ete-rã), fazem parte da família tupi-guarani do tronco lingüístico Tupi, juntamente com outros dois subgrupos Guarani-Ñandeva e Guarani-Mbya. A respeito dos nomes que genericamente eram então aplicados, sem distinção subgrupal, a esses indígenas: Cayua de Caa = mato e Awa = Homem. Encontramos na literatura em todas as grafias possíveis, como Cayua, Caygua, Caaygua, Cayagua, Cagoa, Cayoa, Caygoa, Cayowa, Caingua, Caa-owa, Cahahyba, Cahuahiva, Cabaiva, Ubayha e Caiuá (noção genérica para designar tanto os Kaiowa, quanto os Ñandeva). Existem no entanto diferenças nas formas lingüísticas, costumes, práticas rituais, organização política e social, orientação religiosa, assim como formas específicas de interpretar a realidade vivida e de interagir segundo as situações em sua história e em sua atualidade. Segundo dados do Instituto Socioambiental — ISA (2003), existem cerca de 18.000 a 20.000 pessoas da etnia Guarani-Kaiowa, localizadas no Paraguai, Bolívia e, no Brasil, nos estados de Rio Grande do Sul, Santa Catarina, Paraná, São Paulo e Mato Grosso do Sul.

Os Guarani antes da chegada dos europeus ocupavam uma extensa região litorânea que ia desde a Cananéia (SP) até o Rio Grande do Sul, infiltrando-se pelo interior nas bacias dos rios Paraná, Uruguai e Paraguai. Da confluência dos rios Paraná e Paraguai espalhavam-se pela margem oriental deste último e nas duas margens do Paraná. O Rio Tietê, ao norte, e o Paraguai a oeste, fechavam seus territórios. Com a chegada dos portugueses e espanhóis (século XVI e até o XVIII) os Guarani sofreram grande influência dos jesuítas que os queria catequizar e dos *encomenderos*, que através da *encomienda* (o sistema colonial espanhol que permitia que se escravizassem os índios sob o disfarce oficial de proteção) submetiam os índios ao trabalho braçal (Almeida, Mura, 2003).

Diante da persistência de ameaças os índios foram forçados a fugir para lugares distanciados do avanço paulista — exemplo dos índios do Itatin reconhecidos, posteriormente, como o atual subgrupo Guarani-Kaiowa — que trasladaram para o sul, cruzando, na segunda metade do século XVII o Rio Apa (MS), passando a ocupar o atual sul do Mato Grosso do Sul até os dias de hoje. Até o começo do século XIX ficaram aí refugiados, sem interferência de colonizadores. A partir de 1920 e mais intensamente 1960, desencadeou-se um processo sistematizado de desapropriação de suas terras.

Sobre a pesquisa

Trata-se de um estudo exploratório de abordagem qualitativa. O estudo exploratório tem como objetivo proporcionar maior familiaridade com o problema, com vistas a torná-lo mais explícito (Gil, 2002). A escolha pela abordagem qualitativa segundo Minayo (1996), justifica-se por ele permitir a verificação de um universo de valores, de crenças e de significados os quais não podem ser quantificados.

O procedimento técnico deste estudo é a pesquisa documental. A pesquisa documental assemelha-se muito à pesquisa bibliográfica. É constituída pelo exame de materiais, que ainda não receberam um exame analítico ou que podem ser reexaminados com vistas a uma interpretação nova ou complementar. Pode oferecer base útil para outros de tipos de estudos qualitativos e possibilita que a criatividade do pesquisador dirija a investigação por enfoques diferenciados. Este tipo de pesquisa permite o estudo de pessoas a que não temos acesso físico (distantes ou mortas). Além disso, os documentos são uma fonte não reativa e especialmente propícia para o estudo de longos períodos (Neves, 1996).

Coleta de Dados

Este estudo utilizou como fonte de informação dados divulgados nos principais jornais da imprensa escrita do país: O Estado de São Paulo (OESP), Correio Brasiliense (CB), Folha de São Paulo (FSP), O Globo (OG) e Jornal do Brasil (JB), sobre o tema geral *Reserva Indígena Guarani-Kaiowa — Dourados* pertencentes ao acervo do Instituto Socioambiental (ISA), no período de janeiro a dezembro de 2005.

Análise dos dados

Os dados foram analisados de forma temática a partir de orientações de Bardin (1979) e Minayo (1998), "O Tema é a unidade de significação que se liberta naturalmente de um texto analisado segundo critérios relativos à teoria que serve de guia à leitura". Partindo desses pressupostos foram estabelecidas as categorias temáticas que fazem parte do escopo de pesquisa. Os dados divulgados pelos jornais da imprensa nacional foram agrupados em função dos temas eixos: aspectos sócio/econômico e cultural, perfil epidemiológico e condições de assistência à saúde.

Resultados e análise

A reportagem a seguir foi das primeiras do ano a alertar sobre a questão da mortalidade infantil indígena nesta região, sendo que no dia 11 do mesmo mês, já havia registro do primeiro caso de morte, um bebê de apenas oito meses de idade. Apartir de então, não cessaram as notícias e denúncias de maus tratos, miséria, exploração e abandono deste povo nativo.

Cresce mortalidade infantil indígena
Dados da Funasa (Fundação Nacional de Saúde) apontam que nas aldeias de Mato Grosso do Sul, [...] em 2004 a mortalidade infantil chegou a 60 por mil nascidos vivos, quase o triplo do índice verificado entre a população brasileira (24,3 por mil, segundo o Ministério da Saúde).[...] em 2003 foi de 48 por mil nascidos vivos, em 2002 o mesmo valor, em 1999 atingia valores de 140 por mil nascidos vivos, em 2004 houve um aumento de 25% nesse índice que vinha caindo (Folha de São Paulo, 25 jan. 2005, p. A4).

Aspectos sócio-econômicos

O estudo sobre os aspectos sócio-econômicos é importante, porque reúne um conjunto de informações que retrata a realidade de um segmento populacional específico. Procuramos analisar as questões referentes a terra, saneamento básico, trabalho, moradia, alimentação e educação.

O acesso restrito as terras tem sido apontado como o problema principal que origina todas as demais dificuldades enfrentadas pelos Guarani-Kaiowa:

FUNAI diz que índios não tem terra suficiente para plantar
O presidente interino da Fundação Nacional do Índio (FUNAI) [...] disse que os índios da região de Dourados vivem uma situação dramática. [...], 11 mil índios guaranis-kaiowás ocupam uma área de 3.700 hectares, que não seriam suficientes para garantir sua subsistência: "Eles não têm terra suficiente para plantar. E estão ilhados pelo avanço da fronteira agrícola do agronegócio. Por todos os lados, há soja e gado" (O Globo, 27/01/2005, p. 11).

Essa área é considerada muito pequena, pois pelos padrões do Movimento Sem Terra (MST) não mais do que 250 famílias, ou mil pessoas, poderiam viver ali, plantando e colhendo, adequadamente.

Os indígenas têm com a terra e o meio ambiente, além da relação de subsistência, a relação cosmológica (sendo palco de narrações mitológicas e morada de inúmeros espíritos). Para os Guarani, a tekoha, como é chamado o ambiente físico por ele ocupado (terra, mato, campo, águas, animais, plantas, remédios etc.), é lugar onde se realiza o teko, *modo de ser* de vida do Guarani (Almeida, Mura, 2003).

O CIMI relaciona os problemas de questões ambientais, a expulsão provocada pelos desmatamentos, poluição de rios e loteamento das terras, que tornaram a realidade social dos índios muito complicada com a mortalidade infantil indígena (O Globo, 02 mar 2005, p. 13).

Em Dourados, o saneamento básico é um fator preocupante:
Água Mortal
A água é apontada por moradores como causa de doenças. A aldeia é ligada à rede de abastecimento de Dourados (município), mas o fornecimento só é feito em determinados horários. "A água só chega à noite. Durante o dia, temos de buscar no açude", reclama a moradora, [...] a menina passou mal por causa da

água do açude, que segundo o capitão pode estar contaminada. O açude fica a menos de um quilômetro do lixão de Dourados e há suspeitas de que o chorume tenha contaminado lençóis freáticos (O Estado de São Paulo, 2 fev. 2005, p. A11).

Em 2003, O Dia Mundial de Saúde (em 7 de abril) discutiu o tema "*Ambientes saudáveis para as crianças para que a vida tenha futuro*", e nesse evento foram identificados pela Organização Mundial de Saúde (OMS) os seis maiores riscos para a saúde das crianças: a contaminação da água, falta de higiene e saneamento básico, poluição do ar, doenças transmissíveis, substâncias químicas perigosas e acidentes (Pessini, 2006).

Segundo a Organização Pan-Americana de Saúde (OPAS, 2003), as crianças são especialmente vulneráveis aos riscos ambientais devido à sua fisiologia, seu status social e seu comportamento. Elas estão em crescimento e consomem, em proporção a seu peso corporal, mais comida, ar e água que os adultos. Estão, portanto, mais suscetíveis a sofrer efeitos da poluição do ar e de alimentos e água contaminada. Além disso, seus sistemas imunológico, digestivo, reprodutivo e nervoso ainda estão em desenvolvimento e têm, portanto, menos capacidade de metabolizar e eliminar substâncias nocivas, ou mesmo desintoxicar-se.

O sistema de trabalho indígena é basicamente a agricultura, sem terra e condições para plantar, os indígenas submetem-se ao trabalho forçado, de acordo com a denúncia:

Escravidão aflige índios
Aliciados por *capitães* e *cabeçantes*, os índios trabalham em usinas do estados em condições análogas à escravidão.[...]
Os *capitães*, intermediários recrutam grupos de adolescentes e adultos para trabalhar de 60 a 70 dias nas usinas, período durante o qual os índios ficam impedidos de voltar para suas aldeias. [...] Os fazendeiros, donos das usinas, não registram os trabalhadores indígenas e não cumprem as demais normas trabalhistas. A remuneração dos índios é calculada de acordo

com a produção individual, e sobre este valor, os *capitães* recebem ainda uma comissão de 10%. Embora recebam pelo trabalho os índios ficam devendo mais do que recebem, quando retornam para casa, trazem poucos recursos para suas famílias, tendo em vista que durante sua permanência nas fazendas recebem adiantamento sob forma de *vales* para suas esposas fazerem compras, enquanto esperam o retorno dos pais muitas crianças chegam a um quadro de desnutrição (Correio Brasiliense, 5 mai. 2005, p. 23).

Ideologicamente para o Guarani sua tekoha deve ser um lugar que reúna condições físicas (geográficas e ecológicas) e estratégicas que permitam compor, a partir da relação entre famílias extensas, uma unidade político-religiosa-territorial. Deve conter em seus limites, equilíbrio populacional, oferecer água boa, terras agricultáveis para o cultivo de roçados, áreas para a construção de casas e criação de animais. Deve conter, antes de tudo, matas (ka'aguy) e todo o ecossistema que representa, como animais para caça, águas piscosas, matéria-prima para casas e artefatos, frutos para coleta, plantas medicinais etc (Almeida, Mura, 2003).

Hoje os Guarani-Kaiowa vivenciam situações totalmente adversas a que viviam seus antepassados antes do achamento do Brasil:

Casas de Chocolate

[…] Na aldeia Jaguapiru e Bororó, em Dourados, os indígenas chamam de *casa de chocolate* as construções de solo-cimento (mistura de terra, cimento e água), erguida com o recurso do Ministério das Cidades. "Com um pouco de vento e chuva as casas caem" […] duas casas caíram (Correio Brasiliense, 4 mai. 2005, p. 16).

Imaginemos, como sobrevive uma população em condições tão contrárias a sua ideologia? O que dizem os índios de tudo isso?

"Viver debaixo de lona é horrível. Os índios não têm geladeira. A água esquenta, a comida apodrece com o calor e as crianças ficam doentes. Não adianta a FUNASA querer tratar os índios

só com remédio. É preciso considerar o problema do saneamento", diz o Guarani-Kaiowá [...] (Correio Brasiliense, 4 mai. 2005, p. 16).

Padecem, ainda, com a escassez de alimentação, relacionada a falta de terras e degradação ambiental, sem terras não há como cultivar as plantas, não há mata, não há animais para a caça, sem rios não há como pescar... É o que diz a reportagem:

Índios recorrem a lixão para sobreviver
Índios guaranis e caiuás da reserva de Dourados recorrem até a um lixão para sobreviver. [...] No depósito de lixo a 16 Km das aldeias, [...], índios recolhem roupas, madeira, latinhas ou papelões para vender, qualquer utensílio doméstico e até, segundo o prefeito da cidade, *restos de comida*. [...] Alguns índios pescam lambaris em poças de água barrenta para garantir o almoço (Folha de São Paulo, 2 fev. 2005, p. A7).

A falta de alimentos e/ou a alimentação inadequada levam as crianças a um quadro de desnutrição, que associada a outros fatores agravam o estado de saúde das crianças.

Quanto à educação escolar indígena dos Guarani-Kaiowa, segundo Nascimento (2006), não há informações de dados oficiais disponíveis, mais segundo o Censo Escolar Guarani-Kaiowa no Mato Grosso do Sul, publicado em 1999 e realizado pelo Programa Kaiowa Guarani e Universidade Católica Dom Bosco, em 1998, o Estado apresentava os seguintes dados: em 24 comunidades indígenas Guarani-Kaiowa, 51 escolas/salas; 159 professores Guarani-Kaiowa e 4620 crianças matriculadas na pré escola e séries iniciais do ensino fundamental.

Aspectos culturais

Para o indígena, segundo Garlet (1998, apud Chamorro, 1999), a doença é entendida como um desequilíbrio que aparece no corpo humano mas não se restringe apenas a ele, a doença significa a presença do mal, não é só o corpo que adoece mas ela (pessoa) como um todo, e não somente a pessoa sofre, mais também a comunidade e o meio ambiente. Os Guarani interpretam as doenças adquiridas no contato, sobre as quais sua medicina tradicional não tem poder, como sintomas de um grande mal que deteriora o equilíbrio da sociedade e do ecossistema como um todo. A comparação é direta: assim como a pessoa fica doente, a natureza também adoece. E já que os terapeutas tradicionais não dão conta das doenças transmitidas pelos *brancos*, os Guarani não têm alternativas a não ser recorrer à medicina convencional, para amenizar o mal no corpo humano e no corpo da terra.

A diarréia tem sido a doença responsável pela maior causa de morte entre as crianças Guarani-Kaiowa, devido levar a um quadro de desidratação em pouco tempo, e pela resistência dos pais em procurar ajuda houve caso em que a criança foi a óbito, porque a mãe relutou em buscar atendimento médico, acreditando que o filho tinha sido atingido por um feitiço... "Na cultura indígena, os pais costumam chamar diarréia em crianças de 'Kuaia virado', doença curada pelos líderes religiosos, que no tratamento batem os pés das crianças durante rituais. É preciso conversar com as famílias para convencê-las a levar os bebês doentes ao médico" (Folha de São Paulo, 22 fev. 2005, p. A7).

Perfil epidemiológico

As crianças Guarani-Kaiowa apresentam desnutrição ou vivem em risco nutricional, como um reflexo do alto grau de insegurança alimentar e nutricional a que estão submetidos.

Desnutrição mata índios em Dourados
A fome está matando crianças nas aldeias indígenas de Dourados, a 220 quilômetros de Campo Grande. Vítimas de desnutrição, chegam aos órgãos de assistência indígena esqueléticas, com pouca chance de sobreviver, segundo alertam os técnicos da Fundação Nacional de Saúde (FUNASA). [...] Os técnicos advertem que a situação já foi bem pior e contam casos extremos,

como as mães que alimentavam os filhos apenas com pão e água com açúcar. Um dos casos mais graves é o de uma menina de um ano e quatro meses, [...] ela chegou pesando apenas 4,8 quilos. A criança recusa todo tipo de alimento, pois seu paladar não reconhece comida (Correio Brasiliense, 26 fev. 2005, p. 15).

Parece ironia da vida, essas pessoas que perderam sua liberdade, suas vidas, suas terras para a expansão agrícola no estado, estão arrodeados e sufocados com imensas plantações de *alimentos* e no entanto não tem o que comer.

Segundo informações da FUNASA, em 2004, 27% das crianças indígenas menores de cinco anos do estado de Mato Grosso do Sul apresentam condições nutricionais insatisfatórias, sendo que 12% delas estão desnutridas e 15% em risco nutricional (abaixo do peso para a idade que têm), representando o dobro da taxa registrada entre as crianças do país (5,7%); entre os Guarani-Kaiowa a desnutrição chega a 37% das entre as crianças (Folha de São Paulo, 30 jan. 2005, p. A15).

Em razão de resultados elevados de taxas de desnutrição e mortalidade infantil registrado em 2004, juntamente com denúncias de novos casos de morte, tornou-se necessário um mutirão para detecção e tratamentos de crianças em risco. Entre 2.336 crianças indígenas menores de cinco anos examinadas nas aldeias de Mato Grosso do Sul, a FUNASA informou ter encontrado 124 desnutridas (22 delas em estado grave) e 343 em risco nutricional — abaixo do peso (Jornal do Brasil, 15 mar. 2005, p. A9).

Em conseqüência da desnutrição, as crianças chegam a desenvolver outras complicações, segundo um relatório médico que descreve a situação de crianças indígenas Guarani-Kaiowa internadas no Hospital da Mulher, de novembro de 2004 a março de 2005, "elas chegaram na unidade em estado de vulnerabilidade, fragilizadas e apresentando estado grave de infecção pulmonar; outras, com infecção renal e gastroenterocolite aguda, pneumonia, debilitação, infecção de pele e urinária, entre outros quadros" (Correio Brasiliense, 02 abr. 2005, p. 13).

Em relação à mortalidade infantil (o número de óbitos de crianças menores de um ano de idade por mil nascidos vivos), conforme dados do Departamento de Saúde Indígena da FUNASA, a taxa entre as crianças indígenas brasileiras é de 47,4 por mil nascidos vivos, o dobro da média nacional. Em Dourados, no ano de 2002 foi registrada na região a morte de 46 crianças para cada mil nascimentos. No ano seguinte, 2003, o índice subiu para 53 mortos e, em 2004, saltou novamente para 64 mortes a cada mil nascidos (Correio Brasiliense, 26/01/05, p.15). É notável a diferença dos dados da mortalidade infantil entre crianças indígenas e as não-indígenas.

A diferença no risco de se morrer antes do primeiro ano de vida implica uma desigualdade de direitos que se traduz por diferentes formas de acesso aos serviços de saúde, instalações sanitárias, alimentação e padrão salarial (Barchifontaine, Pessini, 1989).

Outra questão preocupante é a violência que vem sendo praticada contra os indígenas, a concentração de aldeias em áreas desmatadas acaba empurrando-os para áreas de fazendas, levando-os a conflitos com os fazendeiros, tornando-os vítimas de violência no campo.

No dia 26 de dezembro de 2005, os jornais publicavam a notícia sobre a morte do líder indígena de 34 anos, assassinado com um tiro no peito por segurança de fazendeiro. Ele (o líder) juntamente com outros 699 índios foram retirados no dia 15 de dezembro de três fazendas pela Policia Federal, apesar de ter sido homologada como terra indígena em março de 2005, uma decisão judicial do Supremo Tribunal Federal mantinha os Guarani-Kaiowa fora das terras (Folha de São Paulo, 26 dez. 2005, p. A7).

O CIMI divulgou números em relação as vítimas de violência em 2005, sendo 40 assassinatos de indígenas no Brasil, 27 registrados no Mato Grosso do Sul (MS); 31 suicídios no Brasil, 28 casos no MS, 35 morte de crianças por desnutrição no Brasil, 30 no MS e 29 mortes por atropelamento todos no MS (entre 2003 e 2005).

O álcool também tem sido apontado como um forte agravante à saúde da população indígena, conforme disse a coordenadora do programa de vigilância nutricional nas aldeias, ao Jornal Folha de

São Paulo (FSP), na reportagem do dia 25 de janeiro de 2005: "*Os pais bebem e abandonam os filhos em casa. As crianças ficam até três dias sem comer*". Na avaliação dela, os índios se entregam ao álcool devido à falta de terra e ao conflito cultural.

O uso de álcool entre a população indígena tem contribuído cada vez mais para o declínio da qualidade de vida e muito mais para o desgaste de sua cultura.

O problema, que está entre as emergências de saúde pública e bioética, é grave não só devido aos danos à saúde e às mortes provocadas diretamente pelo alcoolismo, mas também [...] pelas muitas conseqüências indiretas para as famílias como por subtrair tantas forças mentais e capacidades intelectuais à sociedade e às responsabilidade civis (Sgreccia, 1997, p. 175).

O médico diretor do Hospital da Missão Evangélica Caiuá, em reportagem a Folha de São Paulo, no dia 30 de janeiro de 2005, disse: "*Mães (índias) dão álcool para os bebês pararem de chorar na aldeia*". Há 17 anos ele trabalha no hospital e mesmo sem dados estatísticos, afirma que ao menos 20% da população indígena do sul do Estado é alcoólatra.

Houve denúncias de que alguns pais estariam trocando alimentos de cestas básicas entregues pelo governo por bebida alcoólica, conforme informou a promotora da Infância e da Juventude (O Globo, 28 fev. 2005, p. 14).

Pesquisadores da FUNAI, dizem que os Guarani-Kaiowa, por uma questão cultural, tem característica de serem potencialmente suicidas, pois acreditam que morrendo renascem vivendo dias melhores (O Estado de São Paulo, 25 fev. 2005, p. A7).

Não se trata apenas de uma questão cultural, há vários motivos que os estimulam a praticar tal ato de desespero, podemos citar a atual situação de despejados de suas próprias terras:

Ameaçados de despejo, índios prometem suicídio coletivo.
No último dia 6, a juíza federal [...] determinou o despejo de um grupo de índios Guarani Kaiowa do acampamento onde

vivem há dois anos, num prazo de 30 dias, a contar da data do despacho. A área é particular e foi invadida pelos índios, conforme alega a magistrada. Ontem os índios iniciaram uma série de rituais com danças, cânticos e promessas de vingança violenta. "*O despejo será um banho de sangue*", garantiu o líder, acrescentando que estão dispostos inclusive a cometer suicídio coletivo. O grupo vive fora da Terra Indígena de Dourados (MS), de onde foi expulso por causa de vários desentendimentos com a maioria dos outros índios (O Estado de São Paulo, 13 abr. 2006, p. A12).

Como podem ter estímulos para viver numa situação tão desumana? O que esperar do amanhã se a cada dia a situação piora? Segundo Barchifontaine e Pessini (1989), praticamente inexistem justificativas generalizadas para o suicídio. Mas em casos concretos de suicídios, já foram apresentadas justificativas como ato de coragem ou de obediência à Deus ou ainda com mal menor. [...] não exclui a possibilidade de certos suicídios serem decididos aparentemente com a maior lucidez, como por exemplo, os chamados *altruístas*, a pessoa se suicida [...] como sinal de protesto diante de determinadas situações políticas etc.

A moral não deve se preocupar muito em indagar as responsabilidades pessoais dos suicidas: já sendo difícil em qualquer ser humano, uma análise pessoal revela-se muito mais aleatório no caso do suicídio. Por isso, hoje se atenta muito mais para as responsabilidades de uma ação preventiva do suicídio, dando atenção a qualquer indício que se descobre.

Condições de assistência à saúde

A assistência de saúde no Mato Grosso do Sul desde 1999 se tornou responsabilidade da FUNASA, que realiza pesquisa sobre desnutrição apenas nas aldeias do estado desde 2003, conforme informou o jornal a Folha de São Paulo de 30 jan. 2005, p. 5A.

A FUNASA mantêm convênios com Organizações não governamentais, que por sua vez prestam serviços de atendimento à população, através do chamado Distrito Sanitário Especial Indígena (DSEI).

As reclamações de redução e atrasos no repasse de verbas da FUNASA às entidades encarregadas da saúde indígena no país, foi citado como uma das causas que dificulta a execução dos trabalhos das equipes:

Funasa reduziu em 19% repasse a entidades
De 2003 para 2004, a FUNUSA reduziu em até 19% o repasse às entidades encarregadas da saúde indígena no país. Segundo dados do SIAFI, sistema que registra os gastos do governo, em 2003 foram liberados R$ 106.317.445,00. No ano passado foram R$ 85.733.512,00. Responsável pelo atendimento na região de Dourados, no Mato Grosso do Sul — onde foram registradas 11 mortes por desnutrição só neste ano — a Missão Evangélica Caiuá recebeu, ao longo de 2004, 18% a menos que no anterior. Em 2003, obteve R$ 7,2 milhões. No ano passado, foram R$ 5,9 milhões. Só agora em 2005, foi contemplada com mais R$ 2,8 milhões referentes ao ano passado (Folha de São Paulo, 06 mar. 2005, p. A18).

Na mesma reportagem, o governo justifica que o problema do atraso no repasse do dinheiro ocorre devido irregularidades na prestação de contas.

Quanto a quantidade de profissionais, parece que não correspondia ao necessário para atender a comunidade:

Mães reclamam de falta de médico
Durante o enterro da menina índia que tinha um ano e três meses, mães reclamaram da falta de médicos para atender crianças doentes. [...] mãe de um menino que também foi morto por desnutrição, havia dito que também foi maltratada por enfermeira no hospital [...]. *"Às vezes a gente tem que dar uma de louco para ser atendido [no posto de saúde da aldeia]"*, contou *uma mãe que salvou um filho porque brigou para ser atendida pelo médico. "[...] A gente vai ao posto, a criança com diarréia e*

dizem para voltar quando piorar", afirma mãe de um bebê de um ano que pesa apenas 7kg ...[...] A mãe da menina enterrada, afirmou que levou a menina ao posto de saúde, mas não havia vaga para atendê-la. [...] O diretor nacional de Saúde Indígena da FUNASA, afirma que quatro médicos garantem o bom atendimento a uma população de 11 mil índios das aldeias, mas vai enviar mais três... (Folha de São Paulo, 26 fev. 2005, p. A14).

O que pode significar uma questão negativa que provavelmente influencia no atendimento à população indígena é o fato de haver uma grande rotatividade dos profissionais envolvidos com a assistência de saúde, pois são feitas contratações pelo período de um ano, e após termino do contrato há deslocamento e troca de profissionais que nem sempre estão capacitados, ou que encontram dificuldades de adaptação.

Sistema de Trabalho

O atendimento de saúde das comunidades indígenas é feito por universidades, ONGs ou pelas prefeituras, através de recursos feitos pelo Ministério da Saúde. [...] o diretor de saúde indígena da Funasa, explica que o trabalho com agentes permanentes da própria Funasa, contratados por concurso, não deu certo na maioria dos casos. Por serem aldeias, na maior parte dos casos, longe das cidades, os agentes depois de pouco tempo pediam transferência por dificuldades de adaptação (O Estado de São Paulo, 10 mar. 2005, p. A13).

Devido a tantas denúncias de falhas na assistência à saúde, resultando nos diversos casos de morte de crianças indígenas no estado foi montado uma Comissão Parlamentar de Inquérito da Assembléia Legislativa de Mato Grosso do Sul, a chamada CPI da Fome.

CPI de índios investiga desvios

Uma Comissão Parlamentar de Inquérito [...] chamada de CPI da Fome —encontrou diversas *evidências de irregularidades* nos gastos com a saúde dos índios. No período de um ano morreram 30 crianças indígenas na região. [...] Os parlamentares se debruçaram sobre os convênios da Fundação Nacional de Saúde (FUNASA), órgão ligado ao Ministério da Saúde. O contrato de manutenção de veículos, no valor de 530 mil, foi alterado em novembro para 1,06 milhão, sem justificativa. [...] A CPI encontrou *serviços ilícitos* na manutenção corretiva e na assistência geral as bombas submersas de abastecimento de água. [...] Os auditores encontraram gastos *exorbitantes* no fim do ano passado com esse tipo de serviço outra evidência [...] um contrato de fornecimento de combustível no valor de 70 mil. Os técnicos concluíram que a licitação foi feita em curto espaço de tempo e que aparentemente o processo foi para cobrir gastos sem cobertura legal. [...] O primeiro a depor na CPI é o Coordenador Regional da Funasa (Jornal do Brasil, 28 abr. 2005, p. A6).

Após essa denúncia de irregularidades pela CPI da Fome, o Coordenador Regional da FUNASA no estado pediu afastamento do cargo.

Considerações finais

Devido ao grande número de mortes de crianças menores de um ano de idade na reserva indígena, ocorrida neste período, a questão da mortalidade infantil indígena teve grande repercussão na imprensa nacional e até internacional, mobilizando vários ministérios e esferas do poder público. No entanto, de acordo com Relatório da Missão da Relatoria Nacional para os Direitos Humanos à Alimentação Adequada, à Água e à Terra Rural, as políticas e programas públicos providos aos povos indígenas são insuficientes, desarticulados e não consideram as especificidades dos povos indígenas.

É necessário que tenhamos uma visão globalizada a respeito da questão da saúde. Para tanto, ressaltamos que a saúde deve ser compreendida como algo abrangente:

Sabemos que a vida sofre os efeitos de uma contínua correlação entre o dado biológico individual de caráter hereditário e o ambiente ecológico-social. [...] A saúde deve ser entendida como um equilíbrio ecológico e a manipulação do ambiente social pela ação e influência das dinâmicas condicionado por quatro dimensões: a dimensão biológica ou física, a psicológica, a dimensão socioambiental e a ética (Sgreccia, 1997, p. 13). Reforçando ainda mais esta idéia, Barchifontaine e Pessini (1989) dizem que, não basta cuidar da saúde do povo. É preciso cuidar das condições de vida do povo, muito mais importantes que os recursos médicos.

Kottow (2003) afirma que a essência dos programas de saúde pública é precisamente evitar o dano que a predisposição aumentada (vulnerabilidade secundária) pode causar.

A maioria das doenças e comportamentos que levam a enfermidades, ao longo da vida de um indivíduo, têm origem na infância. Crianças com doenças crônicas e deficiências de longo prazo não se tornarão cidadãos saudáveis e produtivos. A pesada carga de riscos ambientais à Saúde prejudica o desenvolvimento econômico e social dos países (OPAS, 2003).

Desta forma consideramos que para a redução da mortalidade infantil indígena é necessário que a saúde seja promovida em todos os aspectos, planejada, executada e avaliada de forma global, surgindo assim a necessidade dos órgãos públicos atuarem em conjunto (interligados) para a tomada de decisões e resoluções que não sejam meramente medidas emergenciais, e sim ações concretas e contínuas que favoreçam a manutenção da vida; e principalmente que essas ações sejam elaboradas respeitando a voz daqueles que não têm vez.

A voz dos índios:

"No Brasil, a voz indígena nunca foi ouvida e muito menos respeitada, cabendo-nos o calvário do paternalismo e a deterioração de nossos recursos ambientais e minerais pela falta de um programa indigenista oficial. Os povos indígenas brasileiros não admitem ser tratados como parte do passado, mas do futuro, principalmente de um país megadiverso como o nosso.

É tempo de reconhecer o universo de 230 sociedades distintas que detêm direitos reconhecidos a 13% do território nacional, onde estão valores de uma ciência e conhecimentos tradicionais de uso socioeconômico sustentável do meio ambiente, e que requerem agora não mais apenas a condição de 'clientes' da instituição indigenista, mas de 'sócios majoritários' com direito à presidência da entidade", artigo de Marcos Terena (O Globo, 16 jan. 2006, Opinião, p. 7).

Agradecimentos

Sinceros agradecimentos ao Instituto Socioambiental (ISA) pelo repasse de informações e apoio que tem dado a todos pesquisadores a cerca da questão indígena e ambiental.

REFERÊNCIAS BIBLIOGRÁFICAS

ÁGUA MORTAL. *O Estado S Paulo*, p. A11, 27 fev 2005.
AYRES, J. R. C. M. et al. Vulnerabilidade e prevenção em tempos de AIDS. In: BARBOSA, R. M., PARKER, R. G. *Sexualidades pelo avesso*: direitos, identidades e poder. Rio de Janeiro: IMS-UERJ; São Paulo: 34, 1999. p. 49-72.
ALMEIDA, R. F. T., MURA, F. *Povos Indígenas no Brasil*– Enciclopédia. Guarani-Kaiowa. Instituto Socioambiental, 2003. Disponível em: http://www.socioambiental.org/pib/epi/guarani_kaiowa/loc.shtm
AMEAÇADOS pelo despejo, índios prometem suicídio coletivo. *O Estado de S Paulo*, p. A12, 13 abr. 2006.
BARCHOFONTAINE, C. P., PESSINI, L. *Bioética e Saúde*. 2ª ed. São Paulo: CEDAS — Centro São Camilo de Desenvolvimento em Administração e Saúde, 1989.
CHAMORRO, C. *Os Guarani*: sua trajetória e seu modo de ser. Rio Grande do Sul: COMIN, 1999.
CONSELHO INDIGENISTA MISSIONÁRIO — CIMI. *Violência contra povos indígenas*. Brasília: CNBB, 2006. [Relatório 2003-2005]
CORDEIRO, J. H. Mortalidade de crianças índias é o dobro da do país. *O Globo*, p. 13, 02 mar. 2005.
CORRÊA, H. Cresce mortalidade infantil indígena. *Folha de S Paulo*, p. A4, 25 jan. 2005.
CORRÊA, H. Fome mata mais uma criança em MS. *Folha de S Paulo*, p. A7, 22 fev 2005.
CORRÊA, H. Índios recorrem a lixão para sobreviver. *Folha de S Paulo*, p. A7, 22 fev 2005.
CORRÊA, H. Mães reclamam de falta de médico. *Folha de S Paulo*, p. A14, 26 fev 2005.
CORRÊA, H. Taxa de índios desnutridos é o dobro da média. *Folha de S. Paulo*, p. A 15, 30 jan 2005.
DESNUTRIÇÃO mata índios em Dourados. *Correio Brasiliense*, p. 15, 26 jan 2005.
ESCRAVIDÃO aflige índios. A Comissão que investiga a morte de crianças nas aldeias aponta outro problema: comunidade enfrenta trabalho forçado nos canaviais. *Correio Brasiliense*, p. 23, 05 mai. 2005.
FUNDAÇÃO NACIONAL DO ÍNDIO. *Povos Indígenas*. Índios do Brasil. Disponível em: http://www.funai.gov.br/indios/conteudo.htm
GIL, A. C. *Como elaborar projetos de pesquisa*. 4ª ed. São Paulo: Atlas, 2002.
INSTITUTO BRASILEIRO DE GEOGRAFIA E ESTATÍSTICA. *Tendências Demográficas*. Uma análise dos indígenas com base nos resultados da amostra dos Censos Demográficos 1991 a 2000. p . 13.
KAIOWÁ é assassinado no Mato Grosso do Sul. *Jornal Folha de S Paulo*, p. A7, 26 dez. 2005.
KOTTOW, M. Comentários sobre Bioética, vulnerabilidade e proteção. In: GARRAFA, V., PESSINI, L. (Orgs.). *Bioética: poder e injustiça*. São Paulo: Loyola, 2003. p. 71-72.
MARQUES, H. CPI de índios investiga desvios. *Jornal do Brasil*, p. A6, 28 abr 2005.
MATO GROSSO DO SUL. Índios: 20% das crianças estão abaixo do peso. *Jornal do Brasil*, p. A9, 15 mar. 2005.

MINAYO, M. C. *O desafio do conhecimento*. 5ª ed. São Paulo-Rio de Janeiro: Hucitec-Abrasco, 1998.
MORRE 15º indiozinho no MS. *Correio Brasiliense*, p. 13, 02 abr. 2005.
MORRE mais uma criança caiuá na região de Dourados. *Folha de S Paulo*, p. A6, 28 fev 2005.
NASCIMENTO, A. C. *Professores-Índios e a Escola Diferenciada/Intercultural*: A experiência em escolas Kaiowa/Guarani no Mato Grosso do Sul e a prática pedagógica para além da escola. [Um estudo exploratório]. Mato Grosso do Sul: Universidade Católica Dom Bosco; 2006. Disponível em: http://www.anped.org.br/27/gt06/t061.pdf
NEVES, J. L. Pesquisa qualitativa: características, usos e possibilidades [editorial]. *Caderno de Pesquisas em Administração*, São Paulo, v. 1, n. 3, 1996.
ORGANIZAÇÃO PAN AMERICANA DE SAÚDE. *Dia Mundial da Saúde 2003*: ambientes saudáveis para as crianças para que a vida tenha futuro [resumo]. Disponível em: http:// www.opas.org.br/sistema/fotos/dms2003.pdf
OLIVETO, P. Descaso em Dourados. Funasa é acusada de incapacidade administrativa em relatórios sobre morte de crianças guarani-kaiowá. Há desnutrição e falta saneamento. *Correio Brasiliense*, p. 16, 04 mai. 2005.
PARAGUASSU, L. Sistema de Trabalho. *O Estado de S Paulo*, p. A13, 10 mar. 2005.
PESSINI, L. *Bioética* — Um grito por dignidade de viver. São Paulo: Centro Universitário São Camilo e Paulinas, 2006.
STÄLSETT, S. J. *Vulnerabilidad, dignidad y justicia*. Documento incluído na Biblioteca Digital de la Iniciativa Interamericana de Capital Social, Ética y Desarollo, 2003. Disponível em: http://www.iadb.org/etica
SEABRA, C. FUNASA reduziu em 19% repasse a entidades. *Folha de S Paulo*, p. A18, 06 mar. 2005.
SGRECCIA, E. *Manual de bioética*. São Paulo: Loyola, 1997. v. 2.
SOUZA FILHO, C. F. M. *O Renascer dos Povos Indígenas para o Direito*. Curitiba: Juruá, 2005. p. 27-33
WEBER, D. Funai diz que índios não têm terra suficiente para plantar. *O Globo*, p. 11, 27 jan. 2005.
VALENTE, F. Relatório da Missão da Relatoria Nacional para os Direitos Humanos à Alimentação Adequada, à Água e à Terra Rural sobre denúncias de violações dos Direitos Humanos do Povo Indígena Guarani — Kaiowa da Região sul do Mato Grosso do Sul. 16 a 18 de maio de 2006.
PLATAFORMA Brasileira de Direitos Humanos Econômicos, Sociais, Culturais e Ambientais, Brasília, 2006. Disponível em: http:///www.dhescbrasil.org.br/noar/UserFiles/30/File/Relat%F3rio_Miss%E3o_MS_30-06-2006.pdf

capítulo 10

A Biopolítica da População e a Experimentação com Seres Humanos: a propósito dos estudos de medicina tropical

Sandra Caponi

O presente trabalho propõe-se analisar certas questões éticas vinculadas com os estudos experimentais que envolvem a participação de seres humanos. Tomamos como referencial teórico o conceito foucaultiano de biopolítica da população, as considerações de Giorgio Agamben (2002) sobre a *vida nua* e o *estado de exceção*. Realizamos uma análise comparativa de dois estudos experimentais realizados com seres humanos. Em primeiro lugar analisamos as experimentações realizadas na Índia por pesquisadores Ingleses com sujeitos *voluntários*, nos anos 1890, para determinar o papel que Anopheles ocupava na transmissão da malária. Por fim, analisamos o modo como foram realizadas as recentes pesquisas sobre Malária em Amapá a partir das informações veiculadas pela mídia. Destacamos como principais conclusões que essas pesquisas parecem indicar a pertinência e relevância dos estudos de história das ciências para melhor compreender os desafios atuais da Bioética. A semelhança entre elas parece indicar que ainda hoje, a mais de quarenta anos da Declaração de Helsinque, certas pesquisas continuam utilizando a velha figura das *cobaias humanas*.

Introdução

A experimentação com seres humanos é uma das questões de maior peso nas discussões atuais da bioética. De fato, podemos dizer que a bioética se estrutura como um espaço de saber autônomo e independente a partir do momento em que a sociedade se defronta com a existência de experimentações abusivas com seres humanos e com a necessidade de estabelecer limites claros entre o que pode e o que não pode ser admitido. Dentre essas experimentações que foram divulgadas e conhecidas fundamentalmente a partir dos anos 70, quiçá a mais discutida foi o estudo de historia natural da sífilis realizado numa comunidade negra do Estado de Alabama entre os anos de 1932 e 1972, conhecido como caso Taskegee (Goldim, 1999).

Muito antes, as Declarações de Nuremberg e de Helsinque já tinham estabelecido os fundamentos legais e éticos das pesquisas com seres humanos como resposta aos horrores cometidos nos campos de extermínio durante a segunda guerra mundial. Já no inicio dos anos 70 surgem diversas reflexões sobre experimentação com seres humanos entre as quais podemos destacar as *Reflexões filosóficas sobre a experimentação com seres humanos* de Hans Jonas (1970, p. 17-45).

A partir do surgimento da Bioética diversos estudos foram dedicados a essa problemática abordando as declarações e as legislações, estudando os limites aos quais devem submeter-se as pesquisas e os pesquisadores, explicitando questões relativas á metodologia das pesquisas ou as exigências especificas para cada tipo particular de experimentação (Vieira e Hossne, 1987; Berlinguer, 1997; Freitas e Hossne, 1998; Lecourt, 2000; Nouvel, 2000; Benoit-Browaeys, 2001; Goldim e Rossi, 1999; Amann, 2001; Rothman, 2001; Garrafa, 2001; Salomon-Bayet, 2003). Neste trabalho não pretendemos analisar essa extensa literatura proveniente da bioética da qual mencionamos só alguns nomes, tentaremos refletir sobre nosso presente, a partir da analise de certas experimentações realizadas no passado tomando como eixo de análise o conceito de biopolítica das populações.

Tentaremos analisar as condições históricas que permitiram legitimar a existência de práticas de submissão dos indivíduos em nome do bem comum, da saúde e do vigor das populações. Particularmente, centraremos nosso estudo na questão do uso experimental de seres humanos como cobaias para a realização de pesquisas médicas. Assim, tomando como ponto de partida o conceito foucaultiano de biopoder, pretendemos analisar as experimentações realizadas na Índia no fim do século XIX (1894-1899) para determinar o papel que o *Anopheles* ocupava na transmissão da malária. Analisaremos também de que modo, cem anos mais tarde, inícios do século XXI (2003-2005) foi conduzida uma pesquisa sobre malária no Estado de Amapá.

Tomamos como ponto de partida certa proximidade que parece evidenciar-se entre as pesquisas que aceitam e defendem a existência do *duplo standard* e aquelas realizadas no fim do século XIX e inícios do século XX com as populações nativas das colônias. Como tentaremos analisar aqui, hoje resulta necessário criar artifícios teóricos para legitimar aquilo que no século XIX não precisava ser justificado, pois era aceito por todos. A existência de uma população cuja saúde exige cuidados, corpos que devem ser maximizados e melhorados, e a existência de populações e indivíduos considerados "fora da jurisdição humana" (Agamben, 2002, p. 91).

Acreditamos que o conceito foucaultiano de biopolítica da população, as reflexões de Giorgio Agamben (2002) sobre o que denomina *vida nua* e *estado de exceção*, podem nos auxiliar na tarefa de tentar entender as condições históricas que legitimaram práticas de submissão dos sujeitos em nome do proclamado bem comum.

Pretendemos definir os conceitos de *biopolítica* e *vida nua* e utilizá-los para analisar criticamente, de uma perspectiva filosófica e histórica, as experimentações com seres humanos realizadas com o objetivo de classificar e capturar espécies de vetores transmissores da malária, a fim do século XIX e a inícios do século XXI.

A biopolítica da população

O conceito de *biopolítica* foi pela primeira vez enunciado numa conferencia ministrada por Foucault, em 1974, na Universidade Estadual do Rio de Janeiro. Essa palestra foi publicada em 1977 com o nome de *O Nascimento da Medicina social* (Foucault, 1989, p. 79-99). Nesse texto, Foucault aponta um deslocamento significativo nas estratégias de poder, "o controle da sociedade sobre os indivíduos não se opera simplesmente pela consciência ou pela ideologia, mas começa no corpo, com o corpo. Foi no biológico, no somático, no corporal que, antes de tudo, investiu a sociedade capitalista. O corpo é uma realidade biopolítica" (Foucault, 1989, p. 82). Porém, é no quinto capítulo da *Vontade de saber* que Foucault esclarece e aborda detidamente o conceito de biopoder por oposição ao direito de morte que caraterizaria o poder do soberano (Michaud, 2000, p. 16).Por fim, essa temática será retomada no Curso do College de France dos anos 75 e 76, dedicado à problemática da guerra de raças e a suas relações com o biopoder (Foucault, 1992); no curso dos anos de 77-78 *Segurança, Território e população,* e no curso dos anos de 78-79 dedicado ao *Nascimento da Biopolítica* (Foucault, 1997).

Como afirma Didier Fassin (2003), as leituras contemporâneas do conceito de biopoder se limitaram a utilizar essa referência em diferentes contextos sem ter feito uma abordagem teórica ou conceitual do mesmo, com exceção de dois autores provenientes da tradição filosófica, Agnes Heller (1994) e Giorgio Agamben (2002) "Não deixa de ser significativo que as duas obras que mais contribuíram para repensar esse conceito se inspiraram no trabalho de Hannah Arendt, que fundou, paralelamente a Foucault, uma teoria do governo referido à vida" (Fassin, 2003, p. 177). Será na articulação entre o conceito Foucaultiano de Biopoder, a releitura de Agamben do mesmo e as preocupações de Arendt sobre a política e a vida que tentaremos nos situar para analisar dois estudos experimentais com seres humanos realizados no início e no fim do século XX.

Para poder compreender a existência de certa proximidade entre as pesquisas realizadas no fim do século XIX e inícios do século XX nas colônias de ultramar e aquelas realizadas recentemente em África resulta indispensável falar de um poder sobre a vida preocupado com os mecanismos que podem contribuir para melhor modelar os corpos e melhor controlar e conhecer os fenômenos populacionais. A partir do fim do século XVIII, inicia-se uma nova administração dos corpos e uma nova *gestão calculada da vida* (Foucault, 1978, p. 170), essa nova administração permite a emergência de uma rede de saber sobre as populações que inclui os estudos estatísticos sobre demografia; as taxas diferenciais de mortalidade; os registros de nascimento e doenças; o conhecimento da distribuição, concentração e controle das epidemias.

Então, e pela primeira vez na história, o biológico ingressa no registro da política: a vida passa a entrar no espaço do controle de saber e da intervenção do poder. O sujeito, enquanto sujeito de direitos, passa a ocupar um segundo plano em relação à preocupação política por maximizar o vigor e a saúde das populações. "Deveríamos falar de biopolítica para designar o que faz com que a vida e seus mecanismos possa entrar no domínio de cálculos explícitos, e o que transforma o saber-poder num agente de transformação da vida humana" (Foucault, 1978, p. 170). Os estudos e as estratégias eugênicas são as que melhor definem as caraterísticas dessa biopolítica da população que ao mesmo tempo em que se propõe o melhoramento da raça e da espécie, parece precisar do controle e da submissão de corpos sem direito que se configuram como simples *vida nua*, vida que se mantém nas margens, vida que pode ser submetida e aniquilada.

Uma característica do biopoder é a importância crescente da norma sobre a lei. A idéia de que é preciso definir e redefinir o normal em contraposição àquilo que lhe opõe, a figura dos *anormais*, incorporada logo à categoria de degeneração que se inscreve nas margens do jurídico. Esses sujeitos se definem, como afirma Agamben, por seu caráter de *exceção*. Lembremos que: "a exceção se situa em posição simétrica em relação ao exemplo, com o qual forma sistema. Esta constitui um dos modos através dos quais um conjunto procura fundamentar e manter a própria coerência" (Agamben, 2002, p. 29). Mas, ela tem uma função estratégica, ela auxilia na conformação da identidade de um grupo, pois "a relação de exceção é uma relação de *bando*. Aquele que foi banido não é, na verdade, simplesmente posto fora da lei e indiferente a esta, mas é abandonado por ela, ou seja, exposto e colocado em risco no limiar em que vida e direito, interno e externo se confundem" (Agamben, 2002, p. 36).

A história da doença tropical

A percepção do corpo na perspectiva populacional sofrerá, na última década do século XIX e nas primeiras décadas do século XX, uma alteração diretamente vinculada com a criação de centros de pesquisa europeus nas colônias de ultramar, que pouco a pouco começavam a ser ocupadas por europeus brancos. A colonização deixou, nos corpos desses primeiros colonos, marcas de doenças exóticas e desconhecidas que se transformaram em objeto de estudo privilegiado dos principais institutos metropolitanos e dos médicos militares enviados aos trópicos.

Os estudos estatísticos evidenciavam que a morte e a suscetibilidade às doenças dos europeus brancos, que pretendiam habitar os trópicos, duplicava as mortes dos habitantes originários dos territórios conquistados, impulsionando a criação, a partir do estabelecimento do primeiro Instituto Pasteur da Argélia, no ano de 1894, de uma série de institutos de pesquisa europeus nas colônias de Ultramar. Inglaterra, por sua vez, enviou seus médicos militares às colônias da Índia para estudar fundamentalmente a malária.

Com a Fundação da *The London School of Tropical Medicine* em 1898, Patrick Manson inaugura formalmente os estudos de Medicina Tropical. Anos antes, Manson tinha impulsionando outro médico militar chamado Ronald Ross a iniciar uma série de pesquisas na

Índia para determinar o rol do mosquito na transmissão da malária. Existe um interessante registro das dificuldades que Ross teve que enfrentar até chegar ao prêmio Nobel que, em 1902, lhe seria concedido pelo descobrimento do papel do Anopheles na propagação do paludismo aviário. Cada uma dessas dificuldades foram relatadas com paixão, temor e com as dúvidas que existiam na mente desses dois homens simples, ambiciosos e nacionalistas, nas correspondências que ambos mantiveram entre os anos 1894 e 1899 (Bynum e Overy, 1998).

Estas cartas, que foram cuidadosamente conservadas e arquivadas, e que foram recentemente publicadas (Bynum e Overy, 1998), constituem hoje uma fonte valiosa para compreender algo a mais sobre a história das ciências e particularmente das doenças tropicais. Elas adquirem uma enorme relevância quando pensamos em realizar a história segundo os ensinamentos de Porter (2002), isto é, de baixo para cima. As cartas falam sobre a malária, o *plasmodium*, a hipótese do mosquito, sobre a ameaça representada pelos pesquisadores italianos e franceses; falam também das dificuldades de um pesquisador pouco preparado nos estudos da entomologia para reconhecer entre a multiplicidade de insetos chupadores de sangue aquele que pudesse servir como agente intermediário vivo do paludismo.

Muitas dificuldades são relatadas, expectativas frustradas, medo do fracasso, necessidade de encontrar o inseto antes que os franceses e italianos o encontrasse, falta de clareza nos objetivos. Falam também do abismo existente entre dois mundos, o mundo dos pesquisadores ingleses e a miséria dos povos colonizados, nesse caso o povo indiano. Falam dos recursos disponíveis para os pesquisadores perante a extrema pobreza dos sujeitos que serão submetidos a tratamento e que serão, ao mesmo tempo, sujeitos de pesquisa. Essas cartas relatam a colaboração entre os dois pesquisadores, falam dos mosquitos que atravessavam o mar conservados em glicerina para serem observados por Manson (1898), narram as análises realizadas nos dois lados do mar e os estudos comparativos, falam do trabalho conjunto de dois intelectuais com um mesmo objetivo. Porém, revelam também as misérias da medicina imperial, as mentiras ditas aos supostos voluntários, as experiências com mosquitos infectados que levaram muitos à doença e à morte, falam da leviandade e da falta de cuidado com que eram tratados os povos colonizados. Elas revelam o lado oculto da pesquisa, o que não se fala publicamente, o que não faz parte da clássica e heróica história da medicina.

Então a tênue linha que separa a história interna das descobertas científicas realizadas na assepsia do laboratório, com protocolos bem delineados de pesquisa que se definem como imparciais e objetivos, se mistura com a história dos medos e das misérias humanas que estão por trás de certas descobertas científicas.

Poderíamos afirmar com Bruno Latour (1997, p. 102) que essas cartas revelam a irracionalidade da pesquisa científica, que deixam transparecer a falta de objetividade do estudo e a precariedade do saber científico. Preferimos, pelo contrário, aceitar as tese de Pierre Bourdieu (2001) e observar esses documentos como elementos que podem contribuir para compreender melhor uma conquista científica.

Como afirma Bourdieu (2001, p. 55) é necessário observar dois níveis no discurso científico. Inicialmente um discurso formal, que se vale da forma impessoal, reduzindo ao mínimo as intenções dos investigadores. Logo, aquele outro nível de discurso, que por muito tempo foi excluído da História da Ciência: o discurso privado, onde aparece o que não pode ser publicado. A historia da ciência centrou-se, classicamente, nos relatos formais, ocupando-se do discurso privado para exaltar o heroísmo e o valor dos grandes homens de ciência. Pelo contrário, os erros e fracassos foram sistematicamente esquecidos.

Na pesquisa sobre a malária conjuga-se a relevância científica da descoberta, reconhecida anos mais tarde quando Ross conquista o prêmio Nobel (1902), com o discurso privado. As cartas revelam que para a conquista desse prêmio tudo estava permitido, inclusive enganos e mentiras como lemos na carta 203, quando Ross relata que havia afirmado para um doente que a picada de um mosquito infectado com malária o ajudaria em sua recuperação e o libertaria definitivamente dos parasitas da doença (Bynum e Overy, 1998, p. 385; Ross, carta 203).

Causa surpresa observar que, por exemplo, no caso das pesquisas realizadas no Brasil por Domingo Freire a partir de 1880, as experimentações realizadas com animais, particularmente a vivissecção, produziam mais rejeição e revolta do que aquelas realizadas com populações vulneráveis. Como afirma Benchimol (1999) em seu estudo sobre a febre amarela no Brasil: "O uso de animais como fonte de conhecimento aplicável à biologia do homem provoca sarcasmos, ofende os pruridos morais dos padres, das beatas e dos provedores de muitos hospitais da cidade. O uso indiscriminado de pacientes internados nos hospitais como cobaias para as experiências dos clínicos (e bacteriólogos) não despertavam tanta indignação, uma vez que eram operários, imigrantes, marinheiros, escravos ou gente que trazia ainda a marca do cativeiro na cor e na aspereza da pele" (Benchimol, 1999, p. 35)

Não pretendemos realizar uma denúncia retrospectiva de faltas morais cometidas quando a problemática da ética na pesquisa ainda não era claramente tematizada, porém, é preciso afirmar com Benchimol que: "mesmo assim, a compaixão ou o *parti pris* inspiravam constantes protestos contra a prática (uso de pacientes para pesquisa) que só fazia agravar o estigma dos hospitais: antecâmaras da morte, que a população encarava com compreensível horror" (Ibidem, p. 35). De um modo mais ou menos sutil já se manifestava certa inquietação por essas estratégias de poder que legitimavam as intervenções sobre as populações pobres com o objetivo de produzir um conhecimento aplicável a todos. Como pode ser observado na breve carta de um cronista do Jornal do Comércio de 25 de março de 1880: "irei em linha reta ao alvo que pretendo atingir, provar com fatos irrecusáveis que a pretendida invenção [...] é um martírio horrível (senão a morte!) imposto aos míseros enfermos" (apud Benchimol, 1999, p. 56).

Ainda existindo certa preocupação pela "legitimidade moral das experiências", elas eram realizadas sem dificuldade. No caso específico da correspondência entre Manson e Ross, não parece existir nenhum tipo de questionamento moral sobre a utilização da população pobre que habitava as colônias como objetos de pesquisa. Será preciso então, tentar analisar e compreender as estratégias de poder que legitimaram a utilização de populações vulneráveis, pobres e imigrantes, para as pesquisas médicas. Tomando emprestadas as palavras de Giorgio Agamben em *Homo Sacer*, poderíamos afirmar que: "a questão correta sobre os horrores cometidos não é, portanto, aquela que pergunta hipocritamente como foi possível cometer delitos tão atrozes para com os seres humanos; mais honesto e sobretudo mais útil seria indagar atentamente quais procedimentos jurídicos e quais dispositivos políticos permitiram que seres humanos fossem tão integramente privados de seus direitos e de suas prerrogativas, até o ponto em que cometer contra eles qualquer ato não mais se apresentava como delito" (Agamben, 2002, p. 178).

Os novos dispositivos políticos que aqui entram no jogo, já não dizem respeito à sujeitos de direito, nem respeito de cidadãos que pertencem a uma determinada nação ou Estado. No registro da biopolítica da população, as leis são substituídas pelo império dos fatos, pela urgência e o imediatismo. O que entra em jogo aqui já não é o direito à vida ou à saúde dos pacientes enquanto membros de uma comunidade política, o que se converte em objeto de pesquisa é, em palavras de Foucault, *o corpo espécie*; ou, em palavras de Agamben *vida nua*; o mesmo que para Hannah Arendt (1993) representa o espaço da necessidade vital muda e silenciosa. Isto é, o sujeito político foi identificado com o domínio das necessidades vitais, o corpo deixa de ser de alguém para ser transformado em um elemento dentro da mecânica geral dos seres vivos que serve de suporte aos processos biológicos de nascimento, mortalidade, saúde, epidemias. O corpo individual importa só na medida em que ilustra os processos que podem acontecer em nível populacional; que podem indicar o modo de agir, de adoecer e de responder aos estímulos do conjunto da população.

Os indivíduos deixaram de ser sujeitos de direito e passaram a ser — no interior dessa bio-política da população, analisada por Foucault como própria de fins do século XIX — corpo espécie, isto é, corpos *transidos pela mecânica do vivente*, limitados a seu estatuto vital. A partir desse momento, os sujeitos submetidos à observação deixam de ser sujeitos individuais e passam a ser corpos valiosos exclusivamente pela identidade vital que os unifica. O corpo de Abdul Kadir ou do misterioso Lutchman, referenciados na correspondência entre Manson e Ross como sujeitos de pesquisa (Bynum e Overy, 1998), tem um significado preciso, o que se revela neles, suas dores, seu sofrimento, o fato de tolerar ou não a exposição sistemática a mosquitos infestados, poderá ser de utilidade para os outros. Pode possibilitar a prosperidade e o desenvolvimento das colônias inglesas ou, pelo contrário, pode significar uma confirmação das teorias que falam da *periculosidade dos trópicos*, de ameaças que não podem ser controladas e entre elas, a mais temida, a ameaça que a malária representa para o homem branco.

Se voltarmos, novamente, para a pergunta formulada por Agamben veremos que ela inclui duas questões. Primeiro, trata-se de analisar os dispositivos políticos que permitiram que essa ordem de coisas fosse aceita. Podemos responder essa questão por referência ao estreito vínculo que, a partir do século XIX, se deu entre a vida, entendida como *zoé*, e a política. Em segundo lugar, deve ser questionado quem são esses sujeitos que foram privados *de seus direitos*. Veremos então que, ainda que o privilégio concedido ao elemento biológico possa apagar as diferenças, tornando o saber derivado desses corpos aplicável à humanidade como um todo, os sujeitos observados foram escolhidos entre a população pobre e necessitada de assistência — no caso concreto das pesquisas de malária, a população indiana. Tanto os experimentos relatados por Manson e Ross em suas cartas, quanto outros estudos e observações realizados a propósito das doenças tropicais e de outras doenças contagiosas à semelhança do acontecido no nascimento da clínica, conduzem à reiteração de uma mesma e velha pergunta:

Com que direito se pode transformar em objeto de observação clínica (ou em objeto de experimentação) um doente ao qual a pobreza obrigou a solicitar assistência hospitalar? Ele requer um auxílio do qual é o sujeito absoluto na medida em que este foi criado para ele; mas agora lhe é imposto um olhar do qual ele é objeto, e um objeto relativo, pois o que se decifra nele está destinado a um melhor conhecimento dos outros (Foucault, 1978, p. 125).

Do mesmo modo, para que pudessem existir os estudos relativos à distribuição das epidemias, ao reconhecimento de agentes causais específicos, à identificação de vetores, se acreditava que seria indispensável poder contar com um grupo populacional que além de estar exposto à doenças, tivesse as mesmas caraterísticas dos doentes que habitavam o Hospital Geral no momento da emergência da clínica. Era preciso contar com uma população pobre, necessitada de assistência e alheia ao espaço dos direitos.

A atualidade da doença tropical

Deixemos de lado os estudos históricos para refletir sobre nosso presente. Pulemos más de 100 anos, do século XIX até o século XXI, más exatamente até os anos de 2003 a 2005. Deixemos as colônias pobres de Inglaterra para localizarmos no Brasil, particularmente no estado de Amapá. Veremos que ainda se faz necessário identificar e classificar mosquitos transmissores da malária como ocorria nos tempos de Ronald Ross e Patrick Manson. Ainda é preciso procurar estratégias para conter uma das doenças que mais pessoas mata no mundo. E ainda, as estratégias utilizadas para desenvolver pesquisas referidas á medicina tropical parecem ser as mesmas que as utilizadas em 1890: absoluta desconsideração dos princípios éticos fundamentais e das declarações de Helsinque.

O nome da pesquisa que analisamos é: *Heterogeneidade de vetores e Malária no Brasil*. O objetivo: identificar e classificar mosquitos portadores da doença na região. Em relação aos pesquisadores, pertenciam ao *Institutional Review Board* da Universidade de Florida (EUA) que realizaram a pesquisa em parceria com a Fundação Oswaldo Cruz (Fiocruz) e a Universidade de São Paulo (USP). Esse projeto foi denunciado em dezembro de 2005 pelo promotor de justiça de Santana Haroldo José Arruda. Os sujeitos de pesquisa eram Moradores da comunidade de São Raimundo de Pirativa, São João de Matapi e Santo Antonio de Matapi (interior de Amapá). Estima-se a população envolvida em 170 pessoas.

A metodologia da pesquisa pode ser resumida como segue: "os moradores passavam a noite ao relento, servindo de iscas para capturar mosquitos. As sessões duravam seis horas e meia e ocorriam durante nove noites seguidas. Um outro grupo de voluntários teria sido submetido a sessões de até 10 minutos de picadas. Os pesquisadores teriam colocado copos, com cerca de 100 mosquitos dentro em contato com a pele humana para que as pessoas fossem contaminadas" (Correio Brasiliense, dez. 2005).

De acordo com Sidney Siqueira, agente de saúde voluntário daquela comunidade, no início da pesquisa o *trabalho* deles consistia apenas em coletar mosquitos em um copo. Mais tarde foram convocados a alimentar estes mosquitos. O copo, com cem mosquitos, era emborcado nas pernas ou braços das cobaias. "*O trabalho começava às 18h, mas não tinha hora pra terminar*", disse ele. Para aliviar o incômodo, a coceira e a dor, após as picadas, os ribeirinhos se jogavam no rio. Por causa da experiência vários deles contraíram malária e, segundo eles, não receberam o tratamento médico prometido pelos pesquisadores" (Cavalcante, 2005).

O valor recebido pelo serviço era de: R$ 12. O resultado da pesquisa foi o seguinte: a grande maioria dos sujeitos que aderiram à pesquisa ficou doente. As pessoas ficaram desnutridas e o dinheiro que receberam não dava para comprar os medicamentos necessários, ficaram sem atenção médica e sem nenhum beneficio. No caso de doença, o contrato afirmava que "será encaminhado para uma clínica e que nenhuma outra compensação será fornecida" (Correio Brasiliense 12 dez. 2005).

A jornalista Alcinéa Cavalcante, de Macapá, no *Estado de S. Paulo*, afirma que a maioria dos 175 moradores de Pirativa havia contraído malária, inclusive crianças de menos de um ano. E que os doentes não receberam a menor atenção das instituições envolvidas.

No entanto, e como corresponde a uma pesquisa realizada no século XXI por pesquisadores de centros de excelência internacionalmente reconhecidos, foi solicitado aos ribeirinhos que assinaram um termo de consentimento com o devido carimbo da Universidade De Flórida. Também foi solicitada e consentida a aprovação ao comitê de ética. "O projeto intitulado *Heterogeneidade de Vetores e Malária no Brasil* foi recebido pela Comissão Nacional de Ética em Pesquisa em 3 de outubro de 2003. Previamente aprovado pelo Centro Aggeu Magalhães / Fiocruz / MS de Recife (PE) teve parecer aprovado datado de 19 de outubro de 2001. Segundo o Ministério da Saúde, o referido projeto, à época, atendia plenamente os critérios éticos de análise de projetos de pesquisa envolvendo seres humanos estabelecidos pelo CNS, e, portanto, não caracterizava a utilização de sujeitos de pesquisa como *isca humana*." (Folha de São Paulo, 16 dez. 2005).

Os argumentos para explicar a aprovação pelo Comitê de Ética não parecem convincentes. O problema alegado pelos pesquisadores foi um erro na tradução do projeto que foi feito por um pesquisador holandês que se desenvolvia como Prof. Visitante na USP. "Segundo a epidemiologista da Fiocruz Márcia Arruda, que analisa os resultados da pesquisa, uma frase do texto original em inglês do projeto previa o procedimento, permitido em alguns países, mas proibido pela legislação brasileira. Ao traduzi-lo para o português, a frase foi suprimida pelo pesquisador holandês Jaco Voorham, que era professor — adjunto visitante da USP e foi encarregado da tradução, por ser incompatível com a legislação brasileira. Porém, o coordenador do projeto, o pesquisador Robert Zimmerman, da Universidade da Flórida, baseou-se na versão em inglês para realizar a experiência em 2003." (www.estadao.com.br/ciencia/noticias/2005).

Tentemos, finalmente, caracterizar a população e os motivos pelos quais eles foram levados a aderir á pesquisa e a assinar um contrato que em uma de suas cláusulas afirmava: "Você será solicitado como voluntário para alimentar 100 mosquitos no seu braço ou perna para estudos de marcação e recaptura" e, que "Você pode contrair malária". No entanto esta última afirmação estava amenizado com a afirmação que segue "Nenhum pesquisador contraiu malária neste local" (Correio Brzailiense, 12 dez. 2005).

A população escolhida para realizar a pesquisa é um grupo extremamente pobre, no caso de São Raimundo do Pirativa essa comunidade está composta por 150 pessoas negras que reivindica seu reconhecimento como comunidade quilombola. Eles não possuíam nenhuma fonte fixa de renda o que nos pode auxiliar a compreender os motivos que os levaram a aceitar as condições impostas pelos pesquisadores. A Folha de Amapá descreve assim aos moradores da região: "As três pequenas vilas situam-se ao longo do Rio Matapi, afluente do Amazonas, e lá palavras como computador, internet e e-mail fazem parte de outro mundo. As casas são todas em madeira, não tem água potável; a água consumida pelos moradores é do próprio rio; energia elétrica chegou há pouco tempo e as famílias sobrevivem da pesca ou de pequenas roças de farinha" (www.folhadoamapa.com.br/comentarios).

A situação de precariedade econômica na qual se encontra essa população levou a que, ainda após as primeiras manifestações da doença, vários membros da comunidade se manifestaram pela permanência dos pesquisadores. Enquanto a população de Pirativa resolveu levar a denuncia para as instancias judiciais, os habitantes das outras duas comunidades defenderam a continuidade da pesquisa pois desse modo eles teriam garantia de trabalho. Isto significa, de maneira clara e evidente, que eles preferem correr o risco, quase certo, de contrair a doença em troca de um pagamento de 12 reais.

Quando observamos pesquisas como essa, não podemos deixar de pensar que, para alguns pesquisadores hoje, como nos velhos tempos da medicina tropical do Imperialismo Inglés, a assimetria social parece ser a *condição que possibilita* o conhecimento médico referente às epidemias e ás doenças tropicais. Será preciso lembrar que as assimetrias sociais e as iniqüidades deveriam ser combatidas e não instrumentalizadas em beneficio próprio pelos pesquisadores.

Porem, como podemos observar no caso de Amapá esses velhos procedimentos fundados na iniqüidade e contrários a todas as declarações de direitos, ainda aparecem, ao olhar de muitos pesquisadores, como naturais e evidentes, como a condição necessária de possibilidade para a construção do saber.

Tudo parece estar permitido nessa lógica na qual os sujeitos necessitados podem ser utilizados em benefício do melhoramento do vigor, da vida e da saúde das sociedades opulentas. Um exercício de biopolítica da população que reproduz as velhas estratégias de poder próprias do século XIX, tão utilizadas e bem aceitas quando as pesquisas eram referidas aos sujeitos sem direito que habitavam as colônias pobres.

Falamos aqui de experimentações realizadas em regiões tropicais e com doenças tropicais, porem aquilo que se evidencia na pesquisa de Amapá pode ser estendido também a pesquisas realizadas sobre doenças cosmopolitas. Esse é o caso das pesquisas realizadas na África sobre HIV.

A dificuldade está na nova posição geográfica dos pesquisadores americanos e europeus que até os anos 90 conduziam suas pesquisas com sujeitos de seus próprios países. O peso econômico e as restrições éticas e legais que são exigidas no primeiro mundo não são idênticas às exigidas nos países pobres. Aquilo que antes da Declaração de Helsinque (e ainda depois desta declaração como evidencia o caso Taskegee) podia acontecer no interior de cada país com as populações consideradas marginais e que décadas de discussão impediram de continuar a acontecer, hoje foi deslocado dos indivíduos que estão nas margens da sociedade (loucos, delinqüentes, crianças) para as populações carentes dos países localizados nas margens do mundo: os países mais pobres do terceiro mundo.

Lembremos que a Declaração de Helsinque, de 1964, afirma que o bem estar de cada sujeito (pertença ou não a um grupo vulnerável) deve prevalecer sobre as necessidades da ciência ou da sociedade. No entanto, parece que quando passamos essa afirmação para escala planetária, ela tende a perder sua força.

Na medida em que se pretende restringir a validade dessa declaração para determinadas regiões do mundo e considerar que outras regiões podem ter menores exigências éticas na realização de suas pesquisas, essas populações situadas nas margens deixam de ser pensadas como sujeitos de direito para passarem a ser pensadas exclusivamente em termos de corpos vivos que para poder contar com algum tipo de assistência devem contribuir para a construção de um conhecimento aplicável a todos. "O poder de morte aparece como complemento de um poder que se exerce positivamente sobre a vida, que procura administrá-la, aumentá-la, exercer sobre ela controles precisos e regulações gerais" (Foucault, 1978, p. 165). A partir do século XIX, o poder de morte encontra sua legitimidade na gestão calculada da vida. É em nome da saúde de todos, da vitalidade da espécie, do controle das epidemias, que a biopolítica se transforma e convive com sua face obscura: a tanatopolítica (Agamben, 2002, p. 162).

Se pretendermos construir uma história dos saberes relativos ao corpo que seja capaz de prescindir de certezas e reducionismos, que seja capaz de analisar os múltiplos discursos, suas confrontações e alianças, assim como a resistência ou a aceitação das práticas médicas, sem deixar de tornar explícitos os abusos que foram e que ainda são cometidos em nome do bem comum, e do melhoramento da saúde das populações, não poderemos deixar de questionar essa categoria ambígua que é a de *biopolítica*. Certamente a experimentação com seres humanos é um dos muitos modos pelos quais se reforça a oposição entre o mundo dos direitos, regidos por normas e leis, e o mundo dos *sem direito*, ou a pura *vida nua*, pura *existência biológica* submetida ás necessidades segundo a definição de Giorgio Agamben (2002).

Conclusão

Nesse horizonte de precariedade, as experimentações com seres humanos podem ser analisadas desde uma perspectiva que permita integrar os estudos provenientes da bioética com a análise das estratégias biopolíticas referidas às populações situadas nas margens do mundo político regido por leis, normas e estatutos aceitos e discutidos por todos.

A partir do momento em que essas populações situadas nas margens da sociedade são reduzidas ao estatuto de *vida nua*, elas deixam de ser pensadas como sujeitos de direito para passarem a ser pensadas exclusivamente como corpos vivos. Assim enquanto existem sujeitos que não são reconhecidos como cidadãos com direitos e deveres, mas como pura e nua corporeidade, eles podem passar a ocupar esse espaço politicamente perigoso e ambíguo de uma *vida nua* considerada como pré-condição para a existência de um mundo político que precisa estar liberado das limitações que a doença e as epidemias impõem.

Sabemos que para Foucault onde existe poder existe resistência, que as relações de poder são reversíveis, móveis e instáveis, mas o espaço da vida nua, da pura e muda força vital parece, muitas vezes, fugir dessa reversibilidade. Então, o que se revela como alheio ao jogo do poder e da resistência, aquela vida que não se pode contrapor aos jogos de poder, pode ser pensada a partir do conceito foucaultiano de *dominação*: "As relações de poder são cambiantes, reversíveis e instáveis. Deve ser considerado que não podem existir relações de poder a menos que os sujeitos sejam livres. Se um sujeito está completamente à disposição de outro, se ele se tornar uma coisa, um objeto sobre o qual se pode exercer uma violência infinita e ilimitada, não há relações de poder. Para existir uma relação de poder, deve haver, em ambas as partes pelo menos, certa forma de liberdade. Isso significa que nas relações de poder existe necessariamente a possibilidade de resistência. Porém, existem estados de *dominação*. Trata-se das relações de poder fixas, perpetuamente assimétricas onde a margem de liberdade é extremamente limitada" (Foucault, 1996, p. 158).

Foucault analisa como exemplo de dominação a relação conjugal na sociedade dos séculos XVIII e XIX. Perante o poder masculino, a mulher podia responder de formas diversas, sendo infiel, rejeitando sexualmente o marido etc. Porém nenhuma dessas pequenas resistências possibilitava que a situação de assimetria fosse verdadeiramente revertida. Ainda se mantinha intacta a distinção grega entre os cidadãos que participavam das relações de poder e as mulheres para quem estava reservado o espaço doméstico dos *aneu logou*, dos sem fala. "Nas situações de dominação — econômica, institucional, sexual- o problema está, de fato, em poder determinar onde e de que modo será organizada a resistência" (Foucault, 1996, p. 159).

No caso da experimentação com seres humanos parece não existir essa mobilidade e reversibilidade do poder. A capacidade de resistência dos sujeitos de experimentação é mínima ou até nula se considerarmos que, muitas vezes, como na experiência de transmissão vertical de HIV realizada na África no ano 1999, o a pesquisa realizada em Amapá. No primeiro caso os sujeitos envolvidos não sabiam se faziam parte de um ou do outro grupo, se seriam beneficiados com a medicação ou se receberiam simplesmente placebo. No caso de Amapá eles devem permanecer alheios aos riscos de contrair a doença pois as necessidades vitais mínimas precisam ser satisfeitas.

Em tal caso, as respostas possíveis são limitadas. A margem de liberdade para dar respostas aos fatos é quase inexistente, fazendo com que os sujeitos envolvidos possam passar facilmente ao estatuto de cobaias. Eles se definem exclusivamente como *corpo espécie*, como vida nua, como alguém que qualquer um pode matar impunemente (Agamben, 2002, p. 80).

A biopolítica, modalidade de exercício do poder própria dos estados possibilita que sejam definidas as populações que pertencem ao espaço da vida nua e aquelas que fazem parte da vida ativa, isto é, da condição humana que deve ser cuidada, estimulada, multiplicada. Mas, para multiplicar a vida e o cuidado com os cidadãos, para garantir seus direitos, seu vigor e sua saúde acreditam na legitimidade de aceitar como pré-condição o uso experimental de seres humanos sem que eles "se beneficiem dos melhores meios diagnósticos e terapêuticos existentes", como exigido pela declaração de Helsinque, de 1996, ainda em vigor.

Muito antes da Declaração de Helsinque, e muito antes dos atuais debates sobre os dilemas éticos surgidos na realização de ensaios clínicos no terceiro mundo (Amann, 2001; Rothman, 2001; Garrafa e Machado, 2001), as pesquisas realizadas nos trópicos, pelos pesquisadores ingleses e franceses, nos permitem refletir sobre o papel político da desigualdade nas pesquisas médicas. Muito antes de serem utilizadas idéias legitimadoras como *duplo standard* ou *relativismo ético* (Amann, 2001) os pesquisadores que se defrontaram com novas civilizações, novas doenças e novas populações nas colônias pobres de Ultramar podiam livremente realizar suas pesquisas com seres humanos sem grandes cuidados, seguindo o argumento utilitarista do benefício futuro que as pesquisas representariam para melhorar o vigor e a saúde das populações.

Nada impedia que os sujeitos de pesquisa, considerados como existentes puramente biológicos, fossem pensados como *matáveis*. A eles lhes era atribuído um estatuto alheio à *condição humana*: pura corporeidade, vida nua. Como afirma Foucault, esse poder de morte se mantém como o limite exterior da biopolítica: "é sobre a vida e sobre seu desenvolvimento que o poder estabelece sua força; a morte é seu limite, o momento que não pode ser apressado" (Foucault, 1976, p. 166).

Podemos tentar pensar a defesa atual do chamado *duplo standard* ou do *relativismo ético* em relação a esta oposição entre um poder que toma a vida, o corpo e a saúde a seu cuidado e sua contra-face, um poder de morte que persiste como seu limite, como uma antiga estratégia de poder que se refere à corporeidade nua e sem direitos. Se esse espaço foi ocupado sem maiores questionamentos pelas mulheres e os escravos no pensamento grego; e se, no caso dos pesquisadores ingleses, Manson e Ross, era o espaço da população indiana necessitada de assistência; hoje ainda podemos ouvir as vozes dos que defendem a persistência desse espaço reservado para as populações pobres do terceiro mundo, como ocorreu no caso de Amapá.

Estes pesquisadores nos chamam ao realismo, nos convidam a deixar de ser ingênuos e a deixar de lado o que parece considerar a velha e gasta idéia de eqüidade. Nos convidam a reconsiderar o caráter moral das pesquisas realizadas, algo que para os pesquisadores ingleses que trabalhavam na Índia não representava nenhum conflito ético. Para eles existiam dois mundos bem delimitados: a metrópole e as colônias de ultramar; dois mundos que não tinham porque ter as mesmas regras. As desigualdades estavam explicitadas e eram justificadas pela própria lógica colonialista.

A diferença entre a lógica colonialista e a de hoje resulta na necessidade de enunciar e justificar o que antes não precisava ser justificado: a existência de dois mundos, o mundo dos direitos e o das *exceções*, o mundo dos corpos que devem ser cuidados e o mundo habitado por aqueles que têm o estatuto de vida nua, de vidas que foram postas "fora da jurisdição humana" de modo tal que "a violência cometida contra eles não constitui nenhum sacrilégio" (Agamben, 2002, p. 90).

Agradecimento

Gostaria de tornar público meu agradecimento à Sra. Susana Dias da Revista ComCiência que encaminhou o material sobre a pesquisa do Amapá aqui utilizado.

REFERÊNCIAS BIBLIOGRÁFICAS

AGAMBEN, G. *Homo Sacer*. Belo Horizonte: UFMG, 2002.
ARENDT, H. *La Condición Humana*. México: Siglo XXI, 1993.
AMANN, J. *Droit - Santé et relations*. Nord-Sud, 2001.
BENCHIMOL, J. *Dos Micróbios aos Mosquitos*. Rio de Janeiro: Fiocruz/UFRJ, 1999.
BENOIT-BROWAEYS. *La Bioéthique*. Paris: Les essentiels Milan, 2001.
BERLINGUER, G. *Ética da Saúde*. São Paulo: HUCITEC, 1996.
BOURDIEU, P. *Science de la Science et reflexivité*. Paris: Raisons d'Agir, 2001.
BYNUM, W., OVERY, C. (eds.). *The Best in the Mosquito*: the correspondence of Ronald Ross and Patrick Manson. Atlanta: Rodolpi, 1998.
CAVALCANTE, A. *Cobaias Humanas*, 2006. Disponível em: http://alcinea.zip.net
CORREIO Brasiliense. 12 dez. 2005.
DOZON, J. P. Pasteurisme, médecine militar et colonisation de Afrique noire. In: MORANGE, M. (org.). *L'Institut Pasteur*: contributions à son histoire. Paris: La decouverte. 1991. p. 269-278.
GOLDIM, J. R., ROSSI, R. Glossário de termos científicos para elaboração do Consentimento Informado. *Rev de Medicina*, Porto Alegre, v. 19, n. 1, p. 304-309, 1999.
GOLDIM, J. R. *O caso Tuskegee*: quando a ciência se torna eticamente inadequada. Disponível em: www.ufrgs.br/HCPA, 1999
FOUCAULT, M. *A Historia da Sexualidade I*. México: Siglo XXI, 1978.
FOUCAULT, M. *A El Yo Minimalista*. Buenos Aires: Biblioteca de la mirada, 1996.
FOUCAULT, M. *A Resumo dos Cursos del Collége de France (1970-1982)*. Rio de Janeiro: Zahar, 1994.
FOUCAULT, M. *A Genealogia do Racismo*. Buenos Aires, Caronte, 1992.
FOUCAULT, M. *A Microfísica do poder*. Rio de Janeiro. Graal, 1989.
FOLHA DO AMAPÁ. Disponível em: http://folhadoamapa.com.br/comentarios. Acesso em 16 dez 2005.
FASSIN, D. Biopolitique. In: LECOURT, D. (org.) *Dictionaire de la pensée medicale*. Paris: PUF, 2003. p. 176-179.
FREITAS, C., HOSSNE, W. Pesquisa com seres humanos. In: FERREIRA, C.; GARRAFA, O. (orgs.). *Iniciação à Bioética*. Brasília: Conselho Federal de Medicina,1998. p. 193-204.
GARRAFA, V., MACHADO, M. Mudanças na Declaração de Helsinque: fundamentalismo econômico, imperialismo ético e controle moral.*Cadernos de Saúde Pública*, Rio de Janeiro, v. 17, n. 6, p. 1489-1496, 2001.
JONAS, H. Reflexiones filosóficas sobre la experimentación con seres humanos.In: FREUND, P. (Org. *Experimentación con Sujetos Humanos*. Mexico: Fondo de Cultura Económica, 1970. p. 17-45.
LATOUR, B., WOOLGAR, S. *A Vida de Laboratório*. Rio de Janeiro: Relume Dumará, 1997.
LECOURT, D. *L'Humain est-il expérimentable? (Prefacio)*. Paris: PUF, 2000. p. 9-11.
LÖWY, I. La mission del Institut Pasteur à Rio de Janeiro: 1901-1905. In:MORANGE, M. (Org). *L'Institut Pasteur: contributions à son histoire*. ParIs: La decouverte, 1991. p. 279- 295.

MANSON, P. *Tropical Diseases*.London: Cassell and Company, 1898.

MICHAUD, Y. Des Modes de subjectivation aux techniques de soi. *Rev. Cités*, n. 2, p. 11-40, 2000. [Dossier: De la Guerre de races ao biopouvoir]

NOUVEL, P. Oui, l'humain est expérimentable. In: LECOURT,D. (Org). *L'Humain est-il expérimentable?* Paris: PUF, 2000. p. 21-29

ROSS, R. Correspondence to Manson.In: BYNUM, W.; OVERY, C. (Eds).*The Best in the Mosquito:* The correspondence of Ronald Ross and Patrick Manson. Atlanta: Rodolpi, 1998.

O ESTADO DE SÃO PAULO. 10 out. 2006.

PORTER, R. *Cambridge Illustrated History of Medicine.* Cambridge: University Press, 2000.

PORTER, R. El pasado de la Medicina: la história y el oficio". Entrevista a Roy Porter de Marcos Cueto. Rio de Janeiro. *Revista História, Ciência e Saúde-* Fiocruz, 2002.

ROTHMAN, D. Les nouveaux cobayes de la recherche médicale. In:*La Recherche*, n. 344, p. 28-39, juillet-août, 2001.

SALOMON-BAYET, C. Experimentation humain. In: LECOURT, D. (Org) *Dictionaire de la pensée medicale.* Paris. PUF, 2003. p. 470-475.

VIEIRA, S.; HOSSNE, W. *Experimentação com seres Humanos.* São Paulo: Moderna, 1987.

capítulo 11

A Promoção da Saúde e a Bioética da Proteção: os desafios à garantia do direito à saúde

Marta Inez Machado Verdi
Carine Mascarenhas Vendrúsculo
Felipa Rafaela Amadigi
Luiz Gustavo Bergamo

O estudo propõe discutir, numa perspectiva bioética, a promoção da saúde, entendida como modelo sanitário que se apresenta como possibilidade de transformação do saber e da prática hegemônicos no campo da saúde. Considerando modelo sanitário como o conjunto de elementos de natureza teórica, cultural e técnica que se expressam nos espaços da organização do trabalho e das práticas de saúde, podemos apontar na evolução histórica das idéias de promoção da saúde diferentes interpretações que podem ser reunidas em duas principais tendências. A primeira, com enfoque comportamental, expressa-se em ações que visam à transformação de hábitos e estilos de vida, pontuando fatores de risco e transferindo a responsabilidade ao indivíduo. A segunda considera fundamental o papel protagonista dos determinantes gerais sobre as condições de vida e de saúde estando diretamente relacionada à qualidade de vida individual e coletiva. Nesta análise, buscamos refletir acerca das motivações éticas expressas nas duas tendências, focalizando os princípios da responsabilidade e da autonomia que se evidenciam, sobretudo, nas estratégias ligadas ao campo do fortalecimento da ação comunitária, porém tornam-se frágeis quando analisamos as estratégias do campo do desenvolvimento de hábitos, atitudes e estilos de vida favoráveis à saúde, as quais reiteram o caráter de vigilância de comportamentos. Como ponto central na discussão surge o caráter protetor da saúde pública, manifesto nas ações de promoção da saúde direcionadas ao incremento da qualidade de vida, que pode correr o risco de ser reduzido à responsabilidade individual. Entretanto, a virtude da proteção nas estratégias de promoção da saúde deve ampliar-se necessariamente ao universo da responsabilidade social, ou seja, do Estado frente aos cidadãos, assumindo definitivamente a proteção do direito à saúde como um direito humano inalienável.

Uma introdução ao tema — Promoção da Saúde e a Bioética da Proteção

O desafio da bioética em cuidar do gênero humano transcende em alguns momentos para a coletividade e quando a atenção passa do singular para a sua pluralidade, as políticas públicas tomam o lugar das ações individuais. Partindo desse princípio, de que a bioética se preocupa com a coletividade norteado pelas políticas, torna-se necessário discutir uma forma adequada de atenção pública (Berlinguer, 1993).

Preocupado com as ações em saúde Schramm (2003) descreve a bioética da proteção surge das éticas aplicadas, descrevendo e compreendendo os conflitos na tentativa de prescrever comportamentos moralmente corretos para o bem social. Além da sua responsabilidade com o gênero humano a proteção agrega a *qualidade da vida* para alcançar a universalidade, sendo assim a promoção da saúde emerge como um novo modelo, observando que a doença não é um processo e sim um evento passível de ser modificado (Berlinguer, 1993; Ferreira Jr, Buss, 2002).

Para Berlinguer (1993), de certa forma, promove-se a saúde com programas que tendem a mudar o comportamento individual em prol da coletividade. Essa modificação além de imputar ao sujeito a responsabilidade pela própria saúde, ignora o fato de que o comportamento não pode ser mudado e sim ser o resultado de condicionamentos psicológicos e relacionamentos reais. Verdi (2002) diz que os resultados reúnem a equidade, a participação social e a intersetorialidade como aspectos essenciais da promoção. O foco torna-se então alterado, sendo o indivíduo não o responsável, mas sim um agente que fica exposto e sofre os efeitos das ações promovidas em favor da saúde. A atuação em bioética da proteção responsabiliza diretamente o sistema público, contudo no plano coletivo o poder centralizado eleva-se e prega a democracia participativa (Berlinguer, 1993; França Ayres, 2003; Goulart, 1999).

A bioética da proteção resgata o sentido humano em oferecer voluntariamente o cuidado ao outro, tornando-se engajada, comprometida e moralmente irrevogável, pois o agente e as conseqüências dos atos estão a princípio definidos e identificados. A atuação da proteção adquire a responsabilidade na eficácia dos seus atos em dever com o cidadão, chegando a ser contraditório ao limitar a autonomia pessoal em exigências do bem comum. Mesmo o indivíduo sendo um sujeito passivo de prejuízo quando sua autonomia é revogada, a proteção compromete-se em defender a capacidade do sujeito em não se consentir com ela (Berlinguer, 1999).

Em saúde pública a proteção importa-se em contextualizar a natureza, sociedade e cultura em que a população encontra-se inserida. Fazendo referência a esse contexto, a saúde manifesta-se por aspectos inseparáveis, o caráter de prevenção concomitante a qualidade de vida com estilo saudável. Desta forma é indubitável a conclusão de que proteção finda na associação da prevenção e da promoção. Evitando uma tese simplista, a união dos aspectos inseparáveis aplica-se às pessoas, sendo o corpo social atingido apenas pela metaforização oriunda do corpo individual (Berlinguer, 1993).

Proteger deve ser então estendido ao conjunto de direitos humanos vinculados aos deveres do Estado para com o bem estar de seus cidadãos. Uma vez que o Estado encontra-se representado por um agente moral responsável pelas escolhas e conseqüências provenientes das suas predileções, fica evidente a necessidade de avaliação do desempenho das instituições públicas e seus funcionários simultaneamente com a cobrança da eficácia, mesmo que essa implique na delimitação da autonomia individual em proveito do bem comum. A responsabilidade concentrada em um agente moral gera para a ética uma situação com novos aspectos a serem estudados (Berlinguer, 1993).

No que diz respeito às esferas de atuação Goulart (1999) enuncia que a promoção é circunscrita pelas políticas públicas saudáveis, um ambiente favorável à saúde, o *empowerment* (Berlinguer, 1993), a reordenação dos serviços de saúde e da saúde pública e o desenvolvimento de habilidades e atitudes pessoais. Em conjunto com diferentes setores, como o Estado e a própria comunidade, a promoção acontece quando a educação, o lazer, condições adequadas de trabalho e outros fatores são levados em consideração em busca de uma melhor qualidade de vida. Para Zancan (2002), em alguns momentos a comunidade, com seus agentes capacitados, torna-se fundamental no processo não como um coadjuvante, mas sim como um órgão que exige dos demais a efetivação das políticas.

A promoção da saúde manifesta-se como uma nova forma de abordagem das políticas públicas abrangendo elementos individuais e coletivos tais como política, cultura, ambiente, etnia, religião entre outros. Sendo assim as exigências teriam um caráter de assistência global, não centrando o foco na doença como um estado físico sem movimento mas sim como uma condição de cinética social envolvida (Zancan, 2002).

Com o olhar direcionado somente para o indivíduo a promoção se limitaria em muitos aspectos, faz-se necessário associá-la ao grupo de indivíduos e ao ambiente transformando assim a atenção dos estilos de vida para atenção das condições de vida (Zancan, 2002).

Frente a todas essas questões relacionadas à promoção da saúde é pertinente manter o zelo à liberdade individual, garantindo a decisão singular sem qualquer meio de coação ou pressão irracional e indagando-se sempre sobre renegar 'prazeres' a anos de vida (França, Ayres, 2003).

Promover a saúde e prevenir são coisas diferentes que findam no mesmo objetivo, tendo na bioética da proteção o respaldo necessário para a sua implementação. A promoção da saúde é diferenciada da prevenção de doenças, sendo que a primeira esta relacionada às mudanças de estilo e condições de vida, enquanto a prevenção refere-se à proteção da saúde frente às ameaças proveniente do ambiente.

Enfim, a saúde do indivíduo não deve ser observada apenas de forma mecanicista, é necessário analisar todo o contexto em que está inserido e transformar as políticas públicas de saúde também em ações sociais, agregando a promoção com a responsabilidade de proteger. A preocupação deve ser materializada em reconstruir os conceitos da medicina, não tratando da saúde como produto de consumo, mas sim utilizando as ciências para prosperar a qualidade da vida social através da transformação das éticas da vida cotidiana, deontológica, legal e filosófica para o mundo real, protegendo assim o direito à qualidade de uma vida em comum.

Bioética da Proteção para além de estilos de vida saudáveis

Considerando a vocação da saúde pública de se preocupar com a saúde das populações, consideradas em seus contextos naturais e sócio-culturais, da prevenção de adoecimentos evitáveis (proteção defensiva), da promoção de estilos de vida mais saudáveis (proteção pro ativa), a bioética da proteção vem no intuito de dar conta dos problemas éticos envolvidos pelas ações em saúde pública (Schramm, 2003).

Atualmente, a sociedade na qual vivemos possui uma cultura de direitos, seja o direito da criança, do adolescente e tantos outros grupos um subconjunto dos direitos humanos, os quais estão vinculados a deveres, ou responsabilidades do Estado para com seus cidadãos. Esta responsabilidade do estado para com os membros da sociedade deve ser feita não meramente sobre as individualidades, mas também sobre a cidadania.

Para Schramm (2003), existem vínculos profundos entre responsabilidade individual e responsabilidade social, visto que o estado é responsável pelo bem público e o bem da coletividade sob sua responsabilidade. Esta responsabilidade do estado requer que se dê conta do contexto no qual ela é requerida, dependendo, portanto, das características do agente moral, das situações concretas nas quais ele tem que agir.

Relacionando esta concepção de proteção e responsabilidade com saúde, Schramm (2003, p. 82) apresenta a idéia de que "a saúde faria parte das oportunidades devidas a cada cidadão, da mesma forma que as liberdades fundamentais, logo os governos seriam responsáveis pela garantia de uma quantia mínima de qualidade de vida para todos."

É neste sentido que a discussão sobre os estilos de vida saudáveis se faz necessária, uma vez que olhar sob esta ótica nos traz uma imagem reduzida do papel do estado enquanto responsável pela sua população. Deve-se atentar à transferência da responsabilidade que pode ocorrer em decorrência destas propostas de promoção de estilos de vida saudáveis para os sujeitos, ou seja, a culpabilização da vítima.

De acordo com Berlinguer (1993), quando queremos modificar uma realidade devemos agir sobre todos os fatores, individuais e coletivos, comportamentais e ambientais e que deste modo estaremos estimulando um sinergismo salutar e multiplicando a capacidade de convencer ou obter resultados positivos.

Segundo França Jr. e Ayres (2003), deve-se explorar mais as relações entre saúde pública e os direitos humanos, pois esta reflexão pode vir a enriquecer as teorias, a eficácia da técnica de intervenções, e o horizonte ético dos modelos de atuação.

De acordo com Habermas (1997), o direito humano é único, e precisa ser diferenciado de um sistema de direitos, no qual tanto a liberdade quanto a igualdade assumem uma figura positiva. Para garantia deste direito, o autor aponta as leis públicas as quais só podem pretender a legitimidade enquanto atos da vontade pública dos cidadãos autônomos e unidos.

A Declaração Universal dos Direitos Humanos traz como objetivo a garantia aos sujeitos de liberdade, justiça e a paz no mundo. Entre os direitos preconizados por ela, a saúde aparece no artigo 25 o qual afirma que "toda pessoa tem direito à um nível de vida suficiente para lhe assegurar e à sua família a saúde e o bem estar, principalmente quanto à alimentação, ao vestuário, ao alojamento, à assistência médica [...]" (Organização das Nações Unidas, 1948, p. 4).

Considerando a idéia dos autores, a declaração universal dos direitos humanos e a constituição federal brasileira, podemos refletir e ousar dizer que o caminho para a proteção coletiva se dará através de políticas públicas intersetoriais, a partir do entendimento das mesmas enquanto responsabilidade do estado e garantia dos direitos humanos.

Portanto, para se pensar no estado enquanto agente responsável pelas ações de saúde, deve-se ter clareza que anterior às ações voltadas ao estilo de vida individual, são as ações voltadas ao coletivo, através das políticas públicas de saúde. Pois deste modo, estará se garantindo ao coletivo os direitos humanos fundamentais necessários para o pleno exercício público dos indivíduos, para que os mesmos possam participar ativa e livremente como cidadãos autônomos.

REFERÊNCIAS BIBLIOGRÁFICAS

BERLINGUER, G. *Questões de vida*: ética, ciência e saúde. São Paulo: HUCITEC, 1993.

FERREIRA, J. R., BUSS, P. M. O que o desenvolvimento local tem a ver com a promoção da saúde? In: ZANCAN, L. (org.). *Promoção da saúde como caminho para o desenvolvimento local*. A experiência de Manguinhos. Rio de Janeiro: Abrasco/Fiocruz, 2002.

FRANÇA, I. J., AYRES, J. R. C. M. Saúde pública e direitos humanos. In: FORTES, P. A. C., ZOBOLI, E. L. P. *Bioética e Saúde Pública*. São Paulo: Centro Universitário São Camilo/Loyola, 2003. p. 63-72.

GOULART, F. A. A. Cenários epidemiológicos, demográficos e institucionais para os modelos de atenção à saúde. *Informe Epidemiológico do SUS 8*, Universidade de Brasília, 1999. p. 17-26.

HABERMAS, J. *Direito e democracia*: entre a factividade e a validade. Rio de Janeiro: Templo Brasileiro, 1997. v. 1.

ORGANIZAÇÃO DAS NAÇÕES UNIDAS. *Declaração Universal dos direitos humanos*. Disponível: <http://www.onu-brasil.org.br/ documentos_direitoshumanos.php>. Acesso em: 01 ago 2004.

SCHRAMM, F. R. A bioética da proteção em saúde pública. In: FORTES, P. A. C., ZOBOLI, E. L. P. *Bioética e Saúde Pública*. São Paulo: Centro Universitário São Camilo/Loyola, 2003. p. 71-84.

VERDI, M. Da Haussmannização às Cidades Saudáveis — Rupturas e continuidades nas políticas de saúde e urbanização na sociedade brasileira do início do século XX. Florianópolis: UFSC, 2002. [Tese] doutorado.

ZANCAN, L. (org.). *Promoção da saúde como caminho para o desenvolvimento local*. A experiência de Manguinhos. Rio de Janeiro: Abrasco/Fiocruz, 2002.

capítulo 12

Análise Comparativa da Vulnerabilidade dos Usuários e dos Consumidores de Serviços Públicos e Privados de Assistência Médica

Fernanda Cristhina Lolatto Plentz
Lívia Haygert Pithan
Luciana Gemelli Eick

Vários fatores condicionam a vulnerabilidade dos usuários e consumidores de serviços de assistência médica. Tanto no âmbito público quanto privado, verifica-se uma assimetria na relação entre médicos e pacientes, gerada pela fragilidade da saúde bem como pelo déficit de informações dos últimos (Franklin Leopoldo e Silva, 1997). Entretanto, cabe avaliar em que medida a especial vulnerabilidade dos usuários do Sistema Único de Saúde — SUS (Clotet, Kipper, 1998), em decorrência de um maior déficit informativo, pode ensejar um dever estatal de tutela legislativa diferenciada. Neste sentido, a presente pesquisa visa analisar comparativamente a vulnerabilidade dos usuários de serviços públicos e privados de saúde no âmbito jurídico. Prioriza-se como referencial teórico um diálogo entre o Direito Administrativo e o Direito do Consumidor, respectivamente nos estudos de Odete Medauar e Cláudia Lima Marques.

Em Bioética, analisam-se as noções de paternalismo forte e fraco em Beauchamp e Childress e de vulnerabilidade em Miguel Kottow. A metodologia de pesquisa utilizada consiste em revisão bibliográfica e análise jurisprudencial no Direito brasileiro. Como resultados parciais, é possível verificar que o paternalismo estatal, através de legislação especial protegendo os usuários do SUS, pode ser considerado bioeticamente justificável.

Vulnerabilidade

Princípio da vulnerabilidade do consumidor

O Código de Defesa do Consumidor (CDC) é a legislação que regula as relações entre consumidores e fornecedores no mercado brasileiro, definindo seu âmbito de aplicação especialmente pelos conceitos de consumidor e fornecedor trazidos nos artigos 2º e 3º. [1] O artigo 22 do referido diploma legal expressamente submete os prestadores de serviços públicos ao regime de tutela do consumidor, devendo o serviço ser prestado de forma adequada, eficiente, segura e, quanto aos serviços essenciais, de forma contínua. No caso de prestação inadequada do serviço público, as pessoas jurídicas responsáveis serão "compelidas a cumpri-las e a reparar os danos causados, na forma prevista no mesmo Código" (Lazzarini, 1999).

Diversos são os princípios contidos no diploma legal em comento, dentre os quais nos cumpre no presente trabalho discorrer sobre o princípio da vulnerabilidade do consumidor, que é cânone hermenêutico-interpretativo de todo o sistema protetivo do consumidor, devendo ser as lentes pelas quais a jurisprudência e a doutrina enxergam os dispositivos do CDC.[2]

O consumidor é considerado vulnerável por presunção legal do artigo 4º, inciso I do CDC[3], consistindo em um "estado inerente de risco ou um sinal de confrontação excessiva de interesses identificado no mercado, é uma situação permanente ou provisória, individual ou coletiva, que fragiliza, enfraquece o sujeito de direitos, desequilibrando a relação" (Marques et al, 2006).

Vulnerabilidade é o "princípio pelo qual o sistema jurídico positivado brasileiro reconhece a qualidade daquele ou daqueles sujeitos mais fracos na relação de consumo, tendo em vista a possibilidade de que venham a ser ofendidos ou feridos, na sua incolumidade física ou psíquica, bem como no âmbito econômico, por parte do sujeito mais potente da mesma relação" (Moraes, 1999). O reconhecimento do consumidor como sujeito vulnerável nas relações de consumo explicita o dever do Estado de concentrar sua ação para tutelar esse sujeito, buscando atingir a isonomia material (Silva, 1993).

A vulnerabilidade, característica de todo o consumidor por presunção legal, distingue-se da hipossuficiência, que é questão relevante para a problemática processual de inversão do ônus probatório em processos versando sobre relação de consumo. Assim, o consumidor é vulnerável sempre, podendo ou não se apresentar como hipossuficiente (Martins-Costa, 1993).

A doutrina jurídica elenca distintos tipos de vulnerabilidade do consumidor, dentre as quais se destacam: *a vulnerabilidade técnica, a fática e a vulnerabilidade jurídica*. A vulnerabilidade técnica consiste no desconhecimento específico do consumidor sobre o objeto que adquire ou o serviço que contrata (ou solicita), na unilateralidade da informação por parte fornecedor de produto ou prestador de serviço. A vulnerabilidade fática é a desigualdade de forças entre os integrantes da relação de consumo, isto é, entre o fornecedor e o consumidor. A vulnerabilidade jurídica é o desconhecimento de aspectos jurídicos específicos, assim como de elementos de contabilidade ou economia (Marques et al, 2006).

Moraes acresce a essa enumeração a *vulnerabilidade política ou legislativa, biológica ou psíquica, econômica e social e a vulnerabilidade ambiental* do consumidor (Moraes, 1999). Relevantes para o presente estudo a análise das três primeiras vulnerabilidades ora referidas.

A vulnerabilidade política ou legislativa consiste na pouca influência do consumidor na política e na criação de leis no Brasil, sendo estas concretizações de interesses de sujeitos política e legislativamente influentes, detentores de poder, sem necessariamente refletir a vontade da maioria (Moraes, 1999, p. 132).

A vulnerabilidade biológica ou psíquica do consumidor decorre da própria natureza humana, consistindo na fragilidade do consumidor frente a técnicas para manipular seus desejos e vontades, utilizadas principalmente através do marketing (Moraes, 1999, p. 152-155).

A vulnerabilidade econômica e social "decorre diretamente da disparidade de forças existente entre os consumidores e os agentes econômicos, relevado que eles possuem maiores condições de impor sua vontade àqueles, por intermédio da utilização dos mecanismos técnicos mais avançados que o poderio monetário pode conseguir" (Moraes, 1999, p. 155).

A situação do atendimento do Sistema Único de Saúde no Brasil

O Sistema Único de Saúde (SUS) foi criado para proporcionar à população o atendimento público de saúde em hospitais públicos ou privados conveniados. A situação em que o paciente é tratado nos atendimentos realizados pelo SUS, entretanto, pouco reflete do que se espera de um serviço público essencial.

A imprensa já adjetiva a situação dos atendimentos feitos pelo SUS de *caótica*, destacando a demora de meses em filas de espera para atendimento ou realização de procedimento específico. Cabe destacar que o SUS é responsável pelo atendimento de oitenta por cento da população brasileira, que tem no sistema público a única forma de conseguir atendimento médico (Côrtes, Rodrigues, 2005).

Interessante estudo publicado na Revista de Saúde Pública, com dados coletados entre 1986 e 1996, concluiu que "a política de saúde no período, limitando o financiamento do SUS, reprimindo a demanda e desestimulando os prestadores privados a trabalhar com pacientes do SUS levou a uma seletividade negativa para o SUS. O resultado foi que aumentou a diferença nos padrões de assistência entre serviços públicos e privados" (Rocha, Simões, 1999). Os pesquisadores concluíram que, em decorrência da falta de financiamento do SUS ocasionou a migração de uma parcela populacional composta por trabalhadores mais qualificados e não manuais para os sistemas privados de saúde, deixando para o SUS uma parcela populacional composta essencialmente de trabalhadores manuais não qualificados e semiqualificados (Rocha, Simões, 1999, p. 53).

A conseqüência do subfinanciamento do SUS é a demanda reprimida e a "formação de filas de espera para procedimentos eletivos estimulando a população de melhor renda a procurar sistemas assistenciais privados" (Rocha, Simões, 1999, p. 53). Nesse sentido, parece haver uma divisão do mercado de saúde brasileiro no qual o SUS ficou responsável pelo atendimento da população mais carente financeiramente e dos portadores de casos mais complexos e mais custosos, não rentáveis para o sistema privado de saúde.

O sistema privado, por sua vez, absorveu a parcela da população antes atendida por sistema de saúde pública composta por pacientes com condição de renda melhor e/ou portadores de patologias com solução rentável para os sistemas privados de saúde (Rocha, Simões, 1999, p. 53).

Hipervulnerabilidade dos usuários do Sistema Único de Saúde

O consumidor em geral é vulnerável por presunção legal, considerados aspectos técnicos, fáticos, jurídicos, políticos ou legislativos, biológicos ou psíquicos, econômicos e sociais e ambientais. O usuário do SUS apresenta diversos aspectos da vulnerabilidade do consumidor ainda mais acentuados, conforme passamos a analisar.

O doente, em geral, "é a pessoa que, ou perdeu, ou teve reduzida ou modificada sua capacidade de interagir com o meio (outros seres ou coisas em que vive) (Titton, 2002). Importante salientar que "as limitações a que se submete o doente (determinadas pela própria doença ou mesmo pelo tratamento respectivo) podem subverter-lhe o consentimento, que [...] está comprometido pela dor, pelo desconhecimento, pela incerteza a respeito do seu destino" (Meirelles, Teixeira, 2002).

A presunção da lei, entretanto, milita no sentido de que existe a capacidade do paciente para o consentimento com o tratamento e outras decisões que necessitam ser tomadas, em respeito à sua própria autonomia. Assim, a regra é que "o doente é capaz de consentir, a menos que lhe seja tirada tal capacidade mediante processo judicial de interdição" (Meirelles, Teixeira, 2002, p. 348).

Consoante estudo antes mencionado, o usuário do sistema público de saúde é a população com pouco estudo e pouca renda, acentuando-se as vulnerabilidades técnica, fática, jurídica, política ou legislativa, econômica e social. Tais fatos nos levam a considerar o usuário do SUS como um consumidor hipervulnerável, ou seja, um consumidor com sua vulnerabilidade acentuada e, nesse sentido, merecedor de proteção especial pelo Estado.

Nesse sentido, interessante verificar que, ao tempo de promulgação do CDC, o Brasil não tinha passado pelo processo de privatização. Em especial tutela dos usuários dos serviços públicos (dentre os quais se enquadra o serviço público de saúde) surge a Lei das Concessões, Lei n. 8.987/95, que em seu artigo 7º arrola direitos e deveres dos usuários de serviços públicos. Ao contrário do que se possa imaginar, por menção expressa do *caput* do dispositivo mencionado, os direitos trazidos pela nova legislação não prejudicam os anteriormente garantidos pelo CDC, vindo, então, a aumentar os direitos dos usuários de serviços públicos (Medauar, 2005).

Sobre o tema, a professora Odete Medauar enumera os direitos dos usuários do serviço público, já somados com os principais direitos trazidos pelo CDC, englobando: "direito ao respeito dos seus direitos: dignidade da pessoa humana, segurança, liberdade individual; direito ao acesso ao serviço público, como reflexo do princípio da igualdade; direito ao funcionamento normal do serviço, vinculado ao princípio da continuidade e da adaptabilidade do serviço público (art. 22 do CDC); direito ao funcionamento eficiente do serviço (arts. 6º e 7º da Lei das Concessões e art. 22 do CDC); direito à reparação de danos (parágrafo único do art. 22 do CDC); direito de receber informações do poder concedente e da concessionária para a defesa de interesses individuais e coletivos (art. 7º da Lei de Concessões); liberdade de escolha entre vários prestadores (art. 7º da Lei de Concessões); direito-dever de levar ao conhecimento do Poder Público e da concessionária as irregularidades referentes ao serviço prestado (art. 7º da Lei das Concessões)" (Medauar, 2005, p. 153-154).

Nessa esteira surge uma nova forma de proteção ao consumidor mais frágil denominada *vulnerabilidade especial*. Essa nova nomenclatura foi criação da professora Cláudia L. Marques (2006) que, ao comentar a obra de Antônio Fernandes Neto — *Informações sobre planos de saúde* — entendeu existirem consumidores dotados de um caráter *especial*, ou seja, detentores de uma vulnerabilidade muito mais acentuada do que os demais consumidores *comuns*. Dessa maneira, vislumbra-se a possibilidade de ocorrerem discriminações entre um consumidor e outro.

Neste diapasão, ressalta-se que o CDC, em seu artigo 39, IV, busca estabelecer uma igualdade entre os consumidores, senão vejamos:

Art. 39. É vedado ao fornecedor de produtos ou serviços, dentre outras práticas abusivas:
[...]
IV — prevalecer-se da fraqueza ou ignorância do consumidor, tendo em vista sua **idade, saúde, conhecimento ou condição social,** *para impingir-lhe seus produtos ou serviços. (grifo nosso)*

Assim sendo, sob ótica de Cláudia L. Marques, os partícipes de um contrato que se mostrem "mais afetados com problemas de saúde, é identificável uma vulnerabilidade especial de consumidor fraco". Dessa maneira, nos contratos de saúde podemos vislumbrar uma vulnerabilidade especial do consumidor quando esse for criança-dependente, trabalhador despedido, aposentado, enfermo ou idoso. Estaríamos, portanto, diante de uma "discriminação positiva do direito para alcançar a igualdade contratual e a reigualdade material das partes contratantes" (Marques, 2006, p. 383).

Para Kottow, a saúde pública deve ser guiada pelo princípio da ética de proteção, com uma atuação de caráter preventivo por parte do Estado (Schramm, Kottow, 2001). Entretanto, além da postura do Estado, com uma maior proteção legal do paciente de saúde pública, mediante à soma dos direitos constantes no CDC e na Lei de Concessões, também deve ocorrer uma postura especial do médico e dos profissionais de saúde no atendimento desses pacientes especialmente vulneráveis.

Considerando, então, a vulnerabilidade acentuada do paciente do SUS, como devem os médicos e profissionais da saúde lidar com esse paciente? Como deve se dar a obtenção de seu consentimento informado? Como respeitar sua autonomia? Deve ser exercida uma posição paternalista?

Em busca dessas respostas, torna-se necessário aprofundar a análise do princípio da autonomia, do consentimento informado e das considerações sobre paternalismo na Bioética, o que passamos a fazer.

Hipervulnerabilidade, princípio da autonomia, consentimento informado e paternalismo bioético

O princípio da autonomia está ligado à importância que o sujeito, enquanto "assume na modernidade, relevância esta inseparável da reivindicação da liberdade de pensamento, da hegemonia da razão frente aos dogmas religiosos e ao peso da tradição. O significado de autonomia passa então a ser compreendido não apenas como a tentativa de apreender racionalmente o mundo, mas também de dominá-lo e submetê-lo às finalidades humanas, por via do desempenho de uma razão subjetiva e independente" (Segre, Leopoldo e Silva, Schramm, 2006).

Conforme afirmam Segre, Leopoldo e Silva e Schramm (2006) a idéia de autonomia varia conforme a tradição filosófica adotada. Assim, "na tradição deontológica kantiana (e em parte na hermenêutica) a autonomia é considerada como uma propriedade constitutiva da pessoa humana, que enquanto autônoma escolhe suas normas e valores, faz seus projetos, toma decisões e age em conseqüência. Em suma, a autonomia associa-se à liberdade individual, embasada na vontade. Já na tradição utilitarista iniciada por Jeremy Bentham e John Stuart Mill (que privilegia a autonomia porque esta maximizaria a longo prazo o bem-estar geral), embora seja preservada a identificação entre autonomia e liberdade individual esta não se embasa na vontade, mas no agir útil" (Segre, Leopoldo e Silva, Schramm, 2006).

Dessa forma, pela concepção kantiana, a violação do princípio da autonomia consiste em violação à própria pessoa, enquanto que "para a concepção utilitarista infringir o princípio de autonomia pode ser justificado tendo em conta outros objetivos desejáveis e, portanto, úteis à própria pessoa" (Segre, Leopoldo e Silva, Schramm, 2006). Dessa forma, na prática médica, a adoção de uma posição utilitarista permite exceções ao princípio da autonomia em certas condições, fazendo com que "ao ter-se que optar entre o assim chamado *paternalismo médico* e o *respeito da autonomia da pessoa*, o utilitarismo permita um leque maior de possibilidades (Segre, Leopoldo e Silva, Schramm, 2006).

O paternalismo, conforme Wulff pode ser dividido entre paternalismo genuíno, admissível nos casos em que se constate de fato uma ausência ou diminuição significativa da capacidade de autonomia; paternalismo autorizado, com consentimento explícito ou implícito da pessoa; e paternalismo não-autorizado, sem consentimento algum (Wulff et al, 1990).

O princípio da beneficência e da não-maleficiência fundamentam o agir paternalista dos médicos em relação a seus pacientes ao longo de toda a história da ética médica. Em razão disso, os médicos, via de regra, preferiam se abster de dizer a verdade ao leigo do que, em razão dessa revelação, causar danos a esse. Atualmente, os médicos enfrentam dificuldades em dirimir os conflitos existentes entre o respeito à autonomia do paciente e as exigências de agir conforme o princípio da beneficência (Beauchamp e Childress, 2002).

No que se refere ao paternalismo, Beauchamp e Childress, valendo-se dos ensinamentos de Joel Feinberg, estabelecem diferentes graus à aplicação do paternalismo, denominando-o de *forte* e *fraco* (weak e strong paternalism). O paternalismo fraco é vislumbrado nos caso em que "um agente intervém por beneficência ou não-maleficiência apenas para prevenir uma conduta substancialmente não-voluntária — ou seja, para proteger as pessoas contra suas próprias ações substancialmente não-voluntárias." Poderíamos citar como exemplo os casos de em que o consentimento é informado de maneira inadequada, tais como, motivados por depressão severa e dependência que enseja impossibilidade de escolha e liberdade. Nesses casos, estaremos diante de um paciente que apresenta suas habilidades comprometidas (Beauchamp e Childress, 2002, p. 301).

O paternalismo forte, por sua vez, "envolve intervenções com o fim de beneficiar uma pessoa a despeito do fato de que escolhas arriscadas da pessoa sejam informadas, voluntárias e autônomas". Assim sendo, os defensores do paternalismo forte se recusam a atender os desejos, escolhas e ações autônomas de um indivíduo. Freqüentemente desconsideram as escolhas informadas e voluntárias do paciente, restringindo a informação. Aqui não há necessidade do comprometimento de uma habilidade (Beauchamp e Childress, 2002, p. 302).

De modo geral, pode-se dizer que o princípio de autonomia confronta a postura paternalista (embasada nos princípios de não-maleficência e de beneficência da tradição hipocrática). Nesse sentido, Beauchamp e Childress referem que "respeitar um agente autônomo é, no mínimo, reconhecer o direito dessa pessoa de ter opiniões, de fazer escolhas, e agir baseado em valores e crenças pessoais" (Beauchamp e Childress, 2001, p. 63).

Dessa forma, para o médico o dever de informar consiste em "orientação precisa, clara, correta e adequada. Não se exige do médico que ele dê ao paciente uma aula de medicina, pois isto poderá confundí-lo e até prejudicá-lo pelo excesso de informações" (Forster, 2002, p. 37).

Para tanto, o consentimento informado, enquanto conceito bioético, surge como reconhecimento da autonomia do paciente, alterando-se uma visão paternalista, na qual só o médico tomava decisões para "uma relação de parceria terapêutica", na qual as decisões são tomadas em conjunto com o paciente (Martins-Costa, no prelo). Beauchamp e Childress referem que "respeitar um agente autônomo é, no mínimo, reconhecer o direito dessa pessoa de ter opiniões, de fazer escolhas, e agir baseado em valores e crenças pessoais" (Beauchamp e Childress, 2002).

O direito de informação do paciente, que "implica a necessidade de consentimento do paciente" (Tepedino, 2000), decorre do princípio da autonomia que revela "seu direito de autodeterminação [...] de tomar decisões relativas à sua vida, à sua saúde [...], recusando ou consentindo propostas de caráter preventivo, diagnóstico ou terapêutico" (Diniz, 2001, p. 534). Dessa forma, "há a primazia da autonomia do paciente sobre as razões médicas. Quando o paciente rejeita um tratamento sugerido, o médico deve respeitar essa decisão".

O consentimento informado consiste em condição ética da assistência de pacientes e da pesquisa com seres humanos, podendo ser sintetizado em uma decisão voluntária, realizada por pessoa dotada de capacidade e de autonomia decisória, acerca de um tratamento ou experiência científica, a qual é tomada após a mesma obter conhecimento da natureza do procedimento, bem como das conseqüências e dos riscos que podem advir do mesmo (Clotet, 1995).

O paciente que recorre ao SUS, "além dos transtornos advindos da doença, traz consigo as dificuldades de ordem financeira que o levaram a buscar o sistema de saúde pública. Além disso, seu grau de instrução é muito inferior ao das pessoas que o tratam, daí porque sente-se muito mais dependente delas, pois não tem como questionar seu conhecimento científico. É, por tudo, ainda mais vulnerável do que os pacientes mais abastados financeiramente e mais cultos" (Meirelles, Teixeira, 2002, p. 359).

Nesse sentido, parece inverídico afirmar que o CDC em conjunto com a Lei das Concessões são instrumentos suficientes para garantir aos pacientes do Sistema Único de Saúde um atendimento condizente com sua condição especialmente vulnerável. A esse respeito, torna-se necessária uma reflexão da comunidade bioética para o estabelecimento de formas de propiciar um atendimento adequado aos pacientes do SUS.

Afirmar que os usuários do SUS são especialmente vulneráveis não significa retirar a autonomia desses pacientes, nem tampouco dizer que o médico deve pautar sua conduta por um paternalismo forte ou mesmo fraco, mas que deve ter especial atenção no atendimento dos pacientes usuários do sistema de saúde pública quando da obtenção do seu consentimento, em respeito à sua autonomia.

Conclusão

O presente trabalho analisou os pacientes do sistema de saúde pública sob a ótica do Direito e da Bioética. Sob o prisma do Direito, demonstramos que todos os pacientes, considerados como consumidores em conformidade com o Código de Defesa do Consumidor, são vulneráveis por presunção legal.

Os usuários do SUS, entretanto, apresentam uma vulnerabilidade ainda mais acentuada, por conta de sua baixa instrução e de sua situação econômica fragilizada. Por esse fato, concluímos pela existência de uma vulnerabilidade especial, ou uma hipervulnerabilidade, dos pacientes usuários do Sistema Único de Saúde.

Apresentamos a Lei das Concessões, que confere direitos aos usuários de serviços públicos, ampliando, assim, os direitos dos pacientes do SUS, que possuem também os direitos trazidos pelo CDC. A maior proteção legal, entretanto, deve ser aliada a uma conduta especial dos médicos e profissionais de saúde no tratamento e atendimento desses pacientes.

Diante dessa conclusão, nos questionamos qual a postura a ser adotada pelo médico perante esse paciente especialmente vulnerável, analisando o princípio da autonomia e a possibilidade de utilização de posturas paternalistas no atendimento e tratamento desses pacientes. Concluímos que o fato dos pacientes usuários do SUS possuírem uma vulnerabilidade acentuada não confere aos médicos o direito de adotar uma postura paternalista, no sentido de permitir exceções ao respeito ao princípio da autonomia desses pacientes.

Concluímos, por fim, que a recomendação no tratamento e atendimento aos pacientes do SUS, considerada sua condição de hipervulnerabilidade, consiste em um maior esforço por parte dos médicos e profissionais de saúde no processo informativo desses pacientes, buscando alcançar o consentimento esclarecido dos pacientes através de um diálogo informativo apropriado às condições de fragilidade cultural e econômica (dentre outras).

NOTAS

[1] Art. 2° "Consumidor é toda pessoa física ou jurídica que adquire ou utiliza produto ou serviço como destinatário final. Parágrafo único. Equipara-se a consumidor a coletividade de pessoas, ainda que indetermináveis, que haja intervindo nas relações de consumo. Art. 3° Fornecedor é toda pessoa física ou jurídica, pública ou privada, nacional ou estrangeira, bem como os entes despersonalizados, que desenvolvem atividade de produção, montagem, criação, construção, transformação, importação, exportação, distribuição ou comercialização de produtos ou prestação de serviços. § 1° Produto é qualquer bem, móvel ou imóvel, material ou imaterial. § 2° Serviço é qualquer atividade fornecida no mercado de consumo, mediante re-

muneração, inclusive as de natureza bancária, financeira, de crédito e securitária, salvo as decorrentes das relações de caráter trabalhista".

[2] Exemplificativamente, ver Apelação Cível nº 70002240265, TJRS, 10ª Câmara Cível, Rel. Des. Luiz Ary de Vessini Lima, Data de Julgamento 04/10/2001.

[3] Art. 4º "A Política Nacional das Relações de Consumo tem por objetivo o atendimento das necessidades dos consumidores, o respeito à sua dignidade, saúde e segurança, a proteção de seus interesses econômicos, a melhoria da sua qualidade de vida, bem como a transparência e harmonia das relações de consumo, atendidos os seguintes princípios: I — reconhecimento da vulnerabilidade do consumidor no mercado de consumo; [...]". Sobre a presunção legal de vulnerabilidade, cf.: Marques, C.L. et al. *Comentários ao Código de Defesa do Consumidor*. 2ªed. rev. atual. e ampl. São Paulo: Revista dos Tribunais, 2006. p. 145.

REFERÊNCIAS BIBLIOGRÁFICAS

LAZZARINI, Á. Serviços públicos nas relações de consumo. *Revista de Direito do Consumidor.* São Paulo, n. 29, p. 21, jan/mar 1999.

MARQUES, C. L., BENJAMIN, A. H. V., MIRAGEM, B. *Comentários ao Código de Defesa do Consumidor.* 2ª ed. rev. atual. e ampl. São Paulo: Revista dos Tribunais, 2006. p. 144.

MORAES, P. V. D. P. *Código de defesa do consumidor:* o princípio da vulnerabilidade no contrato, na publicidade, nas demais práticas comerciais. Porto Alegre: Síntese, 1999. p. 96.

SILVA, L. R. F. Princípio da igualdade e o Código de Defesa do Consumidor. *Revista de Direito do Consumidor.* São Paulo, v. 8, p. 155, out/dez 1993.

MARTINS-COSTA, J. A guerra do vestibular e a distinção entre publicidade enganosa e clandestina. *Revista de Direito do Consumidor.* São Paulo, v. 6, p. 222, abr/jun 1993.

CÔRTES, C., RODRIGUES, G. Vapt-vupt: atendimento relâmpago e desinteresse do médico — em geral, com a agenda carregada — são queixas comuns entre os pacientes. *Revista Isto É,* n. 1868, p. 68-69, 3 ago 2005.

ROCHA, J. S. Y., SIMOES, B. J. G. Study of public and private hospital care on a populational basis, 1986-1996. *Rev Saúde Pública,* v. 33, n. 1, p. 44, fev 1999.

TITTON, J. A. *A consulta médica:* análise dos elementos que a compõem. Curitiba: UFPR, 1988. Apud MEIRELLES, J. M. L., TEIXEIRA, E. D. *Consentimento livre, dignidade e saúde pública:* o paciente hipossuficiente. In: RAMOS, C. L. S. et al (orgs.). Rio de Janeiro: Renovar, 2002. p. 348.

MEIRELLES, J. M. L., TEIXEIRA, E. D. *Consentimento livre, dignidade e saúde pública:* o paciente hipossuficiente. In: RAMOS, C. L. S. et al (orgs.). Rio de Janeiro: Renovar, 2002. p. 348.

MEDAUAR, O. Usuário, cliente ou consumidor? In: YARSHELL, F. L., MORAES, M. Z. (coords.). *Estudos em homenagem à professora Ada Pellegrini Grinover.* São Paulo: DPJ, 2005. p. 149.

MARQUES, C. L. *Contratos no Código de Defesa do Consumidor.* 5ª ed. São Paulo: Revista dos Tribunais, 2006. p. 381-3.

SCHRAMM, F. R., KOTTOW, M. Bioethical principles in public health: limitations and proposals. *Cad Saúde Pública,* v. 17, n. 4, p. 949-956, jul/ago 2001. Disponível em: http://www.scielo.br/scielo.php?script=sci_arttext&pid=S0102-311X2001000400029&lng=pt&nrm= iso& tlng=es. Acesso em: 25 ago 2006.

SEGRE, M, LEOPOLDO E SILVA, F., SCHRAMM, F. R. *O contexto histórico, semântico e filosófico do princípio de autonomia.* Disponível em: http://www.portalmedico.org.br/revista/ bio1v6/conthistorico.htm. Acesso em: 21 ago 2006.

WULFF, H. R., PEDERSEN, S. A., ROSENBERG, R. *Philosophy and medicine.* New York: Blackwell Scientific Publ, 1990.

BEAUCHAMP, T. L., CHILDRESS, J. F. *Princípios de ética biomédica.* Trad. Luciana Pudenzi. São Paulo: Loyola, 2002, p. 299/300.

BEAUCHAMP, T. L., CHILDRESS, J. F. *Principles of biomedical ethics.* 5ª ed. New York: Oxford, 2001. p. 63.
FORSTER, N. J. *Erro médico.* São Leopoldo: UNISINOS, 2002. p. 37.
[37] MARTINS-COSTA, J. *Entendendo problemas médico-jurídicos em ginecologia e obstetrícia.* 2ª ed. Porto Alegre: Artmed (no prelo).
TEPEDINO, G. A responsabilidade médica na experiência brasileira contemporânea. *Revista Trimestral de Direito Civil.* Rio de Janeiro, v. 2, p. 47, abr/jun 2000.
DINIZ, M. H. *O estado atual do biodireito.* São Paulo: Saraiva, 2001. p. 534.
FABIAN, C. *O dever de informar no direito civil.* São Paulo: Revista dos Tribunais, 2002. p. 135.
CLOTET, J. O consentimento informado nos comitês de ética em pesquisa e na prática médica: conceituação, origens e atualidade. Brasília: CFM. *Bioética,* v. 3, n. 1, 1995. Disponível em http://www.portalmedico.org.br/revista/bio1v3/consentimento.html. Acesso em 12 ago 2004.

BIBLIOGRAFIA CONSULTADA

BEAUCHAMP, T. L., CHILDRESS, J. F. *Principles of biomedical ethics.* 5ª ed. New York: Oxford, 2001.
_____. *Princípios de ética biomédica.* Trad. Luciana Pudenzi. São Paulo: Loyola, 2002, p. 299-300.
CLOTET, J. *O consentimento informado nos comitês de ética em pesquisa e na prática médica:* conceituação, origens e atualidade. Brasília: CFM. *Bioética,* v. 3, n. 1, 1995. Disponível em http://www.portalmedico.org.br/revista/ bio1v3/consentimento.html. Acesso em 12 ago 2004.
CÔRTES, C., RODRIGUES, G. Vapt-vupt: atendimento relâmpago e desinteresse do médico — em geral, com a agenda carregada — são queixas comuns entre os pacientes. In: *Revista Isto É,* 2005 ago 03, n. 1868, p. 66-69.
DINIZ, M. H. *O estado atual do biodireito.* São Paulo: Saraiva, 2001.
FABIAN, C. *O dever de informar no direito civil.* São Paulo: Revista dos Tribunais, 2002.
LAZZARINI, Á. Serviços públicos nas relações de consumo. *Revista de Direito do Consumidor.* São Paulo: Revista dos Tribunais, n. 29, p. 21-28, jan/mar 1999.
MARQUES, C. L., BENJAMIN, A. H. V., MIRAGEM, B. *Comentários ao Código de Defesa do Consumidor.* 2ª ed. rev. atual. e ampl. São Paulo: Revista dos Tribunais, 2006.
MARQUES, C. L. *Contratos no Código de Defesa do Consumidor.* 5ª ed. São Paulo: Revista dos Tribunais, 2006.
MARTINS-COSTA, J. *Entendendo problemas médico-jurídicos em ginecologia e obstetrícia.* 2ª ed. Porto Alegre: Artmed (no prelo).
_____. A guerra do vestibular e a distinção entre publicidade enganosa e clandestina. *Revista de Direito do Consumidor.* São Paulo: Revista dos Tribunais, v. 6, p. 219-231, abr/jun 1993.

MEDAUAR, O. Usuário, cliente ou consumidor? In: YARSHELL, F. L. (coord.), MORAES, M. Z. Estudos em homenagem à professora Ada Pellegrini Grinover. São Paulo: DPJ, 2005, p. 148-154.

MEIRELLES, J. M. L. de; TEIXEIRA, E. D. *Consentimento livre, dignidade e saúde pública:* o paciente hipossuficiente. In: RAMOS, Carmen L. S. et al, (orgs.). Rio de Janeiro: Renovar, 2002. p. 347-377.

MORAES, P. V. D. P. *Código de defesa do consumidor:* o princípio da vulnerabilidade no contrato, na publicidade, nas demais práticas comerciais. Porto Alegre: Síntese, 1999.

ROCHA, J. S. Y., SIMOES, B. J. G. Study of public and private hospital care on a populational basis, 1986-1996. *Rev Saúde Pública,* v. 33, n. 1, p. 44, fev 1999.

SEGRE, M., LEOPOLDO E SILVA, F., SCHRAMM, Fermin R. O contexto histórico, semântico e filosófico do princípio de autonomia. Disponível em: http://www.portalmedico.org.br/revista/ bio1v6/conthistorico.htm. Acesso em 21 ago 2006.

SCHRAMM, F. R., KOTTOW, M. Bioethical principles in public health: limitations and proposals. *Cad Saúde Pública,* jul/ago 2001, v. 17, n. 4, p. 949-956. Disponível em: http://www.scielo.br/scielo.php?script=sci_arttext&pid=S0102-311X2001000400029&lng=pt&nrm=iso&tlng=es. Acesso em 25 ago 2006.

SILVA, L. R. F. Princípio da igualdade e o Código de Defesa do Consumidor. *Revista de Direito do Consumidor.* São Paulo: Revista dos Tribunais, v. 8, p. 146-156, out/dez 1993.

TEPEDINO, G. A responsabilidade médica na experiência brasileira contemporânea. *Revista Trimestral de Direito Civil.* Rio de Janeiro: PADMA, v. 2, p. 41-75, abr/jun 2000.

TITTON, J. A. *A consulta médica:* análise dos elementos que a compõem. Curitiba: UFPR, 1988, apud. MEIRELLES, J. M. L., TEIXEIRA, E. D. *Consentimento livre, dignidade e saúde pública:* o paciente hipossuficiente. In: RAMOS, Carmen L. S. (org.) et al. Rio de Janeiro: Renovar, 2002, p. 348.

WULFF, H. R., PEDERSEN, A., ROSENBERG R. *Philosophy and medicine.* New York: Blackwell Scientific Publ, 1990.

capítulo 13

Análise dos Requisitos Jurídicos que Fundamentam a Posição do Brasil para *Quebra de Patentes* de Medicamentos para a AIDS

Rangel Oliveira Trindade
Márcia Santana Fernandes
José Roberto Goldim

O presente texto se propõe a desenvolver uma análise dos requisitos jurídicos que fundamentam a posição do Brasil para a *quebra de patentes* de medicamentos para a AIDS. Para tanto, considera os seguintes pontos de reflexão: a) a Política Brasileira de tratamento dos doentes de AIDS, incluindo a negociação do custo de remédios anti-HIV com laboratórios estrangeiros, a Posição do Brasil na OMC frente às multinacionais de países desenvolvidos e A Declaração de Doha sobre TRIPs e Saúde; b) Patentes: proteção internacional dos produtos farmacêuticos e o TRIPs, desdobrando para considerações em relação a Legislação Brasileira e o patenteamento de medicamentos e, para a *quebra de patentes* como alternativa de saúde pública.

Introdução

O número de pessoas que possuem o vírus da AIDS[1] nos países em desenvolvimento corresponde a 40 milhões, de acordo com

---
1. Síndrome de imunodeficiência adquirida.

dados compilados pela Organização das Nações Unidas (ONU), sendo 26,6 milhões no continente africano. O sucesso e pioneirismo de políticas públicas para a aquisição de medicamentos anti-AIDS, como o exemplo brasileiro, sempre está condicionado ao acesso desigual ao tratamento a preços aceitáveis, para, de fato, cumprir a meta de distribuição a todos os doentes. O problema do acesso aos medicamentos patenteados tem sido o fator determinante para que governos possam promover o tratamento de sua população.

Desde que foi reconhecida pelo Centro para o Controle de Doenças[2], nos EUA, em 1981, a AIDS se espalhou rapidamente, sendo considerada uma epidemia mundial já no final da década de 1980. Hoje, de acordo com dados da *Organização Mundial de Saúde* (OMS)[3], 40 milhões de pessoas possuem a enfermidade. Do total de infectados, aproximadamente 95% vivem em países em desenvolvimento, sobretudo na África, onde 10% da população está contaminada. No Brasil, já foram notificados mais de 215 mil casos, principalmente nas regiões Sudeste e Sul. A AIDS não tem cura e já matou cerca de 20 milhões de pessoas desde o início da epidemia, segundo dados da OMS.

A doença é causada pelo vírus HIV[4], que compromete o funcionamento do sistema imunológico, impedindo-o de executar sua tarefa de proteger o organismo contra as agressões externas (por bactérias, outros vírus e parasitas) e contra células cancerígenas. Segundo a especialista Beatriz Grinsztejn, "com o progressivo comprometimento do sistema imunológico, o corpo humano se torna cada vez mais susceptível a tipos raros de cânceres e a doenças oportunistas, como a pneumonia" (Grinsztejn, Coelho, [s. d.], p. 1.).

---

2. CDC (sigla em inglês para Centro para o Controle de Doenças), de Atlanta, EUA. www.cdc.gov
3. Organização Mundial de Saúde (OMS), agência especializada da Organização das Nações Unidas, estabelecida em 1948 para promover uma cooperação internacional na melhoria das condições de saúde, e trata do controle das epidemias, das medidas de quarentena e da normatização das drogas.
4. Sigla em inglês para vírus da imunodeficiência humana.

"Somente no sangue, esperma, secreção vaginal e leite materno o vírus da AIDS aparece em quantidade suficiente para causar a moléstia. Para haver a transmissão, o líquido contaminado de uma pessoa tem que penetrar no organismo de outra. Isso pode acontecer durante a relação sexual, ao se compartilhar seringas, agulhas e objetos cortantes infectados, na transfusão de sangue contaminado, no momento do parto e até durante a amamentação" (Grinsztejn, Coelho. Aids, p. 2).

Para saber se a pessoa é portadora do vírus da AIDS, deve-se fazer um exame de sangue e observar se há a presença de anticorpos produzidos pelo doente para combater o vírus HIV. Esse teste se chama diagnóstico sorológico e apresenta resultado positivo quando esses anticorpos são detectados, por isso que o indivíduo portador de HIV também é chamado de soropositivo. Segundo Sarita Coelho, "existe um intervalo de tempo entre a contaminação e o aparecimento de anticorpos no sangue, chamado de janela imunológica, que dura em média de duas a três semanas, podendo se estender raramente até seis meses" (Grinsztejn, Coelho, p. 3).

Geralmente, depois de a pessoa ser contaminada pelo HIV, há um período de incubação prolongado até que os sintomas da doença apareçam. Esse tempo depende da reação orgânica individual da pessoa e também do tipo de vírus com o qual ela foi contaminada. De acordo com as estatísticas da OMS, mais da metade dos soropositivos apresentam os sintomas da AIDS após oito anos de infecção. Os primeiros fenômenos observáveis são: fraqueza, febre, emagrecimento, diarréia prolongada sem causa aparente. Na criança que nasce infectada, os efeitos mais comuns são os problemas nos pulmões, diarréia e dificuldades no desenvolvimento (OMS, 2005).

Atualmente, existem alguns remédios eficazes no combate às doenças oportunistas (http://www.aids.gov.br)[5], no entanto, eles

---

5. São doenças que se desenvolvem em decorrência de uma alteração humanitária do hospedeiro. Logo, as alterações imunitárias ou imunodeficiências oferecem oportunidade para o surgimento de determinadas doenças. Estas são geralmente de origem infecciosa, porém várias neoplasias também podem ser consideradas oportunistas. Fonte: site http://www.aids.gov.br

não conseguem eliminar o HIV do organismo. Diversos medicamentos já são amplamente utilizados no tratamento da AIDS com resultados excelentes tanto na sobrevida como na qualidade de vida, como os anti-retrovirais (http://www.aids.gov.br)[6] — que impedem a multiplicação do vírus e fazem parte do coquetel anti-AIDS. Alguns exemplos são o Zidovudina (AZT), o Didanosina (ddI), o Abacavir (ABC) e o Lamivudina (3TC) e os mais recentes que impedem a ação da enzima protease (inibidores de protease)[7].

A melhor forma de combate à doença é a prevenção. Para evitar a transmissão da AIDS, recomenda-se uso de preservativo durante a relação sexual, uso de seringas e agulhas descartáveis, teste prévio no sangue a ser transfundido e uso de luvas e outros equipamentos de proteção quando estiver manipulando feridas ou líquidos potencialmente contaminados. No Brasil, existe um programa de combate à AIDS, parte integrante de uma política externa brasileira, que fornece medicamentos, gratuitamente, para as pessoas que possuem a doença.

O acesso aos medicamentos para o tratamento da AIDS está condicionado à aquisição de cada droga por parte do governo, que esbarra necessariamente na proteção dos direitos de produção. O Acordo TRIPs[8], celebrado em 1994, estabeleceu que todos os signatários estão obrigados a conceder patente aos produtos farmacêuticos. Como resultado, o preço dos medicamentos se elevou afetando a população pobre dos países em desenvolvimento.

Frente a tal problema, o governo brasileiro iniciou uma política externa de negociação com grandes laboratórios produtores destes

---

6. O tratamento da AIDS é feito com medicamentos anti-retrovirais, drogas que inibem a reprodução do HIV no sangue. A associação desses medicamentos com fins terapêuticos é dado o nome de Terapia Anti-retroviral (TARV), popularmente conhecida como "coquetel". Fonte: www.aids.gov.br
7. São 16 medicamentos que compõem o chamado *coquetel anti-retroviral*, sendo estes alguns exemplos. O país produz 8 (oito) deles, e as demais drogas (8) são medicamentos patenteados.
8. Acordo sobre Aspectos dos Direitos de Propriedade Intelectual Relacionados ao comércio, ou, simplesmente, Acordo de Propriedade Intelectual (*Agreement on Trade-Related Aspects of Intelectual Property Rights*), firmado em 1994 durante a Rodada Uruguai, juntamente com a criação da OMC.

medicamentos, detentores das patentes, a fim de reduzir consideravelmente o preço do coquetel anti-HIV. Não obstante, possuindo o Acordo TRIPs dispositivos que permitem aos países eliminar as conseqüências negativas da concessão de patentes, passou a ameaçar *quebrar patentes*, legitimado por declarações oriundas de rodadas de discussão, como a Declaração de Doha[9].

O propósito deste artigo é analisar os requisitos jurídicos dos quais o Brasil se embasou para tomar a decisão de utilizar a licença compulsória, para assegurar à população o acesso aos medicamentos de seu programa de distribuição gratuita; sua utilização, como poderemos analisar, tende a produzir efeitos altamente positivos, que concorrem para aumentar o bem estar social. A licença compulsória poderá ser o instrumento jurídico que iniba o abuso econômico vinculado ao monopólio de mercado dos medicamentos relacionados a AIDS, reduzindo seu preço final.

Trataremos deste tema através do modelo de *Bioética: origens e complexidade* (Goldim, 2006), que propõe uma abordagem interdisciplinar, instrumentalizada através da utilização conjunta dos modelos bioéticos: Principialista, Casuístico, da Virtude, dos Direitos Humanos e da Alteridade. Este modelo tem como perspectiva a inclusão do outro como uma co-presença ética, ampliando, assim a ótica de análise do individual para o todo da sociedade.

O trabalho se desenvolve em duas partes. A primeira parte apresenta a política brasileira de distribuição e negociação da aquisição dos remédios anti-HIV frente a laboratórios e Órgãos Internacionais. A segunda parte aborda o sistema internacional de proteção de patentes para medicamentos e a legislação brasileira, e especificamente abordando o uso da licença compulsória como instrumento de política pública brasileira e seus argumentos para a defesa dessa medida.

---

9. Declaração elaborada a partir da IV Conferência Ministerial da OMC em Doha, Qatar, que discutiu a flexibilidade do Acordo TRIPs, permitindo a execução de políticas públicas que facilitem o acesso aos medicamentos.

A Política Brasileira de tratamento dos doentes de AIDS

O Brasil vem desenvolvendo, desde 1996, com o advento da Lei Sarney[10], que estabeleceu a gratuidade do tratamento *anti-retroviral*, uma política de acesso universal a medicamentos para a AIDS. A lei justifica-se com base nos números da doença, que alcançaram um patamar elevado desde 1980 até hoje. Segundo o médico epidemiologista Ricardo Kuchenbecker, se estima que só o Brasil esteja tratando 170.000 pessoas que vivem com o HIV/AIDS, de um total de 600.000 pessoas infectadas que vivem no país. Não há nenhum país em termos globais que esteja tratando este contingente de pacientes[11].

Em 1996 houve o início efetivo desta política visto que dados do Ministério da Saúde demonstram que morreram 9.600 brasileiros vitimados pela AIDS. Em contrapartida, no ano 2000 este número caiu para 1.200. Estes dados confirmam o efeito positivo do programa brasileiro de combate ao HIV, tendo sido citado inclusive como exemplo a ser seguido pela imprensa norte-americana e pela Organização das Nações Unidas (ONU).

O programa de distribuição de medicamentos para os doentes de AIDS faz parte da política brasileira de acesso universal. Por esta razão, são distribuídos de forma gratuita a todo e qualquer doente do vírus HIV que solicite tratamento. Para tornar isso possível, o Brasil se fixou em três regras: a primeira delas é tratar os doentes com medicamentos genéricos[12], a segunda é tratar com genéricos produzidos localmente por laboratório público, e a terceira é diminuir o preço

---

10. Lei nº 9.313, de 13 de novembro de 1996. Dispõe sobre a distribuição gratuita de medicamentos aos portadores do HIV e doentes de AIDS. Imprensa Nacional. DOU, Ano CXXXIV — n. 222. 14.11.96.
11. Entrevista concedida em 29 de outubro de 2005 por Ricardo Kuchenbecker, médico epidemiologista do Hospital de Clínicas de Porto Alegre e consultor do Programa Nacional de DST/AIDS, na área de cooperação externa.
12. Medicamentos cuja fórmula caiu no uso público e que é vendido com um nome comum a um preço inferior àquele de sua especialidade farmacêutica com o nome técnico correspondente, fazendo concorrência com o remédio com marca consolidada do laboratório de origem.

dos medicamentos no mercado internacional através da produção própria de genéricos, por meio da livre competição[13].

São 16 remédios que compõem o chamado *coquetel anti-retroviral*, sendo que o país produz 8 (oito) deles[14], e os demais remédios são medicamentos patenteados, comprados de laboratórios estrangeiros.

Negociação do custo de remédios anti-HIV com laboratórios estrangeiros

Diante dos elevados gastos com a compra de medicamentos importados que, em 2003, representavam 542 milhões de reais[15] dos cofres do país, o Brasil iniciou naquele ano a negociação de preço com os grandes laboratórios, detentores das patentes de oito remédios, com o intuito de reduzir o valor de sua venda ao país. Os recursos públicos destinados ao financiamento de medicamentos, necessários aos portadores de AIDS, estavam cada vez mais insuficientes frente a preços abusivos e quantidade necessária.

Em maio de 2003, tendo posse da tecnologia de fabricação, o Brasil começou a negociar com laboratórios o barateamento de três medicamentos do coquetel anti-AIDS, Efavirenz, Nelfimavir e Kaletra (Lopinavir + Ritonavir). Ainda em setembro, diante do quase insucesso de redução de preços, o Decreto nº 4.830, de 4 de setembro de 2003[16] deu nova redação aos arts. 1º, 2º, 5º, 9º e 10º do Decreto nº

---

13. Entrevista com Ricardo Kuchenbecker em 29/10/05, op. cit.
14. Os oito anti-retrovirais produzidos no Brasil: Didanosina (ddI), Lamivudina (3TC), Zidovudina (AZT), Estavudina (d4T), Indinavir (IDV), Ritonavir (RTV), Nevirapina (NVP) e a associação AZT+3TC em um mesmo comprimido. São os medicamentos importados: Abacavir (ABC), Tenofovir (TDF), Efavirenz (EFZ), Amprenavir (APV), Nelfinavir (NFV), Lopinavir + Ritonavir (LPV/r), Saquinavir (SQV) e Enfuvirtida (T-20). Extraído de: BARTLETT, J. G., GALLANT, J. E. *Tratamento Clínico da Infecção pelo HIV*, p. 72.
15. Dados do Jornal Folha de São Paulo, de 25 de julho de 2005 e do Ministério da Saúde (www.saude.gov.br).
16. Decreto nº 4.830, de 4 de setembro de 2003, que liberou a importação de medicamentos genéricos em caso de emergência nacional. Diário Oficial da União, 5 set 2003.

3.201, de 6 de outubro de 1999[17], liberando a importação de *genéricos* em caso de necessidade do país.

Em dezembro daquele ano, o governo brasileiro ameaçou produzir os medicamentos, no laboratório nacional *Farmanguinhos*[18], sem a autorização dos laboratórios produtores de remédios, amparado pela legislação vigente. Configurou-se, então, o primeiro momento de ameaça da emissão de *licença compulsória* ou *quebra de patente*[19] (instituto que será oportunamente abordado na item 2.). Contudo, apenas alguns dos laboratórios cooperaram e reduziram os preços a um patamar razoável para o governo.

Em 2005, os gastos com medicamentos não fabricados no Brasil aumentaram vertiginosamente, alcançando a cifra de 950 milhões de reais (Ministério da Saúde, 2005), apesar da política de negociação com os grandes laboratórios. Isso levou o governo, em 24 de junho de 2005, a declarar o interesse público e a *quebra da patente* do anti-retroviral Kaletra, produzido pelo laboratório Abbott; este medicamento teve o custo de R$ 257 milhões em 2005[20]. Diante do anúncio do governo, o laboratório recuou, e reduziu seus preços a valores aceitáveis[21].

O Brasil ameaçou emitir a *licença compulsória*, e usou isso claramente como forma de negociação de redução de preços, que foram reduzidos a um patamar que achou adequado, encerrando assim as negociações. Do ponto de vista do governo brasileiro na época, esta foi uma estratégia de sucesso. Porém, se o Brasil emitisse a licença, fir-

---

17. Decreto n° 3.201, de 6 de outubro de 1999. Dispõe sobre a concessão, de ofício, de licença compulsória nos casos de emergência nacional e de interesse público de que trata o art. 71 da Lei n° 9.279, de 14 de maio de 1996 (Lei de Propriedade Intelectual). Diário Oficial da União, 7 out 1999.
18. Laboratório federal localizado no Rio de Janeiro e membro da ALFOB (Associação dos Laboratórios Farmacêuticos Oficiais do Brasil).
19. O licenciamento compulsório, ou "quebra de patente", consiste no poder de governos obrigarem, em situações excepcionais, que companhias titulares de patentes forneçam segredos industriais ao poder público (ou a outras empresas) por prazos temporários.
20. Estimativa de gastos feita em 14 de dezembro de 2004, pelo Ministério da Saúde.
21. Até os dias de hoje nenhuma patente foi quebrada, mas apenas preços foram reduzidos.

maria uma jurisprudência em escala, e abriria precedentes para outros países assolados pela AIDS, como os da África, por exemplo.

Apesar das críticas de *Organizações Não-Governamentais* (ONGs), como a *Médicos sem Fronteiras*, não se pode dizer que o governo poderia ter sido mais intransigente a acordos com os laboratórios estrangeiros. Deve-se levar em consideração o peso das pressões internacionais que recaem em relação a isso, refletidas na regulação sobre direitos comerciais entre países, o que será visto a seguir.

Posição do Brasil na OMC frente às multinacionais de países desenvolvidos

Os interesses econômicos no mercado internacional colocam países de lados opostos. No que tange as leis, que regulam a *propriedade intelectual*[22] para produção de remédios, não tem sido diferente. Brasil e Estados Unidos vêm travando há muitos anos uma disputa diplomática e comercial nesse sentido.

Frente à *Organização Mundial do Comércio* (OMC)[23], junto ao seu Órgão de Solução de Controvérsias[24], no qual os conflitos são resolvidos por meio de consultas entre os membros, os Estados Unidos, representando os laboratórios detentores de patentes de medicamentos anti-AIDS e donos do monopólio de mercado, a partir do ano 2000 discutem através de rodadas de consulta[25] a política brasileira de negociação dos preços de remédios para AIDS.

---

22. Propriedade intelectual, pelo conceito do prof. Nuno Pires de Carvalho: "conjunto de princípios e de regras que regulam a aquisição, o uso, o exercício e a perda de direitos e interesses sobre ativos intangíveis diferenciadores que são suscetíveis de utilização no comércio".
23. Organização Mundial do Comércio (WTO), criada em 1995 como um dos mais importantes resultados da Rodada Uruguai (1986 —1993), e conta atualmente com 144 países signatários. Tem como funções principais a negociação de regras de liberalização e de regulação do comércio internacional, assim como a supervisão da aplicação destas regras pelos seus membros.
24. Neste órgão, segundo Vera Thorstensen, "os conflitos são resolvidos por meio de consultas entre os membros e as decisões são tomadas por um painel de especialistas e por um Órgão de Apelação". Thorstensen V. *A Declaração de Doha e o mandato para uma Nova Rodada de Negociações Multilaterais na OMC*, p.120.
25. São chamados *panels* ou painéis de consulta.

O Brasil considera que a *Lei de Propriedade Industrial Brasileira*[26] (Lei nº 9.279, de 14 de maio de 1996) atribui-lhe o direito de produzir medicamentos localmente em casos de utilidade pública ou quando o laboratório detentor das patentes não produz o remédio no país, conforme está disposto no art. 71[27].

Por sua vez, os Estados Unidos, defendendo interesses dos grandes laboratórios privados que detém patentes das drogas do *coquetel antiretroviral*, desconsideram o direito brasileiro de produção local. Apresentam os arts. 27 e 28 do TRIPS[28], que dizem respeito à *matéria patenteável* e aos *direitos conferidos* para o local de invenção, os EUA.

As negociações diplomáticas do governo brasileiro frente ao protecionismo da OMC, que favorece o monopólio de laboratórios na rodadas de consulta, e dos países desenvolvidos têm surtido efeito, embora não sendo o mais satisfatório. O sistema de proteção de patentes, no entanto, ainda não se flexibilizou para facilitar a produção de remédios nos países que necessitam fazê-lo. Há um desequilíbrio muito claro entre o que a OMC estabelece como direito à propriedade intelectual e o que está disposto na legislação que elaborou sobre isso. Por esta razão, Ricardo Kuchenbecker afirma que "a OMC tem uma leitura muito protecionista dos direitos intelectuais e que impede que os países em desenvolvimento consigam minimamente ter acesso ou diminuir o débito de pesquisa e desenvolvimento que existe entre o norte e o sul"[29].

---

26. Lei nº 9.279, de 14 de maio de 1996. Regula direitos e obrigações relativos à propriedade industrial. Diário Oficial da União, 15/05/96.
27. Art. 71 — "Nos casos de emergência nacional ou interesse público, declarados em ato do Poder Executivo Federal, desde que o titular da patente ou seu licenciado não atenda a essa necessidade, poderá ser concedida, de ofício, licença compulsória, temporária e não exclusiva, para exploração da patente, sem prejuízo dos direitos do respectivo titular."
28. Art. 27, §1, TRIPs: "[...] as patentes serão disponíveis e os direitos patentários serão usufruíveis sem discriminação quanto ao local da invenção, quanto a seu setor tecnológico e quanto ao fato de os bens serem importados ou produzidos localmente"; e no impedimento de que terceiros usassem o processo ou produto sem o consentimento do titular (art.28).
29. Entrevista concedida em 29 de outubro de 2005 por Ricardo Kuchenbecker, médico epidemiologista do Hospital de Clínicas de Porto Alegre e consultor do Programa Nacional de DST/AIDS, na área de cooperação externa.

Devido à intensa discussão sobre a aplicação e validade do TRIPs para a questão dos medicamentos, a OMC atribuiu às *Conferências Ministeriais*[30] o tema, elaborando declaração a respeito, que será estudada no próximo ponto.

A Declaração de Doha sobre TRIPs e Saúde

Uma das regras mais controvertidas do Acordo sobre TRIPs diz respeito à autorização de um Estado/membro utilizar a *licença compulsória* para a produção de medicamentos. Este tema tornou-se muito politizado quando algumas multinacionais levaram o governo da África do Sul à Justiça local e, com o apoio dos EUA, realizaram um painel na OMC contra o Brasil, para questionar a *quebra de patentes* e desafiar os programas de livre distribuição de medicamentos contra a AIDS[31].

A efetividade da aplicação do TRIPs precisava ser discutida, frente ao problema de acesso aos medicamentos essenciais. Imputava-se à questão um pensamento bioético, que questiona ser eticamente adequado ou não negar medicamentos a pacientes que sofrem de AIDS por causa de impasses na aquisição dos remédios e não utilização dos meios de solução ao problema (*licença compulsória*), frente a interesses econômicos de laboratórios que colocam em risco a vida de muitos doentes.

A IV Conferência Ministerial da OMC se reuniu em Doha, capital do Catar, em novembro de 2001, para discutir esta questão, em meio a um acirrado debate. O Brasil pressionava por uma declaração especial visando assegurar maior garantia na aplicação do TRIPs. Ao final dos trabalhos, Brasil e EUA conseguiram um acordo sobre a

---

30. Conferência de ministros: é o órgão superior das decisões da OMC, que se reúne pelo menos uma vez a cada dois anos, sendo o órgão máximo de decisão. Composto pelos ministros de relações exteriores, de comércio, de agricultura, dentre outros, dos países membros. Tem capacidade para decidir sobre qualquer matéria relacionada a acordos comerciais. Até hoje foram realizadas cinco conferências ministeriais (Cingapura, 1996; Genebra, 1998; Seattle, 1999; Doha, 2001; Cancún, 2003; Hong Kong, 2005).
31. Thorstensen Vera. *A Declaração de Doha e o mandato para uma Nova Rodada de Negociações Multilaterais na OMC*, p. 124.

Declaração, sendo este então referendado pelos outros membros o que, segundo Thorstensen, "foi considerado uma grande vitória para os países em desenvolvimento". A partir dos resultados da conferência foi elaborada a *Declaração de Doha* (p. 124).

Os itens 4 e 5 da Declaração reafirmam a necessidade do TRIPs servir como aliado no combate do HIV/AIDS, legitimando a *quebra de patentes* devido a gravidade dos problemas de saúde pública. Dessa forma, dispõem:

4: "Concordamos que o Acordo TRIPS não impede e não deve impedir que os Membros adotem medidas de proteção à saúde pública. Deste modo, ao mesmo tempo em que reiteramos nosso compromisso com o Acordo TRIPS, afirmamos que o Acordo pode e deve ser interpretado e implementado de modo a implicar apoio ao direito dos Membros da OMC de proteger a saúde pública e, em particular, de promover o acesso de todos aos medicamentos. Neste sentido, reafirmamos o direito dos Membros da OMC de fazer uso, em toda a sua plenitude, da flexibilidade implícita nas disposições do Acordo TRIPS para tal fim".

5:"[...] Cada Membro tem o direito de conceder licenças compulsórias, bem como liberdade para determinar as bases em que tais licenças são concedidas.

Cada Membro tem o direito de determinar o que constitui emergência nacional ou outras circunstâncias de extrema urgência, subentendendo-se que crises de saúde pública, inclusive as relacionadas com o HIV/AIDS, com a tuberculose, malária e outras epidemias, são passíveis de constituir emergência nacional ou circunstâncias de extrema urgência [...]"[32].

A *Declaração de Doha* de 2001 sobre TRIPS e Saúde Pública da OMC, segundo Karim Laouabdia, diretor da Campanha de Acesso a Medicamentos Essenciais da *Médicos Sem Fronteiras*, "foi um passo importante para a melhoria do acesso a medicamentos; ela oferece

---

32. Declaração de Doha, itens 4 e 5.

apoio incondicional a qualquer governo que precise proteger a saúde de sua população usando as flexibilidades do TRIPS para superar as barreiras impostas pelas patentes, e ajuda os países menos desenvolvidos ao estender até 2016 o período de transição para que estes concedam e reconheçam patentes de produtos farmacêuticos".[33] Desde então, no entanto, tem havido um sistemático desmantelamento da *Declaração de Doha* por meio de acordos bilaterais de comércio que estabelecem novas barreiras de proteção da propriedade intelectual, mais restritivas que as estabelecidas pela OMC.

O impacto da proteção por patente nos programas de HIV/AIDS será notado nos próximos anos, quando grandes números de pacientes atualmente em tratamento precisarão passar a utilizar medicamentos novos, com mesma fórmula e segunda geração. Estes medicamentos são pelo menos 4-10 vezes mais caros que os de primeira geração, e quase todos são patenteados nos países que têm capacidade de produzi-los genericamente, como o Brasil, além de Índia e Tailândia.

A Declaração tende, pois, a auxiliar na produção de medicamentos destes países que possuem capacidade para fazê-lo. A partir de sua implementação, uma nova visão ao problema da acessibilidade a medicamentos para AIDS começou a se consolidar. Encontros regionais e internacionais passaram a se realizar com freqüência, com o maciço apoio de ONGs e sociedade civil, reforçando e cobrando a adoção efetiva da Declaração.

Neste mesmo sentido, a Unesco[34] adotou, em 2005, a *Declaração sobre Bioética e Direitos Humanos*[35] que tem como principal meta atingir uma perspectiva universal no que concerne à proteção dos

---

33. Trecho de carta enviada pela ONG Médicos sem Fronteiras (MSF) ao Diretor Geral da OMC, Pascal Lamy, alertando para o problema do acesso a medicamentos. Fonte: Notícias MSF —www.msf.org.br.
34. Organização das Nações Unidas para a Educação, a Ciência e a Cultura, foi fundada em 16 de novembro de 1945. Para esta agência especializada das Nações Unidas, não é suficiente construir salas de aula em países desfavorecidos ou publicar descobertas científicas.
35. *Declaração Universal sobre Bioética e Direitos Humanos*, 2006, aprovada pela UNESCO em 19 de outubro de 2005. Extraída do editorial da Revista de Bioética y Derecho de 06/05/2006 (original em espanhol). Site: http//www.bioeticayderecho.ub.es

Direitos Fundamentais e dos Direitos Humanos. Em especial essa Declaração propõe, nos artigos 13, 14, *a* e *b I*, e 15, a responsabilidade social e ética no desenvolvimento da ciência, considerando a difusão do conhecimento e o respeito às diversidades culturais. No caso em tela poderíamos sintetizar estes objetivos ao que tange à democratização e ao acesso dos medicamentos as populações carentes e atingidos pela AIDS, visando, assim, uma abordagem bioética para a concretização dos Direitos Humanos.

Inicialmente, o *Pacto Internacional sobre Direitos Econômicos, Sociais e Culturais*[36], integrante dos Pactos Internacionais de Direitos

---

(em espanhol) Artículo 13 — Solidaridad y cooperación
Se habrá de fomentar la solidaridad entre los seres humanos y la cooperación internacional a este efecto.
Artículo 14 — Responsabilidad social y salud
a) La promoción de la salud y el desarrollo social para sus pueblos es un cometido esencial de los gobiernos, que comparten todos los sectores de la sociedad.
b) Teniendo en cuenta que el disfrute del nivel de salud más alto que se pueda alcanzar es uno de los derechos fundamentales de todo ser humano sin distinción de raza, religión, convicciones políticas, condición económica o social, los progresos de la ciencia y la tecnología deberían fomentar:
I) el acceso a una atención médica de calidad y a los medicamentos esenciales, especialmente para la salud de las mujeres y los niños, ya que la salud es esencial para la vida misma y debe considerarse un bien social y humano;
Artículo 15 — Aprovechamiento compartido de los beneficios
a) Los beneficios resultantes de toda investigación científica y sus aplicaciones deberían compartirse con la sociedad en su conjunto y en el seno de la comunidad internacional, en particular con los países desarrollados. Los beneficios que se deriven de la aplicación de este principio podrán revestir las siguientes formas:
I) asistencia especial y duradera a las personas y los grupos que hayan tomado parte en la actividad de investigación y reconocimiento de los mismos;
II) acceso a una atención médica de calidad;
III) suministro de nuevas modalidades o productos de diagnóstico y terapia obtenidos gracias a la investigación;
IV) apoyo a los servicios de salud;
V) acceso a los conocimientos científicos y tecnológicos;
VI) instalaciones y servicios destinados a crear capacidades en materia de investigación; y
VII) otras formas de beneficio compatibles con los principios enunciados en la presente Declaración.
b) Los beneficios no deberían constituir incentivos indebidos para participar en actividades de investigación.
36. Um dos Pactos Internacionais de Direitos Humanos de 1966, que tinha por objeto políticas públicas ou programas de ação governamental e políticas públicas coordenadas entre si. In: COMPARATO F. K. *A Afirmação Histórica dos Direitos Humanos*, p. 276.

Humanos de 1966[37], trata a saúde como Direitos Humanos. Entretanto, a preocupação da ONU com a temática se expressa através da Comissão em Direitos Humanos e do Comissariado para Direitos Humanos, que integram o Conselho Econômico e Social, elaborando pareceres que reconhecem a gravidade do acesso aos medicamentos em países como o Brasil. A resolução n°32, resultado do 49° encontro do Comissariado, realizado em 22 de abril de 2002, foi intitulada "Access to Medication in the Context of Pandemics such as HIV/AIDS", e reafirmou a necessidade dos governos mundiais atentarem para a questão dos medicamentos para a AIDS[38].

Patentes: proteção internacional dos produtos farmacêuticos e o TRIPs

"Uma *patente*, na sua formulação clássica, é um direito, conferido pelo Estado, que dá ao seu titular a exclusividade da exploração de uma tecnologia" (Barbosa, [s. d.]), segundo o conceito de Denis Barbosa. Como contrapartida, pelo acesso do público ao conhecimento da descrição total e substancial do invento, a *Lei de Propriedade Industrial*[39] brasileira dá ao titular da patente um direito limitado no tempo, no pressuposto de que é socialmente mais produtiva em tais condições a troca da exclusividade de fato (a do segredo da tecnologia) pela exclusividade temporária de direito. Claramente a patente — que é um direito imaterial — não se confunde com o produto material (ou processo) ao qual se refere[40].

---

37. Pacto elaborado pela Assembléia Geral das Nações Unidas, em 16 de dezembro de 1966, iniciando uma perspectiva de criação de mecanismos de sanção às violações de direitos humanos. In: COMPARATO F. K. *A Afirmação Histórica dos Direitos Humanos*, p. 275.
38. Fonte: www.wto.org, acesso em julho de 2006.
39. Lei n° 9.279, de 14/05/96, que regula direitos e obrigações relativos à propriedade industrial. Diário Oficial da União, 15 de maio de 1996.
40. "Na sua formulação clássica, assim, a patente presume a extinção do segredo, tornando o conhecimento da tecnologia acessível a todos. Como requisito para conceder a patente, o Estado exige a descrição exata da tecnologia de forma a que um técnico com formação média na área seja capaz de reproduzir a invenção". BARBOSA, D. B. op. cit, p. 1.

Durante muitos anos não eram concedidas patentes aos produtos farmacêuticos. Entre os países desenvolvidos, o Japão aprovou somente em 1976 uma legislação para o setor, ao passo que a Suíça adotou providência similar em 1977. A Espanha, Portugal, Grécia e Noruega criaram sistemas de patentes para produtos farmacêuticos em 1992. Até o final de 1980, aproximadamente 40 países em desenvolvimento, inclusive os mais populosos, não possuíam sistemas de patente para os medicamentos em geral, estando entre eles Brasil e Índia, por exemplo. Esta atitude se baseava na relevância social dos medicamentos e na crença de que a patente levaria ao abuso do poder de monopólio (Gillat, 2003), o que acabou acontecendo.

O Acordo TRIPs (*Agreement on Trade-Related Aspects of Intelectual Property Rights*)[41], firmado em 1994 durante a Rodada Uruguai, juntamente com a criação da OMC, representou seus interesses e determinou que todos os signatários concordam em estabelecer um padrão mínimo de proteção à propriedade intelectual. Diversos temas foram regulados pelo TRIPs como direitos do autor, marcas, informações confidenciais, desenhos industriais e patentes, principalmente no que tange aos medicamentos[42].

O TRIPs previu a patenteabilidade dos produtos e processos, que representem inovação e sejam suscetíveis de aplicação industrial. A proteção à inovação era, nesse sentido, o principal objetivo a ser atingido. Fortaleceu-se, com isso, o vínculo entre a propriedade intelectual e o comércio internacional de tal sorte que a repressão à pirataria deveria estimular os fluxos econômicos entre os membros da OMC (Nabila, 2002).

Os países desenvolvidos consideram o TRIPs um meio de reforçar a disciplina internacional relativa à propriedade intelectual e proteger os investimentos efetuados em medicamentos.

---

41. TRIPs: Acordo sobre Aspectos dos Direitos de Propriedade Intelectual Relacionados ao Comércio, ou, simplesmente, Acordo de Propriedade Intelectual.
42. A aplicação de tais regras foi assegurada pelo sistema de solução de controvérsias da OMC, que aperfeiçoou o mecanismo de resolução de disputas existente no GATT (Acordo Geral sobre Tarifas e Comércio), criado a mais de 50 anos, sendo substituído posteriormente pela OMC.

A patenteabilidade dos produtos farmacêuticos acordada durante a Rodada Uruguai, afirma Amaral Júnior, "elevou o preço dos medicamentos no mercado internacional afetando uma parcela considerável da população; em conseqüência, o direito à saúde ficou gravemente prejudicado, já que diversos grupos sociais não logram obter acesso aos medicamentos de que necessitam" (Amaral Jr., 2005). Às nações menos desenvolvidas restam exceções às regras de propriedade intelectual[43].

O artigo 7[44] do TRIPs indica que o regime dos direitos de propriedade intelectual deve contribuir para promover a inovação, a transferência e a disseminação da tecnologia capazes de conduzir ao bem-estar econômico e social. Procurou-se obter o equilíbrio entre a garantia dos direitos de propriedade intelectual, decisivo para o crescimento do comércio, e a proteção de valores considerados fundamentais. O artigo 8[45] declara que os Estados podem adotar as medidas necessárias para proteger a saúde pública e a nutrição, bem como para promover o interesse público em setores vitais para o desenvolvimento social, econômico e tecnológico. As medidas adotadas devem, todavia, ser compatíveis com o Acordo TRIPs (Cullet, 2003).

---

43. Segundo Alberto do Amaral Júnior, "o Acordo TRIPs não contempla apenas regras sobre a proteção da propriedade intelectual que interessam às nações desenvolvidas. Os membros da OMC houveram por bem prever exceções à disciplina geral com o propósito de permitir a adoção de políticas públicas em situações expressamente determinadas". Op. cit., p. 5.
44. Artigo 7 — Objetivos: A proteção e a aplicação de normas de proteção dos direitos de propriedade intelectual devem contribuir para a promoção da inovação tecnológica e para a transferência e difusão de tecnologia, em benefício mútuo de produtores e usuários de conhecimento tecnológico e de uma forma conducente ao bem-estar social e econômico e a um equilíbrio entre direitos e obrigações.
45. Artigo 8 — Princípios: 1 — Os Membros, ao formular ou emendar suas leis e regulamentos, podem adotar medidas necessárias para proteger a saúde e nutrição públicas e para promover o interesse público em setores de importância vital para seu desenvolvimento sócio-econômico e tecnológico, desde que estas medidas sejam compatíveis com o disposto neste Acordo. 2 — Desde que compatíveis com o disposto neste Acordo, poderão ser necessárias medidas apropriadas para evitar o abuso dos direitos de propriedade intelectual por seus titulares ou para evitar o recurso a práticas que limitem de maneira injustificável o comércio ou que afetem adversamente a transferência internacional de tecnologia.

Algumas exceções foram consagradas pelo TRIPS à obrigação geral de concederem patentes. O artigo 27, item 2[46], autoriza os Membros a restringirem a concessão de patentes se as invenções causarem risco à vida humana ou à saúde. O artigo 30, por sua vez, permite que os Estados limitem os privilégios exclusivos que as patentes conferem. Para que isso aconteça alguns requisitos devem estar presentes. As exceções serão limitadas aos direitos de monopólio, não poderão impedir a exploração da patente ou prejudicar, de modo não razoável, o interesse legítimo do seu detentor (Cullet, 2003).

Apesar dos esforços empreendidos durante a Rodada Uruguai, não se logrou definir a expressão exceções limitadas, constante do artigo 30 do Acordo TRIPs[47]. Há, entretanto, estreita relação entre o artigo 7 e o artigo 30, cuja leitura sistemática leva à conclusão de que os Estados devem compatibilizar a proteção dos direitos do detentor da patente e a necessidade de se considerar o interesse legítimo de terceiros (Cullet, 2003, p. 83). É possível sustentar, segundo Amaral Júnior (2006), "que no caso de doenças como a AIDS, os países em desenvolvimento podem estabelecer restrições aos direitos dos detentores das patentes para reduzir o custo dos produtos farmacêuticos e possibilitar maior acesso aos medicamentos por parte da população mais pobre. Os países dispõem da faculdade de regular o exercício dos direitos que a patente confere para alcançar a realização do interesse público".

A *licença compulsória*[48] surge, nesse contexto, como importante instrumento para aumentar a oferta de medicamentos a preços re-

---

46. Artigo 27 — Matéria Patenteável: 2 — Os Membros podem considerar como não patenteáveis invenções cuja exploração em seu território seja necessário evitar para proteger a ordem pública ou a moralidade, inclusive para proteger a vida ou a saúde humana, animal ou vegetal ou para evitar sérios prejuízos ao meio ambiente, desde que esta determinação não seja feita apenas por que a exploração é proibida por sua legislação.
47. Artigo 30 — Exceções aos Direitos Conferidos: Os Membros poderão conceder exceções limitadas aos direitos exclusivos conferidos pela patente, desde que elas não conflitem de forma não razoável com sua exploração normal e não prejudiquem de forma não razoável os interesses legítimos de seu titular, levando em conta os interesses legítimos de terceiros.
48. A licença compulsória está regulamentada nos arts. 31 e 68, § 1º do TRIPs.

duzidos, e será detidamente analisada mais adiante. Por ora, é necessária a apresentação da legislação brasileira sobre patentes que incidem sobre os medicamentos.

A Legislação Brasileira e o patenteamento de medicamentos

A Lei de Propriedade Industrial brasileira (lei n° 9.279, de 14 de maio de 1996) define que só pode ser objeto de patente o que não estiver expressamente proibido por lei. De fato, relaciona também o artigo 18[49] da Lei n° 9.279/96 que não pode ser objeto de patente o que for contrário à moral, à segurança, à ordem e à saúde públicas e o todo ou parte dos seres vivos, exceto o que diz respeito aos requisitos da novidade, atividade inventiva e aplicação industrial[50], que são os requisitos legais para concessão da patente.

A obrigação de se outorgar patente às invenções em todos os campos da tecnologia teve enorme impacto nos países em desenvolvimento. A patente cria incentivos para a inovação e para a revelação das invenções, remunerando o inventor pelos investimentos que realiza. É necessário observar, contudo, que o sistema de patentes acarreta um custo representado pela possibilidade de abuso do poder de monopólio do titular. A patente pode, também, ser utilizada para bloquear a atividade inventiva de terceiros, com evidente prejuízo para a sociedade. Importa notar que, na maior parte dos casos, são elevadas as despesas governamentais para a gestão do sistema de patentes. (Amaral Jr., 2006)

---

49. Art. 18. Não são patenteáveis: I — o que for contrário à moral, aos bons costumes e à segurança, à ordem e à saúde públicas; II — as substâncias, matérias, misturas, elementos ou produtos de qualquer espécie, bem como a modificação de suas propriedades físico-químicas e os respectivos processos de obtenção ou modificação, quando resultantes de transformação do núcleo atômico; e III — o todo ou parte dos seres vivos, exceto os microorganismos transgênicos que atendam aos três requisitos de patenteabilidade — novidade, atividade inventiva e aplicação industrial — previstos no art. 8º e que não sejam mera descoberta. Parágrafo único. Para os fins desta Lei, microorganismos transgênicos são organismos, exceto o todo ou parte de plantas ou de animais, que expressem, mediante intervenção humana direta em sua composição genética, uma característica normalmente não alcançável pela espécie em condições naturais.
50. Art. 8º: É patenteável a invenção que atenda aos requisitos de novidade, atividade inventiva e aplicação industrial.

Várias razões costumam ser apresentadas para justificar a necessidade de se conceder patentes aos produtos farmacêuticos. Em primeiro lugar, a descoberta de novo medicamento requer longo período de tempo e expressivo volume de investimentos. Segundo o prof. Luiz Pimentel, "a invenção é considerada *nova* quando não compreendida no estado da técnica, que é constituído por tudo aquilo que é tornado acessível ao público antes da data de depósito do pedido de patente, por descrição escrita ou oral, por uso ou qualquer outro meio, no Brasil ou no exterior, com ressalvas" (Pimentel, 2005, p. 41). Em segundo lugar, seria necessário impedir que os produtos farmacêuticos sejam copiados e introduzidos no mercado de forma irregular.

O Brasil tem postulado junto a OMC uma abordagem mais balanceada da propriedade intelectual no tocante aos medicamentos, pois os critérios utilizados para proteger a invenção não devem ser os mesmos que os aplicados na proteção de outras formas de propriedade intelectual. Neste sentido, "não se pode tratar a propriedade intelectual em relação a um disco, a uma peça de teatro, a um livro, e a um filme da mesma forma que remédios essenciais"[51], afirma Kuchenbecker.

O paradigma entre *invenção* e *descoberta* (que não é patenteável), segundo David Resnik, é tratado sob o enfoque da *bioética* de uma forma valorativa: as respostas para estas questões não são estritamente fáticas, mas ao invés disso dependem dos interesses e valores que as formam (Resnik, 2002, p. 74). Não se pode simplesmente considerar a diferenciação entre invenção e descoberta, mas é necessária a análise de cada valor atribuído a cada instituto: descoberta pode ser, segundo a visão de um médico, algo que possa satisfazer a falta de inovação para novos medicamentos, visto que, para o inventor, invenção pode ser tudo que o que for descoberto por alguém, que deve ser remunerado.

---

51. Entrevista concedida em 29 de outubro de 2005 por Ricardo Kuchenbecker, médico epidemiologista do Hospital de Clínicas de Porto Alegre e consultor do Programa Nacional de DST/AIDS, na área de cooperação externa.

As razões que justificam a *quebra de patentes* como solução aos problemas já apresentados são necessárias, visto que a relevância de tal medida exige explicações em todos os aspectos, e será analisada a seguir.

"Quebra de patentes" como alternativa de saúde pública

Os recursos públicos destinados ao programa de AIDS no Brasil consomem cerca de 35%, por isso, a compra de remédios torna-se cada vez mais difícil, frente ao preço alto e quantidade necessários. Apesar de fabricar alguns medicamentos, o Governo brasileiro compra remédios de laboratórios estrangeiros, pagando-lhes inclusive pelos direitos de patente (*royalties*)[52], para compor o coquetel anti-HIV destinado à distribuição aos doentes. A negociação com os grandes laboratórios não obteve êxito, pois, até os nossos dias, poucos deles reduziram seus preços[53].

O *licenciamento compulsório*, ou *quebra de patente*, consiste no poder de governos obrigarem, em situações excepcionais, que companhias titulares de patentes forneçam segredos industriais ao poder público (ou a outras empresas) por prazos temporários.

O país utiliza a invenção que é de um laboratório estrangeiro para um laboratório público brasileiro, para que este possa realizar a produção dos medicamentos com base na tecnologia adquirida, podendo remunerar (o chamado *licenciamento voluntário*[54]) ou não a patente. Por essa medida, que é absolutamente legal, o governo tem legitimidade, portanto, para conceder a patente de um medicamento, ou seja, tomar conhecimento dos segredos industriais da invenção temporariamente, com o intuito único e exclusivo de fabricar os medicamentos que necessita.

---

52. Remuneração paga ao autor da invenção, cuja expressão origina-se na Idade Média.
53. Poucos laboratórios estrangeiros reduziram seus preços. Um exemplo claro disto é o Abbott, que reduziu 50% seus preços, sendo que possui monopólio de mercado para o remédio Kaletra.
54. Espécie de licenciamento compulsório com caráter *voluntário*, onde o acesso temporário às informações de fabricação é remunerado por quem adquiriu a patente por meio de *royalties*.

A *quebra de patentes* possui respaldo no art. 31 do TRIPs. O presente tratado autoriza a produção local de qualquer remédio em casos de *utilidade pública* ou quando o laboratório detentor das patentes não produz o remédio no Brasil e cobra preços elevados para fornecê-los. Assim, os laboratórios serão pagos pelo uso temporário das fórmulas (através de *royalties*), a preços que o país considera mais justos.

Sobre o assunto ainda dispõe o art. 68, § 1º, inciso I, da *Lei de Propriedade Industrial*:

§ 1º: "Ensejam, igualmente, a licença compulsória: I — a não exploração do objeto da patente do território brasileiro por falta de fabricação ou fabricação incompleta do produto, ou, ainda, a falta de uso integral do processo patenteado, ressalvados os casos de inviabilidade econômica, quando será admitida a importação [...]".

A Lei de Propriedade Intelectual brasileira (*Lei de Propriedade Industrial*), no seu art. 71, concede direitos de produção de medicamentos de qualquer natureza em casos de utilidade pública. A *Constituição Federal de 1988*, nos arts. 6º e 196[55], garante o acesso à saúde e que tudo dela faz parte, baseados no *princípio da dignidade da pessoa humana*. O art. 5º, XXIII[56], ainda indica o *princípio da função social da propriedade*, que considera que toda e qualquer propriedade, inclusive a invenção e sua patente, devem atender a função social a que se destinam; se um medicamento é destinado a tratar pacientes com AIDS em sua coletividade, isto deve ser efetivado sem distinção de poder econômico.

No que tange aos requisitos do licenciamento compulsório, é legítima a compulsoriedade em *casos de emergência nacional* ou de *interesse público*. A Declaração de Doha pôs fim à discussão sobre os requisitos

---

55. Constituição Federal, art. 6º: "São direitos sociais a educação, a saúde [...]"; art. 196: "A saúde é direito de todos e dever do Estado, garantido mediante políticas sociais e econômicas que visem à redução do risco de doença e de outros agravos e ao acesso universal e igualitário às ações e serviços para sua promoção, proteção e recuperação".
56. Art. 5º, XXIII, da CF: "a propriedade atenderá a sua função social".

para a *quebra de patentes*. Carlos Correa acentua que os países em desenvolvimento, como o Brasil, devem usar a licença compulsória para promover o acesso aos medicamentos nas seguintes situações (Correa, 2000, p. 12):

a) recusa de contratar, que ocorre sempre que o titular da patente se negue a conceder a licença voluntária requerida em termos razoáveis, quando a não-concessão da licença afetar a disponibilidade de um produto ou o desenvolvimento de uma nova atividade;

b) estado declarado de emergência nacional, como sucede nos casos de catástrofe natural, guerra ou epidemia;

c) quando houver uma crise de saúde pública, assegurando à população o acesso aos medicamentos essenciais, ou em situações de interesse público, inclusive por razões de segurança nacional;

d) a identificação de uma conduta anti-concorrencial;

e) uso governamental, para favorecer o acesso aos medicamentos, em bases não comerciais;

f) quando a falta ou insuficiência na exploração da patente dificultar o acesso à saúde ou impedir o desenvolvimento de um setor vital à economia do país;

g) quando o uso de determinada patente possa ser feito mediante a exploração de uma patente pré-existente, desde que a patente original cubra uma invenção que represente importante avanço tecnológico;

h) interesse público.

Quanto à eficácia do *licenciamento compulsório*, os Ministros de Estado, em Doha, "acordam que o Acordo sobre TRIPs não deve e não deverá impedir os membros de adotar medidas para proteger a saúde pública"[57]. Os ministros "reafirmam o direito dos membros da OMC de usar, totalmente, as provisões do Acordo sobre TRIPs, as quais dão flexibilidade para esse propósito, [...] e reconhecem que essas flexibilidades incluem [...] que cada membro tem liberdade

---

57. *Declaração de Doha*, itens 4 e 5.

Análise dos Requisitos Jurídicos que Fundamentam a Posição do Brasil para *Quebra de Patentes* de Medicamentos para a AIDS

para determinar as bases sobre as quais tais licenças compulsórias são concedidas; cada membro tem o direito de determinar o que constitui uma *emergência nacional* ou outras circunstâncias de extrema urgência, incluindo a AIDS" (Declaração de Doha, itens 4 e 5).

Sobre este ponto, afirma Bárbara Rosenberg:

"Os países em desenvolvimento devem utilizar as alternativas oferecidas pelo Acordo TRIPs e elaborar instrumentos legais e políticas públicas que se destinem a explorar as potencialidades oferecidas pela licença compulsória para assegurar maior eqüidade social no acesso aos medicamentos. Nesse contexto, a manutenção da flexibilidade instituída pelo Acordo TRIPs é indispensável para que isso aconteça. A pressão para que a licença compulsória não seja concedida e as freqüentes tentativas de se interpretar o Acordo TRIPs de forma restritiva são profundamente nocivas aos interesses dos países em desenvolvimento retirando-lhes a perspectiva de executarem políticas públicas que evitem a morte e melhorem as condições de saúde de parte considerável da população" (Rosenberg, 2004, p. 78).

Contudo, em 2001, frente à não aplicabilidade das chamadas *flexibilidades*[58], o Acordo TRIPs foi reexaminado em rodadas de discussão no que tange ao acesso a medicamentos essenciais, dando origem a Declaração de Doha, um dos mais importantes instrumentos legais para quebrar patentes, conforme referidos no item 1.3.

O problema central é a relativização do monopólio das patentes, incidentes nos medicamentos anti-retrovirais de combate à AIDS, através da *quebra de patentes* em favor das comunidades e indivíduos atingidos pela doença, e que, em razão dos altos custos dessas drogas,, não tem condições de adquiri-los. Contudo, a problemática é complexa, motivo pelo qual utilizamos como método o *modelo bioético baseado na complexidade*, que nos remete a três abordagens do problema. (1) Os fatos e as circunstâncias, que correspondem aos

---

58. Flexibilidades ou salvaguardas: são os direitos que um país membro tem de fazer uso de licença compulsória para satisfazer suas necessidades de saúde.

milhões de doentes de AIDS que não tem acesso aos medicamentos em razão do seu alto custo. (2) As alternativas possíveis para resolução do problema, que no caso em tela apresentam-se basicamente como duas: a primeira é estabelecer uma pauta de negociação pública com os laboratórios produtores de referidas drogas com o objetivo de baixar os seus custos e estimular a produção; a segunda é os países utilizarem o mecanismo legal da licença compulsória, visando a produção local das drogas. (3) Por fim, o problema deve ser analisado através dos referenciais teóricos, quais sejam, modelo principialista, que incita a reflexão para ponderar o princípio da autonomia e o da justiça — a patente deve atender ao fim social, para distribuição justa de medicamentos —, o modelo da virtude e da alteridade[59] buscando sensibilizar o mundo à solidariedade aos milhares de contaminados com o vírus HIV. Desta forma, busca-se atingir a democratização do acesso aos medicamentos através de medidas sócio-econômicas de saúde pública e em respeito aos Direitos Humanos (Goldim, 2006).

O acesso aos medicamentos para AIDS deve observar o dever ético da preservação da vida e do respeito aos Direitos Humanos. A exploração comercial e apropriação individual do conhecimento científico e tecnológico, ao prevalecer em detrimento do direito à preservação da saúde pública e da vida, não leva em conta, no caso em tela, algo que é *incomparavelmente maior* — o combate a propagação e o tratamento efetivo da AIDS em todo o mundo e em especial nos países em desenvolvimento (Comparato, 2003, p. 629).

Neste sentido, o conhecimento científico, sob a forma da propriedade intelectual do inventor, não deve ser obstáculo à difusão das novas tecnologias a todos os povos e a todas as camadas sociais[60], que tanto aguardam soluções a curto-prazo para os soro-positivos.

---

59. Definição de alteridade consagrada por Levinás, que afirma que "... tudo começa pelo direito do outro e por sua obrigação infinita a este respeito. O humano está acima das forças humanas".
60. O litígio referente à exploração das patentes de medicamentos retrovirais, no combate à síndrome da imunodeficiência adquirida, é uma boa ilustração dos notáveis

Conclusão

Nos últimos anos, intensificaram-se em todo o mundo os debates referentes ao impacto dos acordos comerciais sobre o acesso a medicamentos essenciais em países em desenvolvimento. A sociedade civil organizada vem exigindo mudanças que visem favorecer o interesse público e da saúde das populações, ao invés do lucro das grandes corporações transnacionais do setor farmacêutico. A comunidade internacional necessita estabelecer regras de comércio internacional que enfatizem a primazia dos direitos humanos sobre os interesses econômicos.

Ao findar a análise da posição brasileira de defender a *quebra de patentes* com a finalidade de melhorar a relação custo-benefício da distribuição de remédios anti-AIDS, um questionamento é inevitável: será esta a forma mais adequada, será que haveria outras formas de resolver este problema?

O conhecimento dos requisitos jurídicos que embasam a posição do Brasil de *quebrar patentes* farmacêuticas aponta acerto em tal decisão, uma vez esgotadas as tentativas de negociação com alguns laboratórios estrangeiros. Uma vez reconhecida a necessidade de saúde pública, o governo pode e deve fazer valer o seu direito, já que há amparo legal para exigir o licenciamento compulsório em casos de utilidade pública.

Não seria justo e ético negar medicamentos a pacientes que sofrem de AIDS por causa de impasses na aquisição dos remédios e

---

malefícios que pode causar ao gênero humano o reconhecimento do caráter absoluto da propriedade privada. Ficou nítida, no episódio, a necessidade de se optar entre, de um lado, a proteção do interesse empresarial e, de outro, o dever ético de preservação da vida humana em qualquer circunstância. Em tais casos, constitui, sem exagero, um atentado contra a humanidade impedir, como fez a Organização Mundial do Comércio, em 1994, pelo Acordo sobre Aspectos dos Direitos de Propriedade Intelectual (TRIPs), que as autoridades públicas dos diferentes países decidam não respeitar as parentes detidas por grandes empresas multinacionais, a fim de proteger um bem de valor incomparavelmente mais elevado: o direito à preservação da saúde e da vida de suas populações In: COMPARATO, F. K. *Ética*: direito, moral e religião no mundo moderno, p.629.

não utilização dos meios lícitos de solução ao problema (TRIPs e Doha), frente a interesses econômicos de laboratórios que colocam em risco a vida de muitos doentes, tal como respalda a bioética. Os governos devem obrigar, tal como afirma Resnik, "as indústrias farmacêuticas a racionalizar seu proveito e desta forma honrar a patente dos produtos farmacêuticos e aderir a tratados de propriedade intelectual" (Renisk, 2002, p. 32), para torná-las socialmente responsáveis a fazer algo pelos doentes.

As negociações de preço nem sempre obtém sucesso, partindo-se do pressuposto que se tem um número muito pequeno de empresas produzindo, e que tem o mercado consumidor no qual 95% das pessoas que tem Aids estão em países em desenvolvimento, como o Brasil. A diferença é que maioria dos doentes do HIV está em países pobres, sem distribuição de remédios; barganhar para compra de remédios com preços justos frente ao oligopólio dos grandes laboratórios, como tolera a política comercial internacional, não está em questão para o Botsuana, por exemplo, onde 40% dos adultos têm AIDS, segundo dados da OMS. Então, o mecanismo que temos aí se torna inutilizável.

A questão talvez pudesse ser abordada de uma outra forma: existem outros mecanismos para resolver o problema do acesso aos remédios para AIDS, respeitando desta forma os princípios bioéticos em consonância com a alteridade e beneficência? Ao fim deste estudo, conclui-se que até o presente momento não existem.

REFERÊNCIAS BIBLIOGRÁFICAS

AGREEMENT on Trade-Related Aspects of Intelectual Property Rights — TRIPs — 1994, extraído de www.wto.org

AMARAL JR, A. *Licença Compulsória e Acesso a Medicamentos nos Países em Desenvolvimento*, 2005. Disponível na internet em 16 fev 2006.

BARBOSA, D. B. *O que é uma patente?* Disponível em: www.denisbarbosa.addr.com.br

BARTLETT, J. G., GALLANT, J. E. *Tratamento Clínico da Infecção pelo HIV* (versão traduzida). Health Publishing Business Group, 2004.

BEAUCHAMP, T., CHILDRESS, J. *Princípios de Ética Biomédica*. São Paulo: Loyola, 2002.

BRASIL. *Constituição da República Federativa do Brasil*. Diário Oficial da União, 5 out 1988.

COMPARATO, F. K. *A Afirmação Histórica dos Direitos Humanos*. 3ª ed. rev. e ampl. São Paulo: Saraiva, 2003.

COMPARATO, F. K. *Ética:* direito, moral e religião no mundo moderno. São Paulo: Companhia das Letras, 2006.

CORREA, C. M. *Integrating Public Health Concerns into Patent Legislation in Developing Countries*. Genebra: South Centre, October 2000.

CULLET, P. *Patents and Health in Developing Countries in Law and development:* Facing Complexity in the 21st Century. Londres: Cavendish Publishing, 2003.

DACEY, A. *The bioethics of information:* intellectual property and global bioscience. IHEU-Appignani. Bioethics Center at the United Nations, 2005.

DECLARAÇÃO de Doha, 2001. Disponível em: www.mre.gov.br

GABRIEL, A. R. M. *Patentes:* o impasse Brasil X Eua na OMC — A saúde em xeque. Revista Meio Jurídico, n. 42, 28 fev 2001.

GILLAT, A. Compulsory Licensing to Regulated Licensing: effects on the conflict between innovation and access in the pharmaceutical industry. In: *Food and Drug Law Journal*, The Food and Drug Law Institute, 58 Food Drug L. J. 71, 2003.

GOLDIM, J. R. *Bioética e Complexidade*. Porto Alegre: Veritas, 2005.

GOLDIM, J. R. Bioética: origens e complexidade. *Revista do HCPA*, Faculdade de Medicina da Universidade Federal do Rio Grande do Sul, v. 26, p. 86-92, 2006.

GRINSZTEJN, B., COELHO, S. Aids. *Informativo Fiocruz*. Rio de Janeiro: [s. d.]

Jornal Folha de São Paulo, 25 jun 2005.

Jornal Zero Hora, 27 jun 2005 e 12 ago 2005.

NABILA, A. International Patent Rights in a Post-Doha World. *International Trade Law Journal*, 11 Currents Int'l Trade L. J. p. 3, 2002.

O'NEILL, O. *Autonomy and Trust in Bioethics*. Cambridge: Cambridge, 2002.

PIMENTEL, L. O. *Propriedade intelectual e universidade:* aspectos legais. Florianópolis: Fundação Boiteux, 2005.

RESNIK, D. B. *Developing Drugs for the Developing World: an Economic, Legal, Moral, and Political Dilemma*. Developing World Bioethics, v. 1, n. 1, 2001.

RESNIK, D. B. Discoveries, Inventions, and Gene Patents. In: MAGNUS, D., MAGNUS, A. C., and Glenn McGree. (eds.). *Who Owns Life?* Amherst, New York: Prometheus Books, 2002.

ROSENBERG, B. *Patentes de medicamentos e comércio internacional:* os parâmetros do TRIPs e do direito concorrencial para a outorga de licenças compulsórias. [Tese] de doutorado defendida na Faculdade de Direito da Universidade de São Paulo, 2004.

SHERWOOD, R. *Propriedade intelectual e desenvolvimento econômico.* São Paulo: Edusp, 1992.

TACHINARDI, M. H. *A guerra das patentes:* o conflito Brasil X EUA sobre propriedade intelectual. Rio de Janeiro: Paz e Terra, 1993.

THORSTENSEN, V. A Declaração de Doha e o mandato para uma Nova Rodada de Negociações Multilaterais na OMC. In: BRANT, Leonardo Nemer Caldeira (coord.). *O Brasil e os novos desafios do direito internacional.* Rio de Janeiro: Forense, 2004.

UNESCO. *Declaração Universal sobre Bioética e Direitos Humanos,* 2006, aprovada pela UNESCO em 19 de outubro de 2005. Extraída do editorial da Revista de Bioética y Derecho de 06 mai 2006 (original em espanhol).

UNITED NATION, High Commissioner for Human Rights of. *Access to medication in the context of pandemics such as HIV/AIDS.* Resolution 2002/32, *49th meeting, 22 April 2002* (Adopted without a vote). E/2002/23- E/CN.4/2002/200, see chap. X.

Sites:
http://www.abiaids.org.br
http://www.aids.gov.br
http://www.bioetica.ufrgs.br
http://www.bioeticayderecho.ub.es
http://www.cdc.gov
http://www.denisbarbosa.addr.com
http://www.msf.org.br
http://www.mre.gov.br
http://www.ohchr.org
http://www.propesquisa.ufsc.br/sites/DPI
http://www.pubmed.gov
http://www.saude.gov.br
http://www.un.org
http://www.unesco.org
http://www.wto.org
http://www.wipo.int

capítulo 14

Humanização na Saúde: estratégia de marketing? A visão do bioeticista

Christian de Paul de Barchifontaine

Vivemos numa realidade desumana que tem repercussão na saúde! Haja visto:

A pós-modernidade

A Pós-modernidade é o nome aplicado às mudanças ocorridas nas ciências, nas artes e nas sociedades avançadas desde 1950, quando, por convenção, se encerra o modernismo (1900-1950).

A Pós- modernidade: as novas tecnologias, como a informática, a cibernética, a telemática, o descartável, transformam a organização social. Em nível filosófico, vive-se o niilismo, o nada, o vazio, a ausência de valores e sentido da vida. Morto Deus e os grandes ideais do passado, a pessoa moderna valorizou a arte, a história, o desenvolvimento, a consciência social para se salvar, dando adeus a essas ilusões. A pessoa pós-moderna já sabe que não existe céu nem sentido para a história, e assim se entrega ao presente e ao prazer, ao consumo e ao individualismo. Em nível psicológico, a sociedade aprisiona as pessoas através de regras morais, valores sociais e religiosos. A pessoa pós-moderna deve dar mais importância à sua sensibilidade do que à sua inteligência, deve viver procurando sensações e emoções sem limites com o mínimo de dor. A pessoa pós-moderna cultiva uma mentalidade imediatista em que tudo é relativo e ilusório, sem ideologia e ideais verdadeiros, onde o que se deve fazer é libertar os instintos reprimidos e deixar-se levar pela sensibilidade, a pessoa aproveita ao máximo do presente e não se preocupa com o que vem depois, que pode ser até a morte.

A pessoa pós-moderna vive um pacifismo consensual: *Paz e Amor* (1968), a paz num nivelamento onde ninguém diz o que é certo, onde não existam normas de conduta nem valores a serem seguidos, muito menos uma moral transcendente. O amor situa-se dentro de uma liberalização sem limites, sem fidelidade, sem compromisso. Poderíamos falar também da apatia política e da civilização da imagem. A grande justificativa para a pós-modernidade seria que o mundo moderno não conseguiu cumprir suas promessas com o paradigma do crescimento econômico infinito, da erradicação das doenças, prolongamento da vida e até a extinção da morte.

Como vimos, a pós-modernidade é um ecletismo, isto é, mistura várias tendências e estilos sob o mesmo nome. Não tem unidade.

Globalização

Trata-se de um processo que visa a unificação de todos os mercados do mundo sob a articulação das multinacionais. Ela quer o predomínio das regras de mercado sobre regulamentos ditados pelos governos dos países. Marca o ingresso do capitalismo em uma nova etapa de seu desenvolvimento, em que as corporações multinacionais começam a contestar a soberania dos estados nacionais. Considera que o Estado deve prioritariamente exercer a função de garantir a liberdade do mercado, o cumprimento dos contratos e a propriedade. Coloca, em segundo plano, qualquer outra função do Estado, em especial, a sua função social.

O liberalismo, em termos políticos, proporcionou importante contribuição à democracia ao opor-se a variadas formas de absolutismo e autoritarismo, defendendo a liberdade do cidadão. Contudo, em termos práticos, a maioria dos adeptos do neoliberalismo tem preconizado grandes cortes nos gastos sociais do Estado, elevar as taxas de juros, promover a privatização das companhias estatais, como no setor de transporte, saúde, educação, energia e telecomunicações, e defender o livre comércio internacional e os grandes investimentos financeiros especulativos. A questão fundamental é que o modelo econômico-político neocapitalista admite a exclusão como princípio de funcionamento. Em todos os países onde está sendo aplicado, tem levado a uma situação em que as macrocontas destes são ajustadas, com queda da inflação, saldo da balança financeira e estabilidade econômica, embora aumente o desemprego e piore sensivelmente a situação dos mais pobres, aumentando a distância que separa as classes sociais mais abastadas daquelas menos favorecidas, gerando ainda mais bolsões de miséria.

Concretamente, o fim do século e do milênio foram marcados pela violência física e simbólica contra os excluídos, contra a liberdade de sonhar e construir uma *terra sem males*. A globalização, novo rosto do projeto de dominação, é baseada na apropriação privada dos recursos e da terra, na exploração da força de trabalho, na expansão de um sistema de mercado integrador e homogeneizador. Alguns modelos de globalização querem impor a abertura arrasadora da economia do país aos interesses externos e financiamentos multinacionais, o desmonte do Estado e a dramática diminuição dos investimentos públicos, dos programas sociais. Educação, saúde, moradia e lazer são tratados como mercados rentáveis. Essa lógica de organização econômica, política e social gera violentos mecanismos de exclusão social, o desrespeito aos direitos humanos, a exploração sem limites dos recursos naturais, com repercussões desastrosas para as futuras gerações.

O conceito *globalização* está manchado pela face escura da modernidade, por sua racionalidade instrumental e eficácia funcionalista, e pela face anti-social do capitalismo em sua forma tardia de neoliberalismo. Seu produto final é sofrimento e exclusão econômica, em função da maximização dos lucros.

Só globalizou-se o econômico! E o social?

Para a saúde, outro elemento importante: o desenvolvimento sustentável. Como o próprio termo sugere, a primeira preocupação não é com o meio ambiente, mas com o desenvolvimento e, conseqüentemente, com as possibilidades de exploração dos recursos naturais existentes, exaurindo-lhes toda a capacidade de produzir capital. Dessa forma, a sustentabilidade almejada é a dos sistema econômico, e não de seres humanos e toda a vida existente no planeta.

Concluindo: A verdadeira globalização, a verdadeira sustentabilidade planetária dependem de mudanças profundas na concepção de pessoa e de natureza, e de implementação de um outro modelo de sociedade, onde o determinante não seja o capital, o lucro, mas a vida dos homens e mulheres interagindo com toda a natureza.

Centralidade, primazia do econômico em detrimento do social

Em qual contexto estamos exercendo a nossa profissão? Nossa realidade é movida por quatro forças: uma filosofia existencialista; uma cultura, a modernidade; uma ideologia, o neoliberalismo e um sistema, o capitalismo. Mas, para entender o alcance dessas forças, é necessário enfatizar a teoria econômica, a racionalidade econômica que está na base: reparamos que a teoria econômica é abstrata, seca, despersonalizada, sem envolvimento com o social. A racionalidade econômica reside basicamente nos indivíduos. Todo o pensamento econômico afirma que seria prejudicial à eficiência econômica a intromissão da moral, de valores sociais. Assim, torna-se estranho falar de eficiência social como condição significativa à eficiência econômica. Hoje, são os economistas que mais falam dos sacrifícios necessários para a salvação. Os economistas afirmam que fora do mercado não há salvação. Eles insistem sobre o fato de que só o mercado pode produzir eficazmente quantidades ilimitadas de bens de consumo que poderão satisfazer os desejos ilimitados de todos e assim instalar o paraíso na terra. No sistema de mercado, toda produção é voltada para atender os desejos dos consumidores, daqueles que não são excluídos porque podem e têm condições de consumir. O desejo é muito mais poderoso que a realidade. Desejar estar no mercado substitui o estar efetivamente nele. O desejo é internalizado, não há necessidade de maiores pressões: o desejo aderiu ao projeto. E para tanto, são necessários os sacrifícios humanos para a satisfação dos desejos dos mais aptos, dos eleitos, daqueles que conseguem trilhar o estreito caminho da competição e da eficácia. Hoje, o mercado está dando origem a uma forma moderna de religião, *a religião da mercadoria, a espiritualidade do mercado*, gerando uma imensa idolatria. O dogma central dessa religião é este: "O dinheiro tudo pode, move o céu e a terra". A espiritualidade apresenta a tese de que a humanização se dá no e pelo consumo. Existem os templos dessa religião que são os bancos, com seus sacerdotes que são os banqueiros e os financistas que prestam o maior culto ao dinheiro; inclusive, os bancos têm os seus sacrários: os cofres-fortes. Então, exige-se uma fé irrestrita e uma confiança ilimitada no caráter benéfico da lógica econômica.

O sistema econômico não propõe mais a inclusão de todos ao mercado, e sim reciclagem e diversificação da produção para provocar o consumo dos que estão no mercado. Os outros, os que sobram, são mantidos à distância, contornados, eventualmente assistidos até que desapareçam. Assim, existem os planos sociais de compensações como cestas básicas, programas escolares, *comunidade solidária*, assentamento de famílias sem-terra... que são direitos e não esmolas!

Dignidade humana

Assim, falar de estratégia ou marketing na humanização da saúde, é um falso problema, por que o que importa é a dignidade da pessoa em todos os níveis da vida.

Partindo da primícia de que a bioética, ética da vida, da saúde e do meio ambiente, é um espaço de diálogo transprofissional, transdisciplinar e transcultural na área da saúde e da vida, um grito pelo resgate da dignidade da pessoa humana, dando ênfase na qualidade de vida, todo processo de dignidade e humanismo passa pela proteção à vida humana e seu ambiente, através da tolerância, do cuidado e da solidariedade.

Passamos por uma profunda crise de humanismo. Em escala mundial, presenciamos grandes transformações em várias instâncias tais como, economia, política, desenvolvimento tecnológico, direitos e deveres dos cidadãos, funções familiares, saúde e sobrevivência de muitos povos, entre outras. Da globalização excludente seria possível passar à globalização da solidariedade? O que está acontecendo com as pessoas?

Onde está o humano? O simples estar com o outro, a compaixão, a tolerância, a solidariedade se tornaram valores descartáveis que contam pouco ou nada? Até quando?

A noção de dignidade humana, que varia consoante as épocas e os locais, é uma idéia força que atualmente possuímos e admitimos na civilização ocidental.

O conceito de dignidade humana introduz um elemento de ordem e de harmonização no conflito das relações das comunidades humanas, através da tolerância, do cuidado e da solidariedade.

Esta noção de dignidade como característica comum a todos os seres humanos é relativamente recente, sendo por isso difícil fundamentá-la senão como reconhecimento coletivo duma herança histórica de civilização, colocando-se a questão de saber se a dignidade humana não será o modo ético como o ser humano se vê a si próprio.

A abordagem atual da dignidade humana se faz sobretudo pela negativa, pela negação da banalidade do mal: é por se estar confrontado com situações de indignidade ou a ausência de respeito que se tem indício de tipos de comportamento que exigem respeito. Nesse sentido, ela é fundamental na definição dos direitos humanos, como na abordagem de novos problemas de bioética e nomeadamente de uma ética do ambiente, uma ética que implica também solidariedade, já que se a dignidade se relaciona com o respeito, as desigualdades sociais e econômicas nas sociedades modernas fazem com que numa parte dessas sociedades não se possa respeitar a si próprio.

Devemos referir ainda o lugar que o homem se atribuiu a si próprio no âmbito de um mundo tecnicizado, que perdeu a ligação ao mundo sensível, ao mundo vivo, cometendo atos indignos contra a vida animal, vegetal.

Nesse sentido, a sobrevivência da nossa espécie está associada à sobrevivência da natureza e, deste modo, ao alargarmos o conceito de dignidade, estamos a assegurar a continuidade dos seres humanos numa ética de responsabilidade pelo futuro, num alargamento não só da concepção do que é ser humano mas também do que é a comunidade sem a qual o ser humano não subsiste.

A dignidade humana é também um conceito evolutivo, dinâmico, abrangente, a tomada de consciência da pertença de todos ao gênero humano confrontado na comunidade de destino, que se foi alargando a grupos diferenciados, dando-lhes um outro estatuto.

Outro elemento no processo dignidade e humanismo: a idéia de cuidado, que reforça os campos éticos de atenção ao singular, abre a partilha e a solidariedade, afeta o modo, o olhar com que os outros são vistos.

Exemplificando: a humanização da saúde pressupõe considerar a essência do ser, o respeito da individualidade e a necessidade da construção de um espaço concreto nas instituições de saúde que legitime o *humano* das pessoas envolvidas. O pressuposto subjacente em todo o processo de atendimento humanizado é o de facilitar a pessoa vulnerabilizada a enfrentar positivamente seus desafios. Este resgate traz à tona várias questões a serem consideradas no tempo presente como, o avanço tecnológico dissociado das percepções afetivas; a cultura consumista e rapidamente descartável; a insatisfação com a simplicidade da vida e a busca constante de emoções fortes, dentre outras. O cuidar humanizado implica por parte do cuidador, a compreensão do significado da vida, a capacidade de perceber e compreender a si mesmo e ao outro, situado no mundo e sujeito de sua própria história. A humanização no atendimento exige essencialmente dos profissionais da saúde, o compartilhar com seu paciente de experiências e vivências que resultem na ampliação do foco de suas ações via de regra, restritas ao cuidar como sinônimo de ajuda às possibilidades da sobrevivência. Em outras palavras, exercer na prática o re-situar das questões pessoais num quadro ético, em que o cuidar se vincula na compreensão da pessoa na peculiaridade e originalidade de ser.

Diante de um cotidiano desafiador em que nos defrontamos com situações indesejáveis de indiferença, a solidariedade e o atendimento digno com calor humano são imprescindíveis. Ser sensível à situação do outro é perceber o querer ser atendido com respeito, dentro de um vínculo de diálogo e de interesses compartilhados.

Não podemos esquecer que em toda relação profissional, construída na confiança, estamos sempre frente a uma situação de encontro entre uma competência e uma consciência, o que exige em decorrência responsabilidade e compromisso éticos. Neste alargamento do próprio conceito de dignidade humana, como nó fulcral da definição dos Direitos Humanos e da sua salvaguarda, há uma ética social que, no âmbito da bioética, se atualiza no acesso eqüitativo aos cuidados de saúde de qualidade apropriada para todos, respeitando a sua dignidade.

No fundo, o termo dignidade humana é o reconhecimento de um valor. É um princípio moral baseado na finalidade do ser humano e não na sua utilização como um meio.

Que valor atribuímos à vida? De que modo podemos proteger e tornar melhor esse bem? Como melhorar a nossa convivência humana? Se Bioética significa fundamentalmente amor à vida, com certeza nossas vozes podem convergir para estimulantes respostas para melhorar a vida do nosso povo bem como o nosso convívio passando pelo respeito da dignidade da vida das pessoas.

Os grandes problemas da humanidade de hoje, mesmo sem rejeitar a grande contribuição que a ciência e a tecnologia podem dar para superar as condições de miséria e de deficiências dos diferentes gêneros, só serão resolvidos através da reconstrução da comunhão humana em todos os níveis através da solidariedade que deve ser entendida como a determinação firme e perseverante de empenhar-se para o bem comum, isto é, para o bem de todos e cada um, para que todos sejam verdadeiramente responsáveis de todos. A tolerância designa o fato de se abster de intervir nas ações ou opiniões de outras pessoas mesmo quando essas opiniões ou ações nos parecem desagradáveis ou moralmente repreensíveis. Assim, a tarefa cotidiana do cultivo da tolerância inclui uma atitude proativa de procura do ponto ideal de encontro com o outro nos momentos de discordância e enfrentamentos. A tolerância é uma conquista no caminho em direção à solidariedade, este laço recíproco que une pessoas como co-responsáveis pelo bem uma das outras.

Com seus sonhos de um mundo melhor, a ética pode contribuir muito para o processo de humanização, mostrando, com argumentos racionalmente fundamentados, parâmetros e pistas para uma ação que resgata a dignidade do ser humano e propõe trazer de volta para o âmbito do humano a sociedade, apesar de uma mentalidade tecnocientífica, sem sensibilidade humana e da busca de lucro sem escrúpulo do paradigma capitalista da sociedade.

Lembremo-nos que o que determinará nosso futuro não é a solução de problemas técnicos, mas os problemas éticos, já que nossa sociedade coisifica a pessoa humana e sacraliza as coisas!

REFERÊNCIAS BIBLIOGRÁFICAS

PESSINI, L., BARCHIFONTAINE, C. P. (orgs.). *Fundamentos da bioética*. São Paulo: Paulus, 1996. (Nova práxis cristã).

PESSINI, L., BARCHIFONTAINE, C. P. *Problemas atuais de Bioética*. 7ª ed. São Paulo: Loyola/Centro Universitário São Camilo, 2005.

PESSINI, L., BERTACHINI, L. (orgs.). *Humanização e cuidados paliativos*. São Paulo: Loyola/Centro Universitário São Camilo, 2004.

CONSELHO Nacional de Ética para as ciências da Vida do Portugal. *Documento de trabalho*. Lisboa: Conselho Nacional de Ética para as ciências da Vida do Portugal, 1999.

capítulo 15

A Humanização na Saúde: estratégia de marketing? A visão do enfermeiro

Lucília Nunes

Pode ser uma oportunidade interessante, decompor o título que nos interroga, previamente a enunciar visão sobre uma resposta possível. Portanto, consideraremos três partes de diálogo: Sobre Humanização, Sobre Estratégia de Marketing, e o Olhar do Enfermeiro para a relação entre ambos.

Da Humanização na Saúde

Humanizar pode ser interpretado como *tornar mais humano*, no contexto dos actos profissionais que ligam as pessoas — ao caso, entre enfermeiro e cliente/família (entende-se por família os conviventes significativos, além dos laços de parentesco).

Dar, quando presta cuidados, atenção à pessoa como uma totalidade única, inserida numa família e numa comunidade", é essencial.

Notemos que pensar a humanização, pode ser colocado na relação interpessoal, até aos termos macro, como dimensão das políticas de saúde. O sentido que se pode extrapolar vai bastante mais longe do que à primeira vista possa parecer...

Senão, vejamos.

O *humanismo*, como doutrina, centra-se nos interesses e valores humanos, caracteriza-se por uma valorização do espírito humano. No século XX, no campo filosófico produziu-se um retorno às abordagens compreensivas — é preciso *voltar ao sentimento da vida*, dirá Dilthey. É preciso voltar às *coisas mesmas*, dirá Husserl. Se quisermos, é preciso enfatizar o compromisso com o mistério da vida, com a práxis e com a *compreensão da contingência humana*, dirão os existencialistas.

Trazer as *premissas do humanismo para a Saúde*, pontua em alguns focos essenciais:

1) Primeiro, a *centralidade do Sujeito* em intersubjectividade. Pois que o humano diz respeito ao Sujeito e à vida humana.

   Este *sujeito* não é apenas o delicado profissional de boa vontade.

   Não se trata simplesmente criar um ambiente favorável numa entrevista de acolhimento.

   Não é apenas tratar o outro pelo nome que ele gosta de ser tratado.

   Ainda que o seja também. Mas vai mais longe, mais além, no reconhecimento da humanidade do Outro, da sua capacidade de pensar, de interagir, de se manifestar. No reconhecimento da autonomia do Outro, portanto.

2) Sendo central a relação com as pessoas, é fácil estabelecer ligação ao *princípio do respeito pela vontade da pessoa*. E acerca disto não temos dúvida.

   Mas será preciso ter em atenção as situações de vulnerabilidade em que a pessoa se encontra fragilizada.

   Temos a noção de que o sofrimento e a doença são muito incapacitantes em termos da autonomia pessoal. Outras fontes de dificuldade podem ser a escassez de informação e o receio de perguntar, a existência de hábitos aditivos, a tomada de decisão sob pressão emocional ou a relação entre a expectativa e a necessidade em cuidados.

Perante alguém que tem, formalmente, as condições para decidir de acordo com o princípio da autonomia, é necessário ter em conta que existem situações que reduzem as capacidades pessoais de auto-reger-se. Parece do mais elementar bom senso que existem decisões que não se tomam, de forma cautelar, quando se está menos capaz, fragilizado, deprimido ou muito aborrecido.

Sabendo disto, não podemos entender linearmente que *aquela* pessoa deva ser "lançada" à sua autonomia, *simplesmente* porque cumpre os requisitos da competência e do discernimento para decidir. O sentido de actuação do enfermeiro é dar suporte, apoiar, o processo de tomada de decisão.

Igualmente a inversa surge como inaceitável, ou seja, não cabe ao profissional, na generalidade, decidir pela pessoa mesmo que seja no que entender ser o melhor interesse do Outro.

Até porque os profissionais, eles mesmos, podem cair na tentação de decidir pelo outro com base nos saberes e nas probabilidades, confundindo decisão exclusivamente técnica e decisão pessoal de aceitação ou recusa de cuidado.

Pode acontecer, em situações de perda definitiva ou provisória de autonomia, que o profissional actue simultaneamente no sentido da beneficência e não maleficência. Mas os interesses dos profissionais de saúde, no geral, e dos enfermeiros em particular, nem sempre coincidem com os interesses das pessoas a cuidar — aliás, tal se verifica mesmo na percepção da diferença das necessidades que a pessoa tem e aquelas que o profissional identifica.

3) O *sentido da interdependência* reafirma-se na solidariedade desse outro em intersubjetividade.

Pois não apenas nenhum de nós existe separado, como estabelecemos relações de interdependência recíproca e de co-responsabilidade.

Foi o que procurámos explicitar a propósito do respeito pela autonomia da pessoa, não a abandonando à sua autonomia, nem a substituindo na sua decisão.

4) Vivemos em comunidade, em sociedade, no que se pretende ser a construção de *instituições justas*.
E, como afirma Walzer, juntos *"para partilhar, dividir e trocar. Também nos juntamos para fazer as coisas que são partilhadas, divididas e trocadas; e esse trabalho de as fazer é distribuído entre nós"*[1] — o sentido é alargado pois a ideia de justiça distributiva tem tanto a ver com *ser* e *fazer* como com *ter*; reporta a produção e a consumo, a identidade e a *status*, a possuir bens patrimoniais ou pessoais.

Ainda que *saúde* não seja um produto a ser consumido, nem algo que possa ser distribuído, notemos que a acessibilidade — ou o acesso — a cuidados de saúde, esses sim, são responsabilidade social. A saúde é um bem social, e um direito fundamental.

5) O *reconhecimento do Outro*, em sentido mais específico, conduzirá a que, nesta delicada área da Saúde, não seja tratado como um corpo ou uma doença. Se é a fragilidade da vida que torna presentes as ameaças (doença, incapacidade, morte), conjugamos esforços para manter a vida — aliás, melhor dizendo, para humanizar a vida. Em situação de saúde, de doença, de deficiência ou de dificuldade, é necessário precisar a natureza dos problemas ou necessidades que afectam o Outro, sobretudo em termos de *sentido*, do *impacto* que cada situação tem para aquela pessoa em concreto.

Visualiza-se a existência de *limites aos cuidados*[2] porque, efectivamente, têm de fazer sentido para os enfermeiros que os prestam e para aqueles a quem são prestados, têm de contribuir para dar sentido à vida.

Mas é mais do que isto pela necessidade de se percepcionarem resultados de ganhos em saúde, por via da acção dos enfermeiros.

---

1. WALZER, Justice Spheres. p.3
2. A consideração de duas dimensões nos limites dos cuidados, como sendo a funcionalidade e o sentido, é de Françoise Collière (Cf. Promover a vida).

Estaremos todos de acordo que a saúde é uma das condições mais decisivas para o desenvolvimento do plano de vida de cada pessoa.

Cada projecto, individual ou colectivamente perseguido, supõe um estado e um processo em que cada pessoa procura o equilíbrio (a homeostase) e o bem estar, atendendo às vertentes física, emocional, sociocultural e espiritual.

Por isso, os *cuidados de saúde são especiais*.

Uns concordarão com esta afirmação pela sacralidade da vida, outros pelo usufruto e fruição da vida, outros pela utilidade ou funcionalidade social, ou, ainda, numa óptica economicista porque envolvem grandes quantias de dinheiro (tanto na prestação directa como na segurada).

A protecção à saúde tem de ser vista como um bem, como um direito dos cidadãos e atender aos princípios da justiça social e da responsabilidade colectiva, respeitando a equidade e a acessibilidade.

Ainda assim, a protecção da saúde, é discutida hoje como um bem, objecto de negócio jurídico, nomeadamente de prestação de serviços. Os cuidados de saúde, são abordados, por alguns, como bens disponíveis no comércio jurídico e, numa visão ainda mais economicista (na perspectiva de economia igual a mercado livre), como bens livremente circuláveis no mercado.

Pensemos na evidência de escassez de recursos financeiros, facto com o qual a maioria dos Estados hoje se confronta, e nos avultados custos que os cuidados de saúde suportados pelo Estado, actualmente constituem.

Razões pelas quais se reforça a necessidade das Políticas de Saúde se centrarem nas pessoas e serem inclusivas nos acessos, de observarem um enquadramento ético de responsabilidade social.

É que, vale a pena repeti-lo, os cuidados de saúde são uma área de *responsabilidade colectiva* para a qual todos contribuem, com os impostos por exemplo, usados para satisfazer um nível mínimo de cuidados de saúde para todos os cidadãos.

Naturalmente, Gadamer(1997) tem razão quando afirma que a medicalização e a "apologia da arte de curar" tem sido adversa a uma visão mais humanista e humanizada da saúde.

Além da excessidade atenção â diença — pois que é preciso centrar na saúde e ter em conta os diversos entralaçamentos com a educação, com os hábitos de vida, com as condições do trabalho, com a cidadania, com o ambiente.

A *Humanização na Saúde* tem relação estreita com a defesa da vida humana e do desenvolvimento integral dos seres humanos, sejam eles cidadãos saudáveis ou doentes.

Afinal, de que falamos quando falamos de humanização?

Falamos de humanização no atendimento? de colocar quadros nos corredores e cadeiras com cores alegres, para esperar muitas horas? das normas de qualidade e dos processos de certificação?

Ainda que o seja, também. Mas tem de ir mais além, desde a formação contínua à preocupação com as necessidades dos clientes.

Humanizar é tornar mais humano, repetiria.

Criar ambientes mais acolhedores e mais propícios a uma assistência mais humanizada, claro que sim.

E também disseminar informação, criar condições e tornar acessíveis os recursos que possibilitem a autonomia e a participação dos utentes nas decisões.

Pode colocar-se a reforma do sistema de saúde na agenda política, mas no espaço institucional é preciso fazer singrar caminhos que viabilizem as mudanças na gestão dos serviços de saúde, no sentido de maior humanização e de mais inclusão social.

Humanizar é também assegurar as condições do exercício dos profissionais, as premissas para a acção dos cuidadores.

Daí que humanização se articule com muito mais áreas do que pareceria ao início.

Já agora, volto a evocar Gadamer quando afirma que: *"aquele que actua, lida com coisas que nem sempre são como são, pois que são também diferentes".*

E esta afirmação quase demasiado simples, reporta ao problema da aplicação.

Havia, na ética aristotélica, uma fundamental diferenciação entre o *conhecimento ético* e o *conhecimento técnico* — na técnica, tem-se sempre um "saber prévio" ao qual se recorre; na ética, no mundo da ação, vale sobretudo o "saber-se" em situação.

Se quisermos, e seguindo Gadamer, o problema da aplicação é sempre um problema ético; por mais que tentemos nunca conseguiremos *reduzi-lo* a um problema técnico.

Mais diria que é também um problema politico, pensando a política como o que rege as relações entre os homens. E poderia aqui evocar Jurgen Habermas...

A ética do discurso constrói-se, diz ele, nos processos de debate. Envolve decisões existenciais, um agir no mundo e uma ética de solidariedade contra o sofrimento e a opressão. Radica-se na capacidade de encontrar ou de produzir um consenso dialogal, pelos nossos *actos de fala* (*Speech acts*) e na pluralidade de vozes e opiniões.

Curioso, que Bernard Shaw tenha afirmado que «a linguagem dos profissionais é uma conspiração contra os leigos» e que os enfermeiros dediquem tanta atenção à adequação do que dizem, de acordo com os intervenientes.

Notemos que só é possível fomentar a *humanização* se o ambiente for humanizador.

O desafio para o enfermeiro é criar um espaço físico esteticamente agradável, confortável, funcional e seguro, mas sobretudo desenvolver na equipa de profissionais uma *cultura de humanização*. Numa equipa em que cuidar do outro é uma prioridade, todos desenvolvem capacidades, *humanizam-se*. Numa equipa moralmente evoluída a preocupação pelo *outro vulnerável* origina uma resposta eficiente às necessidades.

Vejo o enfermeiro como um profissional do cuidado, do diálogo responsável que visa proteger e salvaguardar a dignidade da pessoa humana, nas suas intervenções. E o Cuidado, pela sua natureza é humanizado e humanizador, atento ao percurso existencial e à situação concreta da pessoa.

Agora, o desafio da pergunta era interrogar a humanização como estratégia de marketing, na visão do enfermeiro. Para isso, precisamos detalhar a ideia de marketing.

Do Marketing

Segundo McCarthy, "*marketing* é um processo social que dirige o fluxo dos bens e serviços dos produtores para os consumidores, de maneira a equilibrar efectivamente a oferta e a procura, a fim de alcançar os objetivos da sociedade"[3].

O Chartered Institute of Marketing do Reino Unido, define marketing como "*o processo de gestão responsável por identificar, antecipar e satisfazer os requisitos esperados pelos clientes, que lhes traga proveitos.*" Ou seja, é responder ao que as pessoas precisam.

Marketing é actuar no *mercado*, com toda a sua dinâmica e compreendendo-o nas suas diversas variáveis, interrelacionadas.

Ainda de acordo com Jerome McCarthy, o marketing tem como grandes desafios, relativamente às relações entre o mercado e a comunicação, um misto de quatro grandes componentes que tem que integrar: o produto, o preço, o lugar e a promoção[3] (os *quatro P's — Product, Place, Price and Promotion*), sendo estes relacionados com um quinto, essencial, que são as Pessoas, tanto clientes como prestadores de serviços.

O Marketing exige planeamento e
(1) deve ser precedido de uma *pesquisa* — pois é preciso detectar se existe ou não **procura** para um determinado serviço ou produto;

---

3. Só a promoção (ou comunicação) envolve um conjunto de itens relacionados com tudo o que tem a ver com os produtos ou serviços, tais como a venda, os anúncios, a promoção de vendas, o marketing directo, a publicidade, os patrocínios, a exibição/demonstração dos serviços ou produtos, a identificação geral, a embalagem/apresentação, os pontos de venda ou "merchandising" bem como a forma de passar a informação.

(2) tendo a pesquisa como referência, cria-se ou modifica-se um *produto* existente, que no nosso caso é um SERVIÇO. Enquanto os produtos são materiais e tangíveis, os serviços são imateriais e intangíveis — e enquanto um produto é avaliado de forma objectiva e directa, um serviço é avaliado de forma subjectiva e indirecta.

Assim o sucesso de um serviço, muito mais do que o produto, dependerá da Credibilidade que fôr capaz de inspirar num cliente– e credibilidade é palavra-chave, um conceito que floresce no relacionamento entre pessoas.

(3) As *pessoas* fazem parte do produto ou do serviço.

Note-se que quanto mais intangíveis são os serviços, mais a pessoa do profissional — do enfermeiro, no nosso caso — se confunde com os serviços que executa. Assim, enfermeiros simpáticos são considerados pelo cliente como sendo enfermeiros competentes. O inverso também é verdadeiro. E estou centrada na lógica do cliente até porque em marketing é a lógica do cliente que prevalece.

Dentro do tópico *Pessoas* é bom que se ressalte o atendimento dado ao cliente — este tem sido, em muitos casos, o ponto crítico até na acessibilidade das pessoas aos serviços;

(4) O *preço* é um dos componentes dos custos dos serviços, mas não é o único factor que determina os custos finais percebidos pelos clientes.

Há quem afirme que os clientes não decidem em função do preço, como normalmente se pensa, e sim em função do *valor* percebido no serviço, ou seja, uma relação custo/benefício, resultante do preço e do serviço prestado assim como as vantagens de obtenção deste serviço. Pode, por exemplo, tornar-se um serviço mais atractivo sem alterar o preço — basta por exemplo, reduzir as dificuldades de obtenção do serviço.

(5) O *local* ou o sítio assim como a sua apresentação são relevantes e é preciso ter em conta a identidade visual que reforça a

proposta de trabalho; o reforço da mensagem não verbal que se quer passar aos clientes para aumentar a Credibilidade dos serviços.

(5) A *Promoção* ou a comunicação inclui a propaganda — um certo diferencial competitivo, que não passa pela técnica (teria uma linguagem hermética para os clientes) mas por uma mensagem criteriosamente escolhida e que venha a ser cumprida, na prática (até pela credibilidade..). Pensaria nos lemas de algumas organizações, e, para sair da saúde, pode ser o exemplo «do diferencial competitivo» da Nokia — «connecting people» ou da Honda — Produzir onde há procura. Ah, e o lema do Brasil, «Ordem e Progresso»...

(6) *Estratégia de marketing* coloca juntos todos os elementos: o produto/serviço, as pessoas que executam, o preço, o local e a promoção do produto/serviço. O segredo de um bom marketing está em procurar a coerência entre todos os elementos e a identidade com os clientes — a *Estratégia de Marketing* acontece quando alinhamos, de forma sinérgica, acções operacionais com as necessidades dos clientes, de forma lucrativa para a organização.

Desta forma optimizam-se os recursos e maximizam-se os lucros — tanto o lucro financeiro, quanto a qualidade de vida e o prestígio social da organização junto à comunidade.

(7) Finalmente, é necessário o *Controle do marketing*, pois não basta ter 99% de acções correctas, é necessário corrigir o 1% que não o foi...

Sem discutir a utilidade e as competências específicas do *Marketing na Saúde*, assim como a inovação que esta função pode trazer, destaca-se a prévia relevância de uma definição de políticas de saúde e a existência dos recursos necessários, entre os quais, os humanos assim como o envolvimento das pessoas — prestadores de cuidados e utentes.

Noutra perspectiva, e dadas as mudanças nas organizações de saúde, pode pretender-se encontrar formas de persuadir para a aceitação de novos modelos de políticas e gestão de recursos, de modo a que a mudança seja uma realidade aceite e partilhada, incutindo, por via do marketing, "*um clima de confiança que reforce o sentido de pertença que as profissões da saúde têm em relação às suas instituições e a confiança do cidadão no seu sistema de saúde, mesmo perante as alterações*"(Ribeiro,2004).[4]

Um «mercado de saúde» suporia, como facilmente se percebe, a existência de uma *oferta* de serviços, que procura ir de encontro às necessidades e expectativas das populações e que os cidadãos participem livremente, *escolhendo* de entre os serviços disponíveis. Ou seja, estamos em torno da liberalização de serviços, de forma a dar-se aos cidadãos mais oportunidades de escolha de serviços, indo ao encontro das necessidades dos próprios cidadãos.

Notaria aqui que, pensando no *mercado*, pode acontecer que as necessidades sejam criadas, além das previamente existentes.

Estaria aqui a equacionar a formulação e a *construção* de necessidades, sendo que o incitamento ao consumo pode desencadear *necessidades* e influenciar claramente as tendências. Independentemente das carteiras de clientes...

Por outro lado, numa lógica de liberalismo em que o mercado nivele, a tendência será nivelar por baixo...

Em termos futuros, o mercado oferecerá os cuidados que as pessoas entendam como úteis...

Portanto, podemos interrogar o que oferecemos às pessoas...

Faltaria aqui o conceito de *Marketing social* (Kotler, Zaltman, 1971)[5], que pode ser aplicado a uma ampla variedade de questões

---

4. Ribeiro, Olivério de Paiva — Marketing e Comunicação: inovação conceptual na Gestão de Serviços de Saúde. p. 224
5. Para Kotler & Zaltman(1971) é "projecto, implantação e o controle de programas que procuram aumentar a aceitação de uma idéia ou prática social num público-alvo". É utilizado por organizações que não visam lucro (ao avesso do que costumamos pensar) e aplica os conhecimentos adquiridos na prática empresarial, como é o caso do estabelecimento de objectivos ou o direcionamento de produtos para grupos específicos de consumidores. Schiavo (2002) afirma que Marketing Social é "a gestão estratégica do processo de mudança social a partir da adoção de novos comportamentos, atitudes e práticas, nos âmbitos individual e coletivo, orientadas por princípios éticos, fundamentados nos direitos humanos e na equidade social".

sociais, como os direitos de minorias, a prevenção de abusos contra as crianças, a violência contra a mulher, entre outros.

Hoje, está bastante difundido o conceito de Glenn Wasek, que assinala a finalidade do *marketing social* como sendo *"garantir o bem-estar do indivíduo e da sociedade"*, privilegiando o cliente.

De acordo com os especialistas, o *marketing social* parece ser mais[6] apropriado quando novas informações precisam de ser disseminadas; quando é necessário para reduzir o consumo de produtos ou comportamentos potencialmente perigosos.

Tem sido visivel a sua aplicação na área da nutrição (a propósito da obesidade crescente, por exemplo), da prevenção das doenças sexualmente transmissíveis, no planeamento familiar, na preservação ambiental com a triagem dos lixos ou nas campanhas de maior segurança nas estradas.

Assim, o Marketing pode surgir no apoio às *alterações de comportamento* de utentes e profissionais. Podemos ver o que aconteceu com os medicamentos genéricos ou com a promoção da dádiva de sangue, no esforço de transformar a primeira doação voluntária em doação contínua, com fidelização do dador.

Um outro ponto de reflexão está relacionado com a *qualidade dos serviços*, e consideremos que os processos de certificação e acreditação por diferentes organismos, são uma das formas das instituições

---

6. Conforme Kotler pode ser classificado em quatro tipos, de acordo com as mudanças pretendidas:
(1) mudança cognitiva, para melhorar o nível de conhecimento de um segmento da população a respeito de um determinado produto, serviço ou idéia;
(2) mudança de acção cujo objectivo é levar as pessoas a realizar uma ação específica durante um certo período de tempo, como a vacinação contra a gripe;
(3) mudança de comportamento que significa a modificação de algum aspecto do comportamento individual, visando com isso aumentar o bem-estar próprio, e apresenta um grau de complexidade maior de ser realizada com relação às mudanças anteriores e
(4) mudança de valor, o tipo mais complexo, caracterizada por uma situação que visa a uma alteração nas crenças ou nos valores que um grupo alvo possui em relação a algum objecto ou situação.

publicitarem a qualidade dos seus serviços, perante a sociedade. Podemos pensar no King's Fund ou na Joint Comission, por exemplo.

Um factor também muito importante na divulgação dos serviços e na captação de clientes, está relacionada com *a imagem transmitida* por cada um dos utilizadores das instituições de saúde, relativamente aos serviços prestados.

Este é um factor importante pois é das opiniões e referências dos utentes, que poderão resultar soluções e correcções, de modo a melhorar esses mesmos cuidados e imagem das instituições.

Neste âmbito, a valorização de serviços ajustados às necessidades, a valorização da sua qualidade, a valorização da pessoa humana, tornam-se fundamentais.

É aqui que, além dos serviços oferecidos, infra-estruturas e equipamentos, se inclui o cuidado que é prestado a cada utilizador por parte dos profissionais, procurando transmitir a individualização e a personalização dos cuidados, procurando incutir satisfação e confiança.

Da visão do enfermeiro

Retomemos a ideia do que é um profissional — alguém que realizou uma «declaração pública» e se comprometeu a agir de um determinado modo.

As intervenções de enfermagem, de acordo com o Código Deontologico do Enfermeiro, em Portugal, "são realizadas com a preocupação da defesa da liberdade e da dignidade da pessoa humana e do enfermeiro"[7], entendendo como valores[8] universais a igualdade, a liberdade de escolha responsável (tendo em atenção o bem comum), a verdade e a justiça, o altruísmo e a solidariedade, a competência e aperfeiçoamento profissional. E são princípios orientadores, a responsabilidade, o respeito pelos direitos humanos e a excelência do exercício.

---

7. Estatuto da Ordem dos Enfermeiros, artigo 78º /1.
8. Idem, 78º/2.

Desde Nightingale, e é importante percebermos a latitude do tema, pois já nela econtramos preocupação com a qualidade do atendimento prestado aos soldados, o que, além das formas de tratamento e higiene, da luz e do ar, contemplou as questões relacionadas ao seu bem-estar.

Não é acidental que a *Dama da Lâmpada* escrevesse cartas ditadas pelos soldados ou que circulasse de noite, verificando os que dormiam.

Falarmos hoje de humanização ou do «resgate da humanização» é, basicamente, reafirmar os respeitar os direitos das pessoas, colocadas ao cuidado dos profissionais da saúde. E retomar o fio das relações entre-pessoas, que torna o mundo mais humano.

O que pode ser lamentável é termos de pegar numa ideia, que é fundante da acção dos enfermeiros, e fazer dela uma bandeira, como se fosse «algo mais» do que o que é realmente devido às pessoas.

O cliente tem direito a ver a sua dignidade respeitada, assim como as suas necessidades, valores e crenças e de seus familiares.

Tem direito ao alívio da dor com os recursos tecnológicos e psicológicos disponíveis.

Tem direito a um acolhimento que preserve a privacidade e a ter um ambiente que facilite o restabelecimento ou uma morte digna.

Na prestação directa de cuidados, o *paradigma de curar*, de acordo com alguns autores, foi-se tornando presa fácil dos desenvolvimentos tecnológicos, como se a preocupação se tivesse centrado na "doença da pessoa" e nos tratamentos.

Num outro eixo de leitura e compreensão, o *paradigma do cuidado* orienta-se para a "pessoa que tem necessidade de cuidados" na saúde, na doença ou na incapacidade — e a assunção difere consideravelmente.

É nesta óptica, por exemplo, que o cuidado paliativo não surge como uma espécie de "prémio de consolação" porque não se pode curar ou tratar; passa a ser parte integrante do projecto de estar *com* a pessoa, numa visão integral. E respeita inteiramente o direito à vida já que *vida digna* significa, em situação-limite, morte digna.

A relação enfermeiro-pessoa é uma interacção profissional e retomamos aqui a ideia de *limite* pois a pessoa a cuidar não é, à partida, um amigo, pelo menos à maneira aristotélica, mas um Outro próximo com o qual se estabeleceu um laço de compromisso e um pacto de cuidado. Por isso, e na sua essência, respeita a pessoa, valoriza a autonomia e demonstra solicitude numa visão holística, num olhar global.

Não vejo a relação entre humanização e enfermagem como «ideia da moda» ou de «estratégia de marketing».

A Enfermagem constitui-se como ciência e arte do cuidado humano, por isso não poderá respirar outra atmosfera. Ou então, definhará e deixará de ser — como «fazer cuidados» não é a mesma coisa que «prestar cuidados».

Liga-se a um valor ético e deontológico, nas raízes e na finalidade da profissão de enfermagem. Se desumanizada, não será essencialmente enfermagem.

Fundamentalmente, os cuidados têm de ter em conta a pessoa como uma totalidade única, inserida numa família e numa comunidade, clarificando o que tem sentido ou contribui para dar sentido à sua vida. Ademais, o *centro da acção e o eixo estruturante da acção do enfermeiro é a Pessoa* — em todos os actos, o desempenho dos enfermeiros realiza-se para e pela pessoa.

Assim, os enfermeiros substituem, ajudam e complementam as competências funcionais das pessoas em situação de dependência, na realização das actividades de vida.

Os enfermeiros orientam, supervisionam e lideram os processos de adaptação individual, o autocuidado, os processos de luto, os processos de aquisição e mudança de comportamentos para a aquisição de estilos de vida saudáveis.

Nesta perspectiva, o enfermeiro orienta a sua intervenção no sentido de "contribuir para criar o ambiente propício ao desenvolvimento das potencialidades da pessoa".

O cuidado profissional, a prática de Enfermagem, está ligado aos processos e problemas inerentes ao nascimento, crescimento, estado adulto, reprodução, maternidade e paternidade, manutenção da saúde física e mental, envelhecimento e morte.

Entende-se que o papel do enfermeiro na prestação de cuidados ocorre em crises ou passagens de vida, em alturas de transição e necessidade de ajustamento.

Neste sentido, a prestação e a gestão de cuidados do enfermeiro expande-se a tudo o que diga respeito à situação humana,

desde o nascimento ao envelhecimento ou a doença crónica,

de cuidar do moribundo e da família ao lidar com recusa de cuidados,

de gerir a escassez de recursos e estabelecer prioridades à gestão de conflitos nas equipas multidisciplinares,

do lidar com a política hospitalar, designadamente em termos económicos, à educação e aconselhamento para a saúde de indivíduos, famílias e grupos,

da abordagem de dependência de drogas ao planeamento familiar ou ao apoio em situações de pobreza e exclusão social,

de acompanhar famílias e gerações...

Estes exemplos demonstram o *low profile* e a diversidade de contextos em que se exerce esta profissão, que toma conta da vida.

A pensar em marketing, seria para dar visibilidade à enfermagem, enquanto profissão, e à sua responsabilidade e relevância nos ganhos em saúde dos cidadãos, tanto quanto, junto dos cidadãos, disseminar informações sobre saúde, educação ou cidadania.

Isto porque a temática da *humanização* envolve questões amplas que vão desde as políticas de saúde — assentes em valores como a cidadania, o compromisso social e a qualidade de vida — até os microespaços de actuação profissional. Compreendemos que a humanização dos serviços de saúde também passa pela forma como os clientes vêem e são vistos, como participam ou nem por isso. Também depende dos modelos de gestão, das estruturas, modos e formas de trabalhar.

Refira-se que, em Portugal, o *Código Deontológico do Enfermeiro* tem o artigo 89º, referente a *Humanização dos cuidados*

O enfermeiro, sendo responsável pela humanização dos cuidados de enfermagem, assume o dever de:

a) dar, quando presta cuidados, atenção à pessoa como uma totalidade única, inserida numa família e numa comunidade;

b) contribuir para criar o ambiente propício ao desenvolvimento das potencialidades da pessoa.

A humanização de qualquer actividade parte de cada pessoa e de cada grupo de pessoas que trabalha em conjunto, tendo presente a regra de ouro "não faças aos outros o que não queres que te façam a ti". E esta regra só é aplicável na sua forma negativa — atendendo a que o desenvolvimento humano da prestação faz ultrapassar a ideia de "cuido como gostaria de ser cuidado" para a máxima ética "cuido como a pessoa gosta ou quer ser cuidada".

REFERÊNCIAS BIBLIOGRÁFICAS

GADAMER, H. G. *O Mistério da Saúde*. O cuidado da Saúde e a Arte da Medicina. Lisboa: Edições 70, 1997. p. 39-40.

KOTLER, P., ZALTMAN, G. Social Marketing. *Journal of Marketing*, v. 35, n. 3, p. 3-12, jul 1971.

RIBEIRO, O. P. Marketing e Comunicação: inovação conceptual na Gestão de Serviços de Saúde. *Revista Millenium* Instituto Superior Politécnico de Viseu, n. 30, p. 224, out 2004.

capítulo 16

A Inserção da Equipe do PSF na Comunidade Atendida: o paradigma da dádiva de Marcel Mauss como referência de compreensão

José Roque Junges
Lucilda Selli
Eloir Antonio Vial
Márcia Eliana Tirello
Natália de Ávila Soares
Raquel Brondísia Panizzi Fernandes

O Programa de Saúde Família é uma política pública de grande alcance, porque pretende transformar o paradigma tradicional centrado no indivíduo, na cura da doença e no hospital, focando o atendimento na família, na promoção da saúde e na comunidade. Uma pesquisa no PSF de Campo Bom (RS), teve como objetivo apontar para alguns estrangulamentos no funcionamento do programa, originando conflitos e problemas que dificultam a mudança de paradigma. O objeto de estudo foi a percepção dos profissionais sobre aspectos éticos: das suas práticas, das relações que se estabelecem no trabalho, das tradições culturais da comunidade e do próprio programa. A metodologia teve uma abordagem qualitativa, empregando a técnica da discussão focal de grupo. Foram realizadas oito reuniões. A amostra foi composta de 3 médicos, 3 enfermeiras, 2 técnicas e 4 agentes comunitárias de saúde. O PSF está baseado numa concepção sociopolítica. A referência para o atendimento é a família e a comunidade. O bom êxito depende em grande parte da interação entre a equipe profissional e a comunidade. Este é um dos principais estrangulamentos do bom funcionamento do PSF, detectado pela pesquisa. Para entender esse estrangulamento é necessário buscar um novo paradigma para pensar os vínculos sociais em saúde. O PSF significa uma passagem da saúde pública estatal para a saúde pública comunitária, privilegiando o local diante do global. O paradigma da dádiva de M. Mauss pode oferecer um referencial teórico adequado para pensar o sistema comunitário de saúde e o papel das agentes.

O Programa de Saúde da Família (PSF) é uma política pública de grande alcance, porque pretende transformar o paradigma tradicional de assistência à saúde, centrado no indivíduo, na doença, no hospital e no médico, focando o atendimento na família, na comunidade, na promoção da saúde e na equipe interdisciplinar e multiprofissional (Ministério da Saúde, 1998).

Uma pesquisa realizada no PSF do município de Campo Bom (RS), na região metropolitana de Porto Alegre, tentou apontar para alguns estrangulamentos no funcionamento do programa que originam conflitos e problemas, dificultando a mudança de paradigma. O objeto de estudo foi conhecer a percepção dos profissionais sobre aspectos éticos: das suas práticas, das relações que se estabelecem no trabalho, das tradições culturais da comunidade e do próprio programa. Este trabalho procura discutir apenas um dos resultados que são as dificuldades relacionadas com a inserção na comunidade. O êxito da prática dos profissionais do PSF depende em grande parte da interação entre a equipe e a comunidade. Este é um dos principais estrangulamentos do bom funcionamento do programa, detectado pela pesquisa. Para entender esse estrangulamento é necessário buscar e discutir um novo paradigma para pensar os vínculos sociais.

Sobre a pesquisa

A pesquisa caracteriza-se como exploratória e descritiva, com amostra intencional e abordagem qualitativa. O método de coleta de dados foi grupo focal, composto por 12 integrantes, segundo critérios de distribuição por competência:

3 médicos, 3 enfermeiras, 2 técnicos de enfermagem e 4 agentes comunitários. Foram realizados 8 encontros de discussão focal. As falas, depois de gravadas e transcritas, foram organizadas e interpretadas segundo a metodologia da análise do conteúdo. O projeto foi aprovado pelo Comitê de Ética e Pesquisa com Seres Humanos, da UNISINOS, conforme Resolução 196/96 do Conselho Nacional de Saúde.

Discussão dos resultados

As falas dos participantes do grupo focal afirmam que a equipe antes fazia reuniões com a comunidade, mas as pessoas só apareciam se o gestor municipal estava presente, porque entendiam o encontro como um momento de reivindicação sobre questões de saúde que não funcionavam e para reclamar dos serviços. As reuniões transformavam-se em momentos de cobrança, com situações difíceis para os profissionais porque a solução não dependia deles ou no pior dos casos a culpa, muitas vezes, recaia sobre eles. Como os participantes foram notando que o gestor não estava presente e que a equipe não conseguia responder às reivindicações, as reuniões foram se esvaziando. Hoje a equipe já não realiza essas reuniões com a comunidade.

Tendo presente que a saúde das pessoas está em relação com a dinâmica do capital social (Bourdieu, 1986; Souza, Grundy, 2004) da comunidade, isto é, com os diferentes grupos e organizações presentes no entorno social, perguntou-se aos participantes do grupo focal como acontecia a articulação das equipes com as redes de apoio social da comunidade (escola, clube, Igreja, associação de bairro). Foi constatada pouca ou quase nenhuma articulação. As falas apontam para o fato de receber ajuda de algum empresário ou presidente de associação de bairro para organizar o passeio dos hipertensos e diabéticos. Fica patente que a equipe não descobriu a importância da sua articulação com as redes de apoio social como uma maneira de inserir-se na comunidade. Assim, as ações de promoção da saúde não são planejadas e organizadas com a comunidade, tendo, por isso, pouca participação e eficácia. As falas apontam como solução para a falta de relação com a comunidade, a necessidade de integrar uma assistente social na equipe para que ela trabalhe a articulação com as redes apoio social. Certamente a presença de uma competência em serviço social pode ajudar, mas existe uma questão de fundo que é necessário abordar.

A falta de uma boa articulação com a comunidade é um dos principais estrangulamentos do bom funcionamento do programa detectado pela pesquisa. Para entender esse estrangulamento é necessário buscar um novo paradigma para pensar os vínculos sociais, pois o PSF está baseado numa nova concepção sociopolítica de saúde. Ele significa a passagem de um paradigma puramente estatal de saúde pública para o paradigma comunitário de saúde coletiva, privilegiando o local diante do global. Trata-se da passagem do público estatal para o público comunitário. Nesse sentido, o programa pressupõe um engajamento participativo da comunidade nas ações de saúde. O papel das agentes comunitárias de saúde consiste, justamente, em ajudarem na interação entre a equipe e a comunidade. Mas não é isso que acontece, em geral, porque o tipo de formação dada a elas é puramente técnica, afastando-as da comunidade e integrando-as na equipe na função do que antigamente era a assistente em enfermagem.

O paradigma da dádiva do antropólogo francês Marcel Mauss (2003) pode oferecer um referencial teórico adequado para pensar o sistema comunitário de saúde. Um grupo de cientistas sociais franceses, autodenominados de grupo M.A.U.S.S. (*"Mouvemént Anti-Utilitrariste des Sciences Sociales"*) tenta retomar as intuições maussianas sobre a dádiva para entender a sociedade atual (Caillé,2002; Godbout,1999). No Brasil, essa nova tendência nas ciências sociais está sendo desenvolvida pelo sociólogo P. H. Martins (2002, 2003). As análises desse grupo servirão de referência para discutir os estrangulamentos na relação entre a equipe do PSF e comunidade atendida.

A modernidade significou a desconstrução do paradigma da dádiva que pautava, até então, as relações sociais, introduzindo as relações formais do Mercado e do Estado como referenciais para a sociabilidade. Nas sociedades pré-modernas, as relações de confiança e de compromisso do sistema da dádiva, baseadas no princípio do dar, receber e retribuir, estavam na base do viver em sociedade. Os bens produzidos não eram mercadorias para vender, mas dons para a troca simbólica a serem dados como uma forma de fortalecer as relações. Assim a sociabilidade estava fundada na interdependência, porque quem recebia ficava com o dever moral de retribuir com outro dom. Não se pode reduzir esse fato ao puro escambo de mercadorias, porque o valor simbólico é muito mais importante que o bem material que se troca. Nem se pode dizer que é caridade, porque o bem doado se caracteriza como um dom *agonístico*, isto é, a doação tem o sentido de provocar o outro a que retribua. Portanto, tem o sentido de criar dependência mútua como uma forma de criar laços sociais. Assim, a sociabilidade funda-se na dívida mútua da troca simbólica de bens fundada na confiança.

A modernidade veio para libertar o cidadão de qualquer dependência, tornando-o autônomo e independente. Por isso, o homem moderno tem horror à dívida, querendo logo desfazer-se dela, porque cria dependência. Não havendo mais laços de dependência mútua como base da sociabilidade, as relações sociais tornaram-se formais baseadas nas leis do Mercado ou nas estruturas jurídicas do Estado. Hoje as relações sociais não estão mais fundadas na confiança, ficando esta restrita ao âmbito privado. Elas sempre são mediadas pelo dinheiro ou por contratos com base jurídica. A base da confiança é dada pelo Mercado ou pelo Estado.

A Inserção da Equipe do PSF na Comunidade Atendida: o paradigma da dádiva de Marcel Mauss como referência de compreensão

A modernidade reduziu as trocas na sociedade a uma pura troca material de bens, esvaziando-a dos valores simbólicos, porque elas são mediadas pela moeda ou por documentos assinados. Por isso, as relações sociais são relações puramente formais. Essa é a base do êxito da democracia moderna, mas é também a sua fragilidade e a causa do seu esvaziamento e descrédito nos dias atuais. O exercício formal da democracia através das eleições e da representatividade está baseado na fragilidade dos laços de sociabilidade da sociedade moderna. A democracia real só é possível onde existe uma sociabilidade robusta fundada na interdependência social.

Embora a modernidade tenha significado uma gradativa desconstrução do sistema da dádiva, os seres humanos não conseguem viver em sociedade sem algum grau de trocas simbólicas. Por isso, continuam a existir, mesmo na sociedade capitalista, momentos intercalados de dádiva, quando se vive o espírito da gratuidade e se dão presentes, mas essa troca é uma exceção, sem significado simbólico para a dinâmica social. Por outro lado, o paradigma social da dádiva volta a estar presente em várias iniciativas que tentam ser uma alternativa ao sistema econômico vigente e responder à atual crise social, como, por exemplo, a experiência de economia solidária.

O PSF é um exemplo de resposta à crise da saúde pública num mundo globalizado, apostando numa mudança nos processo de trabalho e no compromisso da comunidade (Franco, Merhy, 2003). Essa aposta depende do engajamento e da responsabilização da própria comunidade nas ações sanitárias, superando uma visão, puramente reivindicatória e descompromissada, do direito á saúde. Essa base comunitária do PSF pode ser compreendida melhor tendo como referencial teórico de compreensão o sistema da dádiva desenvolvido pelos seguidores de Marcel Mauss. Já houve uma tentativa de aproximação nessa linha por parte de integrantes do grupo do Instituto de Medicina Social da UERJ, contudo a preocupação era com as questões de integralidade e cuidado (Guizardi, Pinheiro, 2004). Aqui a questão é a inserção da equipe do PSF na comunidade.

Os estrangulamentos expressos pela equipe em sua relação com a comunidade apontam para a necessidade de uma nova compreensão das dinâmicas sociais e da própria organização pública da saúde. O SUS, e mais especificamente o PSF, significaram a passagem da exclusiva organização pública estatal da saúde (tipo INAMPS) para um sistema público comunitário baseado no financiamento estatal, mas com uma forte responsabilização local através dos Conselhos Municipais de Saúde. Essa responsabilização comunitária não irá funcionar sem a presença de uma boa dose de capital social e sem o fortalecimento de relações sociais dinamizadas por trocas simbólicas e inspiradas no dar, receber e retribuir do sistema da dádiva.

A ameaça à concepção subjacente ao PSF vem da entrada de dinâmicas e práticas baseadas em visões mercantilistas ou estatizantes da saúde. Alguns exemplos são: o fato dos convênios particulares aproveitarem-se das estruturas do PSF na subvenção de exames onde não existe referência e contra-referência; a gradativa proliferação de cooperativas de profissionais da saúde usadas pelas prefeituras para a contratação de trabalhadores para o PSF sem concurso e sem estabilidade, dificultando o vínculo; a visão da comunidade atendida que concebe o sistema público de saúde na perspectiva estatal reivindicatória apenas como doador de bens e serviços sem engajamento e participação comunitária.

Um dos *nós* ainda não desatado e com incidências na relação entre a equipe e a comunidade é o papel desempenhado e a formação adequada das agentes comunitárias da saúde. As competências exigidas, para que elas possam servir de elo entre a equipe e a comunidade, estão mais próximas do serviço social do que da assistência à enfermagem. Mas a visão que, em geral, inspira o programa de formação das agentes baseia-se, principalmente, em conhecimentos científicos da área de saúde. Procura-se muni-las com cultura científica para que possam exercer o seu papel. Não existe uma preocupação, para que elas valorizem e tragam para a equipe os saberes populares e as representações culturais sobre saúde e doença, presentes na comunidade (Silva, Dalmaso, 2002; Levy, Matos, Tomita, 2004).

Esse desvio no papel das agentes transformado-as em assistentes da enfermagem reflete-se nas dificuldades da inserção da equipe na comunidade atendida. A origem das agentes comunitárias está no voluntariado da pastoral da saúde da Igreja católica no nordeste. Esse voluntariado estava baseado no espírito do sistema da dádiva com fortes laços comunitários. Com a gradativa profissionalização das agentes em matéria de saúde perde-se essa perspectiva e o seu papel descola-se da comunidade, porque a sua referência é a equipe. Por isso, a função e a respectiva formação das agentes são os *nós* da questão da relação entre a comunidade e a equipe. Elas são chamadas a captar e a untar o tecido comunitário em suas incidências com a saúde e a doença e articular as ações da equipe com as redes de apoio social. Isso só é possível se na comunidade existe um bom nível de capital social e os membros desenvolvem a troca simbólica nas suas relações.

Conclusão

A modernidade significou um enfraquecimento dos laços comunitários e a emergência de um indivíduo portador de direitos. Esse processo cultural trouxe grandes benefícios, mas também está na base da crise atual, porque o indivíduo moderno está totalmente entregue a si mesmo, sentindo-se inseguro e isolado pela falta de referências comunitárias. Essa insegurança e isolamento têm forte incidência sobre a saúde e na organização dos serviços. O PSF significa uma mudança nas práticas sanitárias, porque pensa o indivíduo em relação e compreende as situações de saúde e de doença em estreita inter-relação com o ambiente. Nesse sentido é uma resposta a crise social no âmbito da saúde.

REFERÊNCIAS BIBLIOGRÁFICAS

BOURDIEU, P. The forms of Capital. In: RICHARDSON, J. G. (org.). *Handbook of Theory and Research for the Sociology of Education*. Westport (Connecticut): Greenwood Press, 1986. p. 241-258.

BRASIL. Ministério da Saúde. Programas e Projetos — Saúde da Família. Brasília: Ministério da Saúde, 1998 (documento disponível no site do ministério).

CAILLÉ, A. *Antropologia do dom*. O terceiro paradigma. Petrópolis: Vozes, 2002.

FRANCO, T. B., MERHY, E. E. Programa de Saúde da Família (PSF): contradições de um programa destinado à mudança do modelo assistencial. In: MERHY, E. E. et al. *O trabalho em saúde*. Olhando e experienciando o SUS no cotidiano. São Paulo: Hucitec, 2003.

GODBOUT, J. T. *O espírito da dádiva*. Rio de Janeiro: Ed. Fundação Getúlio Vargas, 1999.

GUIZARDI, F. L., PINHEIRO, R. Quando Dádiva se transforma em saúde: Algumas questões sobre a integralidade e o cuidado nas relações entre sociedade e cuidado. In: PINHEIRO, R., MATTOS, R. A. (Orgs.). *Cuidado*. Rio de Janeiro: Hucitec/Abrasco, 2004. p. 37-56.

LEVY, F. M., MATOS, P. E. S., TOMITA, N. E. Programa de agentes comunitários de saúde: a percepção de usuários e trabalhadores da saúde. *Cad Saúde Pública*, v. 20, n. 1, p. 197-203, 2004.

MARTINS, P. H. (Org.). *A dádiva entre os modernos*. Discussão sobre os fundamentos e as regras do social. Petrópolis: Vozes, 2002.

MARTINS, P. H. *Contra a desumanização da medicina*. Crítica sociológica das práticas médicas. Petrópolis: Vozes, 2003.

MAUSS, M. Ensaio sobre a dádiva: forma e razão da troca nas sociedades arcaicas. In: MAUSS, M. *Sociologia e Antropologia*. São Paulo: Cosac Naify, 2003. p. 183-314.

SILVA, J. A., DALMASO, A. S. W. *Agente comunitário de saúde*: o ser, o saber, o fazer. Rio de Janeiro: Fiocruz, 2002

SOUZA, E. M., GRUNDY, E. Promoção da saúde, epidemiologia social e capital social: inter-relações e perspectivas para a saúde pública. *Cad Saúde Pública*, v. 20, n. 5, 2004.

capítulo 17

A Percepção do Usuário do Programa de Saúde da Família sobre a Privacidade e a Confidencialidade das Informações Reveladas ao Agente Comunitário de Saúde

Antonio Seaone
Paulo Antonio de Carvalho Fortes

Muitos especialistas têm se dedicado ao estudo do Programa de Saúde da Família (PSF).Numa nova relação de trabalho e de vínculo com os usuários da saúde, esta nova estratégia de atendimento do Sistema Único de Saúde (SUS) procura integrar o serviço, as famílias e os indivíduos, na melhoria das condições de saúde da população, assumindo um conceito ampliado da atenção básica, buscando um sistema integrado que caminha em direção à qualidade de vida das pessoas e de seu meio ambiente. Inova ao estabelecer uma relação permanente entre os profissionais de saúde e a comunidade, por meio de um atendimento humanizado buscando resolver os problemas de saúde mais freqüentes.Entretanto, esta relação de vínculo dos profissionais de saúde com o usuário, principalmente do agente comunitário de saúde (ACS) que representa a população e desenvolve suas atividades na mesma área onde reside, deve ser pautada pelo respeito aos direitos dos usuários.

O Programa de Saúde da Família

Minayo (2004) argumenta que a saúde e a doença envolvem uma complexa interação entre os aspectos físicos, psicológicos, sociais e ambientais da condição humana e de atribuição de significados, ou seja, são fenômenos clínicos e sociológicos vividos culturalmente. Diz ainda que qualquer ação de tratamento, de prevenção ou de planejamento deveria estar atenta aos valores, atitudes e crenças dos grupos a quem a ação se dirige.

O PSF favorece o estabelecimento de novas relações, em que cada parte atuante é sujeito do processo. A tendência é que com o tempo, o paciente deixe de ser objeto de ação, enquanto que o profissional passe a compreendê-lo enquanto ser político-social, psico-biológico, cultural e contextualizado no ambiente em que vive. (Santana, Carmagnani, 2001).

Prioritariamente o Programa de Saúde da Família deve ser implantado em áreas de maior exclusão social e a expectativa é de que a estratégia do PSF, com a dinâmica dos profissionais e as características peculiares do Programa, possa contribuir para melhorias nos índices de saúde dos habitantes dessas regiões.

Compreendendo-se que todos os problemas que geram uma diminuição na qualidade de vida das pessoas refletem-se na área da saúde — que não pode individualmente resolvê-los — tem-se a necessidade do trabalho conjunto, intersetorial, envolvendo todas as Secretarias, como as do Meio Ambiente, Habitação, Transporte, Assistência Social, entre outras e ainda, lideranças e parcerias da comunidade, co-responsabilizando-se pela região, para proporcionar aos cidadãos uma real melhoria nas condições de vida.

Seria importante que o PSF se adaptasse a cada uma das regiões onde é implantado, pois, mesmo sabendo-se que no Brasil convivemos com áreas, às vezes, muito prósperas ao lado de outras extremamente carentes, as necessidades básicas diferem de acordo com cada região.

Zoboli (2003) diz que se a construção do SUS implica uma reviravolta ética, a reorganização da atenção básica dentro da concepção do Programa de Saúde da Família, aumenta o trajeto desse giro ético, pois sua efetivação não se resume a uma nova configuração da equipe técnico-assistencial, mas a um novo processo de trabalho marcado por uma prática ética e vinculado ao exercício da cidadania.

Cada equipe do PSF, normalmente, é composta por um médico, um enfermeiro, um ou dois auxiliares de enfermagem, uma equipe de saúde bucal e quatro a seis agentes comunitários de saúde, sendo responsável por 800 até 1.200 famílias ou entre 3.300 e 4.800 pessoas.

O Agente comunitário de saúde

Dos integrantes do Programa de Saúde da Família, o papel do agente comunitário de saúde talvez seja o mais importante, já que se espera que ele seja o elo de ligação entre o serviço e a comunidade.

O agente comunitário de saúde (ACS) é um profissional do Programa de Saúde da Família que obrigatoriamente reside na área onde executa suas atividades devendo, dentre suas competências, ser o responsável por melhorar o acesso da sua comunidade aos serviços de saúde e contribuir para o desenvolvimento do papel político da população na construção da cidadania.

Na implantação do Programa, depois de escolhida a área e após serem selecionados, os ACS cadastram as famílias coletando informações como: nome, idade, condições de moradia, escolaridade, profissão, identificam o histórico de saúde de seus integrantes, apontando a existência de enfermidades tais como: tuberculose, hanseníase, malária, hipertensão, diabetes, desnutrição, entre outras.

A partir daí, o ACS visita mensalmente cada uma das famílias sob sua responsabilidade, entre 180 e 200 famílias, firmando o vínculo, agendando consultas, controlando as medicações dos doentes crônicos, fornecendo orientações sobre doenças como a dengue, a leptospirose, além de orientar sobre a higiene básica e tantos outros cuidados relacionados à saúde, verificando novos casos de agravos à saúde e monitorando o meio ambiente. Posteriormente, todas essas informações serão discutidas pela equipe na Unidade de Saúde (Ministério da Saúde, 2002).

Entretanto, Nogueira, Silva, Ramos (2000) assinalam os potenciais de conflito no trabalho desse novo profissional que deve juntar a dimensão solidária à tecnológica na busca da melhoria da saúde e das condições gerais de vida da população.

Ainda sobre o papel do ACS como agente modificador da condição social e da construção da cidadania, é importante salientar que, por vezes, esse agente comunitário vivencia os mesmos problemas das famílias por ele assistida, muitas vezes em situação de extrema vulnerabilidade social.

Em que pese que a nova situação de profissional da saúde, portanto, um trabalhador remunerado, proporcione a alguns deles uma nova realidade econômica, muitos já trazem consigo as marcas da exclusão em que viviam. Portanto, seria oportuno nos questionarmos o quanto eles seriam capazes de estimular essa luta pelo direito à cidadania, uma das expectativas atribuídas ao seu papel profissional.

Nessa direção, Silva (2001) constatou que, em situações concretas de ação e interação, o agente comunitário compõe dimensões técnicas e políticas do trabalho, pendendo mais para um dos pólos, o institucional ou o comunitário.

Vale ainda observar se, com o passar do tempo e o desenvolvimento do trabalho, o agente comunitário se distancia da comunidade e se volta mais aos interesses da instituição, justamente pelo duplo papel que exerce, ou seja, um representante da instituição onde está ligado por contrato formal de trabalho e um líder e, portanto, representante da comunidade.

Em um interessante estudo sobre o ACS em 2002, Silva, Dalmaso argumentam que tanto a comunidade quanto a equipe de saúde a que se integrava, o aceitava ou o rejeitava na medida em que se definia clara ou ambiguamente qual o seu papel. O estudo evidenciou, ainda, que a proposta do PSF não amadureceu suficientemente as questões referentes à organização do trabalho na unidade e ao estabelecimento de uma lógica de trabalho em equipe que facilitasse a integração do conjunto de todos os profissionais.

Nesse sentido, como qualquer outro profissional da saúde, mas principalmente pelas suas características próprias, pela relação de confiança que cria com a comunidade, o ACS deve ser capacitado para que exerça suas funções à luz dos valores e princípios morais, de acordo com as bases da construção do Programa.

Parece, portanto, interessante observarmos qual a percepção dos usuários da saúde do Programa de Saúde da Família, diante das atividades exercidas pelo ACS, principalmente no que diz respeito à privacidade e a confidencialidade das informações reveladas a esse profissional, já que existe um vínculo que extrapola as relações normalmente observadas nos serviços de saúde.

Ética na Saúde

Fortes (1998) diz que não há um conceito único sobre o que seja *Ética*, afirmando que é um mecanismo de regulação social que visa a garantir a coesão social e harmonizar interesses individuais e coletivos. Diz ainda que no aspecto semântico, as palavras ética e moral se equivalem, porém, foram progressivamente adquirindo diferentes significados e compreensões.

Assim, ainda segundo Fortes (1998), Moral, seria o conjunto de princípios, valores e normas que regulam a conduta humana em suas relações sociais, existentes em determinado momento histórico. Já, Ética, implica opção individual, escolha ativa, requer adesão íntima da pessoa a valores, princípios e normas morais; é ligada intrinsecamente à noção da autonomia individual. Ou seja, cada pessoa é responsável por definir a sua ética.

Cortina, Martinez (2005) argumentam que freqüentemente utiliza-se a palavra ética como sinônimo de *a moral*, ou seja, esse conjunto de princípios, normas, preceitos e valores que regem a vida dos povos e dos indivíduos. Desse modo, *ética* e *moral* confluem etimologicamente em um significado quase idêntico, ou seja, tudo aquilo que se refere ao modo de ser ou caráter adquirido como resultado de pôr em prática alguns costumes ou hábitos considerados bons.

Para Barton, Barton (1984) o estudo da Ética consiste em questionar-se sobre o que é correto ou incorreto, virtude ou maldade nas relações humanas.

Beauchamp, Childress (2002) assinalam que no seu sentido mais amplo a moralidade comum é constituída por normas de conduta socialmente aprovadas. Ela reconhece muitas formas de comportamento legítimas e ilegítimas que aprendemos no emprego da linguagem dos direitos humanos. Segundo os referidos autores, a moralidade comum não é perfeita nem completa em suas recomendações, mas sim o ponto de partida correto para a teoria ética.

Bioética

A Bioética é uma das áreas do conhecimento que mais vêm crescendo nos últimos anos. Há alguns anos, a reflexão e análise bioética tem se preocupado em mediar os inúmeros dilemas advindos do cotidiano das práticas em saúde, bem como do desenvolvimento tecnológico e as novas formas de cuidado e assistência.

Cortina, Martinez (2005) ao discorrerem sobre bioética assinalam que tal termo começou a ser utilizado no início dos anos 1970 para designar uma série de trabalhos científicos que tinham por objetivo a reflexão sobre uma variada gama de fenômenos vitais: desde as questões ecológicas às clínicas, desde o problema da pesquisa com seres humanos à pergunta com os pretensos direitos dos animais.

Não obstante, Reich (1995), na Enciclopédia de Bioética fornece uma definição segundo a qual Bioética é o estudo sistemático das dimensões morais — incluindo visão moral, decisões, conduta e políticas — das ciências da vida e atenção à saúde, utilizando uma variedade de metodologias éticas em um cenário interdisciplinar.

Em 2001, o Programa Regional de Bioética, vinculado à Organização Pan-Americana de Saúde (OPAS) definiu Bioética igualmente de forma ampla, incluindo a vida, a saúde e o ambiente como áreas de reflexão.

A proposta original da palavra bioética, formulada em 1970 pelo Professor Van R. Potter, tinha uma grande preocupação com a interação do problema ambiental às questões de saúde. Potter pensou na Bioética como uma *ciência da sobrevivência*. Para construí-la, seria necessário reunir a Ética e a ciência.

Porém, como assinalam Cortina,Martinez (2005) a necessidade de estabelecer com mais precisão os diversos âmbitos de problemas levou a reservar o termo bioética para as questões relacionadas com as ciências da saúde e as biotecnologias.

Assim, a Bioética nasceu da preocupação em entender o desenvolvimento da tecnologia voltada para a saúde; de que forma o acesso a essa tecnologia é distribuído e as questões ambientais com a intenção da preservação da vida. Nasceu, portanto, da preocupação de que o indivíduo, para quem o desenvolvimento técnico-científico deveria beneficiar, passava a ser o objeto de experiências, sem implicar, necessariamente, na observação do respeito à sua autonomia.

Hoje no mundo, apenas ¼ da população tem condições de beneficiar-se totalmente desse desenvolvimento técnico-científico, sendo que ainda convivemos com doenças primitivas — a maioria delas ligadas à situação de extrema pobreza — colocando em risco a vida de milhões de pessoas no planeta.

Autonomia

O Relatório Belmont (1978), que estabeleceu as bases para a adequação ética da pesquisa nos Estados Unidos, denominava o princípio da autonomia como o Princípio do Respeito às Pessoas. Propunha que a autonomia incorporasse, pelo menos, duas convicções éticas: a primeira, que os indivíduos deveriam ser tratados como agentes autônomos, e a segunda, que as pessoas com autonomia diminuída deveriam ser protegidas.

A palavra autonomia significa, etimologicamente, auto-imposição de leis. É a capacidade do indivíduo de escolha independente, livre, decidindo e se responsabilizando por suas decisões.

Respeitar a autonomia é aceitar as opiniões dos outros, suas escolhas, a menos que, de alguma forma, venham a prejudicar terceiros. É garantir o direito à informação para que o indivíduo possa ter a liberdade de agir com base em seus julgamentos, livre de coações.

Autonomia deve ser considerada como um exercício da subjetividade. Cada indivíduo estabelece sua própria escala de valores, podendo, diante de determinada circunstância, ter condições de decidir de acordo com esses valores.

Nessa perspectiva, Fortes (1998), afirma que a pessoa autônoma é aquela que toma decisões livremente, escolhe entre alternativas a ela apresentadas de acordo com valores, crenças, aspirações e objetivos próprios, e é capaz de agir baseada nessas deliberações. Entretanto, autonomia não significa individualismo, é um princípio que não deve ser convertido em direito absoluto; seus limites devem ser dados pelo respeito à dignidade e à liberdade dos outros e da coletividade.

Nesse sentido, decisão ou ação de pessoa, mesmo que autônoma que possa causar dano à outra pessoa ou à saúde pública, poderá não ser eticamente válida. (Muñoz, Fortes, 1998).

Beauchamp, Childress (2002) reduziram o Princípio do Respeito à Pessoa, para Autonomia. Esses autores admitem que a autonomia tem diferentes significados, tão diversos como autodeterminação, direito de liberdade, privacidade, escolha individual, livre vontade, comportamento gerado pelo próprio indivíduo e ser propriamente uma pessoa. Por exemplo, pessoas institucionalizadas, tais como prisioneiros ou indivíduos mentalmente comprometidos, têm autonomia reduzida. A incapacidade mental limita a autonomia, assim como a institucionalização coercitiva dos prisioneiros, porém, esses indivíduos continuam a merecer o respeito como pessoas.

Então, parece razoável pensar que em certas circunstâncias de exclusão social, de vulnerabilidade, mesmo com poder de sujeito autônomo, a própria situação econômica, pode impossibilitar a pessoa de exercer a sua condição de liberdade, de autonomia, fazendo com que se sujeite ao *poder* do outro.

Nessa direção, Charlesworth (1996) introduz uma perspectiva social para a autonomia do indivíduo, podendo conduzir à própria noção de cidadania. Esse autor afirma que ninguém está capacitado para desenvolver a liberdade pessoal e sentir-se autônomo se está angustiado pela pobreza, privado da educação básica ou se vive desprovido da ordem pública. Da mesma forma, diz, a assistência à saúde básica é uma condição para o exercício da autonomia.

Privacidade e Confidencialidade

Sacardo, Fortes (2000) argumentam que a privacidade e a confidencialidade das informações têm sofrido grande impacto nos últimos anos e que o risco de violação das informações compromete o estabelecimento da confiança necessária nas relações sociais e, portanto, um trabalho de qualidade entre usuários, profissionais e instituições de saúde (http://www.portalmedico.org.br/).

Privacidade é a "limitação do acesso às informações de uma dada pessoa, ao acesso à própria pessoa, à sua intimidade, envolvendo as questões de anonimato, sigilo, afastamento ou solidão. É a liberdade que o paciente tem de não ser observado sem autorização" (Kie, 1995, p. 38).

Não obstante, por privacidade entende-se ainda, que as informações reveladas no contato profissional devem ser mantidas em segredo, e somente divulgadas quando autorizada por quem as revelou. Não está, necessariamente, vinculada ao contato entre informante e ouvinte, sendo que a informação pode ser obtida por uma ou mais pessoas no âmbito do trabalho, em função do atendimento ao paciente, mas devendo ainda assim ser preservada, respeitando-se o direito do usuário à privacidade.

A privacidade, como um dever institucional, mesmo quando não há vínculo direto, impõe ao profissional o dever de resguardar as informações que teve contato e de preservar a pessoa do paciente. Fortes (1998) relaciona a privacidade à intimidade, à vida privada, à honra e à imagem das pessoas, devendo o paciente decidir sobre a divulgação de informações sobre seu estado de saúde.

Beauchamp, Childress (2002) argumentam que algumas definições confundem a privacidade, que é um estado ou condição de inacessibilidade física ou de inacessibilidade a informações, com o controle sobre a privacidade ou o direito de controlar a privacidade, que envolve o direito do agente de controlar o acesso. Definições baseadas no controle sobre o acesso, portanto, não fornecem nem uma condição necessária, nem uma condição suficiente da privacidade.

Nessa perspectiva, no âmbito do Programa de Saúde da Família, os agentes comunitários de saúde visitam as famílias cadastradas, entrando em suas moradias, na intenção de conhecer a condição social de cada uma delas e, assim, propor alguma ação de saúde. Seria importante indagar, até que ponto essa visita invade o direito do indivíduo à privacidade, uma vez que a recusa nessa permissão compromete o trabalho do profissional que pode usar do seu *direito e poder* para impor a entrada na residência da pessoa ou então afastá-la do referido Programa.

Já a confidencialidade está relacionada ao contato entre o profissional de saúde e o usuário e deve ser mantida em segredo, a menos que a revelação seja autorizada por este último. Relaciona-se à garantia de que as informações dadas não serão reveladas sem autorização prévia da pessoa. Essa base de confiança nas relações entre profissionais de saúde e seus pacientes permite que os últimos possam falar e revelar sobre suas preocupações médicas, ou até sobre comportamentos considerados eticamente incorretos (Goldim, Francisconi, 1998).

A confidencialidade pressupõe que o paciente revele informações diretamente ao profissional, que passa a ser o responsável pela preservação das mesmas. Todavia, confidencialidade é considerada como sendo o dever de resguardar todas as informações que dizem respeito a uma pessoa, isto é, a sua privacidade. A confidencialidade é o dever que inclui a preservação das informações privadas e íntimas (Kie, 1995, p. 9).

A garantia da preservação do segredo das informações é uma obrigação legal contida no Código Penal e na maioria dos Códigos de Ética profissional.

Como direito do paciente, a privacidade e a confidencialidade das informações reveladas ou as situações observadas quando das visitas dos profissionais, técnicos ou ACS devem ser mantidas em segredo, sob pena de prejudicar a relação de confiança entre as partes e, por conseqüência, por em risco a qualidade do tratamento do paciente.

Todavia, a confidencialidade e a privacidade não são princípios éticos absolutos. Ao contrário, têm seus limites fundamentados na possibilidade de causar dano à saúde ou à segurança da coletividade ou de terceiros identificáveis.

Assim, sua manutenção deve refletir um balanço entre interesses individuais e públicos, uma ponderação entre riscos individuais e benefícios à coletividade, visando o bom convívio social.

Relacionamento entre profissional e usuário: a privacidade e a confidencialidade das informações

Os profissionais na área da saúde são capacitados de conhecimentos técnicos que, em geral, o paciente não possui. Portanto, para se ter a liberdade de consentir, é preciso que a prática na assistência à saúde responsabilize-se pelo respeito ao princípio da autonomia individual.

A persuasão é eticamente aceitável, entendida como tentativa de induzir alguém, por meio de apelos à razão, para que livremente aceite crenças, atitudes, valores, intenções ou ações da pessoa que persuade. Por sua vez, a manipulação apresenta valor ético contrário, pois tenta fazer com que a pessoa realize o que o manipulador pretende, sem saber o que ele intenta (Culver, 1995).

É importante que exista o cuidado para que a relação de poder que se estabelece entre os funcionários da saúde e os usuários, o sentimento de medo, de insegurança e de vergonha desses últimos, não resulte em um estado coercitivo para a manifestação da sua vontade, fazendo com que aceitem, sem questionar, as propostas dos profissionais.

Independentemente da importância do novo modelo de atenção — o Programa de Saúde da Família — e desse novo profissional da saúde, — o agente comunitário de saúde — que aproxima a população das Unidades de Saúde, tentando fazer com que a sabedoria científica junte-se à popular na melhoria das condições de vida da comunidade, deve-se garantir que a forma da entrada desses profissionais nas moradias das pessoas e, portanto, na sua intimidade, seja feita dentro das normas éticas que norteiam os serviços de saúde.

Os ACS não estão vinculados a nenhum conselho profissional e, portanto, não estão subordinados às normas éticas que orientam os outros profissionais de saúde. Existem projetos em andamento no Ministério da Saúde para que os ACS sejam capacitados como técnicos. Parece importante avaliar se, com essa proposta, os mesmos que, obrigatoriamente, teriam uma melhor formação técnica que ainda os obrigaria a seguir as normas éticas do seu conselho, não estariam, por outro lado, afastando-se da comunidade e, portanto, do papel político que deveriam representar no sentido da transformação das condições sociais.

Mesmo tendo conhecimento de que muitas vezes os profissionais de saúde subordinados aos seus conselhos de ética revelem informações dadas em segredo pelos pacientes, ferindo o direito dos mesmos à confidencialidade das informações reveladas, é preciso cada vez mais zelar por esse direito do usuário.

Se os agentes comunitários têm como parâmetro esses profissionais mais tecnicamente preparados e neles notam a fragilidade no sentido de resguardar as observações ou informações dadas em segredo, parece que esse seria um caminho para o desrespeito ao direito do usuário à confidencialidade.

A privacidade e a confidencialidade das informações em relação ao ACS, já que é um morador da mesma área das famílias onde executa suas atividades, traz uma peculiaridade nas relações do PSF, nos remetendo à seguintes questão:

— em que medida essas informações ou observações devem ser feitas no âmbito das equipes, para quais profissionais e de que forma devem ser reveladas?

Como os ACS visitam mensalmente todas as casas da micro-área de abrangência, parecem ser também os primeiros profissionais que observam os problemas de saúde, muito antes dos outros, como por exemplo, médicos, enfermeiros ou auxiliares de enfermagem e muitas vezes recebendo informações sigilosas sobre determinadas doenças ou situações, algumas delas estigmatizadas (HIV+, tuberculose, hanseníase, gravidez indesejada, adolescentes grávidas, situações de violência etc). Informações essas que deveriam permanecer em segredo, já que dadas em confiança.

Importante salientar que o ACS tem um vínculo de trabalho que pode, a qualquer hora, ser interrompido pela instituição à qual está ligado ou por decisão própria, mas as informações reveladas em confiança pelos usuários, continuarão em seu poder, fazendo com que ele possa ou não revelá-las de acordo com os seus interesses e a sua consciência ética.

A percepção do usuário do PSF sobre o trabalho do ACS e o direito a privacidade e confidencialidade das informações

Por meio de uma pesquisa realizada pelo autor em uma Unidade do Programa de Saúde da Família na região sudeste de São Paulo, procuramos conhecer a opinião do usuário sobre a visita domiciliar do ACS e quais condições ou agravos à saúde seriam mantidos em sigilo desse profissional.

De maneira geral, parece haver uma tendência para que os usuários sejam favoráveis ao Programa de Saúde da Família (PSF), argumentando que sua implantação na região trouxe benefícios para a comunidade e melhores condições de acesso aos serviços de saúde. Frases como: "... *beneficiou muito o bairro*..."; "... *eu gosto*..."; "... *muito bom*..."; "... *ótimo*..." e "... *maravilhoso*...", ilustram as opiniões sobre o Programa.

Parece, portanto, indicar, na visão dos usuários, um acerto das políticas públicas voltadas para as populações mais excluídas onde as Unidades do PSF são, preferencialmente, implantadas.

Documentos do Ministério da Saúde, de 1997 e 1999, reforçam o entendimento do PSF como uma estratégia de reorganização da atenção básica à saúde no país (BRASIL, 1997 e 1999[a]) e, a partir de 1998, para a realização dos princípios do SUS — a integralidade, a universalidade e a eqüidade. Esses modelos vêm sendo cada vez mais implantados em grandes cidades e áreas metropolitanas, mantendo, entre seus pressupostos e estratégias de intervenção básicas, as perspectivas de ampliação do acesso e de extensão de cobertura por serviços de saúde para parcelas específicas da população brasileira e a criação de laços de compromisso e de co-responsabilidade entre os profissionais de saúde e a comunidade. (Silva, Damaso, 2002.)

Donnangelo, Pereira (1976) afirmam que desde meados dos anos setenta até o início dos anos oitenta, surgiram propostas que visavam a extensão da cobertura e ampliação do acesso aos serviços de saúde para grupos sociais marginalizados, assim como para moradores em regiões de baixa densidade populacional ou pequenos centros urbanos da região Nordeste, com condições de saúde precárias. Destacam-se, nesse sentido, o Programa de Interiorização de Ações de Saúde e Saneamento (PIASS, 1976) e o Programa Nacional de Serviços Básicos (7ª Conferência Nacional de Saúde, 1982).

Essas propostas alicerçaram iniciativas de âmbito local ou regional, motivando o aparecimento de programas de agentes comunitários de saúde, como o PNACS de 1991. (Jatene et al, 2000). Buscou-se, ainda, entender, na avaliação dos entrevistados, o papel do agente comunitário. Percebeu-se, nas respostas à entrevista, que os usuários tendem a relacionar o papel do agente comunitário de saúde como o de um *facilitador* do acesso aos serviços de saúde, relação esta limitada ao seu papel técnico e muito pouco ao papel político desse profissional, talvez pelo desconhecimento do Programa e das competências desse novo integrante da área da saúde.

A Portaria GM/MS n° 1.886, de 18 de dezembro de 1997, que estabelece as atribuições do ACS, e o Decreto Federal n° 3.189, de 04 de outubro de 1999, que fixa diretrizes para o exercício de suas atividades, possibilita uma proposição qualitativa de suas ações, evidenciando-se um perfil profissional que concentra atividades na promoção da saúde.

Independentemente da avaliação positiva ou negativa desse profissional, as respostas ao questionamento parecem priorizar o papel técnico do ACS: *"... ele vê se tem algum problema, se precisa de consulta..."* ; *"... eu acho bom, porque a pessoa, às vezes, não tem tempo de vir aqui no posto...ai eles aproveitam e marcam com eles..."*; *"... eu acho bom, eu não tenho tempo de vir, eu trabalho, é bom que vai na minha casa, deixar o papel lá..."* ; *"... não tinha muita diferença porque tudo o que eu precisava eu vinha aqui direto..."*; *"... Olha eu acho que não é muito bom não, elas vão lá e perguntam só se tá com tosse, quantos anos tem....eu tenho um filho de quatro anos e só isso elas fazem e pronto...se quiser alguma coisa tem que vir aqui no posto marcar..."*.

Historicamente, a idéia que apóia a inserção do agente comunitário de saúde envolve um conceito que, sob as mais diferentes formas, aparece em várias partes do mundo, ou seja, a idéia essencial de ligação entre a comunidade e o serviço de saúde. No PSF eles foram incluídos em equipes de trabalho, com proposta de atuação envolvendo a unidade básica, o domicílio e a comunidade.(Silva, Damaso, 2002).

As autoras dizem ainda que desde a proposição do auxiliar de saúde, no PIASS, em 1976, até o Programa de Saúde da Família, com as especificidades de uma metrópole, em 2001, como agente comunitário de saúde, consegue-se identificar dois componentes principais da sua proposta de atuação: um técnico, relacionado ao atendimento aos indivíduos e famílias, a intervenção para prevenção de agravos ou para o monitoramento de grupos ou problemas específicos, e outro mais político, porém não apenas de solidariedade à população, da inserção da saúde no contexto geral de vida mas, também, no sentido de organização da comunidade, de transformação dessas condições. Este componente político expressa, na dependência da proposta considerada, duas expectativas diversas ou complementares: o agente como um elemento de reorientação da concepção e do modelo de atenção à saúde, de discussão com a comunidade dos problemas de saúde, de apoio ao auto-cuidado — dimensão mais ético-comunitária — e o agente como fomentador da organização da comunidade para a cidadania e a inclusão, numa dimensão de transformação social. (Silva, Damaso, 2002).

Parece importante considerar também o desconhecimento da população sobre o PSF. Apesar de ser aparentemente aprovado pelos usuários, o programa foi, de certa forma imposto à população, já que não parece ter havido uma preocupação do setor público na discussão junto à comunidade sobre a aceitação do Programa e, tampouco, a idéia de levantar as diferenças entre as Unidades de Saúde da Família e as Unidades Básicas tradicionais.

Assim, percebe-se a falta de conhecimento, principalmente no que diz respeito às especialidades dos profissionais médicos que atuam no Programa. Todos exercem a função de médicos generalistas, mas a população busca por profissionais médicos pediatras, clínicos gerais e ginecologistas, parecendo confirmar um descompasso entre a organização do Programa e o conhecimento do mesmo pela comunidade.

Nesse sentido, nas entrevistas surgem frases como: "... e para o caso de ginecologista, exame de urina, alergia, a médica, passou uma *pomada...tô bem melhor..."; "... muitas vezes a gente tem que esperar muito pra marcar uma consulta pra uma criança; pediatra, é difícil pra marcar mesmo..."*.

As entrevistas também levantaram algumas ponderações a respeito das visitas domiciliares realizadas pelos agentes comunitários de saúde, essência de suas competências.

Em algumas respostas, os usuários alegam que as visitas não são feitas dentro do domicílio, mas nas ruas, quintais ou através dos muros, o que poderia prejudicar o *olhar* do ACS sobre os problemas de saúde das famílias sob sua responsabilidade e o vínculo da relação que se espera entre esses atores do PSF.

Ilustram essas informações, respostas como: *"... eu não lembro assim de ela ir uma vez por mês..."; "... nunca entrou, até agora nunca entrou porque ela passa num monte de casas lá...passa no quintal...nunca entrou..."; "... só que é assim, você precisa ficar de olho pra ver quando a moça passa, porque não é sempre que ela passa lá. Que eu saiba ela não passa uma vez por mês, mas como eu moro na casa do fundo, ela passa lá na frente..."; "... quando eu precisei, eu pedi pra minha irmã, que mora na casa da frente, ficar vigiando pra ver quando a moça do posto passar..."*.

A seleção desse profissional dentro da micro-área onde reside, releva seu papel de agente comunitário de saúde, líder da população e porta voz dos problemas que de uma ou outra maneira afetam a saúde dessa população. A visita feita fora do domicílio parece dificultar a importância da relação de vínculo entre a comunidade e o ACS e, portanto, a qualidade do trabalho e do atendimento da equipe de saúde às famílias cadastradas.

O Documento do Ministério da Saúde (Brasil, 1999) define, para o agente comunitário de saúde, sete competências: visita domiciliar; trabalho em equipe; planejamento das ações de saúde; promoção da saúde; prevenção e monitoramento de situações de risco e do meio ambiente; prevenção e monitoramento de grupos específicos; prevenção e monitoramento das doenças prevalentes; acompanhamento e avaliação das ações de saúde.

Silva (2001) diz que dentre as atividades dos agentes, a do cadastramento é considerada como relativamente mais bem estabelecida do que o conteúdo das visitas subseqüentes. No entanto, mesmo para o cadastramento, além da capacitação do agente para levantar os dados preconizados pelo Programa, há que se contar com uma observação apropriada das relações interpessoais e uma contribuição para discussão com a equipe das necessidades de saúde das famílias. Para as visitas posteriores, se o objetivo é trabalhar com as famílias e a comunidade, identificam-se hoje determinadas estratégias como a valorização do diálogo e do apoio social. (Robertson, Minkler, 1994).

Nesse sentido, Silva (2001) constatou que se uma parte significativa dos agentes considera o seu trabalho gratificante, sua atuação implica envolvimento pessoal e desgaste emocional. Espera-se do agente uma atuação no contexto social, tanto na participação popular, como na abordagem de problemas que escapam à dimensão estrita da saúde biológica, como a violência. O ACS muitas vezes refere ansiedade tanto na sua relação com a comunidade como com a equipe, especialmente quando se sente pressionado entre ambos.

Desse modo, ainda que o Programa de Saúde da Família e com ele os agentes comunitários sejam aceitos pela população, há que se preocupar com a qualidade do trabalho desse profissional, de modo que sejam capacitados para executar a real importância do seu papel, não apenas técnico, mas também político.

Nesse sentido, avaliamos que muitos dos problemas das áreas de exclusão onde é implantado o PSF são de responsabilidade intersetorial — segundo Ckagnazaroff, Mota (2003), uma prática social que vem sendo construída a partir da existência de profundas insatisfações, principalmente no que se refere à capacidade das organizações sociais em dar resposta às demandas sociais e aos problemas complexos de nosso mundo — e as secretarias da saúde, habitação, assistência social, esporte lazer e recreação, trabalho, transportes, entre outras, deveriam estar integradas na resolução desses problemas, sob pena de se colocar em risco o sucesso do Programa de Saúde da Família.

No mesmo estudo, procurou-se conhecer como o usuário do PSF recebia o agente comunitário em sua casa e se, de alguma forma, a entrada desse profissional na residência representava alguma forma de invasão à sua privacidade.

Por privacidade, segundo o Kie (1995) entende-se a limitação do acesso às informações de uma dada pessoa, ao acesso à própria pessoa, à sua intimidade, envolvendo as questões de anonimato, sigilo, afastamento ou solidão. É a liberdade que o paciente tem de não ser observado sem autorização.

A visita domiciliar é uma competência de todos os profissionais que exercem atividades no PSF, ou seja, médicos, dentistas, enfermeiros, auxiliares de enfermagem e os agentes comunitários de saúde.

No entanto, a relação entre o ACS e os usuários é peculiar dentro do Programa, uma vez que ele deve residir dentro da micro-área onde exerce suas atividades, dentre elas as visitas domiciliares. Na verdade esse profissional não é um profissional tecnicamente capacitado na área da saúde, sendo que nos pareceu importante entender a relação entre a visita e o direito à privacidade do usuário.

Das respostas ao questionamento, parece haver uma tendência para que o usuário do Programa de Saúde da Família não perceba a visita domiciliar do agente comunitário como uma invasão à sua privacidade. Não houve, no total das pessoas entrevistadas, qualquer menção de constrangimento com as visitas do profissional.

A idéia de que o agente de saúde já é um profissional da instituição e não mais ligado à comunidade, poderia justificar essa avaliação positiva à entrada nas residências: *"... Não, não, não atrapalha, são pessoas educadas, são pessoas que a gente percebe que são pessoas de bem..."*;

"... não incomoda nada, a gente tem um prazer de receber... aquilo é uma satisfação pra gente...";

"... não tem problema nenhum, não incomoda, eu fico à vontade, peço pra pessoa ficar à vontade..."; *"... ela conversa e a gente se sente confiante, pra mim não tem nenhum constrangimento de entrar na minha casa...".*

Em algumas falas há o relato de que a confiança que se estabelece na relação com o agente facilita o convívio, concretizando a relação do vínculo que se espera dessa relação entre profissional e usuário:"... *a partir do momento que ela começou a ir na minha casa a gente sente confiança, pra mim não tem problema, ela é conhecida...*" ; "*... se a gente já conhece eles, não tem problema...a primeira vez é que é difícil...*" ; "*... é pessoa que merece confiança não tem problema de entrar não...*".

Anthoni Giddens (1992) sociólogo inglês, afirma que "a intimidade é acima de tudo uma questão de comunicação emocional, com os outros e consigo mesmo, em um contexto de igualdade interpessoal", ou seja, que a intimidade pressupões relação, vínculo e alteridade.

Nesse caminho, Veraci, Salete (2006) dizem que cuidar/ensinar requer, antes de tudo, a aproximação entre usuários e profissionais para que ambos se conheçam e desenvolvam entre si confiança e vínculo observáveis durante as interações.

Chama a atenção, também, em algumas falas dos usuários do sexo feminino, a preferência pelo agente comunitário do mesmo sexo, e o cuidado mencionado nessa relação: "*... se fosse homem só ia falar o básico, não tinha muita conversa, mulher conversa mais...*" ; "*... se for mulher...dependendo do que a gente tem, a gente fica constrangida se for um homem, mas se é mulher não tem problema nenhum....eu acho que elas sempre estão pra ajudar...*" ; "*... se é mulher a gente vê que ela tá cuidando...*".

Leonardo BOFF (2001) lembra-nos da importância do cuidado a partir do ato de cativar: "Ao se cativar alguém, ganha-se sua simpatia, sua estima, seu querer bem".

A ética do cuidar está ligada a escritos feministas que diferenciavam a ética do cuidar das mulheres e a ética dos direitos e das obrigações dos homens.

O modelo do cuidado proposto por Carol Gilligan (1982), contrapõe o valor do cuidado, de expressão, acentuadamente feminina, ao da justiça, de expressão mais masculina, e o propõe como eixo fundamental para o desenvolvimento de uma ética profissional em saúde. Beauchamp, Childress (2002) dizem que uma outra família de reflexões morais é chamada, de maneira ampla, de ética do cuidar. Ela tem algumas premissas em comum com a ética comunitária — que enfatiza a necessidade de fomentar associações de bairro, de criar vínculos comunitários, de promover a saúde pública — incluindo algumas objeções a aspectos centrais do liberalismo e uma ênfase em traços valorizados nos relacionamentos pessoais íntimos, tais como a simpatia, a compaixão, a fidelidade, o discernimento e o amor. Nessas concepções, cuidar significa gostar de, ter um compromisso emocional com e ter disposição para agir em benefício das pessoas com as quais se tem um relacionamento significativo.

Ao estabelecer uma relação de confiança com o agente comunitário, o usuário relata, na entrevista, facilitar o acesso à figura do médico, sentindo-se mais à vontade quando intermediado pelo ACS: *"... a maioria dos médicos não olha na sua cara quando você vai numa consulta, né, então você não tem acesso assim, no médico e ele nem olhar em você porque geralmente eles tão de cabeça baixa e ela (ACS) não, ela conversa e a gente se sente confiante...".*

O Programa de Saúde da Família pressupõe a relação de vínculo entre todos os profissionais e as famílias, a fim de proporcionar uma melhor qualidade no atendimento. Independentemente da função dentro do PSF, espera-se que o profissional aja de maneira ética, ouvindo o usuário, respeitando-o dentro de seus valores e crenças pessoais.

Teixeira, Dantas, Neves (1996) afirmam que nas relações interpessoais, inerentes ao exercício profissional, é a qualidade do encontro que determina sua eficiência. Reconhecidamente, a empatia, entendida como a troca de sensibilidade entre médico e paciente, é essencial neste encontro. Assim, na formação e na identificação do bom profissional médico, a relação médico-paciente é sempre referida como fundamental na promoção da qualidade do atendimento.

Nesse mesmo caminho, Klug (2002) diz que os pacientes esperam que um médico deva ser "amistoso, cordial, gentil, carinhoso e solidário no seu sofrimento.

Soares (1997), em estudo realizado em Salvador-BA, informa que a maioria dos pacientes declara que os médicos não têm tempo para ouvir, e que dirigem as entrevistas através das anamneses. Esta avaliação encontra suporte em outro estudo de 2002, de Pereira, Azevedo, intitulado: A relação médico-paciente em Rio Branco/AC sob a ótica dos pacientes, através do depoimento de um dos pacientes: "... *Quero que todos os médicos olhem para a cara do paciente. Alguns médicos perguntam o que a gente tem. A gente começa a falar e, quando termina, eles dizem: a sua receita tá pronta...*".

Parece positivo o fato dos usuários entenderem a necessidade da entrada dos ACS na suas residências e não revelarem a falta de privacidade como um problema dentro dessas visitas.

No entanto, é importante que a comunidade conheça a importância do olhar profissional do ACS na visita, a necessidade de se identificar situações que de alguma forma possam comprometer a saúde das famílias e não a entenda apenas como uma maneira de melhorar ou facilitar o acesso ao serviço de saúde ou a relação com os outros profissionais do PSF que deveria, de qualquer forma ser pautada na humanização do atendimento e no respeito ao usuário da saúde.

A pesquisa procurou também conhecer quais informações ou agravos à saúde seriam mantidas, pelos usuários, em sigilo dos ACS e quais as justificativas para a manutenção desse sigilo.

Sacardo (2001) revela o papel da família, afirmando que ela deve compartilhar do segredo do doente em virtude do seu papel de cuidador. Os familiares, diz a autora, são considerados como aliados no processo de adoecimento/cura. Destaca, também, esse mesmo papel de cuidador do profissional de saúde, alegando que a pessoa que requer cuidado confia no cuidador para que o mesmo possa *cuidar bem.*

Nesse caminho, alguns usuários relataram que os ACS deveriam saber de todas as informações. Não parecem, nesse caso, ligar o ACS a uma pessoa da comunidade; é um representante da saúde, ligado à Instituição e ao médico, reafirmando o papel de facilitador do acesso ao atendimento; confiariam, portanto, nesses casos, em revelar qualquer informação ao ACS: "... *Eu acho que ele deve saber porque é a função dele, ele esta intermediando entre a família e o médico, eu não vejo problemas no ACS saber, não tem problema nenhum...*" ; "... *na minha opinião não, eles estão ali pra ajudar, certo? Não tem porque esconder doença, pode saber...* " ; "... *Eu acho assim, se ele é um ACS ele deve ser devidamente treinado pra saber o que é sigilo e o que não é, porque toda profissão tem uma ética profissional, seja qual for o profissional. O ACS não vai sair falando o nome de pessoas: o fulano tem isso e aquilo, é como um médico, conversou fica ali, como um padre, fica entre as duas pessoas...*".

Nas respostas aos questionamentos, aparecem, também, relatos de usuários que, mesmo confiando as informações aos ACS, as divulgariam para os profissionais do mesmo sexo, pois, sentiriam-se, segundo suas opiniões, mais confiante na revelação: "... *eu acho que ele deve saber... se for mulher...dependendo do que a gente tem a gente fica constrangida se for um homem, mas se é mulher não tem problema nenhum, acho que elas sempre estão pra ajudar...* ".

Interessante notar que alguns problemas de saúde indicam a forma como a sociedade encara a sexualidade e, desse modo, evitaria revelar a informação para um profissional do sexo oposto, ainda que implicitamente: "... *Varia muito...tem coisa que não pode saber também, né....doença pode, mas tem coisas que não pode saber...sabe, né?...varia ...acho que tem coisa que só o médico....lógico que tem coisa que só o médico...da próstata eu só contaria pro médico...varia muito....tem coisa que o ACS não precisa saber....mas eu não lembro dessas coisas...não me lembro...da próstata eu só falava pro médico...eu ia ficar com vergonha.....*".

Nessa orientação, Ferreira (1999) lembra que, além do desconhecimento, a doença da próstata está relacionada intimamente com a sexualidade, o que ajuda a manter alguns mitos ligados à perda de masculinidade.

Interessante, portanto, observar a percepção do usuário sobre se e como revelaria, em confiança, uma informação ao seu representante mais próximo da saúde e, ao mesmo tempo, seu vizinho, com todas as diferenças que esses atores representam.

Nas entrevistas, muitos usuários só revelariam as informações ao médico ou enfermeiro e, nesse caso, falam em doenças estigmatizadas, como AIDS, tuberculose e câncer: *"... tem coisa que só o médico, as enfermidades... eu penso que a doença que seja particular...que seja entre a pessoa e o médico...que não é bom todo mundo saber...assim como a AIDS...". ; "... Todas as doenças eu acho meio difícil porque ele é um agente comunitário, não é uma enfermeira, né, tem coisas que ela não deve saber..."; "... algumas doenças eu não contaria: AIDS tem muito preconceito, né?, o povo já fica se afastando..."; "... sempre tem umas doenças que o pessoal tem preconceito:a AIDS..."; "... se eu tenho uma doença contagiosa eu não conto, é a minha opinião, é que nem AIDS, ela poderia ficar sabendo, mas não da minha boca....eu contaria pro médico...".*

A AIDS aparece muito mais nas falas onde os usuários relatam que não revelariam aos ACS e só ao médico, em função do preconceito que a doença ainda causa na população, mesmo após 25 anos de epidemia.

Bastos et al. (1994) relatam que além do aspecto econômico, as diversas caracterizações em torno da AIDS — contagiosa, incurável, mortal — fizeram com que a doença fosse associada a diversos estigmas e preconceitos presentes na sociedade, especialmente sobre a morte, a contaminação e a sexualidade. Desses estigmas, alguns já haviam sido socialmente vividos em outras doenças como na *lepra*, tuberculose, sífilis, câncer e algumas delas, além, da AIDS, ainda hoje indicariam atitudes preconceituosas na opinião dos entrevistados.

Camarnado Jr. (2005) revela que com as possibilidades de compreensão e de intervenção no campo da saúde coletiva que as propostas inovadoras para o enfrentamento do HIV/aids têm apresentado ao longo destes quase vinte e cinco anos de epidemia, a violência institucional permanece viva e tenaz no cotidiano do exercício das práticas de saúde. Ora permanecendo como *sombra* das/nas relações interpessoais, ora explicitamente manifestada.

Portanto, ainda que se espere que as Instituições de saúde possam contribuir para a diminuição do preconceito em relação às doenças estigmatizadas, parece que muitas vezes elas mesmo exacerbam esse preconceito, afastando os usuários e dificultando a qualidade do tratamento.

Nesse sentido, doenças contagiosas, doença venérea, câncer *próstata*, aparecem como agravos à saúde que seriam mantidos em sigilo do ACS: "... *tem muita gente que tem preconceito: doença contagiosa, AIDS, tuberculose, essas enfermidades, as outras não tem problema, não conheço muitas doenças, não sei se ele vai comentar...*"; "... *tem problema de câncer. Eu mesmo não tenho isso, com fé em Deus, minha mulher tinha essa doença, tinha uns parentes que tinha medo de pegar. Eu dava banho, trocava e tudo...ela faleceu...mas graças a Deus eu não senti nada...*"; "... *tem coisas que a gente gosta de falar mesmo só pro médico, como a AIDS, que as pessoas mesmo dizendo que não tem discriminação, tem, entende?...*"; "... *tuberculose, pega, é contagiosa. Essas doenças mais graves, como AIDS, câncer, tuberculose, essas doenças que você sabe que é contagiosa...eu acho que a tuberculose é pela discriminação porque é contagioso...a AIDS não é contagiosa assim no você falar, mas no você tocar em alguma ferida, essas coisas tem...e ai as pessoas tem...fala que não tem mais tem (preconceito) e o câncer...*"; "... *o medo é que acabe atrapalhando o dia a dia da pessoa. Por mais que você conhece uma pessoa, não sabe do que a pessoa é capaz ... é confidencial ... se está passando, corre o risco de estar sendo mal visto na região que você mora porque tem doença que tem preconceito...*".

Novamente, AIDS, câncer, tuberculose, doença da próstata e do coração aparecem nas falas dos usuários, mesmo nos que revelariam esses agravos ao ACS: "... *acho que tem coisa que só o médico....lógico que tem coisa que só o médico...da próstata eu só contaria pro médico...varia muito....tem coisa que o ACS não precisa saber....mas eu não lembro dessas coisas...não me lembro...da próstata eu só falava pro médico...eu ia ficar com vergonha...*" ; "*... eu fiquei sabendo de uma vizinha...por uma outra pessoa que me informou que ela tinha o vírus da AIDS e quase todos os filhos estavam empestiados... na minha opinião eu acho que devem saber sim...*".

O câncer aparece como doença que causa preconceito e em algumas falas como um problema de saúde que as pessoas sentem compaixão pelo doente: "*... é uma doença que traz problemas e o ACS deveria saber pra poder ajudar...o câncer também, mas a AIDS é pior..o preconceito é menor no câncer, é mais pena, dó...*".

O cuidado, segundo Boff (2000), possui muitas repercussões, conceitos afins que emergem do cuidado e o traduzem em atitudes e ações. Uma dessas repercussões é a compaixão. Trata-se da capacidade do ser humano de compartilhar o sofrimento (ou alegrias) do outro, construindo a vida em sinergia com este. Não é passiva e nem representa um sentimento de piedade.

Caponi (2000) diz que a motivação para a compaixão com a pessoa que sofre pode ser resultado de um sentimento de que algo semelhante pode acontecer a qualquer um (solidariedade genuína), de outra forma, pode também ser motivada por um sentimento de piedade pelos que sofrem ou pelo simples fato de pensar que socorrer os infortunados contribui para o bem comum.

Interessante também observar que ainda nos dias atuais é deficiente o entendimento de parte da população — e mesmo entre alguns funcionários da saúde — quanto à forma de contaminação dessas doenças, o que provavelmente aumenta o preconceito a essas enfermidades: "*... tem problema de câncer. Eu mesmo não tenho isso, com fé em Deus, minha mulher tinha essa doença, tinha uns parentes* que tinha medo de pegar. Eu dava banho, trocava e tudo...ela faleceu...mas graças a Deus eu não senti nada...".

Sem dúvida o desconhecimento é um obstáculo aos programas de prevenção e controle das doenças infecto-contagiosas, principalmente a AIDS.

O preconceito mencionado na pesquisa, principalmente em relação ao vírus HIV, representa uma realidade também nos serviços de saúde.

As unidades especializadas que atendem usuários com doenças sexualmente transmissíveis foram alvo de várias pesquisas e nelas se pôde encontrar muitas situações de violência em relações à privacidade e confidencialidade das informações, o que faz aumentar ainda mais o preconceito em relação a essas doenças, com o agravante de que acontecem nos locais onde se deveria, sobretudo, proteger e garantir os direitos dos usuários.

Camarnado Jr (2005) relata, a agressão sofrida pelos usuários portadores do HIV nos serviços de saúde: "agressões verbais, ameaças, gritos, dentre outras se faziam presentes e vivas no cotidiano do trabalho. Porém, outras situações, aparentemente silenciosas, denotavam a assimetria de poder e, sobretudo, o uso inadvertido da posição profissional para submeter e sujeitar o outro às suas decisões. Como exemplos, para ilustrar essas situações: atendimentos e acolhimentos realizados com a porta do consultório aberta, recusa em atender o usuário por este não portar documento de identidade, entrega de resultados de teste anti-HIV realizada no corredor da unidade, dentre outras.

O mesmo autor conclui na sua tese: "A análise dessas entrevistas permitiu constatar como o fenômeno violência interpõe-se na consecução dessas práticas, assumindo uma multiplicidade de faces. Ora explicitado com clareza, ora escamoteado em sutilezas, que faz calar vozes, permanecendo vivo e tenaz à sombra das relações humanas". (Camarnado Jr, 2005).

O preconceito parece ainda muito vivo quer no imaginário da sociedade quer na realidade dos serviços de saúde. É alarmante pensar que os profissionais dos serviços de saúde contribuem para aumentar o preconceito em relação às doenças estigmatizadas.

Heller (1983) diz que a ética situa-se no campo do saber prático, do conhecimento acerca do que é contingente. A ética é do domínio dos juízos morais ou juízos de valor, sensíveis à persuasão, sujeitos à influência das emoções, suscetíveis aos preconceitos e submetidos à complexidade de interesses.

Fortes, Zoboli (2006) dizem que na década de 90, inicia-se a chamada bioética da saúde da população, entrando em cena com maior vigor os direitos humanos e as ciências sociais e humanas. Confere-se, dessa maneira, maior destaque às questões da justiça social, da equidade e da alocação de recursos da saúde.

Nesse mesmo caminho, Barchifontaine (2006) citando Giovani Berlinguer lembra a distinção que o bioeticista italiano faz entre a *bioética de fronteira* — aquela que trata das novas tecnologias biomédicas aplicadas sobretudo à fase nascente e à fase terminal da vida — e a *bioética cotidiana* — aquela voltada para a exigência de humanizar a medicina, articulando fenômenos complexos, como a evolução científica da medicina, a socialização da assistência sanitária, a crescente medicalização da vida, inclusive a alocação de recursos escassos para a saúde. Ainda segundo o autor, a bioética cotidiana nos faz entrar no concreto do exercício da cidadania, compreendida como exercício da plenitude dos direitos, como garantia da existência física e cultural e reconhecimento como ator social.

Os serviços de saúde, dentre eles o Programa de Saúde da Família, têm muito que caminhar, quer na melhoria do acesso, quer no aumento de Unidades e equipes para poder atender a imensa população brasileira, principalmente as mais excluídas e nos lugares menos privilegiados, portanto, com maior necessidade de atendimento.

Há, contudo, que se observar que a implantação das Unidades básicas de saúde sejam acompanhadas do respeito aos direitos básicos dos usuários, sendo necessária a preservação da sua privacidade e a confidencialidade das informações dadas a todos os profissionais, inclusive aos agente comunitários de saúde.

È importante que dentro da bioética, temas como os direitos elementares dos usuários, o respeito à sua dignidade dentro do dia-a-dia dos serviços, encontre o mesmo espaço de discussão do que as questões que aparecem com maior destaque, como o aborto ou a eutanásia, alguns dos exemplos de maior visibilidade.

No PSF, todos os profissionais da equipe, médico, enfermeiro, auxiliares e agentes comunitários, se reúnem diária ou semanalmente para a discussão dos casos existentes nas micro-áreas que determinam sua área de abrangência. É importante que existam espaços exclusivos para que os agentes comunitários possam discutir com o médico ou o enfermeiro da equipe os problemas da comunidade que exijam a manutenção da privacidade e da confidencialidade do usuário.

A revelação desses casos perante toda a equipe, inclusive diante de todos os agentes de saúde, principalmente os que possam identificar usuários com doenças estigmatizadas ou em condição ou situação de agravos à saúde, podem acabar por desrespeitar os usuários no seu direito ao sigilo das informações.

Cabe, portanto, a todos os serviços de saúde, dentre eles o PSF, propor mudanças administrativas que possam, da mesma maneira, respeitar a privacidade dos usuários, promovendo ampla reflexão e discussão das situações que coloquem em risco o direito dos usuários, dando a eles tratamento humanizado, justo, digno e onde seus valores sejam respeitados.

REFERÊNCIAS BIBLIOGRÁFICAS

BARCHIFONTAINE, C. P. *Bioética, Saúde Pública e Controle Social*. São Paulo: Cadernos. Centro Universitário São Camilo, v. 12, n. 2, p. 92-96, abr./jun. 2006.

BARTON, W. E., BARTON, G. M. *Ethics and law in mental health administration*. New York: International Universities, 1984.

BASTOS, C., GALVÃO, J., PEDROSA, J. S., PARKER, R. *A AIDS no Brasil*. Rio de Janeiro: Relume Dumará/Abia/Uerj-IMS, 1994. p. 13-56.

BEAUCHAMP, T. L., CHILDRESS, J. F. *Princípios de ética biomédica*. São Paulo: Loyola, 2002.

BERLINGUER, G. *Bioética Cotidiana*. Brasília: UnB, 2004

BIOETHICS Information Retrieval Project. Bioethics thesaurus. Washington: Kennedy Institue of Ethics, 1995.

BOFF, L. *Saber cuidar*: ética do humano — compaixão pela terra. 4ª ed. Petrópolis: Vozes, 1999.

BOFF, L. *Saber cuidar*. 7ª ed. Petrópolis: Vozes, 2001.

BRASIL. Ministério da Saúde. Fundação Nacional de Saúde. Programa Nacional de Agentes Comunitários de Saúde. *Manual do Agente Comunitário de Saúde*. Brasília, DF, 1991.

BRASIL. Ministério da Saúde. *Programa Comunidade Solidária*. Programa de Agentes Comunitários de Saúde. Programa de Agentes Comunitários de Saúde. Brasília, DF, 1997.

BRASIL. Ministério da Saúde. Secretaria de Assistência à Saúde. *Manual para a Organização da Atenção Básica*. Brasília, DF, 1999a.

BRASIL. Ministério da Saúde. Coordenação Geral de Desenvolvimento de Recursos Humanos para o SUS/SPS/MS. Coordenação de Atenção Básica/SAS/MS. *Diretrizes para elaboração de programas de qualificação e requalificação dos Agentes Comunitários de Saúde*. Brasília, DF, 1999b.

BRASIL. Ministério da Saúde. *Avaliação da implementação do Programa Saúde da Família em dez grandes centros urbanos* — síntese dos principais resultados 2002; 228p. Disponível em <URL: http://bvssp.cict.fiocruz.br/lildbi/docsonline/6/0/406-saude_familia.pdf >. [fev 2007].

BRASIL, Ministério da Saúde. *O SUS de A a Z* : Brasília, DF. Mar/2007 Disponível em <URL: http://dtr2004.saude.gov.br/susdeaz/introducao/introducao.php

CAMARNADO Jr., D. V .*Os Sentidos da Violência nos Programas e Serviços de Saúde em DST/AIDS*. [Tese] São Paulo: Programa de Pós Graduação em Ciências, Coordenadoria de Controle de Doenças da Secretaria de Estado da Saúde de São Paulo; 2005.

CAPONI,S. *Da compaixão à solidariedade*. Rio de Janeiro: Editora Fiocruz, 2000.

CKAGNAZAROFF, I. B., MOTA, N. R. Considerações sobre a relação entre descentralização e intersetorialidade como estratégias de modernização de prefeitura municipais. *Revista Economia e Gestão*, Belo Horizonte, v. 3, n. 6, p. 23-41, dez. 2003. (série E & G)

CORTINA, A., MARTINEZ, E. *Ética*. São Paulo: Loyola, 2005.

CULVER, C. M. Competência do paciente. In: SEGRE, M., COHEN, C.(Orgs.) *Bioética*. São Paulo: EDUSP, 1995. p. 63-73.

CHARLESWORTH,M. *La bioética en una sociedad liberal*. Cambridge: Cambridge, 1996,p.131.

DONNANGELO, M. C. F, PEREIRA, L. *Saúde e Sociedade*. São Paulo: Duas Cidades, 1976.

FERREIRA, U. Câncer da Próstata. In: RODRIGUES NETTO Jr, Nelson (Org.). *Urologia Prática*. 4ª ed. São Paulo, SP: Atheneu, 1999.

FORTES,P .A. C. *Ética e saúde*. São Paulo: Editora Pedagógica Universitária,1998.

FORTES,P .A. C, ZOBOLI, E. L. C. Bioética e Saúde Pública. *Cadernos. Centro Universitário São Camilo*. São Paulo. v. 12, n. 2, p. 41-50, abr./jun. 2006.

FRANCISCONI, C. F., GOLDIM, J. R. Aspectos bioéticos da confidencialidade e privacidade. In: FERREIRA,S.I., OSELKA, G., GARRAFA, V. (Orgs.) *Iniciação à bioética*. Brasília: Conselho Federal de Medicina, 1998.

GIDDENS, A. *A Transformação da Intimidade*: Sexualidade, Amor e Erotismo nas Sociedades Modernas. São Paulo: Editora Unesp, 1992.

GILLIGAN, C. *In a Different Voice*: Psicological Theory and Women's Development Cambridge: Harvard University Press, 1982

HELLER, A. *Aristóteles y el mundo antiguo*. Barcelona: Península, 1983

JATENE, A. D. et al. *Primeiro Relatório Técnico-Científico*: novos modelos de Assistência à Saúde. Avaliação do Programa de Saúde da Família no Município de São Paulo. São Paulo: FAPESP, 2000.

KENNEDY INSTITUTE OF ETHICS. *Bioethics Thesaurus*.Washington: KIE, 1995. p. 38.

KLUG, W. A. O que o paciente espera. In: ISMAEL, J. C. (ed.) *O médico e o paciente*: breve história de uma relação delicada. São Paulo: T. A. Queiroz Editor, 2002. p. 21-22.

MINAYO, M. C. S. *O desafio do conhecimento*. Pesquisa qualitativa em saúde. 8ª ed. São Paulo/Rio de Janeiro: Hucitec/Abrasco, 2004.

MUÑOZ, D. R., FORTES,P .A. C. O princípio da autonomia e o consentimento livre e esclarecido. In: COSTA, S. I. F., GARRAFA, V., OSELKA, G. (Orgs.).*Iniciação à bioética*. Brasília: Conselho Feral de Medicina, 1998.

NEVES, M. C. P. A fundamentação antropológica da bioética. *Bioética Revista Brasileira Educação Médica*, n. 4, p. 7-16, 1996.

NOGUEIRA, R., SILVA, F. B., RAMOS, Z. V. O. *A vinculação institucional de um trabalhador sui generis* — o agente comunitário de saúde. [Texto para discussão 735 — on line], 2000. 33p. Disponível em <URL: http://www.nesp.unb.br/polrhs/Temas/td0735.pdf>. [fev 2007].

PEREIRA, M. G. A, AZEVÊDO, E. S. A relação médico-paciente em Rio Branco/AC sob a ótica dos pacientes. *Rev. Assoc. Med. Bras*. v. 51, n. 3, mai./jun. 2005

QUEIROZ, M. V., JORGE, M. S. Interface — Estratégias de Educação em Saúde e a qualidade do cuidar e ensinar em Pediatria: a interação, o vínculo e a confiança no discurso dos profissionais. *Comunic., Saúde, Educ*. v. 9, n. 18, p. 117-30, jan./jun. 2006

REICH, W. T. *Encyclopedia of Bioethics*. 2ª ed. New York: MacMillan, 1995.

ROBERTSON, A., MINKLER, M. New Health promotion movement: a critical examination. *Health Education Quarterly*, v. 21, n. 3, p. 295-312, 1994.

SACARDO,D.P., FORTES,P.A.C. *Desafios para a preservação da privacidade no contexto da saúde*. 2000. Disponível em<URL: http:// www.portalmedico.org.br/revista/bio2v8/seccao2.htm. [out 2006].

SACARDO, D. P. *Expectativa de privacidade segundo pessoas hospitalizadas e não hospitalizadas*: um estudo bioético. 2001. [Dissertação] Mestrado, São Paulo: Faculdade de Saúde Pública da USP, 2001.

SANTANA, M. L., CARMAGNANI, M. I. Programa Saúde da Família no Brasil: um enfoque sobre seus pressupostos básicos, operacionalização e vantagens. *Saúde e Sociedade*, v. 10, n. 1, p. 33-53, 2001.

SILVA, J. A. *O agente comunitário de saúde do Projeto Qualis*: agente institucional ou agente comunitário? 2001. [Tese] Doutorado. São Paulo: Faculdade de Saúde Pública da USP, 2001.

SILVA, J. A., DALMASO, A. S. W. *Agente comunitário de saúde*: o ser, o saber, o fazer. Rio de Janeiro: Fiocruz, 2002.

SILVA, J. A., DALMASO, A. S. W. O agente comunitário de saúde e suas atribuições: os desafios para os processos de formação de recursos humanos em saúde .*Interface — Comunic, Saúde, Educ*, v. 6, n. 10, p. 75-94, fev. 2002.

SOARES, L. *Avaliação da relação médico-paciente no atendimento ambulatorial de hospital universitário*. 1997. [Dissertação] Mestrado. Salvador: Faculdade de Medicina, Universidade Federal da Bahia, 1997.

TEIXEIRA, H., DANTAS, F. O bom médico. *Rev Bras Educ Med*,1997.

THE BELMONT REPORT. *Ethical Guidelines for the Protection of Human Subjects*. Washington: DHEW Publications(OS), 1978.

ZOBOLI, ELCP. *Bioética e atenção básica*: um estudo de ética descritiva com enfermeiros e médicos do Programa de Saúde da Família. 2003. [Tese] Doutorado. São Paulo: Faculdade de Saúde Pública da Universidade de São Paulo, 2003.

capítulo 18

A Vulnerabilidade na Prática Clínica da Saúde da Criança

Filipe Nuno Alves dos Santos Almeida

A vulnerabilidade da criança é a medida do seu cuidador

Incapaz para tomar decisões, a criança está dependente do processo de decisão que incumbe aos seus representantes. Factor de vulnerabilidade sobretudo em processos de decisão terapêutica, relativa a questões vitais para a sua sobrevivência. Maior vulnerabilidade decorre da sua incapacidade de se auto-defender. Poderão ser alvo fácil de agressões à sua autonomia, à sua dignidade, à sua integridade. Vulneráveis por maior dificuldade de auto-protecção das agressões afectivas, culturais, sexuais, são sempre potenciais vítimas de maus tratos. Mais vulneráveis pela confusão estabelecida entre o *seu bem* e o *bem* de quem os representa. Vulneráveis pela impreparação dos representantes e profissionais de saúde no que concerne à sua individualidade e ao desenvolvimento da sua progressiva autonomia. Vulnerabilidade ainda é o défice no entendimento da triangularidade da relação médico-doente em pediatria. Défice dos profissionais de saúde, enquanto permitem a presença dos pais por epicutâneo devocionismo e não pela assunção desta imprescindível presença como elementos constitutivos de um *eu* relacional que os não dispensa.

Défice dos pais, porquanto não têm sabido assumir as responsabilidades inerentes à sua participação triangulada, nomeadamente no dever que têm para com o respeito devido à intimidade, à vida privada dos filhos. A vulnerabilidade da criança é, assim, nesta dinâmica relacional, a medida do seu cuidador.

Permitam-me um primeiro cumprimento à Comissão Organizadora deste IV Encontro Luso-Brasileiro de Bioética por, em boa hora, ter proposto à nossa reflexão um tema tão caro à bioética como o é a vulnerabilidade. Caro à bioética e a quantos, nas leiras do seu trabalho quotidiano, se confrontam com o homem doente, fragilizado, dependente, assim tido nas suas mãos, necessitado de um vigoroso *olhar*, humano e humanizador, capaz de lhe patentear, particularmente neste tempo de vulnerabilidade, a sua imperecível dignidade.

Um cumprimento, óbvio, mas um agradecimento também, pela gentileza de um tão honroso convite. Trazido que fui a este patamar de tanta exigência na reflexão bioética, cumpre-me abordar a vulnerabilidade na prática clínica da saúde da criança.

Convite que me colocou em clara posição de vulnerabilidade, só possível de ultrapassar pela atenção com que olho o *olhar* desses mais pequeninos que preenchem a minha vida de pediatra.

Aqui estou, pois, não para retomar os modelos teóricos da reflexão sobre a vulnerabilidade. A sua conceptualização foi já, durante o dia de ontem, superiormente escalpelizada. Deixem-me propor-vos uma reflexão com ponto de partida no dia-a-dia que vivo no labor pediátrico, quer no domínio do ambulatório, quer no hospitalar (onde trabalho numa unidade de cuidados intensivos pediátricos), Parto, à procura das vulnerabilidades suas, e das *distracções* nossas.

Deixem-me ir, lá, bem ao seu início da sua vida. Ainda e apenas como *possibilidade de vida*, a criança nascerá *fruto de um desejo* concretizado num espaço e num tempo de amor, que fará dela sujeito de relação, de afecto, de dádiva, ou *resultado de um acaso*, acidente de um percurso, que fará dela objecto de propriedade, sujeito de exigência, de relação obrigatória. Concluirá ou não o tempo de gestação que a natureza lhe tem reservado de acordo com a valoração que sobre si recair. Se for saudável, se os ecos laboratoriais que a sondam na privacidade uterina não denunciarem maleitas, se for árvore adiada e não semente esquecida, se for razão de viver dos seus progenitores, se for Ser por si mesma, manter-se-á acolhida no ninho uterino e esperada na cidade lá para as 38 semanas de gestação. Se tiver defeito físico, mental ou estético, se for suficientemente inoportuna, a sua expulsão uterina poderá ser decretada e sumariamente executada. Não podendo exigir ser ouvida, resta-lhe, nesta sua absoluta dependência, a esperança de que alguém a perscrute e a transporte, neste modelo comunicacional, para a mesa das decisões.

Com o nascimento, o nosso recém-nascido conquista a sua primeira independência. Com a autonomia respiratória e cardio-circulatória que lhe é posta em mãos, esboroa-se esta sua dependência. Naturalmente, mantém profunda dependência em todos os outros domínios, um dos quais, fundamental, o nutricional. Sendo capaz de se alimentar, não lhe é possível assegurar, por si só, a sua alimentação. Tem, pois, de ser alimentado. Num gesto de absoluta atenção ao que lhe faz bem, a natureza prodigalizou-lhe o leite materno, a sua dádiva mais que perfeita. Porque outros leites, como outros alimentos disponíveis, não correspondiam ao *melhor bem* para este recém-nascido, a natureza entendeu dever preocupar-se (leia-se pré-ocupar-se!) preparando, como precaução, não apenas o melhor alimento mas o *seu* melhor alimento. Ainda assim, durante muitos e muitos anos o aleitamento materno, isto é, o melhor alimento para o recém-nascido, foi secundarizado nas escolhas que as mães faziam para alimentar os seus filhos. Num claro exercício da sua própria autonomia, as suas decisões eram tomadas, não na peugada do bem do filho, não na procura do melhor interesse do seu filho, mas em função do seu próprio (mãe) bem, ignorando o dever de exercer, fiduciariamente, a autonomia do seu próprio filho. Sabemos bem, é certo, que o aleitamento materno conhece hoje uma divulgação e uma implementação de que não havia memória recente. Sobretudo, desde que publicamente a princesa Diana de Inglaterra mostrou os seus seios, não para os exibir por entre um primoroso decote esculpido por Valentino, realçando-lhe a beleza corporal, mas para os exibir durante um primoroso acto de amor, realçando agora a beleza de um agir que procurava o bem do seu filho primogénito, amamentando-o. Mas, apesar desta grande difusão, o recém-nascido continua, pela sua dependência, à mercê de uma decisão que nem sempre é cumprida no sentido da satisfação do seu melhor bem. Não podendo fazer-se ouvir, a não ser por um choro ditatorialmente abafado por uma chupeta, este ser humano come o que lhe dão.

A semana passada, e quando ao Pedro, um lactente de três meses de idade que vomitava e não aumentava de peso, diagnostiquei uma simples infecção urinária, perguntou-me a mãe, denunciando uma informação ocultada: Sr Dr, poderá esta doença ter sido por causa do vinho que bebi durante a gravidez e durante o tempo em que tenho amamentado?

A natureza esteve atenta à vulnerabilidade deste seu ser mais pequeno. E os homens, também?

A Maria é uma menina de quatro anos de idade a quem foi diagnosticada uma diabetes. Agressiva nesta sua expressão inaugural e exigente no controlo metabólico que lhe é devido, esta doença da Maria alterou de forma significativa a sua vida e obrigou a mãe a longas ausências do trabalho para a aprendizagem que se impõe fazer nestas circunstâncias, visando um adequado acompanhamento. O contrato de trabalho desta mãe, precário, não seria renovado pela entidade patronal, dada a elevada possibilidade de absentismo, de uma quebra de assiduidade laboral, atendendo à nova doença da filha. Duplamente vítima da sua doença, a Maria conheceu, no seu dia-a-dia, o poder do mercado de trabalho, a crueza da vulnerabilidade social!

O João contava já com seis anos de traquinices. As dores de cabeça e alguma perda de equilíbrio importunavam-no há cerca de 2 semanas. Um tumor cerebral desenvolvera-se silenciosamente, traiçoeiramente. Impôs-se um internamento hospitalar demorado. Viu-se afastado dos irmãos, dos amigos da escola e do bairro em que vivia. Diariamente tiravam-lhe sangue e metiam-no em máquinas, para fazer exames porque, diziam-lhe, *estava doente* (como se não soubesse!). Partilhava uma enfermaria com mais três meninos, curiosamente, todos sem cabelo. Tinham os pais consigo. O João era observado diariamente por muitos médicos. Viam o seu corpo manchado de negras, reparavam no nariz que sangrava, no cansaço da sua respiração. E falavam com os pais. Falavam muito *com os pais*. As enfermeiras arranjavam-lhe a cama, lavavam-no, e era bom quando lhe tocavam no rosto e nas mãos. E picavam-no muitas vezes para tirar sangue — era preciso fazer muitas análises. Havia também muitos alunos naquele hospital. Não lhe contavam histórias, como estava habituado. Perguntavam-lhe algumas coisas da sua história, mas gostavam mais de falar com os pais, a seu respeito. E falavam também com os pais dos outros meninos da enfermaria, a respeito dos seus meninos e em voz alta, de modo a que todos ouviam tudo. Soube, assim, que o pai da Mariana, que dormia na cama ao seu lado, estava na cadeia e que os pais do André, o amiguinho que ali conhecera, estavam separados. E reparou na tristeza dos seus amigos quando ouviram a sua mãe dizer aos alunos que vivia num barraco, que não tinha janelas, nem água, nem luz. Mas o João continuava a sorrir todas as manhãs até que um dia o seu estado clínico se agravou. Uma hemorragia intra-tumoral atirou-o, em coma profundo, para uma unidade de cuidados intensivos. Os médicos comunicaram aos seus pais a gravidade do quadro clínico e a necessidade de uma intervenção neurocirúrgica de urgência. E pediram-lhes consentimento para a sua realização. Desesperados, prisioneiros do medo, os pais, como se estivessem livres, não deram o seu consentimento e os médicos levaram a sério esta decisão e obrigaram-se a solicitar, urgentemente, ao Tribunal de Menores a retirada do poder parental para, assim, avançar com a imprescindível intervenção salvadora. O João sobreviveu, ficou bem, após um longo tempo de terapia oncológica. E voltou a sorrir. Até que uma recaída o levou a um estado irreversível da sua doença oncológica. Necessitava agora de cuidados paliativos. Da intensidade de um tratamento paliativo, não curativo.

O Hospital onde se encontrava, era um grande hospital universitário, onde se faziam grandes operações que até vinham nos jornais, dispunha de tecnologia de ponta, tinha muitas unidades de cuidados intensivos para tratar bem, muito bem, os que tinham possibilidades, ainda que remotas, de sobreviver (como aquela onde o João já tinha estado e que lhe permitiu sobreviver). E este hospital até já tinha conseguido criar, ao fim de 50 anos, uma bem apetrechada unidade de cuidados paliativos para adultos. Só que nesta grande unidade, não havia espaço para as crianças, apesar do pouco espaço de que precisariam. Ficou, assim, num quarto, isolado, com a inscrição de uma sigla misteriosa aos pés da sua cama: DNR. O *isolamento no quarto* acabou no *esquecimento do doente*. As ordens para não reanimar foram confundidas com ordens para não tratar. E o João morreu, assim, só.

O Miguel tinha acabado de nascer, há apenas dois meses, quando lhe diagnosticaram uma leucemia, com rápida e grave metastização para o sistema nervoso central. À terapêutica agressiva instituída, sobreveio uma grave insuficiência respiratória obrigando a ventilação mecânica musculada. A hipertensão intracraniana determinou a colocação de um catéter de monitorização da respectiva pressão, um derrame pleural bilateral motivou a colocação dos drenos a nível do tórax, uma insuficiência hepática e cardíaca justificaram poderosa terapêutica vasoactiva. Uma insuficiência renal instalou-se para completar a falência de praticamente todos os sistemas orgânicos vitais. Mas, o coração persistia nos seus batimentos, não havia critérios de morte do tronco cerebral *e ainda havia mais uma máquina disponível* no stock da unidade para terapêutica renal substitutiva. Neste seu autêntico percurso de finalidade, o *olhar técnico* via no

Miguel *um objecto de tratamento* e, por isso, clamava por mais uma máquina. O *olhar ético* viu no Miguel o *sujeito de doença*, reconheceu, nos seus 2 meses de idade, que este era o seu tempo de morrer, o seu tempo de totalidade e, por tanto, não o impediu de morrer. Cumpriu a beneficência, recusou a não maleficência, ignorou a autonomia, atendeu à dignidade. Soube outorgar-lhe a protecção devida a esta máxima vulnerabilidade.

Subscrevo a noção de que a criança, por força da sua imaturidade biológica, reflexiva, ética, social e afectiva, é um ser profundamente dependente, frágil, susceptível de ser alvo de desrespeito pelos direitos inerentes à sua real condição de ser humano, e, nessa medida, carente de uma particular protecção, tanto maior quanto mais vincada s sua fragilidade. Como subscrevo a noção de que ser doente, por força da quebra da homeostasia dos seus sistemas biológicos, objecto de uma agressão vital, é tornar-se igualmente dependente, fragilizado física e psiquicamente, mais vulnerável, portanto, a possíveis ameaças externas. Ser, então, *criança doente*, é intensificar uma fragilidade com outra fragilidade de não menor intensidade, de risco não inferior e, portanto, clamar por intensiva e mui cuidada protecção. Mas pode ainda agigantar-se a vulnerabilidade da criança, por acções que lhe são deveras estranhas: as que decorrem da impreparação ou simples distracção dos seus cuidadores. Com efeito, o défice da sua preparação para uma adequada relação com a sua circunstância de criança doente (vulnerada, na expressão de Fermin Schraam), abre as portas a acções de poder, de agressão, de agires menos dignos e menos consonantes com a condição de dignidade que lhes impende. Tripla vulnerabilidade, agora, para as crianças doentes que têm, em seus ombros, o peso de cuidadores (pais e profissionais de saúde) descuidados na sua formação ética específica.

E, nesta área da prática clínica na saúde da criança, urge identificar áreas de vulnerabilidade, que eu tentei ilustrar nos relatos que vos trouxe de doentes reais, para lhes reconhecer propostas de intervenção, correctoras destes desvios inaceitáveis.

— O *direito à informação* é um elementar direito de qualquer ser humano, particularmente quando está doente. Funda-se na importância do conhecimento da verdade, como condição indispensável à co-participação de cada um nas decisões que lhe respeitam. Exige um modelo de comunicação. Em pediatria, a comunicação existe desde o dealbar da vida intra-uterina. Mas, como instrumento decisório, esta possibilidade de comunicação da criança, nomeadamente nos primórdios da vida extra-uterina, exige a figura dos pais como parte integrante do *eu* relacional do filho, por ora incompetente para satisfazer este requisito. Esta circunstância permitiu que a informação devida pelos profissionais de saúde aos seus doentes pediátricos se tenha estabelecido de forma praticamente exclusiva com os seus representantes legais, ignorando de forma natural e pontual primeiro, mas, depois, sistemática, a identidade da criança que, num processo de progressiva maturação psicológica e ética, acaba por alcançar, não muito tardiamente, um nível de compreensão que torna ilícito mantê-la afastada da esfera da informação relativa a quanto lhe respeita. Quantos trabalhos científicos realizados nos exibem a tão profunda capacidade das crianças com idade superior a 5 anos compreenderem a sua doença, a sua fragilidade, a sua finitude, a proximidade da sua morte? E quantos de nós são capazes (leia-se competentes) de com elas comunicar acerca desta sua verdade? Vulneráveis, portanto, fragilizadas e desrespeitadas na atenção devida aos seus direitos, por causa de uma impreparação dos profissionais de saúde e, bem assim, dos pais que têm igual perspectiva redutora da capacidade do filho para entender a sua própria doença. *Informar,* sobretudo no domínio de uma informação que visa assegurar a proximidade, a empatia, patentear quanto extravasa a mera objectividade da patologia, da fisiopatologia, do prognóstico, informação esta sim, acessível através do computador, do *paper,* etc. Falámos da informação como processo comunicacional abrangente, implicando nela os universos cultural, social, espiritual, religioso, pelo que não dispensa o conhecimento único que cada médico tem *deste* seu menino doente e do seu tecido familiar, tornando portanto específica e exclusiva a informação que lhe respeita. A dificuldade reconhecida, de um modo geral, aos cuidadores neste processo comunicacional é condição clara de vulnerabilidade, já que é efectivamente não fácil vencer este degrau, tão dependente do nível de maturação psicológica e ética da criança. Mas, condenar as crianças, particularmente depois dos 5 anos de idade, ao desconhecimento da sua circunstância, sem tentativas para o ultrapassar, é aceitar como intransponível uma vulnerabilidade que, a contrário, bem pode e deve ser absoluta e vitoriosamente ultrapassada, com inequívocos ganhos para todo o processo terapêutico. Quando somos capazes da partilhar com a criança a verdade possível ao entendimento da sua circunstância, todo o processo terapêutico, particularmente se complexo e desconfortável (doloroso, é hoje inaceitável!), obtemos, a maioria das vezes, uma colaboração facilitadora da sua concretização.

A dependência do exercício por outrém da sua própria autonomia

Incapaz para tomar decisões, a criança está dependente do processo de decisão que incumbe aos seus representantes. Factor de vulnerabilidade sobretudo em processos de decisão terapêutica, relativa a questões vitais para a sua sobrevivência.

Maior vulnerabilidade decorre da sua incapacidade de se auto-defender. Poderão ser alvo fácil de agressões à sua autonomia, à sua dignidade, à sua integridade. Vulneráveis por maior dificuldade de auto-protecção das agressões afectivas, culturais, sexuais, são sempre potenciais vítimas de maus tratos. Mais vulneráveis pela confusão estabelecida entre o *seu bem* e o *bem* de quem os representa. Vulneráveis pela imprepração dos representantes e profissionais de saúde no que concerne à sua individualidade e ao desenvolvimento da sua progressiva autonomia.

Preparamo-nos, adultos, para o estudo da sua fisiopatologia, da orgânica e da do desenvolvimento. Pouco aprofundamos o que concerne aos seus aspectos cognitivos. Preparação para atender ao seu desenvolvimento moral não há.

Preparamo-nos, hoje, muito, para a prevenção dos acidentes físicos dos nossos filhos, mas não para a prevenção dos acidentes afectivos, das agressões sociais, da discriminação...

Nas modernas empresas hospitalares, a dotação de recursos humanos e tecnológicos vai sempre em último lugar para a pediatria. Foi lento, muito lento o reconhecimento da necessidade de criar unidades de cuidados paliativos para adultos. Mas já foi possível a sua criação. Para as crianças, que morrem de igual maneira e de há tantos anos também, ainda não foi reconhecida essa necessidade

Havendo pelo menos duas unidades para queimados graves adultos na cidade onde trabalho e vivo, nenhuma delas está preparada para tratar crianças com igual patologia.

Leis de protecção social que permitam o apoio efectivo das mães nos períodos de doença são ineficazes e insuficientes. As progressivas restrições, contenções, estreitamentos das leis laborais, favorecendo quem não tem filhos e taxando as mães *faltosas* para prestação de cuidados de saúde nos períodos de doença dos filhos, são factores adicionais de vulnerabilização das crianças.

Um tempo novo tem despertado nos profissionais uma clara melhoria no apoio devido às crianças, numa perspectiva da objectividade dos meios (por exemplo os esforços feitos no plano das imunizações). Em défice, sim, está sobretudo a preocupação devida às dimensões mais sensíveis concernentes às questões que visam o exercício da sua autonomia urgindo entender por exemplo que a pediatria desafia a ética clássica no que concerne ao primado da autonomia, no plano da obtenção de consentimento informado. Seguidores de um respeito absoluto pela doutrina da autonomia, quantas vezes pervertemos esta doutrina reclamando de forma hipócrita consentimentos que o não podem ser... Com efeito, solicitar um consentimento é, antes de mais, uma abertura para um exercício de liberdade, afirmando o médico a sua disponibilidade para aceitar a decisão do doente, aqui do seu representante, qualquer que ela possa vir a ser. Sabemos bem que há decisões que não podem ser aceites, como por exemplo a recusa de uma intervenção terapêutica urgente, capaz de salvar a vida de uma criança. Para estas intervenções, não faz sentido pedir um consentimento se sabemos de antemão que um eventual não será absolutamente recusado, e, assim, pedida a intervenção do Tribunal de Menores. Insistir no seu pedido é perverter a essência da ética no que respeita a este universal princípio.

Vulnerabilidade ainda é o défice no entendimento da triangularidade da relação médico-doente em pediatria. *Défice dos profissionais de saúde*, enquanto permitem a presença dos pais por epicutâneo devocionismo e não pela assunção desta imprescindível presença como elementos constitutivos de um *eu* relacional que os não dispensa. *Défice dos pais*, porquanto não têm sabido assumir as responsabilidades inerentes à sua participação triangulada, nomeadamente no dever que têm para com o respeito devido à intimidade, à vida privada dos filhos.

Muito, mas muito se tem avançado na peugada da protecção desta casta de vulneráveis. Mas a uma aparência de grandes desenvolvimentos não corresponde, talvez, uma efectiva consciência de que esta é uma parte real da nossa responsabilidade e não o simples corolário de uma cândida solicitude, na mira de uma protecção dos *inhos* (coitadinho, pobrezinho e quejandos), atestando-lhes uma reduzida dignidade (quero significar, uma dignidade à medida da sua dimensão corporal e não à medida da pessoa que é...)

Medidas importantes passam também por uma atenção que tem vindo a ser dada, de forma progressivamente crescente, à protecção das crianças por exemplo na área da investigação. Depois de um tempo de exagerada permissão e falta de protecção, passou-se para alguma excessiva restrição que agora quer ser temperada com novas aportações a esta matéria.

Ao nível do ensino superior, registo com agrado terem já as Faculdades de Medicina, e sobretudo as Escolas Superiores de Enfermagem, nos seus curricula alguma preocupação no despertar dos seus alunos para a indispensável formação nesta área específica da ética pediátrica, organizando seminários e enfocando com algum cuidado a importância a ela devida.

A vulnerabilidade tem desencadeado na sociedade civil e comunidade da saúde, bem como em algumas instâncias dedicadas ao apoio às crianças, Declarações universais com o intuito de protecção emergente da sua situação de vulnerabilidade. E não faltam excelentes recomendações enfatizando, diria mesmo, entronizando os direitos que lhes são devidos. Mas este articulado literário ainda não encontrou concretização paralela. É a bioética que, procurando ser provocadora de novos e adequados comportamentos, quer *transformar os direitos das crianças nos nossos deveres*, fazendo-os serem assim assumidos como nossa absoluta responsabilidade. *Sou*, enquanto cuidador da criança, pai ou profissional de saúde, *responsável por si*, co-responsável pela concretização dos seus direitos. É esta a asserção ética, reclamada por uma ética prática dirigida aos mais ameaçados na sua autonomia, dignidade e integridade.

A vulnerabilidade da criança é, assim, nesta dinâmica relacional, a medida do seu cuidador.

capítulo 19

O Cuidado e a Ética na Relação com a Criança em Instituições de Saúde

Maria De La Ó Ramallo Veríssimo
Cecília Helena de Siqueira Sigaud
Magda Andrade Rezende
Moneda Oliveira Ribeiro

Nos últimos anos aumentou a consciência da sociedade brasileira acerca dos direitos fundamentais das crianças, o que possibilitou a aprovação do Estatuto da Criança e do Adolescente — ECA (Brasil 1990). Essa conquista decorreu do impacto de mudanças mundiais, tais como as exigências de tratados comerciais estabelecidos com outros países no que tange à proibição de trabalho infantil, além da melhoria das condições de vida e do aumento de escolaridade da população. A área de Saúde não ficou alijada deste processo. Em São Paulo, por exemplo, dois anos antes da promulgação do ECA, uma lei assegurou o direito da criança contar com a presença de um acompanhante no caso de hospitalização nos serviços estaduais (São Paulo 1989). Entretanto, nas experiências cotidianas das crianças, percebe-se que ainda há situações em que os "direitos fundamentais inerentes à pessoa humana" (Brasil, 1990) não estão sendo atendidos. Devido à concepção vigente sobre a criança ser ainda muito pragmática, algumas de suas necessidades não são percebidas. Seja no âmbito da assistência ou da investigação, a legislação por si não é suficiente para proteger seu estado de vulnerabilidade e assegurar sua autonomia. Assim, é imperioso refletir sobre como assegurar seus direitos em todas as circunstâncias de sua vida. A fim de analisar e propor incremento na qualidade do cuidado prestado nesta área vamos nos valer do enfoque principialista da ética. Esta tem como preocupação fundamental a pessoa, bem como suas potencialidades a serem desenvolvidas como direito essencial básico. Sendo a criança sujeito de direitos, faz-se necessário aplicar os princípios de autonomia, beneficência, não-maleficência e justiça segundo o foco da infância.No que se refere ao princípio da autonomia, dentre os dispositivos específicos estabelecidos no Simpósio Internacional sobre Bioética e os Direitos da Criança, destaca-se que: "A atenção à saúde da criança deve incluir a devida consideração pelo esclarecimento, pelo consentimento e, conforme o caso, pela recusa do consentimento por parte da criança, conforme seu grau crescente de autonomia" (Brasil 2005).

Considerando que não existe *a criança*, mas um número infinito destas, que adquirem identidades diferentes em função de suas idades e experiências de vida, faz-se necessário analisar profundamente cada uma dessas assertivas no que se refere a: Como esclarecer uma criança? Como garantir seu direito à autonomia? O que é consentimento para a criança? O que é recusa desse consentimento?

De maneira similar, os demais princípios estão subordinados à mesma lógica. Assim, entender o significado de não-maleficência, beneficência e justiça para a criança depende também da compreensão empática sobre a infância.

O alicerce para orientar as respostas a todas essas questões é a concepção sobre criança e o conhecimento sobre o processo do desenvolvimento infantil e as necessidades essenciais decorrentes desse processo de desenvolvimento. É necessário, ainda, conhecer variantes devidas à estrutura e ao apoio familiar e social de que a criança dispõe, bem como as peculiaridades decorrentes de seu funcionamento na área sensório-motora.

Portanto, é imprescindível que todos os profissionais envolvidos no cuidado à criança, em qualquer dos cenários (hospitais, unidades básicas de saúde, ambulatórios, unidades do PSF, laboratórios etc.) sejam capacitados no atendimento efetivo às peculiaridades infantis.

O cuidado na assistência e na pesquisa: a comunicação como alicerce da interação com crianças

A autorização para procedimentos com crianças deve ocorrer em duas instâncias: com a própria criança e com seu responsável. É necessário ter o cuidado de explicar ao responsável o objetivo do atendimento A criança também deverá ser esclarecida quanto a todo procedimento a que será submetida. Para isto, o profissional deve se valer de conhecimentos sobre o desenvolvimento infantil, bem como sobre comunicação com a criança.

Quando se tratar de crianças muito jovens, que ainda não se comunicam bem verbalmente, os pais devem ser esclarecidos a respeito e orientados e ajudados a tranqüilizar a criança. Sempre que possível, o procedimento deve ser realizado no colo dos pais. Caso isto não seja possível, os pais (ou um deles) devem ficar presentes para que a criança se perceba tendo apoio e algum controle sobre a situação.

Se os pais não puderem estar presentes, a criança deve ser tranqüilizada pelo profissional, que se valerá de seus recursos pessoais, como o próprio tom de voz firme, mas suave, gestos e expressões corporais que denotem paciência e compreensão quanto aos comportamentos infantis.

Brinquedos são muito úteis para atrair a atenção e promover o desenvolvimento da criança. Atualmente, o uso do brinquedo terapêutico como estratégia de cuidado à criança está cientificamente estabelecido. Portanto, a brincadeira terapêutica é também um cuidado.

Neste sentido, entendemos por cuidado qualquer ação que potencialmente promove o desenvolvimento pleno da pessoa, o que inclui seu *empowerment*[1]. Assim, a seleção e o uso das estratégias de atendimento devem abranger essas possibilidades, compartilhando conhecimentos e possibilitando uma participação efetiva da criança nas experiências, inclusive na tomada de decisões.

Todas estas ações de cuidado são aplicáveis também às pesquisas realizadas com crianças. À guisa de lembrete, as estratégias de coleta de dados primários mais freqüentemente utilizadas são a observação, a entrevista individual ou em grupo, e uma variedade de avaliações físicas e do comportamento infantil que implicam manipulação da criança.

Na observação, tanto para fins de cuidado, quanto de pesquisa, deve-se manter a privacidade e o anonimato da criança. Isto vale para observação direta ou com utilização de gravação em vídeo. A aceitação formal dos responsáveis é também indispensável. Assim, a imagem completa ou parcial da criança não poderá ser divulgada, a menos que se conte com a anuência livre e esclarecida dos responsáveis e, ainda assim, deve-se avaliar se essa divulgação realmente não acarretará danos ou preconceitos à criança no presente ou no futuro.

No caso da manipulação para a coleta de dados físicos ou fisiológicos, é importante entender que mesmo nos procedimentos simples, como a verificação de peso e estatura, podem ser percebidos como ameaçadores (invasivos ou dolorosos) pela criança, pois implicam sua imobilização, contato com pessoas estranhas e utilização de equipamentos incomuns no seu cotidiano. Assim, deve-se ter sempre em mente as premissas éticas emanadas para orientar a pesquisa com crianças (Brasil, 2005). Dentre elas, destacamos:

"Quando houver diferença de interesses, o interesse da criança deve, em princípio, prevalecer sobre o do adulto." "[...] Esse

---

1. *Empowerment*, no campo da promoção da saúde, significa capacitar indivíduos, grupos e comunidades a terem ações positivas para sua saúde, com posse e controle de seus próprios esforços e destinos.

princípio deve ser reforçado, em especial, em relação a exames e/ou tomada de espécimes realizados na criança, os quais só devem visar a interesse imperativo de saúde da criança que não possa ser atendido de outra maneira."
Apesar de tais premissas terem sido emanadas pelo campo da ética em pesquisa, são aplicáveis na assistência à saúde.

O uso de estratégias apropriadas de comunicação e apoio é imprescindível para a realização de qualquer procedimento, pois torna a situação segura e agradável às crianças. Estas devem ser informadas sobre o que se pretende fazer com elas, havendo ampla literatura a respeito de como abordá-las (Rezende 1996; Ribeiro e Sigaud 1996; Wong, 1999).

Entre os três e seis anos, embora as crianças apresentem um domínio crescente da linguagem, nem sempre a explicação oral é suficiente para alcançar sua compreensão. Para estas, é extremamente útil o recurso da brincadeira (Rezende, 2002), destacando que sua preocupação centra-se no que lhes vai acontecer de imediato e no que vão sentir.

Para as crianças menores de três anos, a comunicação é predominantemente sensorial. Assim, a linguagem deve ser cuidadosamente em tom de voz, gestos e manipulação apropriados.

Para as crianças maiores de seis anos, torna-se mais freqüente a possibilidade de explicações mais elaboradas devido às progressivas habilidades adquiridas no âmbito cognitivo. Inclusive, no caso de pesquisa, é possível explicar à criança que o procedimento consiste em um estudo que visa realizar um trabalho a ser apresentado a outras pessoas, mas que o nome dela não aparecerá no trabalho, explicando que *esse segredo* se chama anonimato.

Na entrevista com a criança, a linguagem é utilizada como um instrumento que possibilita revelar o pensamento da criança e, assim, obter sua visão subjetiva da realidade. Através da linguagem, a criança representa o mundo que a cerca e a influência que este exerce sobre seu pensamento e suas ações em seu processo de desenvolvimento.

A entrevista com a criança se faz tanto através do diálogo, como através da brincadeira. Em ambos os casos, a Abordagem Centrada na Pessoa (Maldonado, 1997) é uma estratégia de cuidado, pois permite à criança conhecer-se, lidar com suas idéias e sentimentos, e organizar-se frente a eles. Esta abordagem consiste em atitudes de compreensão, aceitação e interesse pela criança, com autenticidade e congruência, de modo que ela não se sinta ameaçada ou julgada (Miranda e Miranda, 1999).

Dos três aos seis anos, as crianças são capazes de estabelecer um diálogo, mas este ainda não é estruturado de forma a elucidar amplamente suas idéias e sentimentos. Ao mesmo tempo, ainda não dominam um vocabulário suficiente para expressá-los. A narrativa, nesta fase, não segue ordem cronológica e as histórias são apresentadas de forma descontínua. Por isto, indica-se a entrevista com brincadeira, em que se obtém o dado de pesquisa a partir da narrativa desencadeada (Rezende, 2002). Neste caso, a brincadeira lhes permite a projeção de suas emoções e percepções, muitas vezes narradas na conjugação verbal da terceira pessoa do singular.

Após os sete anos, a criança adquire habilidades mentais para pensar, expressar e agir segundo sua própria consciência, e comunicar sua opinião sobre a realidade que a cerca. O desenvolvimento cognitivo e da consciência moral, bem como a formação de sua identidade, habilitam-na a construir seu pensamento próprio e a elaborar sua representação da realidade. A capacidade de comunicar-se por meio da linguagem alcança um patamar que torna a entrevista um meio apropriado para se obter dados que permitem identificar sua visão em relação a si mesma, a sua família e ao meio onde vive.

As entrevistas devem evoluir com um diálogo espontâneo e estímulo para se expressarem. Quando necessário, pode-se formular perguntas que surjam do próprio contexto de seu relato para esclarecer pontos obscuros de sua fala e obter informações mais detalhadas sobre o tema em questão. Atenta-se para o cuidado de usar linguagem simples, concreta e compatível com sua fase do desenvolvimento.

Apesar das crianças dessa idade serem capazes de verbalizar suas percepções, ainda não são adultas e não podem ser tratadas como tal, pois ainda não são capazes de assumir sozinhas responsabilidade por seus atos e percepções, nem coerência entre sua prática e discurso. Portanto, é possível que se manifestem de forma contraditória durante uma entrevista, o que não invalida seu depoimento, apenas reflete sua instabilidade frente à realidade, característica dessa fase.

Considerações finais

A motivação principal deste texto consiste em desencadear reflexões sobre aspectos éticos em relação à criança, tanto no exercício da assistência quanto no processo de investigação científica. Trata-se de um despertar para uma questão essencial, estabelecida nos termos do ECA (Brasil 1990), onde se consolida que a criança *é uma pessoa em desenvolvimento*, portanto, *um ser de direito*, e como tal deve ser protegida de toda e qualquer forma de tratamento que desconsidere sua autonomia e suas necessidades. É nessa ótica que o presente trabalho sugere uma discussão que redunde no entendimento e na aplicação apropriada dos princípios éticos, visando a proteção efetiva das crianças e suas famílias quando submetidas aos cuidados de profissionais de saúde.

REFERÊNCIAS BIBLIOGRÁFICAS

BRASIL. Ministério da Saúde. Conselho Nacional de Saúde. Declaração de Mônaco: Considerações sobre a Bioética e os Direitos da Criança. In: SIMPÓSIO INTERNACIONAL sobre a Bioética e os Direitos das Crianças. Mônaco abr. 2000. Disponível em: http://conselho.saude.gov.br/docs/doc_ref_eticapesq/Bio%E9tica%20e%20Direitos%20das%20Crian%E7as.doc. Acesso em: 18 ago. 2005.

BRASIL. Lei n.8.069, de 13 de julho de 1990. Dispõe sobre o Estatuto da Criança e do Adolescente e dá outras providências. *Diário Oficial da União*, Brasília, 16 jul. 1990.

MALDONADO, M. T. *Comunicação entre pais e filhos*: a linguagem do sentir. 22ª. ed. São Paulo: Saraiva, 1997.

MIRANDA, C. F., MIRANDA, M. L. *Construindo a relação de ajuda*. 11ª. ed. Belo Horizonte: Crescer, 1999.

REZENDE, M. A. O preparo da criança e do adolescente para enfrentar experiências difíceis. In: SIGAUD, C. H. S., VERÍSSIMO, M. L. Ó. R. *Enfermagem Pediátrica*: o cuidado de enfermagem à criança e ao adolescente. São Paulo: EPU, 1996. cap. 11. p. 125-132.

REZENDE, M. A. *Necessidades de desenvolvimento da criança em instituições de saúde, de educação e na família.*Uso do brinquedo terapêutico por enfermeiros. São Paulo: SIAE — Pró-Reitoria de Graduação e Pró-Reitoria de Pós-Graduação, 2002 (CD-ROM).

SÃO PAULO. Secretaria da Saúde. Resolução n.55-165, 12 de outubro de 1988. Dispõe sobre a adoção do Programa "Mãe Participante" nos estabelecimentos que especifica e dá providências correlatas. *Diário Oficial do Estado,*São Paulo, 14 mar. 1989. Seção 1, p.11.

SIGAUD, C. H. S., VERÍSSIMO, M. L; Ó. R. *Enfermagem Pediátrica*: o cuidado de enfermagem à criança e ao adolescente. São Paulo: EPU, 1996. cap. 9. p. 99-111.

WONG, D. L., WHALEY, W. *Enfermagem pediátrica*: elementos essenciais à intervenção efetiva. 5ª ed. Rio de Janeiro: Guanabara Koogan,1999.

capítulo 20

Vulnerabilidade dos Profissionais de Saúde no Processo de Doação de Órgãos para Transplantes

Adriana Aparecida de Faria Lima

O desenvolvimento tecnológico desencadeou dilemas morais inesperados relacionados à prática biomédica como, por exemplo, os transplantes. A bioética instala-se em decorrência dos avanços científicos em detrimento à vida, determinada pelas transformações sociais, políticas e tecnológicas. A bioética propõe-se a constituir uma ética aplicada à situação de vida, sendo a morte inerente à vida que garanta o respeito aos valores humanos. Para isso, pressupõe que haja prudência entre o conhecimento técnico-científico associado aos valores humanos (Diniz e Guilherm, 2002).

Nas últimas décadas, a medicina desenvolveu um arsenal tecnológico que tornou possível a reparação e substituição das funções dos órgãos e a utilização de próteses externas e internas. O transplante permitiu manter com vida um grande número de pessoas vítimas de doenças que outrora não tinham possibilidade de sobreviver aos episódios de agudização (Santos, 1998).

Para garantir o sucesso dessa modalidade terapêutica, o transplante, há necessidade da obtenção de órgãos. O transplante de doador cadáver pressupõe a extração de órgãos *vivos* de corpos humanos sem vida (doador). No caso, dos indivíduos em morte encefálica, seus órgãos substituirão os órgãos ineficientes de uma outra pessoa (receptor). Contudo, esse cenário nos apresenta novos conflitos na relação humana entre o potencial doador, receptor, familiar e profissional.

Neste contexto tem-se por objetivo fazer uma reflexão sobre a vulnerabilidade do profissional da saúde que trabalha no processo de doação de órgãos para transplantes.

O termo vulnerabilidade é empregado em diferentes contextos, com diversos significados, podendo ser entendido como: redução da voluntariedade, espontaneidade, liberdade, autonomia, capacidade e auto-determinação, suscetibilidade, fragilidade, desigualdade, compartilhamento de responsabilidade e solidariedade (Goldim, 2004).

Neves (2006) apresenta que a vulnerabilidade é uma palavra de origem latina, derivado de vulnus (eris), que significa *ferida*. Desta forma, a vulnerabilidade pode ser compreendida como susceptibilidade de ser ferido.

Na década de 1980 o desenvolvimento da bioética na Europa determinou uma alteração substancial no entendimento da noção de vulnerabilidade, influenciada pelos filósofos Emmanuel Lévinas e Hans Jonas. A vulnerabilidade é reconhecida como constitutiva do humano, entendida como condição universal do vivente. Deste modo, a noção de vulnerabilidade surge como substantivo e não como adjetivo. Por isso, não pode ser compreendida ou utilizada como um fator de diferenciação entre pessoas e populações (Neves, 2006).

A condição humana é marcada por um extenso grau de fragilidade devido às características temporal e finita de toda a vida humana. Só pode-se aprender a viver em segurança se reconhece a própria vulnerabilidade e a vulnerabilidade do outro, protegendo-as e sabendo conviver com elas. Dentro dessa concepção o respeito pela dignidade da pessoa humana significa, acima de tudo, a promoção da sua capacidade para pensar, decidir e agir (Nunes, 2006.) A vulnerabilidade revela-se como condição existencial humana. O profissional, ao interagir com a família em um momento de crise, depara-se com a experiência de vulnerabilidade da família e com a sua própria experiência de vulnerabilidade (Pettengill e Angelo, 2005).

A morte é um processo inexorável, expondo nossa condição humana de vulneráveis, caracterizando o que temos de universal e de mais singular.

Na medicina, existe muita discussão sobre como diagnosticar a morte. Para os gregos, a morte era determinada com base na parada cardíaca. Hipócrates atribuía ao cérebro à razão, a emoção e a sensação. Porém, o coração era o indicador de vida ou morte. Todavia, para a tradição judaico-cristã, o pulmão era o indicador de critério de morte (Santos, 1998).

Em 1968, o conceito de morte ganha uma nova definição, quando o *Ad Hoc Committee of the Harvard Medical School*, conhecido posteriormente como *Harvard Brain Death Comunittee*, formado sobretudo por médicos, acrescido de um advogado, um historiador e um teólogo, publica o relatório no *Journal of the American Medical Association*, intitulado: *A definition of irreversible coma*. Esse relatório foi reconhecido como um documento oficial por divulgar os critérios para determinação da morte encefálica, sendo adotado amplamente pela maioria dos países do mundo, com algumas modificações (Singer, 2002).

Importante compreender a morte como processo e não como um evento. Kyes e Hofling (1985) descrevem os quatro aspectos da morte: a morte sociológica, a morte psíquica, a morte biológica e a morte fisiológica. A morte sociológica é a separação emocional do paciente das figuras importantes de sua vida, a morte psíquica é a aceitação da morte iminente pelo paciente, a morte biológica é o ponto em que o ser humano deixa de existir como um todo atuante (morte da mente) e a morte fisiológica é o ponto em que a função dos sistemas orgânicos cessa.

Apoiada nesse referencial, a morte encefálica remete à morte psíquica e biológica, porém a fisiológica ainda se mantém e a sociológica é determinada pelos familiares.

A morte e o morrer são vistos e refletidos de forma diferente, dependendo da cultura na qual o indivíduo está inserido; trata-se de um tema bastante complexo, sobretudo, aos ocidentais (Ariès, 1977).

Pode-se observar que os profissionais ao proporcionar a doação de órgãos para transplantes estão em contato permanente com o paciente em morte encefálica (potenciais doador de órgãos) e com sua família. A família do potencial doador encontra-se fragilizada devido à perda de seu ente querido, essa situação pode ser agravada se seu luto não for respeitado e por ter que decidir pelo outro sobre a doação de órgãos, naquele instante. Neste contexto, o profissional vivencia a finitude do potencial doador e o sofrimento dos familiares expondo sua própria vulnerabilidade.

A dissertação de Lima (2006) expõe que os profissionais da saúde, enfermeiros, que trabalham no processo de captação de órgãos para transplantes, ao pensar na morte e no morrer, atribui o significado de finitude associado à transitoriedade da matéria, que está relacionado a sentimentos de perda, tristeza, angústia e saudade. Descreve que a morte significa passagem, transformação e renascimento, relacionando essa perspectiva a crenças religiosas e, por fim, confere significados contraditórios a morte. Por um lado, a morte significa fim e perda, despertando sentimentos de tristeza e medo e, por outro, ela pode representar a possibilidade de vida em função da doação.

Dos discursos emergiram que a doação de órgãos para transplantes é um ato de solidariedade e amor ao próximo. Os profissionais afirmam que para tal decisão precisa haver coragem, seguida por um sentimento de desprendimento da matéria; mas, para alguns, a doação pode possibilitar uma segunda chance de vida, ou ainda, expressar significados controversos de vida e morte, pois a doação e transplante nem sempre garante a sobrevivência e a qualidade de vida do transplantado. Alguns profissionais declararam não ser doadores de órgãos, por considerarem que existem situações desumanizantes no sistema de doação pelas dúvidas que têm em relação aos benefícios da doação e do transplante (Lima, 2006).

Neste estudo, ficou evidenciado que o processo de doação está permeado por conflitos, relacionado: à finitude e à representação do corpo com funções fisiológicas preservadas; a relação entre o corpo e espírito do doador; ao significado de pessoa e as incertezas perante a validade do processo de doação e transplantes. Desta forma, a bioética apresenta-se como um caminho que deve possibilitar desvelar os significados para uma ação consciente e tranqüila.

A bioética tem em seus fundamentos a reflexão dos valores, que se expressam no agir humano, e assim, propõe que os profissionais re-signifiquem conceitos e sentimentos ao vivenciar a perda e o sofrimento humano.

Fica evidenciado que estar com a família do potencial doador é um grande cenário de conflito, vivenciado pelo enfermeiro de captação, sendo referido que esse momento é o mais difícil e estressante de todo o processo. Nesse instante, o profissional encontra-se diante de um dilema: respeitar a dor da perda dos familiares ou solicitar a doação dos órgãos, pois considera que o pedido da doação, naquele momento, poderá ser agressivo ao familiar, gerando incertezas quanto à validade do processo de doação (Lima, 2006).

Os achados indicam que o profissional, ao estabelecer um relacionamento interpessoal com a família, sente um grande desgaste emocional, manifestando cansaço e esgotamento pelo fato de estar vivenciando o sofrimento familiar e a morte do doador constantemente no trabalho (Lima, 2006; Guarino, 2005).

O estudo de Lima (2006) evidenciou que o doador de órgãos é visto como um meio e não um fim em si mesmo; o profissional atribui-lhe importância pelo fato de congregar órgãos e tecidos que serão viáveis para que sejam utilizados por outras pessoas. O doador não é uma *pessoa* pela sua condição de morto, porém os profissionais em nenhum momento referem-se a ele como um morto, cadáver ou *coisa*. Talvez seja pelo fato do corpo não representar a finitude do ser e, sim, congregar dimensões ontológicas da pessoa. O profissional cuida de uma *pessoa* que possui funções fisiológicas sendo preservadas vivas e os familiares conferem ao morto o status de vivo, que dificulta compreender o doador como um cadáver. O fato é agravado, porque o profissional nega a morte, o que lhe traz sentimentos indesejados de tristeza, angústia, perda e saudade, contribuindo para que se relacione com o doador como uma pessoa viva.

O profissional afirma que cuida do doador como se não estivesse morto, apontando para um comportamento de negação da morte. Vários estudos reforçam esse comportamento por parte dos profissionais diante da morte do outro. Pode-se concluir que trabalhar com a morte e o morrer não imuniza o profissional do sentimento de pesar. Fica explícito que não existe neutralidade no cuidar, mesmo diante do morto; o corpo representa uma série de significados para o profissional, e desta forma, pode haver vínculo (Lima, 2006)

Os profissionais que trabalham na captação de órgão para transplantes apontam situações que consideram desumanizantes no processo doação de órgãos que perpassam desde a observação da falta de estrutura no atendimento pré-hospitalar ao doador, falta de condições de cuidar do doador ou de agilizar o processo de doação, exposição do doador na mídia, falta de conscientização por parte dos profissionais em manter a condição clínica do indivíduo em morte encefálica, para tornar-se um potencial doador, até a falta de padronização no trabalho. Estas percepções do processo de doação, somadas aos significados contraditórios que atribui à morte e à doação, fazem com que se manifeste contra a doação. Assim, os motivos que determinam a opção pela não doação, opõem-se aos demais estudos nacionais, já que o profissional não é contra a doação pelo fato de ter dúvidas com relação à morte encefálica ou a possibilidade de tráfico de órgãos (Lima, 2006)

O estudo de Guarino (2005) corrobora com os achados anteriores, relata que os enfermeiros de captação de órgãos vivenciam o estresse em seu trabalho, em especial, pela sobrecarga de atividades burocráticas, equipe insuficiente e, por falta de condições de trabalho para desempenhar suas atividades.

Diante do cenário de conflitos, dilemas e contradições, o profissional busca significância em seu fazer, atribuindo ser um trabalho dignificante.

Considerando que os profissionais que trabalham no processo de doação de órgãos para transplantes estão expostos constantemente à morte de uma outra pessoa e ao sofrimento de seus familiares configura uma vivencia permanente da vulnerabilidade do outro e de sua própria vulnerabilidade. Essa situação nos faz refletir sobre a necessidade de proteção e cuidado para com esses profissionais.

Proteção "pode ser entendida como o resguardo ou cobertura de necessidades essenciais, ou seja, a proteção deve garantir que requerimentos moralmente legítimos sejam atendidos, (...) interesses contidos em seus projetos de vida" (Pontes e Schramm, 2004).

O cuidar pressupõe possibilitar que a pessoa que está fragilizada consiga enfrentar seus medos, impotências, inseguranças diante da morte.

Desta forma, o autoconhecimento pode ser um recurso para que o profissional possa conhecer seus sentimentos, sendo capaz de reconhecer suas fragilidade e resignificar seus valores.

Uma alternativa seria a criação de espaços de partilha em grupo, possibilitando que esses profissionais de captação de órgãos se reunissem, mensalmente, para partilhar suas experiências ao desempenhar seu papel profissional. Por exemplo, o grupo de partilha teria como proposta criar um espaço aberto e livre para a exposição das sensações, sentimentos, valores vivenciados, não tendo por objetivo o julgamento da atitude certa ou errada e, sim, possibilitar a exposição do que têm em comum ou não,

Apesar de considerar o longo tempo para capacitar um profissional em captação de órgãos, é imprescindível pensar na possibilidade desse profissional mudar de setor, em razão do alto grau de conflitos vivenciados no processo. Quanto maior o tempo de trabalho no setor de captação de órgãos maior é o índice de estresse. Desta forma, na tentativa de preservar a saúde mental e física por desempenhar atividades insalubres, o profissional de captação teria a oportunidade de trabalhar em outro setor após dois ou três anos; conforme sua auto-avaliação e a avaliação de seus pares, podendo retornar após um tempo.

Para que o profissional mantenha suas atividades com qualidade na captação de órgãos é fundamental que acredite no benefício da doação e saiba lidar com o estresse do cotidiano, podendo desempenhar suas atividades sem adoecer.

Conclui-se que os profissionais precisam de cuidado, desta forma os serviços de saúde necessitam de espaços terapêuticos, para que os profissionais da saúde possam se autoconhecer e desenvolver sua espiritualidade, por meio de terapia individual ou em grupo, esses recursos podem auxiliá-los a viver com qualidade e desempenhar suas funções com competência.

REFERÊNCIAS BIBLIOGRÁFICAS

ARIÈS, P. *História da morte no ocidente*: da Idade Média aos nossos dias. Rio de Janeiro: Alves, 1977.

DINIZ, D., GUILHEM, D. *O que é bioética*. São Paulo: Brasiliense, 2002. (Coleção Primeiros Passos).

GOLDIM, J. R. *Vulnerabilidade e pesquisa*: aspectos éticos, morais e legais, [Publicado em 1997,fev 5]. Disponível em: http:// www.ufrgs.br/bioetica/vulnepes.htm.

GUARINO, A. J. *Stress e captação de órgãos*: uma realidade vivenciada pelos enfermeiros. [dissertação]: São Paulo. Escola de Enfermagem da USP, 2005.

KYES, J. J, HOFLING, C. K. Morte e Agonia. In: KYES, J. J, HOFLING, C. K. *Conceitos básicos em enfermagem psiquiátrica*. Rio de Janeiro: Discos CBS, 1985. cap.8, p. 127-137.

LIMA, A. A. F. *Sofrimento e contradição*: o significado da morte, do morrer e da humanização para enfermeiros que trabalham no processo de doação de órgãos para transplante. [dissertação]: São Paulo. Centro Universitário São Camilo; 2006.

NEVES, M. P. Sentidos da vulnerabilidade: característica, condição, princípio. *Rev. Brasileira de Bioética*, v. 2, n. 2, p.157-172, 2006.

NUNES, L. Usuários dos serviços de saúde e os seus direitos. *Rev. Brasileira de Bioética*, v. 2, n. 2, p. 201-219, 2006.

PETTENGILL, M. A. M., ANGELO, M. Vulnerabilidade da família: desenvolvimento do conceito. *Rev. Latino-am Enfermagem* v. 13, n. 6, p. 982-8, nov-dez, 2005.

PONTES, C. A. A., SCHRAMM, F. R. Bioética da proteção e papel do estado: problemas morais no acesso desigual à água potável. *Cad. Saúde Pública*, Rio de Janeiro, v. 20, n. 5, p. 1319-1327, set-out, 2004.

REPORT of the Ad Hoc Committee of the Harvard Medical School to Examine the Definition of Brain Death. A definition of irreversible coma. *JAMA* v. 252, n. 5, p. 677-679, aug. 1968.

SANTOS, A. L. Direitos e dúvidas postos pelas decisões de tratar e de não tratar. In: CENTRO DE ESTUDO DE BIOÉTICA. *Bem da pessoa e bem comum*: um desafio à bioética. Coimbra: Gráfica de Coimbra, 1998.

SANTOS, M. C. C. *Morte encefálica na lei de transplantes de órgãos*: conceito médico-forense de morte. São Paulo: Oliveira Mendes, 1998.

SINGER, P. *Vida ética*: os melhores ensaios do mais polêmico filósofo da atualidade. Rio de Janeiro: Ediouro, 2002. p. 161-185, 214-232.

capítulo 21

Amparo Bioético da Vulnerabilidade do Doador

Célio Fernandes Oliveira
Tereza Rodrigues Vieira

A presente pesquisa visa avaliar a vulnerabilidade dos doadores em relação a situações de risco a que se submetem por ocasião de algumas doações. Pretende-se demonstrar a importância da reflexão bioética na doação, a vulnerabilidade dos doadores decorrente do comércio de órgãos, da pressão exercida pela família em caso de doador vivo compatível, dos riscos da cirurgia de doação e a perda efetiva de um órgão ou parte dele. A análise sob o prisma bioético busca compreender a situação do doador, sua baixa adesão, bem como sua desconfiança no sistema de captação de órgãos e nos procedimentos adotados. Primeiramente realizamos revisão bibliográfica, abordando algumas questões bioéticas relacionadas à Lei dos Transplantes e pontos de ordem prática, como a verificação do número de doações e formas de captação. Realizamos pesquisa de campo através de questionário dirigido à comunidade acadêmica da UniABC, a fim de investigar sua opinião sobre questões éticas relacionadas ao tema. Constatamos que a maioria da população desconhece a Lei dos Transplantes e sua aplicabilidade. Verificamos que a vulnerabilidade do doador vivo está presente: no receio em que seu órgão seja captado antes da morte; no desconforto em dizer *não* à família, em caso de compatibilidade com o familiar doente; no momento em que alguém, por exemplo, lhe propõe pagamento ilegal por um rim, com valor suficiente para lhe tirar da miséria; nas conseqüências e riscos da perda de um órgão ou parte dele.

Apesar de serem realizadas há décadas, a origem e a forma de obtenção de órgãos a serem utilizados para transplantes ainda têm provocado importantes questionamentos éticos.

Cumpre lembrar que considera-se *transplante* a transferência de células, tecidos ou órgãos vivos de um indivíduo, chamado *doador*, a outro, denominado *receptor* ou de uma parte do corpo a outra com o escopo de restabelecer uma função perdida.

No que concerne à procedência dos órgãos a serem utilizados com o fim de transplantes podem estes advir de outras espécies de animais (xenotransplantes), de seres humanos vivos (alotransplante intervivos) e mortos (alotransplante de doador cadáver).

Ao presente estudo interessa o transplante com doadores vivos (alotransplante intervivos), os quais têm sido muito utilizados quando existe relação de parentesco entre doador e receptor.

É de ser relevado, ao se propor debater a ampla questão dos transplantes, que a vulnerabilidade não é uma situação vivida apenas pelo receptor e sua família, mas também pelo doador, que será mutilado, *verbi gratia* em se tratando de rim ou fígado. Neste aspecto a autonomia e a liberdade do doador em consentir e avaliar os riscos e benefícios associados ao procedimento a ser realizado são questões que devem ser discutidas, principalmente no que se refere à supressão, visto que não será beneficiado pelo transplante, fazendo-o por altruísmo.

Assim, neste trabalho abordaremos a doação inter vivos, vislumbrando a vulnerabilidade do doador de órgãos para transplantes.

A vulnerabilidade humana deve sempre ser considerada, sobretudo quando se pretende aplicar os avanços tecnológicos e conhecimentos científicos relativos aos transplantes em alguém que está são (o doador) e que deseja beneficiar um ente querido (o receptor) a melhorar sua qualidade de vida. Assim, os doadores devem ser respeitados na sua integridade física, sendo deles subtraído apenas o órgão ou tecido autorizado e que não lhes causará dano.

Oportuno se torna dizer que a vulnerabilidade não está presente apenas no começo ou no fim da vida, faz-se presente também na qualidade de vida, pois o doador pode ter sua capacidade reduzida por diversos motivos, sejam eles alimentados pela pressão da família do receptor ou até pelo inescrupuloso profissional que não lhe informa adequadamente visando apenas beneficiar seu paciente, pelo qual luta para manter a vida, a qualquer preço.

O esclarecimento do receptor e especialmente do doador ao consentir receber e doar respectivamente, um órgão ou parte dele é um aspecto ético de grande importância. Tal elucidação deve ser a mais completa possível, abordando as possibilidades de sucesso e as possíveis conseqüências acarretadas ao doador, seja a curto, médio ou longo prazo.

Ao consentir doar um órgão ou parte, o doador deverá autorizar diante de duas testemunhas em documento escrito de forma pública ou particular, especificando o tecido, órgão ou parte que está doando para transplante, indicando o receptor mediante sua qualificação e endereço.

Verifica-se que o ato de dispor de parte do corpo é procedimento lícito desde que não ofenda a moral e os bons costumes, bem como não importe nenhuma diminuição permanente da integridade física ou extinção da própria vida do doador, razão esta que torna possível a realização de transplantes de órgãos e tecidos entre pessoas vivas.

Aliás, não é outra a recomendação do Código Civil brasileiro de 2002, quando prescreve em seu art. 13: "Salvo por exigência médica, é defeso o ato de disposição do próprio corpo, quando importar diminuição permanente da integridade física, ou contrariar os bons costumes. Parágrafo único. O ato previsto neste artigo será admitido para fins de transplante, na forma estabelecida em lei especial".

Lembra Lotufo (2003) que "houve preocupação por parte do legislador com o caráter de absoluta necessidade do receptor, e a ausência do risco de vida do doador, pois seria um contra-senso atentar contra a vida." A doação de um órgão como o rim, só é permitida por adulto plenamente consciente e responsável pelo gesto que pretende praticar. A utilização de tecidos e órgãos provenientes de doadores vivos é mais benéfica ao receptor por trazer uma maior probabilidade de sucesso pós-transplante, com menos riscos de rejeição.

A ineficiência na captação de órgãos procedentes de cadáveres acarreta um longo período de espera nas filas para realização de transplante, compelindo familiares de pacientes em situação de desespero, na iminência da morte do ente querido, a apressarem a decisão pela doação voluntária.

Ao doar um de seus órgãos ou parte dele, o doador atua com profunda solidariedade. Assim, a bioética apresenta-se de forma fundamental na informação ao doador quanto aos riscos provenientes da intervenção cirúrgica e os que poderão advir no decorrer da sua vida, respeitando sua autonomia na decisão.

A doação deve ser um ato de altruísmo, humanidade, amor ao próximo, por isto, em caso de doadores não parentes, amigos e até mesmo terceiros desconhecidos é necessária a autorização judicial, ocasião em que o doador comprovará o seu vínculo de amizade com o doador, no intuito de se evitar comércio camuflado de órgãos. Esta é a política dos transplantes abraçada por diversas nações.

Muitos entendem que deveríamos ser livres para vender as partes do nosso corpo, visto que, pelo menos aparentemente, o detentor seria o único prejudicado. Sucede que o Estado vem em proteção do indivíduo fragilizado, pobre e até mesmo do ganancioso que procura um caminho mais fácil para atingir seus intentos financeiros, abrindo mão de sua integridade física. Que este tipo de pensamento passe pela mente de um indivíduo desempregado ou que atravessa um momento de desespero, ou até mesmo o receptor, é compreensível apenas sob o ponto de vista do estado psicológico, mas o que jamais pode ser aventado é um profissional defender ou acobertar este tipo de comércio ilegal, como se o corpo fosse algo comercializável.

A título de ilustração citamos caso ocorrido em janeiro de 2006, ocasião em que J.L.S. foi condenado a sete anos e quatro meses de reclusão por formação de quadrilha, intermediação de doadores e venda de órgãos humanos. Foi acusado de, juntamente com outros cúmplices, pertencer a uma quadrilha internacional especializada em rins, liderada por um israelense (Processo: HC 52452, Superior Tribunal de Justiça).

Em casos de tráfico internacional de órgãos, na maioria das vezes os receptores são pessoas nativas de países considerados ricos economicamente e os doadores/vendedores pertencentes a países pobres ou com alto índice de desigualdade social. Em decorrência disto, a vulnerabilidade das pessoas pobres que doam órgãos deve ser uma constante preocupação da sociedade. Aliás, nestes casos encontramos uma situação de dupla vulnerabilidade: o doador com necessidade financeira e o receptor fragilizado, com falta de vigor físico, desesperado pelo perigo de morte.

A vulnerabilidade do receptor tem merecido maior apreço quando comparada ao doador, cujo ato envolve riscos, desconsiderando o bem estar deste em benefício de outrem.

Tenha-se presente que a vulnerabilidade maior relacionada aos doadores de órgãos intervivos refere-se aos riscos da cirurgia, podendo advir complicações impensadas, tornando o indivíduo são, doente.

Contudo, há que se considerar que toda cirurgia é um procedimento de risco, com probabilidade de malogro. Justamente para evitar ou diminuir tais probabilidades, o doador deve se submeter a avaliação clínica, assegurando-se inclusive de uma boa recuperação. Por não estar doente, a participação do doador no processo é vista como abnegação, filantropia.

Após doar um dos seus órgãos o indivíduo levará vida habitual. Impende observar por exemplo, que existem pessoas que nascem apenas com um rim, vivem bem e só tomam conhecimento disto quando realizam determinados exames. A tarefa feita pelo rim pode ser realizada apenas por um e a pessoa será normal em seu ofício, modo de vida etc. Contudo, o indivíduo que sofre de cálculo renal não poderá ser doador, pois está sujeito a novamente padecer deste infortúnio. No tocante à parte do fígado e à medula óssea, estas também podem ser doadas por pessoas vivas, visto que se regeneram, reconstituem-se.

Não é despiciendo lembrar que ao consentir doar um de seus órgãos ou parte dele o doador anui, manifesta sua vontade e este ato deve ser consciente, voluntário, devidamente esclarecido quanto ao procedimento em si e seus eventuais efeitos. Este ação não deve conter nenhum vício, sob pena de sofrer as sanções estabelecidas pela lei. Portanto, só poderá consentir quanto à destinação de parte de seu corpo o indivíduo que demonstra estar consciente e devidamente informado.

Em matéria de bioética, não precisaríamos de leis se os princípios éticos fossem obedecidos por todos. Como isto não ocorre, ainda temos que nos valer da lei para que os direitos sejam respeitados, sobretudo no tocante aos mais vulneráveis. Ou, no entender de Espiel (2005) "El derecho, tal como se concibe y como creo que debe concebirse, es indispensable, es inseparable del reconocimiento del libre albedrío del ser humano. El derecho supone vidas humanas, sujetos que vivan esa vida y que, como tales, opten por conductas posibles, elijan entre lo lícito y lo olícito, entre el bien y el mal, entre lo correcto y lo incorrecto, determinados jurídicamente".

Sobre a Pesquisa: A presente pesquisa teve como embasamento revisão bibliográfica, abordando questões bioéticas relacionadas aos transplantes de órgãos e tecidos, estudos teóricos, como a Lei de Transplantes e também questões de ordem prática além de pesquisa de campo através de questionário dirigido a Comunidade Acadêmica da Universidade do Grande ABC — UniABC, a fim de investigar sua opinião sobre o assunto retrocitado.

Particularizou-se o questionário acadêmico aos alunos dos cursos de Direito, Biologia e Enfermagem da UniABC para o estudo em pauta, ou seja, a Vulnerabilidade do Doador de Órgãos.

Foram escolhidos turmas e períodos diversos de sujeitos a serem entrevistados, respeitando-se a acessibilidade e disponibilidade dos mesmos em participar da pesquisa. O total de sujeitos entrevistados atingidos soma 169, sendo 60 alunos do curso de Direito, 44 do curso de Biologia e 65 do curso de Enfermagem.

Os entrevistados receberam esclarecimentos sobre a finalidade da pesquisa e responderam de forma espontânea ao questionário aplicado, assinando em seguida o Termo de Consentimento livre e esclarecido, consentindo em colaborar com a pesquisa proposta, que foi previamente aprovada pelo Comitê de Ética em Pesquisa da Universidade do Grande ABC — UniABC.

Análise dos Resultados

A faixa etária predominante entre os entrevistados é de 30 a 40 anos, com 169 sujeitos de pesquisa. 68,04% dos entrevistados professam a religião Católica. As informações obtidas através do questionário estão relacionadas a seguir. (1) 31,95% conhece pessoalmente alguém que já foi submetido a transplante; (2) 6,50% tem familiar que necessitou de transplante; (3) 88,76% acha que existe fraude na fila de transplante; (4) 59,76% é doador de órgãos; (5) 72,79% não sabe responder se a fila de órgão é municipal, estadual ou federal; (6) 82,25% autorizaria a doação de órgãos caso um familiar com possibilidade de doação viesse a falecer; (7) 94,08% acredita em venda de órgãos; (8) 42% acha que a inscrição "não doador de órgãos e tecidos" no documento de identidade impede que a família diversamente autorize a retirada dos órgãos para doação; (9) 42% acha que tendo manifestado em seus documentos que deseja ser doador, no caso de morte com a possibilidade de doação, é necessária a autorização da família para a retirada dos órgãos; (10) 78,10% afirmou que nem todos os hospitais estão autorizados à captação de órgãos; (11) 91,71% se submeteria a uma cirurgia de risco como é o caso da cirurgia renal para salvar um familiar; (12) 71% acredita conhecer os riscos do transplante; (13) 39,84% acha que o transplante renal é o mais realizado no Brasil; 16,56% acha que é o de córnea; 20,91% acha que é o de medula; 6,50% acha que é o de fígado: 11,55% acha que é o de coração; 4,64 outros; (14) 71% gostaria de conhecer a família do doador caso viesse a realizar um transplante; (15) 4,74% vai ao médico mais que uma vez ao mês; 8,28% mensalmente; 68,64% anualmente e 18,34% não possui o hábito de ir ao médico.Vejamos a seguir a discussão acerca dos dados obtidos.

Discussão

Dos 169 sujeitos de pesquisa entrevistados, apenas 25% conhecem pessoalmente alguém que fora submetido a uma cirurgia de transplante. Este saldo nos faz crer que apesar do alto índice de indivíduos à espera de um transplante, a maioria não tem conhecimento acerca da importância da doação de órgãos seja em vida ou *post mortem*, o que concluímos também a partir do restante dos resultados.

O índice de entrevistados que possui um familiar que necessitou de transplante é de menos de 10%. Cerca de 88,76% dos entrevistados acha que há fraude na fila de transplante, sendo um motivo relevante para a pouca adesão à doação de órgãos. Deste resultado podemos observar a falta de conhecimento dos entrevistados sobre leis, normas e procedimentos que são envolvidos na captação e distribuição de órgãos.

Dos 169 sujeitos de pesquisa entrevistados, 59,76% são favoráveis às doações de órgãos para transplante. Analisando este dado do lado inverso, constatamos que dos 44 entrevistados pertencentes ao curso de Biologia, 47,73% são contrários a doação de órgãos, entre os 60 entrevistados do curso de Direito, 48,33% são contrários a doação de órgãos e dos 65 entrevistados do curso de Enfermagem apenas 27,69% são contrários a doação de órgãos.

Como se percebe, o mais elevado índice de aprovação é proveniente dos alunos da Enfermagem, demonstrando maior sensibilidade à finitude da vida e a angústia gerada pela possibilidade da perda de um ente querido somada ao conhecimento acerca da qualidade de vida e aos resultados de sobrevida alcançados por quem recebe um transplante. Podemos adicionar também o conhecimento acerca da ética por parte dos colegas de trabalho que atuam na captação e transplante, visto que muitos dos alunos já são Auxiliares ou Técnicos em Enfermagem, dividindo o mesmo ambiente daqueles profissionais.

72,79% dos entrevistados não têm conhecimento em relação a qualificação da fila de órgãos, se esta é municipal, estadual ou federal. Daí se infere também o desconhecimento acerca da regulamentação dos transplantes. 10% respondeu que a fila é estadual.

Apesar do alto índice de falta de esclarecimento e conhecimento referente à doação de órgãos, 82,25% dos entrevistados autorizaria a retirada de órgãos se lhe coubesse a responsabilidade. Os 17,25% contrários à autorização também são desfavoráveis a doação de órgãos.

Convém ressaltar que, obedecendo à disposição constitucional, foram editadas diversas leis tratando do assunto, sendo que hodiernamente vigora a Lei º 9.434/97, com as alterações introduzidas pela Lei nº 10.211/2001.

Apesar da existência de lei sobre o assunto, 94,08% dos entrevistados acreditam em venda de órgãos. Há, portanto um descrédito na aplicação da lei entre todos os pesquisados, mesmo no grupo do curso de Direito. Neste grupo, apenas 6,66% não acredita em venda de órgãos.

Impende observar que a venda lícita de órgãos, como pregam alguns, irá desestimular os familiares doadores, que verão outra possibilidade para seu parente, não carecendo de abrir mão da sua integridade física.

Questionados acerca da declaração "não doador de órgãos e tecidos" nos documentos, 42% dos sujeitos da pesquisa, acham que é motivo para impedir a família de doar seus órgãos. No grupo da Enfermagem, apenas 30,76% acham que a declaração expressa impede doação de órgãos, desconhecendo que na verdade, compete à família decidir pela doação, independente da declaração de vontade em vida do falecido.

Ao serem indagados acerca da captação de órgãos, 78,10% dos entrevistados disseram que para sua realização o hospital deverá estar devidamente autorizado. Boa parte das pessoas acredita que se desmaiar ou sentir um mal súbito em uma via pública, sem um conhecido por perto, poderá ser levada para um hospital e seu órgão será utilizado em um transplante.

Há que se ressaltar que somente hospitais credenciados podem realizar transplantes e as leis são rigorosas para o caso de descumprimento de qualquer requisito. A sanções são aplicadas a todos os envolvidos, portanto qualquer doação deve ser feita em hospital devidamente regulamentado e por equipe tecnicamente competente.

Mister se faz ressaltar que o art. 2º. da lei retrocitada prescreve que os procedimentos propensos à remoção de órgãos para transplantes só poderão ser desempenhados por estabelecimentos de saúde, públicos ou privados, e por equipes médico-cirúrgicas de remoção e transplante autorizadas pelo órgão de gestão nacional do SUS, devendo precedê-los a realização de testes, exames para análise de infecções ou invasões.

Apregoa Prado (2001) que "apenas as ações ou omissões mais graves endereçadas contra bens valiosos podem ser objeto de criminalização". Aqui se inclui o direito à vida e ao próprio corpo.

A declaração de morte encefálica do doador pode ser comprovada também por um médico de confiança da família. O procedimento de doação, estabelece o art. 4o. da Lei dos Transplantes: "A retirada de tecidos, órgãos e partes do corpo de pessoas falecidas para transplantes ou outra finalidade terapêutica dependerá de autorização do cônjuge, ou parente, maior de idade, obedecida a linha sucessória, reta ou colateral, até o segundo grau inclusive, firmada em documento subscrito por duas testemunhas presentes à verificação da morte".

91,71% dos entrevistados se submeteriam a uma cirurgia de risco, como é o caso da cirurgia renal, para salvar um familiar, demonstrando altruísmo de sua parte. Mesmo sem conhecimento, com dúvidas, descrédito sobre leis e normas reguladoras de transplantes e doação de órgãos, estes entrevistados se arriscariam para salvar a vida de um ente querido.

50% dos entrevistados do curso de Direito disseram não conhecer os riscos de um transplante enquanto o grupo da Enfermagem, na sua maioria, 86,15%, informou ter conhecimento destes riscos.

Segundo os pesquisados, o transplante renal é o que ocorre com maior freqüência no Brasil, por diversos motivos. São eles: por serem órgãos duplos; pela possibilidade de doação em vida; por conhecerem ou terem ouvido falar de pessoas que fizeram transplantes de rim; etc. O segundo maior transplante realizado no Brasil, apontado pelos entrevistados, é o de medula óssea, sendo o de córnea o terceiro.

Porém, em 2005, as estatísticas da Associação Brasileira de Transplante de Órgãos — ABTO, nos mostrou outra realidade em seu site http:// www.abto.org.br/populacao/populacao.asp. Segundo esta respeitada associação, tivemos 8.713 transplantes de córnea, 3.485 transplantes de rim e 1204 transplantes de medula óssea, portanto o transplante de córnea é a mais comum modalidade de transplantes realizada no Brasil.

Este número expressivo de transplantes de órgãos se dá em virtude de não haver idade mínima para ser doador e o receptor pode ter qualquer idade para ser beneficiado com o transplante. Mesmo que a pessoa tenha qualquer deficiência nos olhos, miopia, hipermetropia, astigmatismo, catarata e outras doenças, poderá doá-los, pois para o transplante é aproveitada apenas a córnea.

Ao serem questionados se gostariam de conhecer a família do doador, em caso de vir a precisar de um transplante (receptor) ou no caso de efetuar a doação de órgão de um familiar (doador), 71% dos entrevistados responderam positivamente. A maioria desconhece que a legislação vigente veda tal contato.

O desejo de aproximação entre as famílias ocorre, até mesmo no caso de alotransplante de cadáver, quando a família do morto-doador passa por um momento de tristeza e intensa dor, sendo compelida a tomar uma decisão antes que os órgãos se deteriorem. Decidindo por doar, normalmente querem um contato com o receptor, para se lembrarem do morto, como se vivo estivesse. No intuito de coibir possíveis chantagens ou cobranças por parte dos doadores (família), não se fornece o nome do receptor. Por vezes, conseguem este contato por meios outros, que não através dos médicos que realizaram o transplante.

Quanto à freqüência em que os entrevistados vão ao médico, 68,64 vão uma vez por ano, 8,28% vão uma vez ao mês, 4,74% vão mais que uma vez ao mês e 18,34% não tem este hábito. Constatamos que a maioria dos pesquisados freqüenta os consultórios médicos, mesmo que de forma preventiva.

Conclusão

Ao estudarmos o presente tema, concluímos que a população universitária pesquisada conhece muito pouco sobre o disposto da Lei dos Transplantes e doação de órgãos, o que reflete, o conjunto de indivíduos da mesma região do ABC, seja no âmbito da saúde, seja no direito. Este quadro de respostas pode ser ampliado, *mutatis mutandis*, para a população em geral.

Baseado em pesquisa de campo e também em pessoas, amigos e parentes que nos cercam no dia-a-dia podemos constatar que são poucos os indivíduos que conhecem a não validade do termo "sou doador de órgãos e tecidos" constante em documento de Identidade e Carteira de Habilitação para efeitos de transplantes. Boa parte da população ainda acha que a manifestação da pessoa nos documentos garante o respeito à sua vontade após a morte. A doação de órgãos só será possível mediante autorização expressa dada pela família do *de cujus*.

Uma outra constatação encontrada foi a ausência de confiança na equipe de captação de órgãos e na que realiza os transplantes de órgãos no Brasil, havendo um descrédito na sua conduta ética. Muitos acreditam na venda de órgãos. Há um desconhecimento das normas penais existentes na Lei dos Transplantes, apenando os profissionais infratores, as instituições hospitalares e os intermediadores.

A possibilidade de transplantes é bastante reduzida, visto que a maioria das cirurgias é realizada através da doação de órgãos de pessoas vivas, proporcionando uma mutilação no doador, no caso de rins e fígado. O transplante de órgãos proveniente de cadáveres afigura-se uma solução mais benéfica para os doadores, visto que não há supressão em pessoa viva.

Em verdade, a Legislação deve tutelar os direitos do doador e do receptor, investindo mais na divulgação da importância da doação e na captação, para não desperdiçarmos órgãos, não perdermos outras vidas.

O Estado deve proporcionar condições para que os seus cidadãos tenham pelo menos o essencial para viver dignamente, sem necessitar vender algo fora do comércio.

Não possuímos dados concernentes ao número de doações realizadas por não parentes bem como seu perfil sócio-econômico, para avaliarmos se houve relação com sua vulnerabilidade social.

Assinale ainda, que as famílias do doador e do receptor também sofrem com anseios, dúvidas e inseguranças, caracterizando sua vulnerabilidade, sobretudo quando têm que auxiliar na decisão. Se forem parentes ou compadres, os laços poderão se avivar.

Em suma, oportuno se torna dizer que é desejo de todos o aumento de transplantes de órgãos, mas sempre por meios lícitos, responsáveis e éticos, pautados na solidariedade e no altruísmo.

Agradecimentos

Expressamos aqui a nossa gratidão aos professores Silvio da Silva, Renato Garcia, Vanessa Piffer Donatelli, Maria Aparecida, Célia Russo, Vanessa P. Sousa, Lectícia Salituro, Ana Paula Zampirolli pelo estímulo e incentivo, bem como a colaboração imprescindível dos alunos entrevistados dos cursos de Direito, Enfermagem e Biologia da UniABC.

REFERÊNCIAS BIBLIOGRÁFICAS

ASSOCIAÇÃO BRASILEIRA DE TRANSPLANTES DE ÓRGÃOS — ABTO. *Estatística de Transplantes*. Disponível em http:// www.abto.org.br/populacao/populacao.asp. Acesso em 12 ago. 2006.

BRASIL. Congresso Nacional. Lei n. 10211 de 23 de março de 2001. Altera dispositivos da Lei n. 9434/97. *Diário Oficial da União*. Brasília, DF, 2001.

ESPIELL, H. G. *Ética, bioética y derecho*. Bogotá: Temis, 2005. p. 10.

LOTUFO, R. *Código civil comentado*. 2ª ed. São Paulo: Saraiva, 2004. p. 60.

PRADO, L. R *Curso de direito penal Brasileiro*. Parte Geral. 2ª ed. São Paulo: RT, 2001. v. 1.

VIEIRA, T. R. *Bioética e direito*. São Paulo: Jurídica Brasileira, 2003.

capítulo 22

Bioética e Vulnerabilidade do Transplantado

Célio Fernandes Oliveira
Tereza Rodrigues Vieira

O presente trabalho tem o intuito de apresentar, ainda que sucintamente, uma abordagem da condição de vulnerabilidade do indivíduo transplantado, demonstrando os riscos e benefícios aos indivíduos afetados por uma variedade de problemas que seriam incuráveis não fosse a realidade dos transplantes. Considerando que um dos autores desta investigação se submeteu a transplante duplo de pâncreas e rim, permitimo-nos tecer também algumas considerações baseadas no empirismo, visto que o monitoramento é realizado periodicamente, com acompanhamento de primorosos profissionais que atuaram na terapêutica e pós-transplantação, respondendo às nossas indagações e dúvidas. Além da pesquisa bibliográfica, realizamos pesquisa de campo com aplicação de um questionário direcionado a indivíduos transplantados (receptores) versando sobre suas expectativas, dificuldades, dúvidas e vulnerabilidades pré e pós-transplante, bem como os aspectos positivos e os relacionados ao risco de rejeição, gravidez, lactação etc. Constatamos que, hodiernamente, o transplantado pode levar uma vida normal, desde que acompanhe com atenção as recomendações da equipe de saúde. O risco de rejeição pareceu-nos ser a preocupação principal do transplantado, no tocante a vulnerabilidade, probabilidade esta que diminui com o passar do tempo.

Com o início da realização dos transplantes de órgãos na década de cinqüenta, que a princípio eram apenas de córnea e rim, os avanços científicos e tecnológicos receberam grande incentivo em decorrência dos seus resultados positivos.

Critérios de morte foram discutidos e aplicados segundo a cultura de cada país, ocorrendo inclusive a descoberta da ciclosporina, uma substância imunossupressora utilizada com o intuito de prevenir a rejeição dos transplantes de rim, fígado e coração. Apesar da sua potencialidade e eficiência, o seu emprego deve ser bem conduzido, particularizado a cada indivíduo, para se atingir o máximo efeito supressor com o mínimo de implicações tóxicas (Bottini, 1998).

De Zerbini até hoje os cuidados pós-operatórios mudaram, trazendo mais segurança aos transplantados, possibilitando uma vida praticamente normal.

Contudo, evolução dos imunossupressores sozinha não vale muito, sem órgãos a serem transplantados, o que deixa os possíveis receptores vulneráveis, sem perspectivas de uma vida com mais qualidade. A negativa familiar é uma das razões para a escassez de doação de órgãos, carecendo de mais campanhas de sensibilização voltadas ao alvo correto. É imprescindível a modernização do sistema de captação de órgãos e modernização dos nossos hospitais para a realização de transplantes.

A vulnerabilidade do transplantado pode ser conseqüência do seu estado físico e psicológico, se considerarmos que o transplante é o último recurso, em decorrência do enfraquecimento e/ou falência total do órgão anterior. As baixas condições econômicas também podem caracterizar esta vulnerabilidade visto que tais tratamentos são de elevado custo, carecendo de maior alocação de recursos, até por parte do Estado.

Os desafios a serem enfrentados bem como a exposição a riscos e dependência dos imunossupressores para o resto da vida contribuem para este estado de fraqueza e dependência, visto que sua reversão não depende de si.

Os riscos são uma constante na vida de qualquer pessoa, contudo alguns estão mais sujeitos a eles. É o caso do transplantado. No dizer expressivo de Engelhardt (2005):

"Os riscos surgem do conhecimento imperfeito num mundo intrinsecamente perigoso, um mundo que, de diversas formas, ameaça causar dano. Dano aqui é compreendido como uma ameaça certa ou um prejuízo que seguramente acontecerá. Ao contrário, o risco é uma função da incerteza cognitiva referida à presença de um perigo de dano. Um risco não é um dano, mas a possibilidade de um dano".

O diagnóstico da perda da função de um órgão essencial, torna qualquer indivíduo vulnerável, colocando-o em estado de precariedade, insegurança e risco, havendo assim a necessidade de ajustamento a este novo fato que atinge sua vida profissional, afetiva, familiar e social, buscando forças para conviver com o novo e frágil estilo de vida, condição necessária para enfrentar os dissabores com boas perspectivas.

Devem estes indivíduos, com o passar do tempo, se habituar a este novo modo de vida, não se deixando abater pelos obstáculos iniciais, visto que os imunossupressores serão utilizados pelo resto dos seus dias.

Cumpre lembrar que o Brasil é um dos países que mais realiza transplantes no mundo, em centenas de estabelecimentos de saúde. A Lei dos Transplantes, em sua redação original, objetivava aumentar ainda mais este número de cirurgias concedendo, erroneamente, ao Estado a propriedade sobre o cadáver humano. Contudo, foi alterada anos depois visto que os médicos insistiam em consultar a família acerca da doação. No dizer de Espiell (2005) "el derecho es el cauce y el instrumento normal para el cambio y la transformacion de la realidad. Cuando el derecho se cristaliza, cuando no está democraticamente abierto a su transformación, sino que, por el contrario, la dificulta e impide, se produce el estallido social, para sustituir en derecho que, siendo parte de la realidad, no se ajusta a los valores y a las voliciones de los seres humanos que viven esa realidad y que no abre cauce para su propio combio o modificacion."

Apesar disso, perdemos muitos órgãos em decorrência da falta de informações concernentes a idade do doador, *causa mortis*, tipo sangüíneo para que se procure um receptor compatível. O possível receptor fica atônito, vulnerável, sem nada poder fazer.

Outras medidas foram criadas pelo Governo para diminuir esta vulnerabilidade, na tentativa de aumentar a captação, tais como: aumento do orçamento anual com transplantes; a permissão que qualquer hospital possa receber o procedimento do SUS, ainda que não seja credenciado; transporte gratuito de equipes de captação etc.

Do momento de captação até a realização do transplante estão envolvidas algumas dezenas de profissionais especializados.

Para que o transplante se realize hão que ser verificadas algumas condições e estudos com o objetivo de identificar, qualificar e quantificar fatores.

O paciente deverá ser orientado acerca da ocorrência de possíveis riscos como mortalidade, morbidade e rejeições. Deverá ser ainda informado sobre os efeitos colaterais dos imunossupressores: ampliação de apetite, aumento da quantidade de gordura no rosto e nas costas, manifestação de acne, retenção de líquidos, hipertensão arterial e podendo provocar *diabetes mellitus,* desarranjo intestinal em alguns pacientes, distúrbios no fígado (icterícia) e redução dos leucócitos, hipertensão arterial, acréscimo da creatina do sangue, tremores, ampliação da gengiva, aumento no crescimento de pêlos e cabelos, possíveis infecções e tumores, e ainda dificuldades de fertilidade, uso contínuo dos medicamentos, avaliações periódicas, investigações específicas, inclusão na lista de espera etc.

A prova cruzada é um exame realizado no receptor e seus possíveis doadores; é o que possibilitará a determinação do grupo sanguíneo, identificando assim, os doadores que passarão à fase de seleção imunológica. Neste exame mistura-se o sangue do receptor e do doador para verificar se há possibilidade de rejeição nas primeiras horas pós-transplante. Caso seja positivo, o transplante não será realizado, visto que a chance de rejeição será de quase 100%.

Outros inúmeros exames diagnósticos devem ser realizados para identificar problemas que exigem tratamento antes do transplante.

Faz-se também necessário uma avaliação psicológica para investigar a habilidade do paciente para adaptação ao transplante e ao estresse, que poderá surgir com a sua proximidade.

No tocante à fase do pós-transplante, apesar do risco de rejeição, a expectativa de vida é muito boa, com resultados animadores.

Além da luta árdua na espera pelo transplante, o transplantado após a cirurgia ainda apresenta características que o diferencia dos demais indivíduos, colocando-o em situação de desigualdade e vulnerabilidade. O transplantado poderá levar uma vida normal, desde que siga as recomendações e exigências médicas. Com o passar do tempo vão diminuindo as restrições e os cuidados, o que possibilita um convívio social pleno e saudável.

Conforme se sabe, o objetivo do transplante de órgãos é o prolongamento da vida, contudo isto dependerá das atitudes do transplantado. Corrobora deste entendimento Valdecira Piveta, gerente de Enfermagem do Hospital do Rim e Hipertensão, em São Paulo, que em contato pessoal, asseverou: "O principal é a aderência ao tratamento, tomando os medicamentos para evitar a rejeição nos horários certos, todos os dias".

Por ser considerado um *corpo estranho* os pacientes sempre necessitarão de seguimentos médicos e uso constante de medicamentos imunossupressores, visto que a rejeição é um dos principais problemas pós-transplante. O organismo é protegido pelo *sistema imunológico* de infecções e de tudo o que lhe for estranho. Cada parte do corpo humano é percorrida por células do sistema imunológico que tentam rechaçar o novo e desconhecido, como é o caso do órgão transplantado. É neste aspecto que o transplantado é mais vulnerável.

No início as doses são altas, mas com o passar do tempo vão sendo diminuídas. Apesar de toda a medicação empregada é possível ocorrer rejeição aguda, o que não implica na perda do organismo transplantado, visto que há terapêutica anti-rejeição.

No que concerne às mulheres, convém lembrar que após o transplante, a maioria recupera o ciclo menstrual podendo engravidar, porém não se recomenda a gravidez antes que se complete um ano de realizado o transplante, mesmo que o órgão transplantado esteja laborando bem. Todavia, apesar do uso de imunossupressores não há relatos de efeitos negativos importantes no desenvolvimento do bebê, embora seja recomendável uma conversa com o médico transplantador acerca da probabilidade de gravidez.

Sobre a pesquisa

A presente pesquisa teve embasamento empírico e revisão bibliográfica. Houve pesquisa de campo com a aplicação de questionário aos transplantados em vários tipos e situações de transplantes, a fim de investigar sua opinião sobre expectativas, custos, dificuldades, dúvidas pré e pós-transplante, obstáculos, inquietações, progressos, risco de rejeição, gravidez, efeitos colaterais dos medicamentos, lei de transplantes e questões éticas relacionadas.

Foram também realizadas pesquisas na modalidade virtual, através de comunidades de transplantados encontradas no sistema orkut e modalidade pessoal, sendo o questionário e o termo de consentimento pós-informação enviados via Correios para a modalidade virtual.

Cumpre observar que foram respeitadas a acessibilidade e disponibilidade dos participantes. O total de sujeitos transplantados entrevistados soma 30, sendo que 02 foram submetidos a transplante de pâncreas isolado; 04 de fígado; 05 de pâncreas e rim (transplante duplo); 06 de córnea; 06 de coração e 07 de rim.

Todos os entrevistados receberam esclarecimentos sobre a finalidade da pesquisa e responderam de forma espontânea ao questionário aplicado, assinando o Termo de Consentimento livre e esclarecido, aceitando colaborar com a pesquisa proposta, a qual foi previamente aprovada pelo Comitê de Ética em Pesquisa da Universidade do Grande ABC — UniABC.

Análise dos resultados

A faixa etária predominante entre os entrevistados foi de 30 a 40 anos, com 30 sujeitos de pesquisa. 60% dos entrevistados são do sexo feminino. As informações obtidas através do questionário estão relacionadas a seguir: (1) dos entrevistados, 02 foram submetidos a transplante de pâncreas isolado; 04 de fígado; 05 de pâncreas e rim (transplante duplo); 06 de córnea; 06 de coração e 07 de rim; (2) faixa etária na época do transplante predominou entre 41 a 50 anos, totalizando 07 entrevistados nesta condição; (3)Em média os transplantados aguardaram 02 anos na fila de espera pelo órgão transplantado; (4) Com relação ao tempo em que os entrevistados utilizam os imunossupressores, com exceção dos transplantes de córnea, são tomados ininterruptamente desde a cirurgia; (5) Os efeitos colaterais da medicação variam de acordo com cada organismo; (6) dos entrevistados 73,33% conhecem os riscos de rejeição; (7) 100% dos entrevistados afirmaram que o transplante resolveu seu problema de saúde; (8) A maioria dos transplantados não possui limitações em decorrência do transplante; (9) 63,33% não conhece os familiares do doador;(10) dos entrevistados, 40% gostaria de conhecer os familiares do doador; (11) apenas 33,33% dos entrevistados acha que após a recepção do órgão tiveram alguma influência de ordem psicológica; (12) 100% dos transplantados são doadores de órgãos; (13) 80% dos entrevistados acreditam em vida após a morte; (14) 76,66% dos entrevistados acreditam na existência da venda de órgãos; (15) dos entrevistados, 73,33% acreditam em fraudes na fila de transplantes; (16) todos os entrevistados autorizariam a retirada de órgãos para transplante de um familiar que viesse a falecer com os órgãos em condição de doação; (17) 50% dos entrevistados realizaram a cirurgia de transplante em hospital público; (18) Quanto à freqüência em que os entrevistados vão ao médico, 6,66% vão mais de uma vez ao mês; 30% vão mensalmente; 50% vão trimestralmente; 6,66% vão semestralmente e 6,66% vão anualmente.

Discussão

Com exceção do transplante de pâncreas isolado (02 sujeitos transplantados), conseguimos realizar a pesquisa com a média de 6 transplantados por tipo de transplante. Independentemente do tipo de transplante, o medo, a insegurança, a incerteza do sucesso pós-transplante é o mesmo sofrido pelos transplantados sujeitos de nossa pesquisa.

Em relação à faixa etária dos entrevistados a idade atual prevalece entre 30 a 40 anos, com 33,33% neste perfil, contudo a faixa etária referente à época da realização do transplante prevalece entre 41 a 50 anos, 23,33%. Concluímos daí que a evolução dos transplantes e o advento de novas tecnologias no campo do diagnóstico contribuíram para que houvesse um maior acesso aos programas de transplantes.

Em média o tempo de espera para a realização do transplante de nossos entrevistados foi de 2 anos, sendo o de córnea o de menor espera por doador, alguns meses. O de rim e o de rim e pâncreas foram os que mais tiveram tempo de espera. Observamos que os entrevistados transplantados de coração não esperaram mais que 1 ano, em média.

Deste resultado concluímos que o transplante de coração deve ser realizado em encurtado espaço de tempo depois de diagnosticado o problema, visto que não há terapias alternativas, como é o caso de indivíduos portadores de insuficiência renal ou diabetes, em que há refúgio em hemodiálise e medicação que regula e monitora a glicemia nos portadores de diabetes.

Excetuando os que realizaram transplante de córnea, todos os outros tipos de transplantados necessitam ingerir imunossupressores desde a cirurgia até o fim da vida. Portanto, todos os transplantados utilizam os imunossupressores e têm consciência de que deverão fazê-lo até a morte.

No presente trabalho, o pesquisado transplantado com mais tempo de medicação imunossupressora data de 20 anos, tendo seu transplante de rim realizado em 1986.

Em relação aos efeitos colaterais dos imunossupressores utilizados pelos entrevistados, pudemos verificar que varia de acordo com cada organismo. A maioria dos entrevistados possui uma baixa imunidade pós-transplantes em decorrência dos imunossupressores, o que os tornam mais vulneráveis a infecções. Alguns apresentam tonturas, manchas na pele, acnes, desenvolvimento das gengivas, acréscimo de pêlo por todo o corpo, diminuição da memória, tremores, principalmente nas mãos, desarranjos intestinais, aumento de peso, pressão alta. Alguns desenvolveram diabetes, principalmente os transplantados de coração.

Dos entrevistados, 73,33% afirmam conhecer os limites do risco da rejeição e buscam o equilíbrio indispensável para resguardarem o enxerto.

A totalidade dos sujeitos pesquisados afiançaram que o transplante foi determinante para a solução do problema que prejudicava enormemente sua saúde, conquistando posteriormente melhor qualidade de vida.

A maioria dos entrevistados não possui nenhum tipo de limitação. Contudo, os transplantados de córnea possuem um pouco de dificuldade para enxergar no período noturno, evitando assim conduzir automóveis naquele horário. Alguns dos transplantados do coração encontram dificuldade para realizar alguns serviços e transportar objetos pesados.

Dos entrevistados, 63,33% não conhecem os familiares do doador. Dos entrevistados, apenas 02 relataram o contato. Trata-se de um transplantado de coração, o qual chegou a ver o corpo do *doador* cadáver, ainda na sala de cirurgia. Relatou-nos que o médico confirmou, quando indagado. Como o referido transplante ocorreu faz 14 anos, cumpre-nos assinalar que à época as normas relativas aos transplantes não eram tão rigorosas quanto as atuais, que vedam tal relação.

Em outra entrevista encontramos uma transplantada de pâncreas e rim que por um descuido da equipe hospitalar teve acesso ao endereço da família do doador. Conta a entrevistada que quando recebeu alta pós-transplante, entregaram-lhe todos os resultados de seus exames realizados durante a internação e, junto a estes, estava um envelope com uma ficha cadastral com dados do doador, inclusive o endereço da família. Relata que, após um ano em conflito consigo mesmo, decidiu procurar a família, tendo sido muito bem recebida, com a qual mantém relacionamento de amizade até hoje.

Dos entrevistados, 40% gostariam de conhecer a família do doador, outros 30% não têm este desejo e os 30% restante são de transplantes com doadores vivos.

Dos sujeitos de pesquisa 33,33% disseram ter sofrido influência em suas características psicológicas em função do órgão recebido. Dentre eles, encontramos um transplantado de coração há dois anos e que se submete a terapia psicológica com o objetivo de entender as transformações ocorridas em sua vida profissional, social e psíquica, aprendendo a viver com um órgão *emprestado*, expressão utilizada pelo entrevistado. Uma transplantada de córnea há 11 anos nos dois olhos, relatou-nos que após o transplante sua vida se transformou, tornando-se uma pessoa mais solidária e humilde, e trabalha hoje como psicóloga.

Dos entrevistados todos seriam doadores de órgãos se lhes fosse possível e também na mesma proporção autorizariam a retirada de órgãos caso fossem responsáveis por um familiar com possibilidade de doação. Oportuno se torna dizer que fomos informados pelos médicos que monitoram o transplantado co-autor do presente trabalho, que não existem experiências com órgãos provindos de sujeitos transplantados e que o uso destes seriam evitados por motivo de segurança do paciente receptor.

Ao serem indagados se acreditavam na vida após a morte, 80% dos entrevistados responderam afirmativamente.

76,66% dos transplantados acreditam em venda de órgãos e 76,33% acreditam que há fraudes na fila de transplantes. Constatamos aqui o desconhecimento do conteúdo da lei dos Transplantes, bem como da sua eficácia, por parte dos entrevistados.

As cirurgias enfrentadas pelos nossos entrevistados foram realizadas na proporção de 50% em hospitais públicos e 50% em hospitais privados. É de ser relevado que, independentemente da classe social ou econômica, a vulnerabilidade é de todos, visto que ninguém poderá afirmar com segurança que jamais necessitará de um órgão ou tecido de outrem.

A freqüência em que os entrevistados vão ao médico depende de cada reação pós-transplante, orgânica e tipo de transplante realizado. Nossos entrevistados apresentam a seguinte estatística, 6,66% vão mais de uma vez ao mês; 30% vão mensalmente; 50% vão trimestralmente; 6,66% vão semestralmente e 6,66% vão anualmente. Como se percebe, a freqüência aos consultórios é regular para a minoria, prevalecendo a visita mensal e a trimestral para a maioria, demonstrando a vulnerabilidade e o cuidado necessário para com a saúde do transplantado.

Conclusão

Nosso principal objetivo com o presente trabalho foi investigar as condições de vulnerabilidade do transplantado, as quais foram constatadas em diversas situações, sobretudo quando aguardavam em lista de espera esperando a morte de alguém saudável e compatível ou pelo altruísmo de um parente, enquanto sua saúde se debilitava dia após dia.

O risco de rejeição pareceu-nos ser a maior preocupação do transplantado, temeridade esta que diminui com o passar do tempo. Contudo, o risco da perda do órgão sempre existirá.

Cabe observar que a evolução dos imunossupressores sozinha não vale muito, sem órgãos a serem transplantados, o que deixa os possíveis receptores vulneráveis, sem perspectivas de uma vida com mais qualidade. A negativa familiar é uma das razões para a escassez de doação de órgãos, carecendo de mais campanhas de sensibilização voltadas ao alvo correto. É imprescindível a modernização do sistema de captação de órgãos e dos hospitais para a realização de transplantes.

Muitos depoimentos dos transplantados foram emocionantes, pois alguns sentiam a necessidade de narrar o fato mais importante da sua vida, ressaltando sua fragilidade pré-transplante e a *normalidade* da vida atual com acompanhamento das recomendações da equipe de saúde.

Pouco se sabe sobre a vulnerabilidade de um transplantado e esta ignorância é perceptível entre familiares, amigos e sociedade em geral. Não se pode olvidar que ninguém está a salvo da possível perda da função de um órgão, mas somente o transplantado tem esta consciência, por isso adota mais cuidados com sua saúde.

Cumpre refletir que as campanhas de incentivo à doação não devem apresentar slogans intimidativos e amedrontadores, mas sim demonstrar que com este ato altruísta está se ajudando a melhorar a qualidade e a esperança de vida de alguém.

Agradecimentos

Tecemos aqui nossos efusivos agradecimentos aos professores Silvio da Silva, Renato Garcia, Vanessa Piffer Donatelli, Maria Aparecida, Célia Russo, Vanessa P. Sousa, Lectícia Salituro, Ana Paula Zampirolli pelo apoio e incentivo e, à médica nefrologista Irene L. Noronha pelos esclarecimentos e elucidações técnicas acerca dos transplantes; e aos transplantados que com fidalguia responderam ao questionário.

REFERÊNCIAS BIBLIOGRÁFICAS

ALIANÇA BRASILEIRA PELA DOAÇÃO DE ÓRGÃOS E TECIDOS-ADOTE. Disponível em http://www.adote.org.br Acesso em 10 ago 2006.

BOTTINI, P. V., ALVES CUNHA, F. A. et al. Monitoramento dos níveis de ciclosporina em sangue total em transplantes renais. *Revista da Associação Médica Brasileira*, São Paulo, v. 44, n. 3, jul/set 1998.

ENGELHARDT, Jr, H. T. A bioética do risco: enfrentando a finitude humana. In: SCHRAMM, F. R., REGO, S., BRAZ, M., PALÁCIOS, M. *Bioética:* riscos e proteção. Rio de Janeiro: UERJ/Fiocruz, 2005. p. 133-147.

ESPIELL, H. G. *Ética, bioética y derecho.* Bogotá: Temis, 2005. p. 11.

sobre os autores

Adriana Aparecida de Faria Lima
Enfermeira. Mestre em Bioética pelo Centro Universitário São Camilo. Membro no Núcleo de Bioética e docente do curso de Enfermagem no Centro Universitário São Camilo.

Antonio Ferreira Seoane
Odontólogo. Mestre em Saúde Pública pela Faculdade de Saúde Pública da Universidade de São Paulo.

Carine Mascarenhas Vendrúsculo
Enfermeira. Mestre em Saúde Pública pelo Programa de Pós-Graduação em Saúde Pública da Universidade Federal de Santa Catarina.

Cecília Helena de Siqueira Sigaud
Enfermeira; Professora Doutora do Departamento de Enfermagem Materno-Infantil e Psiquiátrica da Escola de Enfermagem da Universidade de São Paulo.

Célio Fernandes Oliveira
Graduando do Curso de Direito da Universidade do Grande ABC - UniABC.

Denise Augusto da Costa Lorencette
Enfermeira. Mestre em Enfermagem pela Escola de Enfermagem da Universidade de São Paulo.Coordenadora do Curso de Graduação em Enfermagem do Centro Universitário São Camilo.

Eloir Antonio Vial
Bolsista de pesquisa. Discente da graduação em Enfermagem na Universidade do Vale do Rio dos Sinos.

Fernanda Cristhina Lolatto Plentz
Advogada. Especializanda em Direitos do Consumidor e Direitos Fundamentais pela Universidade Federal do Rio Grande do Sul.

Felipa Rafaela Amadigi
Enfermeira. Mestre em Saúde Pública pelo Programa de Pós-Graduação em Saúde Pública da Universidade Federal de Santa Catarina.Professora da Universidade do Vale do Itajaí-UNIVALI.

Filipe Nuno Alves dos Santos Almeida
Pediatra Intensivista. Hospital de São João, Porto (Portugal).Professor Auxiliar de Pediatria da Faculdade de Medicina do Porto (Portugal).

Grazia Maria Guerra
Enfermeira. Doutora em Ciências pela FMUSP e Coordenadora dos Cursos de Especialização em Enfermagem em Terapia Intensiva e Enfermagem em Cardiologia do Centro Universitário São Camilo. Pesquisadora do Laboratório de Investigação Clínica da Unidade de Hipertensão do Instituto do Coração do Hospital das Clínicas da FMUSP

José Eduardo de Siqueira
Médico cardiologista pela Universidade Católica de São Paulo. Doutor em Medicina (Clínica Médica) pela Universidade Estadual de Londrina, PR. Pós-doutor em Bioética pela Universidade do Chile.Professor associado da Universidade Estadual de Londrina.Presidente da Sociedade Brasileira de Bioética,2005-2007. Membro da rede Latino-americana de Bioética, UNESCO. Membro da Associação Internacional de Bioética, 2005-2008.

José Roberto Goldim
Biólogo pela UFRGS.Doutor em Medicina (Clínica Médica) pela UFRGS. Mestre em Educação pela UFRGS. Professor adjunto da Faculdade de Medicina da PUCRS. Presidente da Sociedade Rio-grandense de Bioética.

José Roque Junges
Teólogo e Filósofo. Doutor em Ética teológica. Professor e Pesquisador do Programa de Pós-Graduação em Saúde Coletiva da Universidade do Vale do Rio dos Sinos, UNISINOS.

Lislaine Aparecida Fracolli
Enfermeira. Mestre em Educação pela UNICAMP.Doutora em Enfermagem pela Escola de Enfermagem da USP. Pós-doutorado pela Universidade de Toronto, Canadá. Professora Doutora do Departamento de Enfermagem em Saúde Coletiva da Escola de Enfermagem da Universidade de São Paulo.

Lívia Haygert Pithan
Advogada. Doutoranda em Direito Privado pela Universidade Federal do Rio Grande do Sul. Professora da Faculdade de Direito da Pontifícia Universidade Católica do Rio Grande do Sul. Coordenadora do Departamento de Trabalhos de Conclusão de Curso. Integrante do Departamento de Propedêutica jurídica.

Luciana Gemelli Eick
Bacharelanda em Direito pela Universidade do Vale do Rio dos Sinos.

Lucília Nunes
Enfermeira. Presidente do Conselho Jurisdicional, Ordem dos Enfermeiros, Portugal. Doutora em Filosofia.Mestre em Ciências de Enfermagem e em História Cultural e Política. Enfermeira especialista em Enfermagem de Saúde Mental e Psiquiátrica.

Lucilda Selli
Enfermeira. Doutora em Ciências da Saúde.Professora e Pesquisadora do Programa de Pós-Graduação em Saúde Coletiva da Universidade do Vale do Rio dos Sinos.

Luciane Lúcio Pereira
Enfermeira. Doutora em Enfermagem pela Escola de Enfermagem da Universidade de São Paulo. Pró-Reitora Acadêmica do Centro Universitário São Camilo.

Luiz Gustavo Bergamo
Fisioterapeuta. Aluno especial do Curso de Mestrado do Programa de Pós-Graduação em Saúde Pública da Universidade Federal de Santa Catarina.

Lourenço Zancanaro
Filósofo. Doutor em Filosofia e Professor de Filosofia na Universidade Estadual de Londrina.

Márcia Santana Fernandes
Advogada. Professora da Faculdade de Direito do Centro Universitário Ritter dos Reis (UniRitter), Canoas – RS. Pesquisadora do Núcleo Inter-Institucional de Bioética e do Laboratório de Pesquisa de Bioética e Ética na Ciência do Hospital de Clínicas de Porto Alegre – RS.

Márcia Eliana Tirello
Bolsista de pesquisa e aluna de Biologia na Universidade do Vale do Rio dos Sinos.

Maria do Céu Patrão Neves
Professora de Filosofia (Ética e Antropologia Filosófica) na Universidade dos Açores (Portugal). Membro do Comitê Nacional de Ética. Atua no campo da Bioética desde o final dos anos 1980, tendo desenvolvido estudos de pós-doutorado, na qualidade de professora visitante, no Kennedy Institute of Ethics (Washington, USA), in 1992/93 e 1999/2000 (ano sabático). Professora do programa de Mestrado da Escola de Medicina e do Instituto de Bioética (Universidade Católica) de Lisboa e do Porto. Dirige o Centro de Estudos Bioéticos (Açores) e é membro de um Comitê de Ética Hospitalar e da Rede Européia de Ética, integrando o Conselho Editorial da Medicine, Health Care and Philosophy (Nijmegen, Holanda) e Ethical Perspectives (Lovaina, Bélgica).

Maria Leonilda de Souza Dutra
Discente de Graduação em Enfermagem do Centro Universitário São Camilo.

Maria De La Ó Ramallo Veríssimo
Enfermeira.Professora Doutora do Departamento de Enfermagem Materno-Infantil e Psiquiátrica da Escola de Enfermagem da Universidade de São Paulo.

Magda Andrade Rezende
Enfermeira. Professora Doutora do Departamento de Enfermagem Materno-Infantil e Psiquiátrica da Escola de Enfermagem da Universidade de São Paulo.

Moneda Oliveira Ribeiro
Enfermeira. Professora Doutora do Departamento de Enfermagem Materno-Infantil e Psiquiátrica da Escola de Enfermagem da Universidade de São Paulo.

Marta Inez Machado Verdi
Enfermeira. Doutora em Enfermagem.Professora do Programa de Pós-Graduação em Saúde Pública, Universidade Federal de Santa Catarina.

Monika Wernet
Enfermeira. Mestre em Enfermagem pela Escola de Enfermagem da Universidade de São Paulo.Coordenadora dos Cursos de Especialização em Enfermagem em Neonatologia e Enfermagem em UTI Pediátrica do Centro Universitário São Camilo.

Natália de Ávila Soares
Bolsista de pesquisa e aluna de Fisioterapia na Universidade do Vale do Rio dos Sinos.

Newton Aquiles Von Zuben
Filósofo. Doutor em Filosofia. Professor Titular da Pontifícia Universidade Católica de Campinas.

Rangel Oliveira Trindade
Graduando da Faculdade de Direito do Centro Universitário Ritter dos Reis (UniRitter), Canoas – RS e bolsista de Iniciação Científica desta Instituição.

Raquel Brondísia Panizzi Fernandes
Bolsista de pesquisa e aluna de Psicologia na Universidade do Vale do Rio dos Sinos.

Sandra Caponi
Filósofa. Doutora em Filosofia pela Unicamp.Professora do Departamento de Saúde Pública da Universidade Federal de Santa Catarina.

Tereza Rodrigues Vieira
Advogada. Doutora em Direito pela Pontifícia Universidade Católica de São Paulo/ Universidade de Paris. Professora do Mestrado em Direito Processual e Cidadania da Universidade Paranaense –UNIPAR.

Vera Lúcia de Barros
Enfermeira. Mestre em Saúde Pública.Enfermeira da Secretaria Municipal de Saúde de São Paulo. Docente do Centro Universitário São Camilo

Sistema CTcP,
impressão e acabamento
executados no parque gráfico da
Editora Santuário
www.redemptor.com.br - Aparecida-SP